한국의 미래를 위한
신성한 선물

일러두기 : 이 책은 2016년 7월 1일부터 7월 4일까지 한국의 서울에서 열린 상승 마스터 컨퍼런스에서 메신저인 킴 마이클즈를 통해 전해진 내용이며, 한국의 미래에 대한 비전과 현재의 문제점, 통일 방안에 대한 상승 마스터들의 가르침을 담고 있습니다. 아울러 한국이 지닌 문제점들을 정화하고 한국에서 황금시대를 구현하기 위한 기원문들을 소개하고 있습니다.

한국의 미래를 위한 신성한 선물
ⓒ2016~, Kim Michaels

킴 마이클즈를 통해 전해진, 한국의 미래를 위한 상승 마스터들의 메시지를 '그리스도 의식을 추구하며' 카페에서 공부하는 상승 마스터 학생들이 번역하고 디자인 및 편집을 해서 직접 이 책을 펴냈습니다. 이 책의 한국어판 저작권은 저작권자인 킴 마이클즈와 계약을 한 '그리스도 의식을 추구하며' 카페에 있습니다.
아이앰 출판사(http://cafe.naver.com/iampublish)는 '그리스도 의식을 추구하며' 카페에 의해 상승 마스터의 가르침들을 널리 알리기 위한 목적으로 설립되었으며, 2015년 9월 4일 (제 2015-000075 호)에 등록되었습니다. 주소는 서울시 송파구 장지동 송파파인타운 11 단지 내에 있으며, 인터넷 카페는 http://cafe.naver.com/christhood 입니다.

2016년 12월 20일 펴낸 책(초판 제 1 쇄)

ISBN 979-11-958728-0-0 03180

번역 및 출판에 도움을 주신 분: 루미, 세바뇨스, 도운, 리얼셀프, 제이미, 초월, 토파즈, 목현, 숲추적자 외 카페의 다수 회원들
이 책은 최대한 내용의 명확한 전달에 초점을 맞추어 번역되었음을 알려드립니다.

이 도서의 국립중앙도서관 출판시도서목록(CIP)은 서지정보유통지원시스템 홈페이지 (http://seoji.nl.go.kr)와 국가자료공동목록시스템 (http://seoji.nl.go.kr/kolisnet)에서 이용하실 수 있습니다. (CIP 2016027204)

한국의 미래를 위한

신성한 선물

Ascended Masters Conference in Korea

상승 마스터 컨퍼런스, 한국
킴 마이클즈

I AM

킴 마이클즈(Kim Michaels)

1957 년 덴마크 출생. 킴 마이클즈는 50 여권의 책을 펴낸 저자이자 이 시대의 가장 탁월한 메신저 중의 한 사람입니다. 14 개국에서 영적인 컨퍼런스와 워크샵을 이끌면서 많은 영적인 탐구자들의 상담자 역할을 해왔으며, 영적인 주제를 다루는 다수의 라디오 프로그램에 출연하기도 했습니다. 그는 다양한 영적 가르침들을 광범위하게 연구해왔으며, 의식을 고양시키는 다양한 실천 기법들을 수행했습니다. 2002 년 이래로 그는 예수를 비롯한 여러 상승 마스터들의 메신저로 봉사하고 있습니다. 그는 신비주의 여정에 관한 광범위한 가르침들을 전해주었으며, 그 가르침들은 그의 웹사이트에서 무료로 제공되고 있습니다.

공식 한국어 번역 사이트 (네이버 카페)

http://cafe.naver.com/christhood

그리스도 의식을 추구하며 카페에서는 킴 마이클즈가 지난 10 여 년 동안 웹사이트에 공개한 상승 마스터들의 메시지 및 기원문을 제공합니다. 누구나 가입해서 내용을 보고 공부할 수 있습니다.

매달 서울, 대전, 대구 지역에서 오프라인 모임이 그리고 매주마다 온라인 모임이 활발하게 이루어지고 있으며, 같이 공부하고자 하시는 분은 누구나 참여하실 수 있습니다. 또한 매월 마지막 주 일요일에는 '성모 마리아 500 인 세계 기원'이 전 세계적으로 동일한 시간대에 진행됩니다. 매년 상승 마스터 컨퍼런스가 정기적으로 개최됩니다. 상세한 내용은 카페 공지사항을 참조하시기 바랍니다.

예수께서 "어린아이처럼 그 왕국을 받아들이지 않는다면 그곳에 들어갈 방법이 없다"라고 말했을 때, 그는 황금시대에 대한 비밀을 알려준 것이었습니다. 이것이 진실로 황금시대의 가장 중요한 비밀입니다.

황금시대는 힘을 통해 실현될 수 없습니다. 물론 황금시대는 일을 필요로 하지만, 단지 일한다고 해서 실현되는 것은 아닙니다. 기계적 과정을 통해서 실현되는 것도 아닙니다.

어떻게 황금시대를 실현할 수 있을까요?

더 많이 일하는 것을 통해서가 아니라,
더 많은 즐거움(playing more)을 통해서입니다.

성 저메인

차례

이 책을 읽는 분들께 · 1

대천사 미카엘
1. 한국의 통일은 여러분의 생각보다 더 가까이 있습니다 · 11
2. 한국의 황금시대 의식을 기원하기 · 27

관음
3. 한국에 대한 방정식을 변화시키기 · 45
4. 북한에 대한 새로운 개방을 기원하기 · 67

성모 마리아
5. 한반도에 더 이상 전쟁은 없습니다 · 85
6. 한반도에 더 이상 전쟁이 없기를 기원하기 · 91

파드마 삼바바
7. 독재자의 마음속으로의 여행 · 97
8. 독재자의 마음 안에 전환을 기원하기 · 115

쉬바
9. 지구에서 자각이 없는 시대는 끝나고 있습니다 · 126
10. 남북한의 국가적 데몬의 소멸을 기원하기 · 145

고타마 붓다
11. 아시아인들의 의식 구조가 변화해야 합니다 · 163
12. 한국인의 의식 구조에 변화를 기원하기 · 181

성 저메인
13. 황금시대를 가져올 수 있는 한국의 잠재력 · 203
14. 자본주의와 공산주의를 넘어선 경제적 접근방식을 기원하기 · 225

예수

15. 아시아 사회에서의 신성 기하학 · 247
16. 거짓 그리스도교에 대한 그리스도의 심판을 기원하기 · 270

성모 마리아

17. 적자생존이 아닌 가장 친절한 자의 생존 · 293
18. 한국에 새로운 기업 풍토를 기원하기 · 312

사나트 쿠마라

19. 황금시대를 가로막고 있는 광신주의 · 331
20. 황금시대를 가로막는 타락한 존재들에 대한 심판을 기원하기 · 349

성 저메인

21. 황금시대를 실현할 수 있는 비밀 · 371
22. 한국에 어린아이 같은 마음을 기원하기 · 397

고타마 붓다

23. 부동의 붓다와 영원히 초월해가는 붓다 · 411
24. 한국에 붓다의 흐름을 기원하기 · 436

25. 킴 마이클즈의 영적 여정 이야기 · 454

26. 한국의 하나됨을 위한 기원 · 471

주요 용어집 · 488

이 책을 읽는 분들께

여러분이 한국을 도울 수 있는 방법은 무엇일까요

자신이 국가와 주변의 사람들을 위해서 지구의 상황을 개선시키려는 목적으로 여기에 있다는 것을 직관적으로 알고 있는 사람들이 있습니다. 이 책은 바로 그런 사람들을 위한 것입니다.

많은 이들이 종종 어린 시절부터, 자신이 지구에 육화한 것은 인류가 직면한 많은 문제와 한계를 극복하도록 도와주기 위해서라는 것을 느끼고 있었습니다. 우리는 이 행성을 우리가 여기에 왔던 때보다 더 좋은 곳으로 만들어 놓고 떠나야 하는 것입니다.

만일 여러분이 이 경우에 해당된다면, 이 책은 여러분이 한국의 상황을 변화시키는데 헤아릴 수 없는 기여를 할 수 있는 실제적인 방법을 제시해 줄 것입니다. 여러분이 어떻게 이러한 기여를 할 수 있는지 설명하기 위해서는, 일반 교육체제에서는 가르치지 않는, 세상이 돌아가는 방식을 알아야만 합니다.

세계는 에너지 장을 통해 연결되어 있습니다

여러분 모두는 아인슈타인의 $E = mc^2$ 이란 유명한 공식에 대해 들었을 것입니다. 그러나 우리에게 잘 알려져 있진 않지만 아인슈타인이 발견한 것은, 우리가 물질이라 불리는 구체화된 실체로 만들어진 분리된 세계에서 살고 있는 것이 아니라, 에너지의 흐름인 파동으로 이루어진 세계에서 살고 있다는 사실입니다. 우리가 물질이라고 부르고 있는 것은 단지 여러 형태로 나타나는 에너지 현상일 뿐이며, 따라서 우리는 하나의 통일된 세계에서 살고 있는 것입니다. 이것은 물질로 이루어진 그 어떤 현상이든 에너지를 변화시킴으로써 바꿀 수 있다는 의미입니다. 형태를 바꾸는 것은 에너지이기 때문입니다.

아인슈타인의 이론을 기반으로 양자 물리학을 발전시켜 나간 과학자들은 우리가 분리된 사물로 이루어진 우주에 살고 있지 않다는 사실을 발견했습니다. 우주의 만물은 보이지 않는 장(field)에 의해 연결되어 있습니다. 사실 우주의 모든 '현상과 사물'이란 그 보이지 않는 장이 구현된 것이고, 그 장을 통해 연결되어 있다는 표현이 더 정확할 것입니다. 양자물리학자들은 우리의 의식도 역시 그 장의 일부라는 것을 알게 되었고, 이것은 실로 획기적인 발견이었습니다. 이것은 우리 마음의 능력을 사용하는 것을 통해서, 우리의 힘으로는 바꿀 수 없다고 여겨졌던 수많은 상황들을 변화시킬 수 있는 가능성을 열어주었습니다.

이 주장의 배경에 있는 이론은, 에너지가 파동으로 이루어져 있다는 것입니다. 두 파동이 서로 만나게 되면 원래의 파동과는 다른 간섭 패턴이 창조됩니다. 우리에게 견고한 물질로 보이는 것도, 보이지 않는 에너지 파동으로 이루어진 하나의 간섭 패턴입니다. 만일 여러분이 특정 상황을 만들어낸 에너지보다 더 높은 진동수의 에너지 파동에 접근하여 그것을 지휘할 수 있다면, 우리는 새로운 간섭 패턴을 만들어 냄으로써 그 상황을 변화시킬 수 있게 됩니다.

여러분이 이런 방법에 대한 경험이 없다면, 자신이 물리적인 상황들을 변화시킬 수 있다는 것을 믿기 어려울 것입니다. 그러나 여러분은 나라에 긍정적인 영향력을 미치기 위해서 반드시 물리적인 상황을 바꿀 필요는 없습니다. 여러분은 단지 사람들의 생각하는 방식을 바꾸기만 하면 됩니다. 통일장(unifying field)의 발견에 따르면, 모든 사람들은 의식 안에서 연결되어 있습니다. 각 나라에는 국민의 집단의식이 존재하며, 그 집단의식은 국민들의 행동 방식에, 그리고 그들이 무엇을 할 수 있고 무엇을 할 수 없는지를 생각하는 것에 주요한 영향력을 행사합니다.

한국 사람들의 집단의식은 국민 개개인의 마음으로 만들어진 거대하고 복합적인 간섭 패턴이 형성한 에너지 파동으로 이루어져 있습니다. 여러분은 이미 이 집단의식의 일부가 되어 있으며, 이것은 여러분이 더 높은 진동 패턴을 가진 에너지를 불러일으킴으로써 집단의식에 영향을 줄 수 있음을 의미합니다. 이 책은, 여러분이 간단하고 실제적이면서도 매우 강력한 도구를 통해 어떻게 집단의식에 영향을 줄 수 있는지를 가르쳐 줄 것입니다.

더 높은 에너지는 어디에서 오는 것일까요?

집단의식이 특정한 진동수를 가진 에너지 파동으로 이루어져 있다는 것을 알게 되면 여러분은 더 높은 진동 패턴을 가진 에너지 파동을 불러일으킴으로써 집단의식에 변화를 가져올 수 있습니다. 이것은 기초적인 과학이며, 종교나 미신과는 아무런 관련이 없습니다. 그렇다면 여러분이 어떻게 하면 그런 상위의 진동에 접근할 수 있는지, 의문이 들 것입니다.

여기에 대한 대답은 양자 물리학의 논리적 결론에서 찾을 수 있습니다. 물질 세계의 모든 것은 에너지 파동으로 이루어져 있습니다. 과학자들은 물질 우주를 만들어내는 진동보다 더 높은 에너지 파동을 이미 발견했습니다. 물질 세계 너머에 상위의 영역이 존재한다는 과학적인 증거들이 있습니다. 이것이 바로 신비주의자들이 "영적 영역"이라고 불러왔던 곳입니다.

그런 영역이 실재한다는 것은 믿음의 문제가 아닙니다. 많은 사람들이 영적 세계가 존재한다는 사실을 직관적으로 알고 있기 때문입니다. 이 책은 그런 직관을 가진 사람들을 위해서 저술된 것입니다. 물질 영역을 넘어서는 영적 영역이 존재한다는 것을 받아들일 때, 여러분은 이 영역 안에 인류의 의식을 올려주고 심지어는 이 행성을 향상시키기 위해서 봉사하고 있는 의식적 존재들(conscious beings)이 있다는 사실을 또한 알게 될 것입니다. 우리가 보아왔듯이, 그렇게 하기 위해서는 영적 영역의 상위 에너지가 물질 영역으로 흘러올 수 있도록 통로를 열어야 합니다. 그런 상위 에너지가 물질적 상황 속으로 흘러오도록 인도된다면 그들은 에너지를 높여 물질 세계에 구현되어 있는 것들을 변화시킬 수 있습니다.

영적 영역에 거하는 그 의식적 존재들은 상승 마스터로 알려져 있습니다. 상승 마스터에 대해 이야기 할 때 사람들은 흔히 전통 종교들이 부여한 신과 영계의 이미지를 떠올리고 이것을 상승 마스터들에게 투사합니다. 이것은 불행한 일입니다. 상승 마스터들은 몇몇 종교에서 제시하고 있는 '분노하는 신'과는 전혀 닮은 점이 없기 때문입니다.

우리에게 시혜를 베푸는 존재들

상승 마스터들을 이해하는데 있어서 가장 중요한 점은, 그들이 우리에게 받고자 원하는 것은 아무 것도 없으며 오직 베풀기만을 원한다는 것입니다. 상승 마스터들은 우리의 숭배나, 돈이나, 맹목적 추종을 전혀 필요로 하지 않습니다. 왜 그럴까요? 상승 마스터들은 지상에 육화하여 모든 인간적 욕구나 두려움을 초월하는 체계적 과정을 통과한 후 상승을 성취한 존재들이기 때문입니다. 그들은 이런 상승 여정의 가능성을 실제적으로 입증해주었고, 이 여정을 다양한 가르침을 통해서 우리에게 알려주고 있습니다. 이 책은 그런 상승 마스터들의 가르침이 가진 개성적인 하나의 단면이라 할 수 있으며, 여기에서 그들은 우리 모두가 더 높은 의식으로 올라가고, 그 어떤 종교든 (배척하는 대신) 초월하는 여정을 가도록 도와주고자 합니다.

집단적인 차원에서 상승 마스터들은, 지금 우리가 처해 있는 문제들이 더 이상 존재하지 못하는 수준으로 전체 행성을 들어올리는 것을 자신들의 과제로 삼고 있습니다. 상승 마스터들의 설명에 의하면, 에너지는 사념 매트릭스를 통해 일정한 형태를 부여 받으면서 모든 물질적인 상황들을 창조해냅니다. 물질계를 만드는 에너지들이 그보다 더 높은 주파수를 가진 영역으로부터 온다는 사실은 이미 과학적으로 입증되었습니다. 상승 마스터들은 물질적 스펙트럼 위로 여러 층의 에너지들이 존재한다고 설명합니다. 가장 높은 층은 영적 영역(spiritual realm)이며, 여기가 바로 상승 마스터들이 거하는 영역입니다. 이 영적 영역 아래에는 물질 우주를 형성하고 있는 네 개의 층이 존재합니다. 이 층들을 우리의 개인적, 집단적 의식의 용어로 설명하는 것이 가장 쉬울 것 같습니다.

* 영적 영역 바로 아래에 있는 첫 번째 층은 정체성 영역(identity realm)이라고 부릅니다.

이 영역에서, 하위 영역의 모든 것에 대한 특질들이 정해집니다. 예를 들어, 여러분이 자신을 육체의 제한을 받는 인간 존재와 동일시한다면, 많은 것들이 자신에게 불가능하다고 믿게 될 것입니다.

* 그 다음 층은 멘탈 영역입니다. 이곳의 매트릭스들은 우리가 생각하는 방식을 결정합니다. 특히 우리가 무엇이 가능하다고 생각하는지, 우리가 원하는 것을 어떻게 달성할 수 있다고 생각하는지를 결정합니다.

* 그 다음 층은 감정 영역으로서 느낌의 층입니다. 여기서 우리는 자신의 행동을 지휘하고 기세를 부여합니다. 예를 들어 자신의 감정체 안에 분노의 에너지를 많이 가지고 있는 사람들은 항상 분노를 표출하는 행동을 하게 됩니다.

* 가장 하위의 층은 물질 영역입니다. 그러나 물질 영역 이외의 영역은 인식하지도 못하는 사람들이 많습니다. 그러한 사람들에게는 자신의 행동에 대한 통제력이 거의 없습니다. 왜냐하면 그들은 물리적 행동이 물질층에서 결정되는 것이 아니라 정체성층에서 시작되는 과정의 결과임을 알지 못하기 때문입니다. 만일 위에 있는 세 상위 영역을 변화시킬 수 없다면, 여러분은 물질층에서의 행동도 변화시킬 수가 없습니다. 이것은 한 사람의 개인이 전체 사회나 전체 인류를 변화시킬 수 없는 것에 비유할 수 있습니다.

결론은, 어떤 물리적 사건이든 그것은 정체성층에서 시작되어 멘탈층에서 좀 더 구체화되고 감정층에서 기세를 얻는 과정의 결말이라는 사실입니다. 일단 과정이 물질층으로 내려오면 흔히 그 방향이나 기세를 변경하기가 어렵습니다. 위의 세 영역에서 일을 변화시키기는 분명히 훨씬 더 어렵지만, 상승 마스터들은 우리에게 그 방법을 가르쳐주고 있습니다.

지구를 변화시키는 방법

지구에서 전쟁이 일어나는 이유는 무엇일까요? 인류의 집단의식 안에 있는 어떤 매트릭스들 때문입니다. 전쟁은 정체성층에서부터 시작되는데, 이때 사람들은 스스로를 분리되어 있는 존재로 여기며, 타인들에게 해를 입혀도 자신에게는 아무런 영향도 미치지 못할 것이라고 생각합니다. 그들 중 일부는 자신을 전사로 여기며 다른 그룹의 적이라고 여깁니다. 한국에는 이런 실례가 명백하게 존재합니다.

멘탈층에는 전쟁이 용인될 수 있고 불가피한 것이거나 이익을 가져다 준다는 생각을 하게 만드는 사념 매트릭스들이 있습니다. 감정층에는 다른 집단의 사람들을 향한 분노와 증오의 느낌을 갖게 만드는 매트릭스들이 있습니다. 결론적으로, 전쟁의 원인은 결코 물리적인 것에만 있는 것이 아닙니다. 흔히 전쟁의 원인으로 보여지는 것들은 단지 촉발장치나 변명에 불과하며, 전쟁의 과정은 실제로는 세 상위 영역에서 시작됩니다. 사람들이 이 상위 영역들에서 일어나는 일을 통제하지 못했기 때문에 전쟁이 물현화되었으며, 이것이 물리적 층에서 전쟁을 중단시킬 수 없었던 이유입니다.

우리가 지구에서 전쟁을 없앨 수 있는 방법은 무엇일까요? 더 높은 진동을 가진 사념 매트릭스를 기원함으로써, 세 상위 영역의 집단의식 안에 있는 전쟁의 매트릭스들을 점차적으로 소멸시킬 수 있습니다. 더 높은 에너지에 의해 일단 이 전쟁 매트릭스들이 변형되어버리면, 더 이상 지구에 전쟁이 일어날 수 없게 됩니다.

전쟁으로 이어질 수 있는 긴장이 점점 더 커지고 있는 두 나라가 있다고 상상을 해봅시다. 이 긴장은 물리적인 것이 아니라 정체성, 멘탈, 감정층 안에서 두려움에 기반을 둔 에너지와 사념 매트릭스에 의해서 일어난 것이라고 합시다. 이때 한 그룹의 사람들이 사랑에 기반을 둔 에너지와 사념의 매트릭스를 기원하며 상승 마스터들께 요청을 한다면,

세 상위층의 에너지와 매트릭스들을 직접적으로 무효화시킬 수 있습니다. 즉, 상대적으로 작은 그룹의 사람들도 에너지를 기원함으로써 세 상위 영역에 존재하는 긴장을 일소하고 전쟁이 물리적으로 실현되는 것을 막을 수 있는 것입니다. 다른 어떤 문제도 이런 식으로 동일하게 해결할 수 있습니다.

이 책은 상승 마스터들의 많은 메시지들을 담고 있으며, 이들은 구술문을 받도록 훈련된 한 사람을 통해 전달된 것입니다. 그리고 이 메시지들은 한국과 관련된 많은 문제들에 대해 심원한 가르침을 전하고 있습니다. 마스터들은 오직 하나로 통일된 하나의 한국을 보고 있습니다. 또한 이 책은 여러분이 영적인 에너지와 더 높은 사념 매트릭스를 기원하고 요청할 수 있도록 설계된 도구들(기원문)을 포함하고 있습니다. 이것이 바로 여러분 각자가 한국을 향상시키기 위해서 기여할 수 있는 방법입니다.

기원을 드리는 것이 효과가 있을까요? 그것을 아는 유일한 방법은 직접 시도해보는 것입니다. 기원문을 사용하는 법을 배우고 어떻게 기원문이 사랑에 기반을 둔 에너지의 흐름을 이끌어오는지를 느끼게 된다면, 여러분은 그것이 자신의 생활에 긍정적인 영향을 발휘하는 것을 체험하기 시작할 것입니다. 기원이 여러분의 개인적인 삶을 완전히 변화시키는 것을 보게 되면, 그것이 집단적인 차원에서도 효과가 있을 것임을 아는 일은 어렵지 않습니다.

여러분이 이 책의 메시지들을 공부하고 나면 상승 마스터들이 제시한 통찰들이 얼마나 심원한 것인지 놀라게 될 것입니다. 그리고 여러분이 한국의 상승 마스터 학생들과 함께 모여서 기원문들을 활용하기 시작한다면, 여러분은 자신이 지구를 위해 무언가를 하기 위해 여기에 있다는 직관이 정말 옳았음을 깨닫게 될 것입니다. 여러분이 할 수 있는 어떤 일이 있습니다. 그리고 이것은 이 시대에서 정말 중요한 작업입니다.

왜 상승 마스터들은 우리가 이 기원문들을 수행하길 원하는 것일까요? 그것은, 이 행성에서 가장 중요한 영적 법칙이 자유의지의 법칙이기 때문입니다. 상승 마스터들은 사랑에 기반을 둔 거대한 에너지를 보내어 쉽게 이 행성을 변형시킬 수 있습니다. 그러나 그들은 그렇게 자신들의 에너지를 방출하도록 허용되지 않습니다. 왜냐하면 우리 인류가 집단적으로 창조한 것은 마땅히 우리가 되돌려야 하기 때문입니다.

마스터들은 오직 사람들이 기원을 드리며 그렇게 해달라고 요청할 때에만 상위의 에너지를 내보낼 수 있습니다. 그러나 좋은 뉴스는, 단지 소수의 사람들만이 변화를 요청하는 기원을 드릴지라도 집단적인 층에 막대한 영향력을 미칠 수 있다는 점입니다. 왜냐하면 상승 마스터들은 우리의 노력을 증폭할 수 있도록 허용되기 때문입니다. 만일 이 이야기의 어느 부분이라도 여러분의 가슴 안에서 진실하게 울린다면, 그때 이 책은 여러분의 목적을 성취할 실제적인 방법을 제시해줄 것입니다. 여러분은 자신이 시대에 육화해서 살고 있는 이유가 있음을 항상 알고 있었습니다.

한국의 독자들에게 전하는 말

제 이름은 킴 마이클즈이며 2002년 이래로 상승 마스터들의 메신저로 일하고 있습니다. 저는 마스터들로부터 오는 구술문을 직접적으로 받을 수 있도록 훈련되었으며, 세계의 많은 나라에서 컨퍼런스를 개최해왔습니다. 2016년 7월, 상승 마스터들의 가르침을 공부하고 수행해오던 한국의 한 그룹이 한국에서도 컨퍼런스를 열어달라고 저를 초청했습니다. 서울의 올림픽파크텔에서 멋진 모임이 개최되었고, 100여명의 사람들이 참석했습니다. 이 책에 실린 메시지들은 바로 이 컨퍼런스에서 전해진 것들입니다.

이 메시지들 안에는 어떻게 한국 국민들이 일어나 평화롭고도 확고한 방법으로 변화를 요구해야 하는지에 대한 상승 마스터들의 말씀이 담겨 있습니다. 제가 이 책의 머리말을 쓰고 있는 이 시점에, 서울에서는 정부의 부패에 항의하는 대규모의 평화적 시위가 일어나고 있습니다. 저는 우리의 7월 컨퍼런스가 부패를 노출되도록 만들고 사람들에게 앞으로 나아갈 용기를 주고 변화를 요구하는 데 직접적인 영향을 주었다고 믿고 있습니다. 학생들은 상승 마스터들의 지원을 요청하는 기원을 드렸고, 마스터들은 한국에 변화를 가져오도록 설계된 많은 빛을 내보내는 것으로 응답했습니다.

앞으로 오는 몇 년 동안 얼마나 많은 변화가 일어날 수 있을까요? 그것은 오직, 얼마나 많은 사람들이 이 가르침에 응답하여 상승 마스터들의 원조를 요청하는 기원문을 활용하느냐에 달려 있습니다. 상승 마스터들에게 권한을 부여하고자 하는 우리의 의지에 따라 변화의 폭이 달라질 것입니다.

마스터들이 말씀하신 것처럼, 그들은 지구를 변화시킬 권능(power)을 가지고 있습니다. 그러나 그들에게는 그렇게 할 수 있는 권한이 없습니다. 오직 지구에 육화한 우리들에게만 그렇게 할 수 있는 권한이 부여되어 있지만, 우리에게는 그것을 실행할 권능이 없습니다. 우리가 상승 마스터들에게 도움을 기원할 때, 우리는 그들의 권능을 방출하기 위해 우리의 권한을 활용하는 것입니다. 변화를 일어나게 만드는 것은 바로 이러한 협력 작업을 통해서입니다. 여러분도 지구를 변화시키는 일을 같이 해보지 않겠습니까?

2016년 11월 27일

킴 마이클즈

대천사 미카엘
Archangel Michael

개성을 존중하는 사고방식으로 전환하세요

왜 상승 마스터들이 황금시대의 일부를 이루고 있을까요

단일 세계정부는 적합하지 않습니다

황금시대는 중앙집권적으로 이루어지지 않습니다

여러분의 코트를 벗어버리세요

왜 여러분은 한국에 육화했을까요?

북한의 변화 가능성들

대천사 미카엘에게 불가능이란 없습니다

1
한국의 통일은 여러분의 생각보다 더 가까이 있습니다

상승 마스터 대천사 미카엘, 2016년 7월 1일

나는 상승 마스터 대천사 미카엘입니다.

나는 이 아름다운 나라에서 아름다운 존재들이 개최하는 이 아름다운 모임을 개시해주러 왔습니다. 나는 여러분 개개인 모두가 중요하다는 것을 알려주기 위해 메신저에게 여러분 모두와 악수를 해달라고 요청했습니다. 각 개인이 없다면 황금시대(Golden Age)를 실현할 수 있는 방법이 없습니다. 황금시대는 무의식적인 방식으로 오지 않습니다. 집단의식이 있다 해도 그 의식이 집단적으로 스스로를 초월할 수는 없습니다. 오직 개인만이 스스로를 초월할 수 있으며, 충분한 수의 개인들이 스스로를 초월할 때 집단의식이 높아질 수 있습니다.

개성을 존중하는 사고방식으로 전환하세요

어떻게 하면 한국과 아시아에서 황금시대가 실현될 수 있을까요? 사고방식의 전환이 있어야 합니다. 그리고 그 전환은 아시아 집단의식의 아주 깊은 심층까지 이루어져야 합니다. 여러분이 아시아의 역사와 한국, 중국, 일본을 비롯한 오늘날의 많은 나라를 살펴볼 때 어떤 점을 알게 되나요? 아시아의 과거를 들여다보면, 개인보다는 나라나 전체를 훨씬 더 중요시하는 경향이 있었다는 것을 알게 됩니다.

실제로, 개인을 전혀 중요시하지 않는 경향이 있었습니다. 중요하게 생각되었던 극소수의 위정자들은 제외하고 말입니다. 광범위한 대다수의 인구에게 개인은 아무것도 아니었으며, 전체나 국가가 모든 것이었습니다. 그러나 이런 것은 황금시대의 사고방식도 아니고 황금시대의 매트릭스(matrix)도 아닙니다. 내가 말했듯이, 오직 개인만이 새로운 아이디어를 가져올 수 있으며 황금시대의 기반이 되는 것은 새로운 아이디어들입니다.

2012년 7월 1일 물질 우주에는 네 가지 층이 있고 물질 세계에서 구현되는 모든 것은 정체성 영역(identity realm)의 아이디어로부터 시작됩니다. 그런 다음 멘탈 영역(mental realm)으로 내려가고, 그 다음은 감정 영역(emotional realm)으로, 그리고 마지막으로 물질 영역(physical realm)으로 내려갑니다. 물론 오늘날 여러분이 보고 있는 구현물들 중에는 이런 순서로 내려오지 않고 더 낮은 영역에서 나온 것들이 있습니다. 그것들은 타락한 존재들이나 어둠의 세력에 의해서 물질 영역이나 감정 영역에서 왔으며 심지어는 멘탈 영역과 정체성 영역의 하등한 층에서 오기도 했습니다. 개인을 중요하게 보지 않는 아이디어는 진리의 아이디어들이 오는 차원인 상승 영역에서 유래한 것이 아니었습니다. 그러한 아이디어들은 형상의 세계에서 만들어진 것입니다.

왜 상승 마스터들이 황금시대의 일부를 이룰까요?

여러분이 상승 영역으로부터 황금시대의 매트릭스와 황금시대의 아이디어와 황금시대의 비전을 받아들이지 않는다면, 황금시대가 이루어질 수 없음을 이해해야 합니다. 이 세상에서 유래한 것은 그 자체의 진동과 의식을 초월할 수 없기 때문입니다. 이것이 바로 상승 마스터들이 황금시대를 이루는데 핵심적인 역할을 담당하고 있는 이유입니다. 상승 마스터들이 없으면 황금시대도 있을 수 없습니다. 가능하지 않습니다.

여러분이 명료하게 보듯이, 낮은 의식은 오직 분리만을 가져오고 점점 더 분리를 심화시킬 뿐입니다. 한국의 분단을 비롯한 이 행성의 많은 지역의 분열이 상징하는 것을 보면 알 수 있듯이, 낮은 의식은 오직 분리를 유지할 수 있을 뿐입니다. 우리는 신과 분리되어 버렸다는 환영에 기반을 둔 이원성 의식에 대해 말해왔습니다. 여러분은 이원성 의식을 가지고 그 환영이 어떤 것인지 실험해볼 수 있는 자유의지를 가지고 있습니다.

그러나 그 의식으로부터 자유로워지기 위해서는 한 가지 방법이 있을 뿐입니다. 즉 이원성 의식의 끝까지 들어가서 분리를 겪을 만큼 겪어보고, 갈등을 겪을 만큼 겪은 후 더 이상의 무언가를 염원하게 되어야 합니다. 여러분이 더 이상의 무언가를 염원하고 요청할 때, 더 이상의 무언가를 구현할 수 있는 유일한 길은 상승 마스터들에게 다가가는 것입니다. 이것은 전혀 교만하거나 인위적인 말이 아닙니다.

여러분 모두는 이곳 지구에 엘리트들이 필요하다고 믿도록 프로그램되어 있고 그 배후에는 다른 차원의 타락한 존재들과 어둠의 세력이 있습니다. 그러나 우리 상승 마스터들은 그 엘리트가 아닙니다. 우리는 여러분을 통제하거나 조종하려고 여기에 있는 것이 아닙니다. 우리는 오직 여러분을 자유롭게 해주기 위해 여기에 있는 것입니다. 타락한 존재들은 여러분이 자유로워지는 것을 원하지 않습니다. 그들은 단지 분리를 극단으로 심화시켜 스스로 파괴되도록 만들 수 있을 뿐이며, 결국 사람들을 더 이상의 것을 염원하는 상태에 이르도록 만듭니다.

그러나 상승 마스터들은 결코 여러분을 통제하길 원치 않으며, 단지 여러분에게 우리의 봉사를 제공해주기 위해 여기에 있습니다. 여러분이 자발적으로 자유로워지길 원하고, 더 높이 올라가 더 이상의 존재로 초월하길 원할 때 말입니다.

단일 세계정부는 적합하지 않습니다

우리는 어떤 방식으로든 우리 뜻을 여러분에게 강요하지 않습니다. 그리고 이것이 여러분이 갈등과 전쟁으로 이어지는 수많은 양상들을 보게 된 이유입니다. 지상의 모든 대륙과 이곳 아시아를 보세요. 과거를 들여다보면, 소수의 엘리트에 의해 지배되는 하나의 세계국가를 세우기 위해 얼마나 많은 갈등과 얼마나 많은 정복전쟁이 있었습니까? 다른 국민들과 다른 나라, 다른 지역을 넘보려는 시도는 얼마나 많았습니까? 사랑하는 이들이여, 하나의 중앙집권적 통치자가 전 세계를 지배하는 제국이 존재하지 않았던 이유는 무엇이겠습니까? 로마제국이나 소비에트 연방을 비롯한 많은 다른 제국들처럼 중국도 분명히 세계정부의 건설을 추구했습니다.

왜 그것이 성공하지 못했을까요? 이원성 의식이 그것을 불가능하게 했기 때문입니다. 이원성 의식은 오직 분리만을 만들어낼 수 있습니다. 그리고 분리의식이 점점 극단으로 치닫게 되면, 사람들은 깨어나서 "지금까지로 충분합니다. 우리는 더 이상 이원적인 지도자들을 따르지 않을 것이며, 다른 형태의 리더십을 원합니다"라고 말하게 됩니다. 이때가 바로 상승 마스터들이 중앙집권적 리더십이 아닌 다른 형태의 리더십을 제안할 때입니다. 우리 상승 마스터들은 중앙집권적 체계와 함께 일하지 않습니다. 특히 물병자리 시대에는 더욱 그렇습니다.

스스로의 가슴과 마음으로 우리와 개별적으로 조율할 수 있는 사람들이 있는 한, 중앙집권적 체계는 필요하지 않습니다. 우리는 지구의 통치 엘리트와 같은 어떤 한 사람이나 소그룹을 내세울 의도가 전혀 없습니다. 그리고 그 누구에게도 어떤 그룹에게도 독점권을 부여할 의도가 전혀 없습니다. 과거에 우리의 영역에서 주어지는 새로운 아이디어들을 받으려고 애썼던 소수의 엘리트들이 형성되는 과정에서, 이런 독점으로 인해 무슨 일이 일어났는지를 보세요.

여러분은 가톨릭교회의 출현과 함께 형성된 그리스도교 교리 안에서 이것을 명백히 볼 수 있습니다. 우리가 여러 번 설명했듯이, 가톨릭교회는 예수의 본래적인 가르침을 왜곡하고, 중앙집권적 통제라는 목적을 가진 정치 제도를 정당화하는 데 그 가르침을 이용했습니다. 이러한 통제의 기반이 된 것은 무엇이었나요? 그것은 그리스도의 대리인이자 교황이라고 불리는 오직 한 명의 사람이었습니다. 오직 한 사람만이 상승 마스터들과 인간들 사이에 중재자로서 존재한다는 것이었습니다. 물론 가톨릭교회는 상승 마스터들을 언급도 하지 않지만 발상은 동일합니다. 천상의 영역이 있지만 오로지 교황만이 그 영역과 소통할 수 있다는 것입니다.

당연히 이러한 발상은 물병자리 시대의 모델이 아니며, 이것이 바로 우리가 이 메신저를 상승 마스터들과 소통할 수 있는 배타적인 권리나 후원을 가진 것으로 내세우지 않는 이유입니다. 그 또한 자신을 이런 방식으로 내세울 의사가 전혀 없습니다.

황금시대는 중앙집권적으로 이루어지지 않습니다

성 저메인의 비전이 그려내고 있는 한국과 아시아의 황금시대는 중앙집권적인 상태에서는 이루어지지 않을 것입니다. 황금시대는 각자의 개성적인 아이디어를 가진 많은 개인들을 통해서 올 것입니다. 그러나 이 개인들이, 공동체 의식과 함께 모든 이들이 전체 성장의 일부라는 느낌을 키워간다면 황금시대를 가져오는 힘은 엄청나게 강화될 수 있습니다. 여러분은 개별적으로 우리 상승 마스터들과 함께 일하면서, 오메가 영역에서 수평적으로도 함께 일할 수 있습니다.

개인들이 그룹을 이루며 함께 일할 때 어떤 일이 이루어질 수 있는지 여러분은 이 컨퍼런스에서 이미 증거를 보았습니다. 함께 모이면 노력을 훨씬 증폭할 수 있기 때문에 이렇게 모임을 갖는 것은 큰 가치가 있습니다. 지금 여러분이 나에게 바친 디크리는 모두가 함께 낭송함으로써 훨씬 더 증폭되었으며, 여러분이 조화와 협동의 정신으로 함께하는 모든 것이 그러합니다.

과거에 타락한 존재들이 이루려고 했던 것은 개인성을 말살하여 아무도 대중의 무리 밖으로 튀어나오지 못하게 하는 것이었습니다. 모든 사람이 사회의 한 부서의 일정한 역할을 담당하도록 키워졌습니다. 모든 사람이 자기 역할이 정해주는 과제를 행하도록 프로그램 되었고 따라서 프로그램을 넘어서는 일은 절대 하지 않도록 길들여졌습니다. 사랑하는 이들이여, 이런 것은 개성화가 아닙니다. 분명히, 무엇을 함께하기 위해서는 협동을 할 필요가 있습니다. 협업을 하다 보면 종종 개성을 표현할 여지가 없어지곤 합니다. 그래도 분리를 초월한 조화의 정신 안에서 협동한다면 여전히 여러 가지 방식으로 개성을 표현할 공간이 있을 것입니다.

여러분은 이미 그렇게 할 수 있는 능력을 보여주었습니다. 여기에 있는 여러분들, 기도 모임의 일원이 되어 기원문과 디크리를 낭송하고 상승 마스터들의 가르침을 공부하는 여러분들은 함께 모여 같이 성장하려는 의지를 보여주었습니다. 이것이 바로 우리가 바라는 것입니다.

우리는, 아시아의 여러분들이 서구에서 흔히 볼 수 있는 개인주의와 같은 것을 실현하기를 바라는 것이 아닙니다. 서구에서 개인주의는 출구 없는 종말로 치닫고 있는데, 이는 많은 사람들이 개인주의를 통해 자신의 신성한 개성이 아닌 인간적인 개성을 추구했기 때문입니다. 많은 이들에게 이것은 일생 동안 계속되는 탐구가 되었고 이 길은 개인의 주의력을 모두 삼켜버렸을 뿐, 그 모든 노력에도 불구하고 진정한 영적 성장에는 이르지 못했습니다.

그러나 아시아인 다수가 그랬듯이 여러분이 전통과 가정과 사회에 자신을 예속시켜 버린다면, 여러분도 또한 영적인 성장으로 가지 못할 것입니다. 만일 여러분이 거의 로봇처럼 살면서 다른 사람들이 부과하는 일만 하고 있다면, 여러분은 개성을 발휘하지 못하고 있는 것입니다. 자, 다시 말합니다. 다른 모든 것에 중용의 길이 있는 것처럼, 황금시대의 의식으로 가는 데에도 황금률의 중도가 존재합니다.

여러분의 코트를 벗어버리세요

다음과 같은 내용을 마음에 그려보길 바랍니다. 겨울이 계속되고 있어 여러분은 모두 두꺼운 코트를 입고 여기에 왔습니다. 그리고 여러분은 이 방에 들어오기 전에 자연스럽게 그 코트를 밖에 벗어두고 들어왔습니다. 이제 여러분이 자기 자신과 서로를 바라본다면 코트가 아닌 실내의 옷차림을 보게 될 것입니다. 내가 여러분을 볼 때도, 나는 여러분 모두가 입고 있는 두꺼운 코트가 아니라 여러분 본래의 존재를 보고 있습니다.

여러분 모두가 입고 있었던 코트는 무엇일까요? 그것은 모두 여러분이 자라나는 과정에서 가족과 사회, 학교, 미디어, 정부에 의해 여러분위에 부과된 짐들입니다. 이 모든 외부의 영향들은 여러분이 두꺼운 외면의 인격을 입도록 만들었습니다. 여러분은 한국에서 태어나 그 특정한 문화 속에서 성장해 왔습니다. 그것이 한국이든 지구상의 다른 나라이든 그 문화에 무언가 잘못된 것이 있다고 말하는 것이 아닙니다. 각 나라는 그 나라만의 독특한 문화를 가지고 있을 뿐이고 여기에는 어떤 나쁜 의도도 포함되어 있지 않습니다.

그러나 각 나라의 문화에는 여러분의 영적 개성의 표현을 제한하는 측면들이 있습니다. 여러분이 이 점에 대해 생각을 해봤으면 합니다. 이것이 바로 여러분들을 무겁게 누르면서 활동을 제한하고 있는 두꺼운 코트이기 때문입니다. 따뜻한 방에서 두꺼운 겨울 코트를 입고 있으면 어떻게 되는지는 여러분도 잘 알 것입니다. 너무 더워서 땀이 흘러내리기 시작하고 몸이 불편해지고 자꾸 거기에 신경이 쓰여서, 내 말을 듣는 데 집중하기 힘들어집니다. 여러분의 모든 에너지는 코트 안에서 소비되어 바깥의 상황에 대해서는 주의를 기울일 수가 없습니다. 너무나 덥고 너무나 불편하고 움직이기 힘들어서 여러분은 코트를 벗어 던지고 싶다는 생각에 몰두하지만, 절대 그것을 벗을 수가 없다고 느낍니다.

얼마나 많은 사람들이 자기 자신들에게만, 자신들의 마음 상태나 자신들의 상황에만 집중하게 만드는 문화적 코트를 입고 성장해 왔는지 이해하겠습니까? 그런 문화적 코트에 대한 집중이 그들의 모든 주의력을 삼켜버려서 다른 것에 대해서는, 즉 "영적 존재로서의 나는 누구인가? 내가 이 몸으로 육화하기 전에 선택했던 신성한 계획은 무엇인가?"라는 의문에는 조금도 주의를 기울일만한 여력이 없게 만듭니다.

우리가 이 메신저(킴 마이클즈)를 통해 전달하려는 가르침은 여러분 모두가, 한국인이든 다른 나라 출생이든 상관없이, 문화적 교육의 결과인 무거운 코트를 점차적으로 벗어버리도록 도와주려고 특별히 고안되었습니다. 이를 통해 여러분은, 나는 볼 수 있지만 여러분 다수가 아직 보지 못하고 있는 자신의 신성한 개성을 점진적으로 깨달아 갈 수 있을 것입니다. 또한 여러분이 이곳에 육화하기 전에 세운 자신의 신성한 계획을 발견하는데도 도움이 될 것입니다.

사랑하는 이들이여, 여러분은 자신을 한국인으로 보겠지만 나는 여러분을 한국인으로 보고 있지 않습니다. 나는 여러분을 아주 오랜 세월 동안 존재해온 영적인 존재들로 보고 있습니다. 이 가르침에 마음을 열고 있는 여러분 대다수가 지구에서 한국이라는 나라가 있기도 전부터, 심지어 오늘날의 역사에 알려져 있지도 않은 아주 먼 과거시대로부터 수많은 환생을 거쳐 왔습니다. 그러므로 여러분은 영적인 존재일 뿐 한국인도, 미국인도, 중국인도, 러시아인도, 혹은 그 어느 나라 사람도 아닙니다. 여러분은 영적인 존재입니다.

왜 여러분은 한국에 육화했을까요?

왜 여러분은 이번 생에 한국에 살고 있을까요? 왜 여러분 중에 많은 이들이 한국에 여러 번 육화하고 있을까요? 이것은 바로, 여러분이 환생하기 이전 단계에서 이번 생에는 이곳에 태어나겠다고 선택을 했기 때문이며, 이렇게 했던 데에는 다양한 목적이 있었습니다 (환생과 환생의 사이에는 자신의 신성한 계획을 선택할 수 있도록 더 명료한 의식을 가지고 있습니다). 여러분의 신성한 계획의 한 측면은 개인적인 성장이었고, 여러분은 여기 이 나라에 태어나면 신성한 계획을 잘 완수할 수 있을 것이라고 느꼈습니다. 신성한 계획의 또 다른 측면은 한국뿐만 아니라 지구와 지구의 일반적인 향상을 위해 여러분이 무엇을 가져올 수 있는지에 관한 것이었습니다.

여러분 중의 다수가 일정한 시간 동안 성 저메인을 의식해왔으며, 그의 황금시대가 이뤄지도록 돕겠다고 내면의 차원에서 결정한 후 이곳에 육화했습니다. 그러나 육화하는 모든 이들은 흔히 자신의 신성한 계획을 잊어버리게 됩니다. 육신 안에 있는 존재의 밀도와 갑자기 네 하위체를 통해서 삶을 보아야 하는 것이 자신의 신성한 계획을 기억하기 어렵게 만듭니다.

우리의 바람은 여러분 모두가 자신의 신성한 계획을 재발견하는 것입니다. 여러분은 지성을 넘어서고 모든 외부의 영향력을 넘어서서 직관적으로, 자신이 누구인지, 왜 여기에 있는지, 자신의 천부 재능은 무엇인지 알 수 있습니다. 여러분이 이것을 깨닫고 나면 엄청난 자유와 엄청난 기쁨을 누리게 될 것입니다. 그리고 여러분은 자신의 신성한 계획이 다른 사람의 신성한 계획과 어떻게 잘 맞물려 돌아가는지를 보기 시작할 것입니다.

사랑하는 이들이여, 우리는 상승 마스터들의 가르침이 사람들을 모으고 조직을 만드는 것을 너무나 많이 보아왔습니다. 그들은 외적인 마음 안에서 자신들이 상승 마스터들을 섬기기 위해서 함께 모였다고 생각했지만, 우리가 목격한 것은 개인들 사이에서 난무하는 수많은 파워 게임들이었습니다.

그러나 여러분에게는 이를 극복할 수 있는 잠재력이 있음을 우리는 압니다. 과거의 패턴을 반복하면서 황금시대를 실현할 수는 없습니다. 과거에는 세상과 상승 마스터 조직들 모두에서 수많은 권력 다툼이 창궐했었고, 그런 이유로 우리는 에고와 인간 심리학에 대한 광범위한 가르침을 펼쳐왔던 것입니다. 이제 여러분은 이런 권력 다툼을 초월해서 공동의 목표와 비전을 가지고 참되게 연합할 수 있는 도구를 갖고 있습니다.

사랑하는 이들이여, 여러분 중의 다수가 한국에 육화하는 것을 선택했는데, 이것은 한국이 어떻게 이원성의 의식을 초월하고 황금시대의 의식을 진실로 구현할 수 있는지, 모범을 보여줄 수 있는 거대한 잠재력을 갖고 있기 때문이었습니다. 오늘날 세계에서 오직 한국만 남북으로 분단이 되어 있습니다. 일상적인 인간 의식의 수준에서 보면 이 분단을 극복하는 것이 불가능한 것처럼 여겨질 수도 있습니다.

여러분은 여러분을 적으로 보는 북한과 북한의 지도자들의 태도를 알고 있습니다. 북한 주민의 다수가 여러분을 적으로 보도록 세뇌되고 프로그램 되면서 키워지는 것을 알고 있습니다. 심지어는 여러분 다수와 혈연관계에 있는 사람들도 여러분을 적으로 간주하는데, 그들이 여러분을 그런 식으로 보도록 훈육되었기 때문입니다.

그들에게 프로그램 된 광신주의는 너무나 깊고 철저해서 영영 극복될 수 없을 것처럼 보이기도 합니다. 그러나 "인간에게는 불가능하지만 하나님이 함께하신다면 모든 일이 가능합니다"(마태 19:26)라는 예수님의 말씀을 기억하세요. 한반도를 볼 때, 나 대천사 미카엘은 분리를 보지 않습니다. 나는 오직 하나의 한국과 하나의 국민을 봅니다. 왜냐하면 북한 사람들에게 프로그램 되어 있는 것은 그들의 내적인 존재를 일시적으로 덮고 있는 하나의 코트일 뿐이기 때문입니다.

북한의 변화 가능성들

사랑하는 이들이여, 여러분은 성 저메인 대사와 뜻을 함께하고 이번 육화에서 남한에 살기를 선택한 존재들입니다. 여러분은 자신들만이 성 저메인과 조율하며 한국에 육화하기로 선택한 유일한 존재들이라고 생각하나요? 성 저메인 대사와 뜻을 함께하면서 북한에 육화하는 것을 택한 사람들도 또한 있다는 것을 알아야 합니다. 정확히 말해, 그들은 북한의 집권층들이 권력을 계속 유지하지 못하도록 집단의식의 변형을 가져오기 위해 육화를 결정했습니다.

그런 일은 불가능하게 보일 수 있다는 것을 이해합니다. 그러나 1990년대에 누가 여러분에게 소비에트 연방이 일 년 안에 붕괴될 것이라고 말했다면 그 말을 믿을 수 있었겠습니까? 그 말을 한 사람은 아마도 미친 사람이란 소리를 들었을 것입니다. 그러나 여러분은 그 거대한 소비에트 연방이 어느 날 갑자기 쇠퇴하고, 다른 새로운 체제에 길을 내준 것을 목격했습니다. 이와 같은 일은 북한에도 역시 일어날 수 있습니다.

이런 일이 인간의 차원에서는 거의 불가능해 보이겠지만 영적인 차원에서는 아주 임박하게 다가왔음을 나는 여러분에게 말해주려고 합니다. 여러분은 북한보다 좀 더 자유로운 남한에 육화하는 것을 선택했는데, 이것은 북한 주민들을 기존 프로그램에서 벗어나도록 일깨우고, 영적인 균형을 잡아줄 잠재력을 실현하기 위해서입니다. 이를 통해 그들은 자신이 누구인지를 깨닫고, 자신이 왜 이번 생에 북한에 육화했는지를 기억할 수 있게 됩니다. 그러면 그들은 자신이 누구인지를 받아들이고, 일어나서 "더 이상은 안됩니다"라고 말할 수 있는 자신들의 잠재성을 받아들일 수 있습니다.

물론 여러분 또한 일어나서 "더 이상은 안됩니다"라고 말할 수 있습니다. 이렇게 하기 위해선 무엇을 해야 할까요? 여러분은 먼저 이원성의 의식을 넘어서야 합니다. 그래서 자기 자신 안에서 분열이 없어져야 하며 다른 사람들과의 사이에서도 분열이 없어져야 합니다. 이곳 남한에서 여러분의 하나됨이 커질수록 북한에 대해 더 큰 영향력을 미치게 되고 더 큰 자력을 만들어내게 될 것입니다.

사랑하는 이들이여, 북한 군부의 지도자들은 그들의 나라를 아무도 들어올 수도 나갈 수도 없는 요새로 만들려고 시도했으며, 물리적인 방어시설을 구축했습니다. 물론 북한 지도자들의 배후에는 어둠의 세력들이 있으며, 이들은 감정, 멘탈, 정체성 영역에서 무장화된 요새를 창조하려고 도모했습니다. 그러나 나는 그런 무장화된 요새들은 상승 마스터들의 비전과 부합되지 않음을 여러분에게 분명히 말합니다.

대천사 미카엘 23

물론 우리는 이 같은 장벽들을 정체성, 멘탈, 감정 영역에서 제거할 수 있는 힘을 갖고 있지만, 그렇게 할 수 있는 권한이 필요합니다. 그리고 우리는 남한에 육화하여 이러한 요청을 할 수 있는 여러분에게서 그 권한을 부여받아야만 하며, 여러분들은 이미 그 요청을 해오고 있습니다. 여러분이 지난 몇 년간 해왔던 요청들은, 우리가 정체성, 멘탈, 감정 영역에 있는 이러한 요새들과 장벽들과 방해물들을 제거하도록 허용해 주는데 엄청나게 큰 영향력을 행사했습니다.

대천사 미카엘에게 불가능이란 없습니다

사랑하는 이들이여, 나에게 불가능한 것은 아무것도 없습니다. 나는 대천사 미카엘입니다. 나의 사전에 불가능이란 단어는 없습니다. 나는 불가능이란 단어를 사용할 수 없기 때문에 그 단어를 말하지 않습니다. 불가능이란 단어를 사용하는 것이 나에게는 불가능합니다. 나는 오직 가능한 것에 대해서만 말할 수 있기 때문에 불가능이란 말을 들은 것은 단지 여러분의 귀였을 뿐입니다. 저는 오직 가능한 것만을 볼 수 있는데, 이는 내가 지구 행성을 위해 구현해내는 힘을 가지고 모든 것이 가능하기 때문입니다.

대천사 미카엘의 권능을 이겨낼 수 있는 힘이란 지구상에 없습니다. 지금까지 수없이 이것을 증명했기에 나는 그렇다는 것을 알고 있습니다. 그래서 여러분이 기원을 하면서 대천사 미카엘에게 그 힘을 사용할 수 있는 권한을 부여할 때, 나는 감정, 멘탈, 그리고 정체성 영역에 있는 모든 장애물들을 말끔히 제거할 수 있고 또 제거할 것입니다. 그래서 모든 장애물들이 사라지게 되면 여러분은 물질계에서 획기적인 전진들이 일어나는 것을 보기 시작할 것입니다.

사실, 물질적인 차원에서 북한에서는 이미 어떤 변화들이 일어나고 있습니다. 여러분은 북한에서 어떤 일이 일어나는지 알지 못하고 있는데, 이는 북한 정권이 그런 변화들을 부인하고 감추고 있기 때문입니다. 여러분이 알고 있는 것보다 더 많은 일들이 북한의 물질 영역에서 일어나고 있습니다. 물론 나는 모든 것을 볼 수 있기에, 북한에서 현재 무슨 일이 일어나고 있는지 알고 있습니다. 여러분이 더 많은 기원을 하고 더 큰 화합을 이룬다면 북한에서 더 많은 변화가 일어날 것입니다.

사랑하는 이들이여, 나는 대천사 미카엘입니다.

나는 오직 하나의 자유로운 한국을 봅니다. 한국이 통일될지 여부가 문제가 아니라 단지 시기가 문제입니다. 북한의 권력층이 사람들의 생각처럼 그렇게 오래 유지되지는 못할 것입니다. 그 시기는 여러분의 생각보다 더 가까이 와 있으며, 여러분이 각자의 역할을 다한다면 더 앞당겨질 수도 있습니다.

나는 특정한 때를 알려주지는 않을 것입니다. 왜냐하면 여러분에게 그릇된 희망이나 좌절을 가져다 줄 수도 있기 때문입니다. 한국의 통일이 점점 더 물리적 구현에 가까워지고 있다는 것에 대해 여러분이 열린 마음으로 있기를 바랍니다. 이미 정체성층에는 통일된 한국을 위한 황금시대의 매트릭스가 존재하고 있고, 이미 멘탈층으로, 또 이미 감정층으로 내려오기 시작했으며 따라서 물리적인 구현에 점점 더 가까이 이르고 있음을 알기 바랍니다.

나는 여러분이 디크리를 하거나 기원문을 하는 매 시간마다, 여러분 주위로 황금시대의 매트릭스가 점점 더 깊이 내려오고 결국은 여러분 각자가 황금시대의 매트릭스 안에 서 있는 모습을 시각화하면서 느껴보기를 바랍니다. 내가 이 말을 하며 존재하는 바로 여기에 황금시대의 매트릭스가 물리적으로 구현되는 것과 같이, 여러분이 존재하는 곳에서 황금시대의 매트릭스가 구현되고 있습니다.

그러므로 나는 대천사의 감사 안에 여러분을 봉인합니다. 여러분이 함께 모여서, 내가 통상적으로 존재하는 것보다 좀 더 물리적으로 현현하여 나를 드러낼 수 있도록 허용해준 것에 대한 감사 안에 여러분을 봉인합니다. 나는 자유의지의 법칙을 최대한 존중하는 까닭입니다.

이제, 여러분에게 감사를 드리며 여러분 모두가 대천사 미카엘의 푸른 화염의 보호 안에 있도록 봉인합니다.

2
한국의 황금시대 의식을 기원하기

I AM THAT I AM, 예수 그리스도의 이름으로 나의 아이앰 현존(I AM Presence)이, 무한히 초월해가는 내 미래의 현존(I Will Be Presence that I AM)을 통해 흐르며, 완전한 권능으로 이 디크리를 해주시기를 요청합니다. 나는 사랑하는 대천사 미카엘께 한국에서 당신의 현존을 구현하시어, 황금시대의 실현을 가로막는 모든 것을 결박하고 불태워달라고 요청합니다…
(여기에 개인적인 요청을 추가하세요)

파트 1

1. 대천사 미카엘이여, 개인보다 정부나 전체를 더 중요시하는 사고방식에서 한국 사람들이 깨어나게 하소서.

대천사 미카엘, 찬란한 푸른 빛이시여,
내 가슴은 오직 당신을 위해 열려 있습니다.
내 마음은 이제 둘이 아닌 하나가 되었고,
나에 대한 당신의 사랑은 언제나 진실합니다.

**대천사 미카엘, 당신은 여기 함께하시며,
당신의 빛은 모든 의심과 두려움을 불태웁니다.
당신의 현존은 영원히 내 가까이 있으며,
당신은 나에게 너무나 소중합니다.**

2. 대천사 미카엘이여, 소수의 리더를 제외하고는 개인을 전혀 중요시하지 않는 경향에서 한국 사람들이 깨어나게 하소서.

대천사 미카엘이여, 나는 당신의 현존과,
온전히 하나 되겠습니다.
내게 보이는 어떤 두려움도 나를 막지 못하며,
이 세상은 나를 지배할 힘이 없습니다.

**대천사 미카엘, 당신은 여기 함께하시며,
당신의 빛은 모든 의심과 두려움을 불태웁니다.
당신의 현존은 영원히 내 가까이 있으며,
당신은 나에게 너무나 소중합니다.**

3. 대천사 미카엘이여, 오직 개인들만이 황금시대의 기반이 되는 새로운 아이디어를 가져올 수 있음을 한국 사람들이 깨닫게 하소서.

대천사 미카엘, 나를 굳게 잡아주시고,
이제 가장 어두운 밤을 산산조각 내소서.
당신의 빛으로 내 차크라들을 정화하고,
나의 내적 시야를 복원해주소서.

**대천사 미카엘, 당신은 여기 함께하시며,
당신의 빛은 모든 의심과 두려움을 불태웁니다.
당신의 현존은 영원히 내 가까이 있으며,
당신은 나에게 너무나 소중합니다.**

4. 대천사 미카엘이여, 상승 마스터들로부터 오는 아이디어와 물질 우주의 네 층 안에 있는 어둠의 세력들로부터 오는 아이디어를 한국 사람들이 분별하게 하소서.

대천사 미카엘이여, 나는 이제 일어나서,
당신의 빛과 함께 명령합니다.
내가 가장 높은 진리를 이해할 때까지,
영원히 내 가슴을 확장해나가겠습니다.

대천사 미카엘, 당신은 여기 함께하시며,
당신의 빛은 모든 의심과 두려움을 불태웁니다.
당신의 현존은 영원히 내 가까이 있으며,
당신은 나에게 너무나 소중합니다.

5. 대천사 미카엘이여, 상승 마스터들로부터 황금시대 매트릭스를 받아들이지 않는다면 황금시대가 오는 것이 불가능함을 한국 사람들이 깨닫게 하소서.

대천사 미카엘, 내 가슴 안에 계신 존재시여,
당신은 결코 나를 떠나지 않습니다.
나는 우주적 위계의 일원이 되어,
이제 신선한 새 출발을 받아들입니다.

대천사 미카엘, 당신은 여기 함께하시며,
당신의 빛은 모든 의심과 두려움을 불태웁니다.
당신의 현존은 영원히 내 가까이 있으며,
당신은 나에게 너무나 소중합니다.

6. 대천사 미카엘이여, 이 세상에서 비롯된 것은 그 자체의 의식과 진동을 초월할 수 없으며, 상승 마스터들이 황금시대를 구현하는데 핵심적인 부분을 담당한다는 사실을 한국 사람들이 깨닫게 하소서.

대천사 미카엘이여, 당신의 푸른 빛 검은,
모든 어둠을 갈라버립니다.
나는 이제 나의 그리스도 신성을 추구하며,
무엇이 진실인지를 분별합니다.

**대천사 미카엘, 당신은 여기 함께하시며,
당신의 빛은 모든 의심과 두려움을 불태웁니다.
당신의 현존은 영원히 내 가까이 있으며,
당신은 나에게 너무나 소중합니다.**

7. 대천사 미카엘이여, 한국의 분단이 상징하는 것에서 볼 수 있듯이, 낮은 의식은 단지 분리만을 가져오고 점점 더 분리를 심화시킨다는 것을 한국 사람들이 깨닫게 하소서.

대천사 미카엘이여, 당신의 날개 안에서,
지금 더 이하의 것들을 내려놓습니다.
집으로 돌아오라는 신의 부름이 울리면,
내 가슴은 당신과 함께 영원히 노래합니다.

**대천사 미카엘, 당신은 여기 함께하시며,
당신의 빛은 모든 의심과 두려움을 불태웁니다.
당신의 현존은 영원히 내 가까이 있으며,
당신은 나에게 너무나 소중합니다.**

8. 대천사 미카엘이여, 이원성 의식은 오직 분리만을 가져오며, 이 분리는 사람들이 깨어나 "이것으로 충분합니다. 우리는 더 이상 이원적인 지도자들을 따르지 않을 것이며, 다른 형태의 리더십을 원합니다"라고 말하기 전까지는 점점 더 극단적으로 심화됨을 한국 사람들이 깨닫게 하소서.

대천사 미카엘, 나를 집으로 데려가소서,
나는 고등의 구체에서 거닐고 싶습니다.

나는 우주의 거품에서 재탄생하고,
내 삶은 이제 신성한 시(詩)가 됩니다.

**대천사 미카엘, 당신은 여기 함께하시며,
당신의 빛은 모든 의심과 두려움을 불태웁니다.
당신의 현존은 영원히 내 가까이 있으며,
당신은 나에게 너무나 소중합니다.**

9. 대천사 미카엘이여, 상승 마스터들은 지구에서 비중앙집권적 리더십, 즉 지배 엘리트가 없는 다른 형태의 리더십을 제안한다는 것을 한국 사람들이 깨닫게 하소서.

대천사 미카엘이여, 당신은 가장 푸른 별처럼,
찬란하게 빛나고 있습니다.
당신은 우주의 아바타이며,
나는 당신과 함께 아주 멀리 갈 것입니다.

**대천사 미카엘, 당신은 여기 함께하시며,
당신의 빛은 모든 의심과 두려움을 불태웁니다.
당신의 현존은 영원히 내 가까이 있으며,
당신은 나에게 너무나 소중합니다.**

파트 2

1. 대천사 미카엘이여, 성 저메인께서 그리는 황금시대는 중앙집권제에서 올 수 없음을 한국 사람들이 알게 하소서. 황금시대는 공동체 의식과 더불어 개개인의 아이디어를 제시하는 많은 사람들을 통해서 오게 됩니다.

대천사 미카엘, 찬란한 푸른 빛이시여,
내 가슴은 오직 당신을 위해 열려 있습니다.

내 마음은 이제 둘이 아닌 하나가 되었고,
나에 대한 당신의 사랑은 언제나 진실합니다.

**대천사 미카엘, 당신은 여기 함께하시며,
당신의 빛은 모든 의심과 두려움을 불태웁니다.
당신의 현존은 영원히 내 가까이 있으며,
당신은 나에게 너무나 소중합니다.**

2. 대천사 미카엘이여, 타락한 존재들은, 아무도 군중을 벗어나 자신의 입장을 과감히 표현하지 못하도록 개성을 말살하려고 했음을 한국 사람들이 알게 하소서. 모든 사람은 단지 사회의 특정한 위치에서 특정한 역할을 수행하도록 키워졌습니다.

대천사 미카엘이여, 나는 당신의 현존과,
온전히 하나 되겠습니다.
내게 보이는 어떤 두려움도 나를 막지 못하며,
이 세상은 나를 지배할 힘이 없습니다.

**대천사 미카엘, 당신은 여기 함께하시며,
당신의 빛은 모든 의심과 두려움을 불태웁니다.
당신의 현존은 영원히 내 가까이 있으며,
당신은 나에게 너무나 소중합니다.**

3. 대천사 미카엘이여, 역할에 따라 규정된 일만 하도록 프로그램 되어 그 프로그램 이상의 어느 것도 하지 않으려는 사고방식에서 한국 사람들이 깨어나게 하소서.

대천사 미카엘, 나를 굳게 잡아주시고,
이제 가장 어두운 밤을 산산조각 내소서.
당신의 빛으로 내 차크라들을 정화하고,
나의 내적 시야를 복원해주소서.

**대천사 미카엘, 당신은 여기 함께하시며,
당신의 빛은 모든 의심과 두려움을 불태웁니다.
당신의 현존은 영원히 내 가까이 있으며,
당신은 나에게 너무나 소중합니다.**

4. 대천사 미카엘이여, 전통과 가족과 사회에 복종하고, 마치 로봇처럼 타인들이 원하는 대로 행동하며 살아가는 성향에서 한국 사람들이 깨어나게 하소서.

대천사 미카엘이여, 나는 이제 일어나서,
당신의 빛과 함께 명령합니다.
내가 가장 높은 진리를 이해할 때까지,
영원히 내 가슴을 확장해나가겠습니다.

**대천사 미카엘, 당신은 여기 함께하시며,
당신의 빛은 모든 의심과 두려움을 불태웁니다.
당신의 현존은 영원히 내 가까이 있으며,
당신은 나에게 너무나 소중합니다.**

5. 대천사 미카엘이여, 우리의 영적인 개성의 표현을 제한하고 모든 주의력을 소모시켜버리는 민족 문화의 측면들에서 한국 사람들이 깨어나도록 도와주소서.

대천사 미카엘, 내 가슴 안에 계신 존재시여,
당신은 결코 나를 떠나지 않습니다.
나는 우주적 위계의 일원이 되어,
이제 신선한 새 출발을 받아들입니다.

**대천사 미카엘, 당신은 여기 함께하시며,
당신의 빛은 모든 의심과 두려움을 불태웁니다.
당신의 현존은 영원히 내 가까이 있으며,
당신은 나에게 너무나 소중합니다.**

6. 대천사 미카엘이여, 한국 사람들을 일깨우시어 의문을 가지게 하소서: "영적인 존재로서의 나는 누구인가? 이번 육화 전에 내가 선택했던 신성한 계획은 무엇인가?"

대천사 미카엘이여, 당신의 푸른 빛 검은,
모든 어둠을 갈라버립니다.
나는 이제 나의 그리스도 신성을 추구하며,
무엇이 진실인지를 분별합니다.

**대천사 미카엘, 당신은 여기 함께하시며,
당신의 빛은 모든 의심과 두려움을 불태웁니다.
당신의 현존은 영원히 내 가까이 있으며,
당신은 나에게 너무나 소중합니다.**

7. 대천사 미카엘이여, 한국 사람들을 일깨우시어, 사실 우리는 한국인도, 미국인도, 중국인도, 러시아인도, 그 어느 나라 사람도 아님을 알게 하소서. 우리는 영적인 존재입니다.

대천사 미카엘이여, 당신의 날개 안에서,
지금 더 이하의 것들을 내려놓습니다.
집으로 돌아오라는 신의 부름이 울리면,
내 가슴은 당신과 함께 영원히 노래합니다.

**대천사 미카엘, 당신은 여기 함께하시며,
당신의 빛은 모든 의심과 두려움을 불태웁니다.
당신의 현존은 영원히 내 가까이 있으며,
당신은 나에게 너무나 소중합니다.**

8. 대천사 미카엘이여, 한국에 있는 사람들이 왜 이번 생에 여기에 육화하기를 원했는지 알게 하소서. 한국뿐만 아니라 전반적으로 지구를 상승시키기 위해서, 우리가 무엇을 가져오려 했는지를 알게 하소서.

대천사 미카엘, 나를 집으로 데려가소서,
나는 고등의 구체에서 거닐고 싶습니다.
나는 우주의 거품에서 재탄생하고,
내 삶은 이제 신성한 시(詩)가 됩니다.

대천사 미카엘, 당신은 여기 함께하시며,
당신의 빛은 모든 의심과 두려움을 불태웁니다.
당신의 현존은 영원히 내 가까이 있으며,
당신은 나에게 너무나 소중합니다.

9. 대천사 미카엘이여, 한국에 있는 우리가 예전부터 성 저메인을 의식하고 있었고, 한국에 그의 황금시대가 오도록 돕겠다고 내면에서 원했음을 깨닫게 하소서.

대천사 미카엘이여, 당신은 가장 푸른 별처럼,
찬란하게 빛나고 있습니다.
당신은 우주의 아바타이며,
나는 당신과 함께 아주 멀리 갈 것입니다.

대천사 미카엘, 당신은 여기 함께하시며,
당신의 빛은 모든 의심과 두려움을 불태웁니다.
당신의 현존은 영원히 내 가까이 있으며,
당신은 나에게 너무나 소중합니다.

파트 3

1. 대천사 미카엘이여, 이원성 의식을 초월하고 황금시대 의식을 실현할 수 있는 시범을 보여줄 수 있는 커다란 잠재력이 한국에 있기 때문에, 우리가 한국에 육화하기로 선택했음을 한국 사람들이 알게 하소서.

대천사 미카엘, 찬란한 푸른 빛이시여,
내 가슴은 오직 당신을 위해 열려 있습니다.

내 마음은 이제 둘이 아닌 하나가 되었고,
나에 대한 당신의 사랑은 언제나 진실합니다.

**대천사 미카엘, 당신은 여기 함께하시며,
당신의 빛은 모든 의심과 두려움을 불태웁니다.
당신의 현존은 영원히 내 가까이 있으며,
당신은 나에게 너무나 소중합니다.**

2. 대천사 미카엘이여, 남북의 분단은 오직 인간의 관점에서만 극복이 불가능하게 보인다는 것을 한국 사람들이 깨닫게 하소서.

대천사 미카엘이여, 나는 당신의 현존과,
온전히 하나 되겠습니다.
내게 보이는 어떤 두려움도 나를 막지 못하며,
이 세상은 나를 지배할 힘이 없습니다.

**대천사 미카엘, 당신은 여기 함께하시며,
당신의 빛은 모든 의심과 두려움을 불태웁니다.
당신의 현존은 영원히 내 가까이 있으며,
당신은 나에게 너무나 소중합니다.**

3. 대천사 미카엘이여, 남한 사람들을 적으로 보게 만드는 광신적인 프로그래밍에서 북한 사람들이 깨어나게 하소서.

대천사 미카엘, 나를 굳게 잡아주시고,
이제 가장 어두운 밤을 산산조각 내소서.
당신의 빛으로 내 차크라들을 정화하고,
나의 내적 시야를 복원해주소서.

**대천사 미카엘, 당신은 여기 함께하시며,
당신의 빛은 모든 의심과 두려움을 불태웁니다.
당신의 현존은 영원히 내 가까이 있으며,**

당신은 나에게 너무나 소중합니다.

4. 대천사 미카엘이여, 당신들이 한반도를 바라볼 때 분단을 보지 않는다는 것을 한국 사람들이 알게 하소서. 당신들은 오직 하나된 한국, 하나된 국민을 봅니다. 북한 사람들에게 프로그래밍된 것은 단지 일시적으로 내면의 본질을 가리는 외투임을 알기 때문입니다.

대천사 미카엘이여, 나는 이제 일어나서,
당신의 빛과 함께 명령합니다.
내가 가장 높은 진리를 이해할 때까지,
영원히 내 가슴을 확장해나가겠습니다.

**대천사 미카엘, 당신은 여기 함께하시며,
당신의 빛은 모든 의심과 두려움을 불태웁니다.
당신의 현존은 영원히 내 가까이 있으며,
당신은 나에게 너무나 소중합니다.**

5. 대천사 미카엘이여, 단지 남한의 우리만이 성 저메인과 뜻을 함께하며 한국에 육화하기로 선택한 것이 아님을 알게 하소서. 북한에도 역시 성 저메인과 뜻을 함께하며 육화를 선택했던 사람들이 있습니다.

대천사 미카엘, 내 가슴 안에 계신 존재시여,
당신은 결코 나를 떠나지 않습니다.
나는 우주적 위계의 일원이 되어,
이제 신선한 새 출발을 받아들입니다.

**대천사 미카엘, 당신은 여기 함께하시며,
당신의 빛은 모든 의심과 두려움을 불태웁니다.
당신의 현존은 영원히 내 가까이 있으며,
당신은 나에게 너무나 소중합니다.**

6. 대천사 미카엘이여, 북한의 집단의식에 전환이 일어나 북한 정권이 권력을 유지하는 것이 불가능해지도록 북한 사람들의 잠재력을 일깨우소서.

대천사 미카엘이여, 당신의 푸른 빛 검은,
모든 어둠을 갈라버립니다.
나는 이제 나의 그리스도 신성을 추구하며,
무엇이 진실인지를 분별합니다.

**대천사 미카엘, 당신은 여기 함께하시며,
당신의 빛은 모든 의심과 두려움을 불태웁니다.
당신의 현존은 영원히 내 가까이 있으며,
당신은 나에게 너무나 소중합니다.**

7. 대천사 미카엘이여, 남한이 더 자유로우므로 우리에게 영적 균형을 유지해줄 잠재력이 있고, 우리가 북한 사람들을 프로그래밍에서 벗어나도록 일깨울 수 있음을 알게 하소서.

대천사 미카엘이여, 당신의 날개 안에서,
지금 더 이하의 것들을 내려놓습니다.
집으로 돌아오라는 신의 부름이 울리면,
내 가슴은 당신과 함께 영원히 노래합니다.

**대천사 미카엘, 당신은 여기 함께하시며,
당신의 빛은 모든 의심과 두려움을 불태웁니다.
당신의 현존은 영원히 내 가까이 있으며,
당신은 나에게 너무나 소중합니다.**

8. 대천사 미카엘이여, 북한 사람들로 하여금 자신이 누구이며 왜 이번 생에 북한에 육화했는지 기억하게 하소서. 진정한 자기 자신을 받아들

이고 "더 이상은 안돼"라고 말하며 입장을 취할 수 있는 잠재력을 받아들이게 하소서.

대천사 미카엘, 나를 집으로 데려가소서,
나는 고등의 구체에서 거닐고 싶습니다.
나는 우주의 거품에서 재탄생하고,
내 삶은 이제 신성한 시(詩)가 됩니다.

대천사 미카엘, 당신은 여기 함께하시며,
당신의 빛은 모든 의심과 두려움을 불태웁니다.
당신의 현존은 영원히 내 가까이 있으며,
당신은 나에게 너무나 소중합니다.

9. 대천사 미카엘이여, 한국 사람들로 하여금 이원성 의식을 극복하게 하시어, 내면에서도 분열되지 않고 우리들 사이에서도 분열되지 않도록 하소서.

대천사 미카엘이여, 당신은 가장 푸른 별처럼,
찬란하게 빛나고 있습니다.
당신은 우주의 아바타이며,
나는 당신과 함께 아주 멀리 갈 것입니다.

대천사 미카엘, 당신은 여기 함께하시며,
당신의 빛은 모든 의심과 두려움을 불태웁니다.
당신의 현존은 영원히 내 가까이 있으며,
당신은 나에게 너무나 소중합니다.

파트 4

1. 대천사 미카엘이여, 남한에 육화한 우리는 이로써 북한의 정체성계 안에 어둠의 세력들이 구축한 요새를 소멸해버릴 권한을 당신께 드립니다.

대천사 미카엘, 찬란한 푸른 빛이시여,
내 가슴은 오직 당신을 위해 열려 있습니다.
내 마음은 이제 둘이 아닌 하나가 되었고,
나에 대한 당신의 사랑은 언제나 진실합니다.

대천사 미카엘, 당신은 여기 함께하시며,
당신의 빛은 모든 의심과 두려움을 불태웁니다.
당신의 현존은 영원히 내 가까이 있으며,
당신은 나에게 너무나 소중합니다.

2. 대천사 미카엘이여, 남한에 육화한 우리는 이로써 북한의 멘탈계 안에 어둠의 세력들이 구축한 요새를 소멸해버릴 권한을 당신께 드립니다.

대천사 미카엘이여, 나는 당신의 현존과,
온전히 하나 되겠습니다.
내게 보이는 어떤 두려움도 나를 막지 못하며,
이 세상은 나를 지배할 힘이 없습니다.

대천사 미카엘, 당신은 여기 함께하시며,
당신의 빛은 모든 의심과 두려움을 불태웁니다.
당신의 현존은 영원히 내 가까이 있으며,
당신은 나에게 너무나 소중합니다.

3. 대천사 미카엘이여, 남한에 육화한 우리는 이로써 북한의 감정계 안에 어둠의 세력들이 구축한 요새를 소멸해버릴 권한을 당신께 드립니다.

대천사 미카엘, 나를 굳게 잡아주시고,
이제 가장 어두운 밤을 산산조각 내소서.
당신의 빛으로 내 차크라들을 정화하고,
나의 내적 시야를 복원해주소서.

대천사 미카엘, 당신은 여기 함께하시며,
당신의 빛은 모든 의심과 두려움을 불태웁니다.
당신의 현존은 영원히 내 가까이 있으며,
당신은 나에게 너무나 소중합니다.

4. 대천사 미카엘이여, 남한에 육화한 우리는 이로써 물질계 안에 북한의 집권자들이 구축한 요새를 소멸해버릴 권한을 당신께 드립니다.

대천사 미카엘이여, 나는 이제 일어나서,
당신의 빛과 함께 명령합니다.
내가 가장 높은 진리를 이해할 때까지,
영원히 내 가슴을 확장해나가겠습니다.

대천사 미카엘, 당신은 여기 함께하시며,
당신의 빛은 모든 의심과 두려움을 불태웁니다.
당신의 현존은 영원히 내 가까이 있으며,
당신은 나에게 너무나 소중합니다.

5. 대천사 미카엘이여, 남한에 육화한 우리는, 북한에서 이미 일어나기 시작한 긍정적인 변화들이 완전히 물리적으로 구현될 것을 요청합니다. 한국의 황금시대를 가로막고 있는 모든 어둠의 세력들을 결박하고 불태워주소서.

대천사 미카엘, 내 가슴 안에 계신 존재시여,
당신은 결코 나를 떠나지 않습니다.
나는 우주적 위계의 일원이 되어,
이제 신선한 새 출발을 받아들입니다.

대천사 미카엘, 당신은 여기 함께하시며,
당신의 빛은 모든 의심과 두려움을 불태웁니다.
당신의 현존은 영원히 내 가까이 있으며,
당신은 나에게 너무나 소중합니다.

6. 대천사 미카엘이여, 남한에 육화한 우리는 이로써 북한의 집권자 배후에 있는 어둠의 세력을 결박하고 소멸시킬 권한을 당신께 드립니다. 그들은 북한을 아무도 드나들 수 없는 요새로 구축하려 했습니다.

대천사 미카엘이여, 당신의 푸른 빛 검은,
모든 어둠을 갈라버립니다.
나는 이제 나의 그리스도 신성을 추구하며,
무엇이 진실인지를 분별합니다.

**대천사 미카엘, 당신은 여기 함께하시며,
당신의 빛은 모든 의심과 두려움을 불태웁니다.
당신의 현존은 영원히 내 가까이 있으며,
당신은 나에게 너무나 소중합니다.**

7. 대천사 미카엘이여, 남한에 육화한 우리는 이로써 남한의 네 물질 영역에 어둠의 세력이 구축한 요새를 소멸해버릴 권한을 당신께 드립니다.

대천사 미카엘이여, 당신의 날개 안에서,
지금 더 이하의 것들을 내려놓습니다.
집으로 돌아오라는 신의 부름이 울리면,
내 가슴은 당신과 함께 영원히 노래합니다.

**대천사 미카엘, 당신은 여기 함께하시며,
당신의 빛은 모든 의심과 두려움을 불태웁니다.
당신의 현존은 영원히 내 가까이 있으며,
당신은 나에게 너무나 소중합니다.**

8. 대천사 미카엘이여, 남한에 육화한 우리는 오직 하나의 한국, 자유로운 한국만을 본다고 당신과 함께 확언합니다. 한국의 통일 여부가 문제가 아니라, 단지 시기가 문제입니다. 우리는 지금, 통일이 이루어졌음을 받아들입니다.

대천사 미카엘, 나를 집으로 데려가소서,
나는 고등의 구체에서 거닐고 싶습니다.
나는 우주의 거품에서 재탄생하고,
내 삶은 이제 신성한 시(詩)가 됩니다.

**대천사 미카엘, 당신은 여기 함께하시며,
당신의 빛은 모든 의심과 두려움을 불태웁니다.
당신의 현존은 영원히 내 가까이 있으며,
당신은 나에게 너무나 소중합니다.**

9. 대천사 미카엘이여, 남한에 육화한 우리는, 통일된 한국을 위한 황금시대 매트릭스가 점점 하강하면서 우리 주위로 완전히 내려와 우리 모두가 황금시대 매트릭스 안에 서 있음을 선언합니다. 바로 여기 당신이 있는 곳에서 그 매트릭스가 물리적으로 구현되는 것처럼, 그것은 우리가 있는 곳에서도 구현됩니다.

대천사 미카엘이여, 당신은 가장 푸른 별처럼,
찬란하게 빛나고 있습니다.
당신은 우주의 아바타이며,
나는 당신과 함께 아주 멀리 갈 것입니다.

**대천사 미카엘, 당신은 여기 함께하시며,
당신의 빛은 모든 의심과 두려움을 불태웁니다.
당신의 현존은 영원히 내 가까이 있으며,
당신은 나에게 너무나 소중합니다.**

봉인하기

신성한 어머니의 이름으로, 나는 이 요청의 힘이 마-터 빛을 자유롭게 하는데 사용되어, 나 자신의 삶과 모든 사람들과 행성을 위한 그리스도의 완전한 비전을 구현할 수 있음을 전적으로 받아들입니다. I AM THAT I AM 의 이름으로, 그것이 이루어졌습니다! 아멘.

관 음
Kuan Yin

과거를 바꿀 수는 없습니다

불교 안에 성장의 여지가 있나요?

여러분은 오직 '지금' 안에서만 변화할 수 있습니다

삶의 최종적인 목적지란 없습니다

삶은 계속 진행되는 과정입니다

지구가 전 우주를 변화시킬 수는 없습니다

한국의 고립주의

문제는 북한이 아닙니다

어떻게 남한이 변화를 가져올 수 있을까요

용서의 가치를 알기

변화는 남한에서 시작되어야 합니다

처벌하려는 욕망을 극복하기

북한에 대해 좀 더 열린 정책을 가지기

핵전쟁에 대한 위험

일본, 미국, 그리고 중국의 저항

오직 빛만이 한국을 변화시킬 수 있습니다

3
한국에 대한 방정식을 변화시키기

상승 마스터 관음, 2016년 7월 1일

나는 상승 마스터 관음입니다.

나는 많은 이들에 의해 자비의 여신(보살)으로 불려왔습니다. 그런데 자비란 무엇일까요? 모든 생명을 자유롭게 하는 것, 주는 자와 받는 자 모두를 자유롭게 하는 것이 자비입니다.

여러분이 용서하고 자비를 베풀 때 스스로를 자유롭게 해준다는 사실을 깨닫는 것은 너무나 중요합니다. 이 행성의 삶에서 일어나는 수많은 상황 속에서 개인적으로 자유로워지고 또 국가적으로 자유로워지는 길은 조건 없는 용서와 조건 없는 자비를 행하는 것입니다.

과거를 바꿀 수는 없습니다

작년에 유럽에서 우리는, 유럽의 국가들과 사람들이 2차 세계대전에서 받은 상처와 마음의 짐을 벗어나 자유로워지려면 조건 없이 용서하는 것이 필요하다고 이야기했습니다. 이것은 한국과 아시아에서도 똑같이 적용됩니다.

사랑하는 이들이여, 과거를 바꿀 수는 없다는 것을 깨달아야 합니다. 중국이나 다른 어느 나라의 강력한 황제 중 그 누구라도, 그 모든 영광과 권력을 가지고서 과거에 일어난 일을 조금이라도 바꿀 수 있었습니까? 여러분이 시간을 되돌릴 수는 없습니다. 과거로 돌아가 이미 일어난 일들을 바꿔 놓는 것은 불가능합니다. 여러분이 할 수 있는 일은 무엇입니까? 여러분은 과거가 현재의 마음에 영향을 주고 있는 양상을 바꿀 수는 있습니다. 과거가 여러분의 마음에 영향을 주고 있는 양상을 바꾸면, 여러분이 취하는 진로에 미치는 과거의 영향도 또한 바뀌게 되고, 여러분과 여러분의 나라는 끊임없이 흐르고 있는 생명의 강 안으로 흘러가게 됩니다.

불교 안에 성장의 여지가 있나요?

동양에는 많은 심오한 가르침들이 존재합니다. 불교 안에도 다양한 갈래에서 나온 많은 심오한 가르침들이 있습니다. 내가 (제도적) 종교로서의 불교를 이야기하는 것은 아닙니다. 비록 서양 사람들이 불교를 하나의 종교로 이름 붙이고 싶어 하지만, 동양의 많은 사람들은 불교가 서양에서 보는 것 같은 종교가 아님을 알고 있기 때문입니다. 불교는 항상 흘러가며 초월하는 것이며, 하나의 시스템 이상의 것입니다.

물론 불교조차도, 모든 것을 의례화하고 조직화하려는 인간 성향의 먹잇감으로 전락했음을 인식해야 합니다. 여러분은 여기 서울 시내의 절에 가서 거대한 불상과 사원의 복잡한 세부 양식들을 본 적이 있을 것입니다. 그리고 스스로에게 묻겠지요. "부처님께서 어떻게 사셨는지, 얼마나 단출한 사원에서 가르침을 펴셨는지 잘 알려져 있는데, 어떻게 그렇게 소박한 시작에서 저렇게 정교하고, 조직화되고, 의례화 되기에 이르렀을까?"라고 말입니다.

대천사 미카엘이 얘기했던 여러분의 '신성한 개성'을 표현하기가 아주 어렵게 되어 버린, 이렇게 너무나 의례화 되어 버린 시스템에서 영(Spirit)을 위한 공간은 어디에 있습니까? 이렇게 의례화된 시스템에서 개인의 공간은 어디에 있고, 또 성장을 위한 공간은 어디에 있습니까?

여러분은 오직 '지금' 안에서만 변화할 수 있습니다

그럼에도 불구하고, 불교에서 나온 많은 심오한 가르침들이 있습니다. 기록으로는 전해지지 않는 티베트 불교의 가르침 중의 하나를 알려주고 싶습니다. 그 가르침은 수년 간 우리가 이 메신저(킴 마이클즈)를 통해 묘사해왔던 방식으로, 즉 멈추지 않고 계속되는 흐름으로 삶의 모습을 그려주고 있습니다. 이 영원한 흐름을 우리는 생명의 강(River of Life)이라고 불러왔습니다.

이 생명의 강이라는 것을 이해하게 되면 여러분은, 생명이 끊임없이 진행되는 '과정'이라는 것을 깨닫게 됩니다. 이것은 마음에 새겨야 할 매우 중요한 내용입니다. 왜냐하면 인간의 마음은, 특히 이원적인 의식의 영향 안에 있을 때에는 모든 것들을 단선적으로 조직화하고 싶어 합니다. 이런 단선적인 사고의 성향은 분명히 동양보다는 서양에서 더 우세하지만, 이것은 일반적인 인간의 성향이기 때문에 동양에서도 역시 나타납니다.

여러분은 시간이라는 관점에 입각해서 그것을 과거, 현재, 미래로 나눕니다. 여러분은 과거나 미래에 지나치게 집중하면서 '지금'을 간과합니다. 그러나 오직 '지금' 이 순간만이, 방향을 바꿀 수 있는 유일한 시간입니다.

여러분이 '지금' 안에 있지 않으면 의식적으로 방향을 바꿀 수가 없습니다. 여러분이 의식적으로 방향을 바꾸지 않으면, 과거가 여러분의 미래를 결정하게 됩니다. 오직 지금 안에서만 의식적으로 방향을 바꿀 수 있고, 여러분이 깨어나서 변화하겠다고 결정을 함으로써 여러분의 미래는 그 이전과는 다른 경로로 가게 됩니다.

삶의 최종 목적지란 없습니다

이 생명의 강이라는 개념을 진정으로 이해할 때, 여러분은 도달해야 할 최후의 최종 목적지란 없음을 깨닫게 됩니다. 이것은 매우 심원한 의미를 담고 있으며 깊이 명상해 보아야 할 중요한 주제입니다. 왜냐하면 여러분들은 성취해야 하는 최종 목적을 생각하거나 나쁜 결과가 올까 봐 두려워하는데 너무 익숙해져 있기 때문입니다.

우리는 서사적 사고방식(epic mindset)에 대해 설명했습니다. 그 사고방식 안에서는 삶을 선과 악의 투쟁으로 묘사하며, 선이 악을 절멸시키는 것을 반드시 달성해야 하는 목적으로 봅니다. 만일 선이 악을 이기지 못하면 악이 창궐하게 되고 모든 영혼들은 어둠에 빠지게 된다는 것입니다. 그러나 사랑하는 이들이여, 여기에는 현실성이 없습니다. 그 어떤 현실성도 없습니다. 서사적 철학은 이런 궁극적인 목적을 위한 투쟁을 정당화하고 있지만, 이것은 오직 타락한 존재들이 조장하는 이원성 의식에 빠져 있는 인간들의 마음에만 존재합니다.

공산주의가 그런 서사적 철학의 명백한 실례임을 볼 수 있지 않나요? 그것은 전 세계에 공산주의를 전파해야만 한다는, 반드시 달성되어야 하는 최종 목표를 가지고 있었습니다. 그리스도교 또한 이런 서사적 사고방식의 영향을 받았음이 보이지 않나요? 그리스도교에서는 모든 사람들이 반드시 그리스도교로 개종되어야 하며, 아니면 불타는 지옥으로 가게 된다고 말합니다. 사실 지옥이란 것이 신에 의해 만들어지지도 않았고, 따라서 실재하는 것도 아닌데 말입니다.

삶은 계속 진행되는 과정입니다

사랑하는 이들이여, 생명의 강은 계속 진행되는 과정입니다. 생명의 강이 계속 진행되는 과정인 이유는, 생명의 강이 여러분의 구체(sphere)에서 살아가는 모든 자기의식적인(self-aware) 존재들에 의해 창조된 것이기 때문입니다. 이전에 우리는 여러분의 구체 이전에 존재했던 다른 구체들에 대해서 이야기한 적이 있습니다. 이 구체들의 주민들은 자신들의 의식을 올림으로써 구체를 상승 지점으로 이끌었고, 이들 구체들은 모두 상승했습니다. 내 설명에 근거해서 누군가는 이렇게 말할지도 모릅니다. "하지만, 관음이시여, 그것이 최종 목표는 아니지 않나요?"라고요.

여러분도 알다시피, 서사적 관념에서 이것은 최종 목표가 아닙니다. 현실에 있어서도 이것이 최종 목적지가 될 수 없습니다. 하나의 구체가 상승하면 무슨 일이 일어날까요? 자신들의 구체를 상승시킬 만큼 의식을 충분히 올린 존재들은 이제 다음 구체를 공동-창조하고, 자기 존재의 확장체들을 그 구체로 보내어 육화해서 살게 함으로써 자신의 의식을 한층 더 상승시킵니다. 이렇게 끊임없는 진행이 있습니다.

최종 목적지란 없습니다. 모든 것이 계속해서 흘러가고 있으며, 진실로 시작도 없었고 마지막도 없습니다. 그러나 단선적인 인간의 마음은 시작도 없고 끝도 없이 영원히 지속되는 흐름을 다룰 수 없기 때문에, 시작이 있고 결말이 있을 것이라는 서사적인 이야기를 필사적으로 만들어내려고 하는 것입니다.

지구가 전 우주를 변화시킬 수는 없습니다

여러분이 생명이 한 줄기 흐름임을 알게 되면, 지구는 엄청나게 광대한 우주 안에 있는 아주 아주 작은 행성이라는 것을 깨달을 것입니다.

70억의 생명흐름(lifestream)들이 지구에 육화해 있지만, 여러분의 구체에 존재하는 무수한 생명흐름들에 비교하면 이것은 매우 작은 수에 불과합니다. 그리고 이 거대한 무리의 생명흐름들은 점점 더 높은 수준으로 상승하기 위해 그들의 의식을 높여가고 있습니다. 그리고 바로 이들에 의해 생명의 강이 형성되었으며, 이 생명의 강은 여러분의 구체의 모든 존재들을 더욱 더 높이 끌어올리고 있습니다.

사랑하는 이들이여, 여러분이 오직 지구 밖에 모르고 지구에만 초점을 맞춘다면, 타락한 존재들이 제시하는 환영의 먹잇감이 될 수 있습니다. 즉, 지구가 우주에 영향을 미치고 신의 계획에 영향을 미칠 수 있다는 그들의 환영에 빠지게 되는 것입니다. 여러분이 자유의지의 법칙을 인식한다면, 그리고 여러분의 구체에 얼마나 무수하게 많은 생명흐름들이 존재하고 얼마나 무수한 생명흐름들이 생명의 강에 합류하기를 선택했는지 알게 된다면, 지구나 지구의 생명흐름들은 전체 우주에 영향을 미칠 수 없음을 알게 될 것입니다.

여러분은 전체의 아주 작은 부분에 불과하므로 전체의 진행 방향을 바꿀 수 없습니다. 지금 전체 우주가 여러분을 위로 끌어올리고 있다는 사실을 알아야 합니다. 비록 여러분이 자유의지를 가지고 이 상향 인력에 저항하고 있다 하더라도, 점점 더 저항하기가 힘들어질 것입니다. 이것이 바로 우리가 설명했던 열역학 제2의 법칙이며, 여러분이나 여러분의 나라가 폐쇄적인 시스템으로 들어가게 되면 그 폐쇄성을 유지하기 위해서 점점 더 많은 힘을 필요로 하게 됩니다.

그러므로 여러분은 생명의 강이 가진 상향의 흐름에 저항하는 데 필요한 힘을 더 이상 내지 못하는 그런 지점에 이를 것입니다. 여러분의 시스템을 닫히게 한다면 필연적으로 언젠가는 붕괴될 것이라는 의미입니다. 이것은 개인과 국가, 그리고 전체 인류 모두에 마찬가지로 해당됩니다.

한국의 고립주의

한국의 역사를 살펴보면, 자국을 주위의 나라들로부터 고립시키고 격리하는 경향 (아시아의 다른 나라에서도 볼 수 있음)이 있음을 알게 됩니다. 이것은 생명의 강에 역행하는 것입니다. 장기적으로 보았을 때 여러분이 스스로를 고립시키고 절연한다면 살아남을 수 없습니다.

이해하기 어려운 일일지 모르지만, 한국 사람들에게 있는 특별한 왜곡에 주의를 했으면 합니다. 넓은 범위의 한국 사람들을 보고 과거를 돌아볼 때, 그리고 특히 오늘날의 남한을 볼 때, 여러분은 자신이 평화롭고, 평화를 사랑하는 사람이란 것을 압니다. 여러분들은 평화를 추구합니다.

그런데 왜 여러분의 역사 안에는 평화가 없었을까요? 왜 오늘날 이렇게 분단이 되었나요? 왜냐하면 평화는 통제를 통해서는 이루어질 수 없기 때문입니다. 외부 상황을 통제하길 원하고, 자연스런 흐름을 차단하고, 모든 것을 통제 하에 두면서 평화를 유지하려는, 그런 정지된 상태를 통해서는 평화를 얻을 수 없기 때문입니다.

평화는 통제를 통해서는 유지될 수 없습니다. 여러분이 변화하는 상황들에 부단히 적응하면서 오직 생명의 강과 함께 흐를 때만이 평화를 유지할 수 있습니다. 세상으로부터 스스로를 닫아버리려고 시도한다면 여러분은 저항을 만들어내는 것이며 그 저항을 유지하기 위해 힘을 이끌어내야 합니다. 이것은 내부적인 갈등을 불러오던지, 아니면 외부에서 정복자의 침략을 끌어들이게 될 것입니다.

자, 평화를 사랑하는 사람들이 평화를 이루고 싶어 하는 것은 이해할 만한 일입니다. 그들은 평화롭고, 조화로운 사회를 만들기를 바랍니다. 그러나 균형이 잡히지 않은 상태에서 평화를 취한다면, 평화조차도 통제와 저항의 근원이 될 수 있으며, 나아가 갈등의 근원이 될 것입니다.

생명의 강은 노력을 필요로 하지 않습니다. 생명의 강과 함께 흐르기 위해 큰 노력을 할 필요는 없습니다. 노력은 여러분이 어떤 한쪽의 극단이나 다른 쪽의 극단으로 가려고 할 때 필요한 것입니다. 이것이 바로, 평화와 같은 긍정적인 자질조차 불균형한 방식으로 사용되면 여러분을 흐름을 거부하는 상황으로 이끌어 가게 되는 이유입니다.

문제는 북한이 아닙니다

어떻게 평화로운 사람들이 침략과 점령들을 겪고, 오늘날 수십 년 동안 나라가 남북으로 분단된 상태를 견디는 지점으로 오게 되었는지 이해하는 것이 중요합니다. 또한 어떻게 이 분단 상황을 극복할지, 무엇이 분단을 극복하는 유일한 길인지를 아는 것도 중요합니다. 이것은 물론 비슷한 경향을 보여주는 아시아의 다른 나라에도 적용이 될 것입니다.

여러분은 생명의 강의 흐름에 저항해왔기 때문에 지금 그 지점에 이른 것입니다. 지금 현재의 상황을 한 번 보세요. 여러분은 문제의 원인을 알아내려 할지도 모릅니다. 단선적인 마음은 이원적 의식과 서사적 사고방식에 빠져 있기 때문에 그렇게 하려는 성향을 가지고 있습니다. 여러분은 문제를 확인하고 문제의 물리적인 원인을 밝히고 싶어 하는데, 이것은 보통 다른 사람들을 문제의 원인으로 본다는 뜻입니다.

그러면 여러분은 아마 이렇게 말하겠지요. "남한은 북한보다 훨씬 더 많은 자유를 누리는 민주주의 국가이고 비 공산주의 국가이다. 그러므로 한국이 분단에 이르게 된 것은 북한 때문이다." 여러분들은 북한의 지도자나 북한의 주민들이 문제라고, 혹은 양자가 다 문제라고 여길 것입니다. 여러분은 여기 앉아서, 평화를 이루기 위해서는 그들이 변화해야 한다고 말할지도 모릅니다.

자, 인간적인 관점에서는 이것이 불합리한 감정은 아닙니다. 내 말에 유의하세요: '인간의 관점에서 이것이 불합리한 감정은 아닙니다.' 명백히 말해서, 나는 북한의 지도자들이 여러분과 북한의 주민들에게 하고 있는 일들을 눈감아주려고 여기 서 있는 것이 아닙니다. 프로그래밍된 북한 사람들의 태도를 눈감아주려는 것이 아닙니다. 그들이 변화할 필요가 없다고 말하는 것이 아닙니다.

북한은 남한보다 훨씬 불균형한 상태이기 때문에 당연히, 북한에는 변화가 필요합니다. 이것이 바로 북한이 국가와 주민들을 그 편협한 리더십 아래 두기 위해서 더욱 더 많은 노력을 쏟아야 하는 이유입니다. 이것이 불균형한 상태라는 것은 의문의 여지가 없으며, 나는 그 곳에 일어나는 상황을 눈감아주거나 용납하는 것이 아닙니다.

내 요점은, 여러분 국민들과 남한의 지도자들이 북한을 문제라고 지적할 때 여러분이 대체 무엇을 하고 있는 중인지 돌아보라는 것입니다. 여러분은 자신의 힘을 스스로 약화시키고 있습니다. 그들이 변하기 전까지는 평화가 올 수 없기 때문에 우리는 평화를 이룰 수 없다고, 여러분은 말하고 있습니다.

어떻게 남한이 변화를 가져올 수 있을까요

사랑하는 이들이여, 그들이 여태껏 아무것도 하지 않았는데 그들이 금방 변화될까요? 그런 일이 일어나지 않으리란 것은 여러분 모두가 잘 알고 있습니다. 여러분이 직면한 선택은, '북한이 변할 때까지 기다릴 것인지? 아니면 변화를 가져오기 위해 남한이 스스로 무언가를 할 것인지?'입니다.

영적인 사람으로서 여러분들이 특히 인식해야 하는 점은, 자유의지의 법칙에 따라서, 누구도 강제로 여러분들의 힘을 박탈할 수 없다는 것입니다. 누구도 여러분을 강제로 제압할 수는 없습니다. 따라서 여러분이 아무것도 할 수 없는 상황이란 절대 있을 수 없습니다.

사랑하는 이들이여, 영적인 여러분들은 이미 그것을 입증했지만, 나는 지금 집단의식을 향해 얘기합니다. 영적인 사람으로서 여러분이 할 수 있는 일을 이미 여러분들은 하고 있습니다. 그것은 영적인 여정을 가면서 자신의 의식을 높이는 것, 그리스도 의식의 실현을 추구하는 것, 기원문과 디크리를 하는 것, 또한 기회가 있을 때마다 의견을 확실히 밝히는 것입니다.

집단적으로 행해질 수 있는 일은 무엇일까요? 남한이 (분단된 한국의 상황에 관련된 다른 나라들도) 입장을 분명히 취하고 이렇게 이야기하는 것입니다. "우리가 무엇을 변화시켜야 이 남북한의 방정식이 바뀔까요?"

사랑하는 이들이여, 수학의 방정식에서, 특정한 인자(因子)들이 한 쪽에 있고 그 다음 등호(=)가 있고 다른 쪽에는 답이 있다는 것을 알고 있습니다. 왼쪽에 여러 인자들을 가지고 있을 수 있겠지만, 그 인자들을 그대로 두는 한 오른쪽 결과 값도 똑같을 것입니다. 왼쪽에 있는 하나의 인자를 바꾸게 되면, 다른 답을 갖게 됩니다. 여러분이 현 상황에 대한 접근법을 바꿈으로써 한반도의 방정식에 변화를 일으킬 무언가를 할 수 있습니다.

알버트 아인슈타인은 문제를 만든 때와 똑같은 의식 상태로는 그 문제를 풀 수 없다는 영감 어린 말을 한 적이 있습니다. 같은 일을 반복하면서 어느 날 다른 결과가 나오길 기다리는 것은 제 정신이 아니라고도 했습니다. 이 행성의 국가들 사이에서 보여지는 삶의 상황들은 일종의 정신이상의 형태입니다. 사람들은 자신은 변화할 필요가 없으며, 계속 똑같이 해나가다 보면 어느 날 다른 사람들이 마법같이 변화할 것이라고 생각합니다.

용서의 가치를 알기

이것은 진보가 이루어지는 방식이 아닙니다. 진보는 어떤 사람이 그 상황을 바라보면서 더 이상 영향력을 잃지 않겠다는 결정을 할 때 일어납니다. 그들은 그 상황에 대해 무언가를 하기 위해 영향력을 되찾고 그들이 할 수 있는 무엇이든 할 것입니다. 영적인 사람들인 여러분은, 남한의 사람들이 용서와 자비의 가치를 깨닫는 것을 심상화할 필요가 있습니다.

분명, 용서해야 할 것들이 많습니다. 하지만 용서의 가치는 용서를 통해 여러분 자신과 그 사람들 양자를 모두 자유롭게 해주는 것입니다. 자유롭게 되는 단 하나의 길은 놓아주고, 용서하고, 자비를 베푸는 것입니다. 내가 말했듯이, 한국이 분단되기 이전으로 시계를 되돌릴 수는 없습니다. 여러분은 단지 상황을 바라보면서 다음 두 가지를 받아들일 수 있습니다. 첫째는 있는 그대로의 상황입니다. 둘째는 과거를 붙잡고 화를 내고 상처받는다면 아무것도 성취할 수 없다는 것입니다. 그런 식으로는 아무런 건설적인 것도 성취할 수 없습니다! 단지 여러분 자신을 과거와 과거의 의식에 묶어놓았다는 현실에 이를 뿐입니다.

상황을 변화시키기 위해서는 무엇이 필요한가요? 많은 경우 사람들은 물질적인 상황을 보며 물질적인 상황의 이것, 저것이 변해야 한다고 얘기합니다. 이 물질 우주에는 네 가지 수준의 층이 있고, 지금 여러분이 보는 물질적인 조건들은 단지 사람들의 세 상위 층(정체성, 멘탈, 감정층)의 의식 안에서 유지되고 있는 이미지의 반영일 뿐입니다. 따라서 물질적인 상황을 변화시키기 위해서는 먼저 의식의 전환이 필요합니다.

물질적 변화가 이루어지기 전에는 반드시 의식의 전환이 있어야 합니다. 이러한 의식의 변화는 이미 시작되었습니다. 대천사 미카엘이 말씀했듯이, 이런 변화를 가져오기 위해 수많은 사람들이 북한과 남한에 육화하는 것을 선택했기 때문입니다.

영적인 사람들인 여러분은 자기 성장과 의식전환을 통해서, 디크리나 기원문을 통해서 이런 힘을 더 강화시킬 수 있고 막대한 영향을 미칠 수 있습니다. 말하자면 여러분들은 선두주자로서 배의 방향을 정하고 키를 잡을 수 있습니다.

사랑하는 이들이여, 여러분에게 큰 배가 있고 거기에 방향키를 틀 수 있는 큰 핸들이 있다면, 핸들을 아주 약간만 돌려서 방향키에 조금만 변화를 주어도 그 배의 경로가 어느 정도 변하게 됩니다. 단기적으로는 아무 차이도 볼 수 없겠지만, 장기적으로는 큰 변화가 오게 될 것입니다. 그렇기 때문에 소수의 사람들일지라도 엄청난 영향력을 행사할 수 있는 것입니다.

변화는 남한에서 시작되어야 합니다

일어나야 할 변화는 의식의 변화이며, 그 의식의 변화는 남한에서 시작되어야 합니다. 왜냐하면 여러분 나라가 더 자유롭고 더 깨어 있는 나라이기 때문입니다. 우리 상승 마스터들이 한 나라를 볼 때, 우선 외적으로 구현된 것부터 보지는 않습니다. 분명, 나라의 외적인 조건들은 국민들의 의식을 나타내는 지표이기는 합니다.

전쟁 직후의 거의 완전한 파괴 상황으로부터 남한이 이루어낸 것을 볼 때, 이것은 정말 엄청난 발전입니다. 물질계에서의 발전은 더 높은 층의 의식에서 변화가 없었다면 성취될 수 없었을 것이며, 그 변화는 더 가속될 수도 있습니다. 우리 상승 마스터들이 주목하는 것은 단지 외적인 조건들만이 아니라 무엇보다도 먼저 사람들의 의식, 집단의식입니다.

왜 성 저메인이 네덜란드의 컨퍼런스에서 "한국이 아시아를 열어줄 열쇠입니다"라고 말했을까요? 왜냐하면 우리가 각 국가들을 볼 때 한국인들은 높은 수준의 자기의식을 가지고 있고 자기 자신과, 자신이 하고 있는 일에 대해 그리고 사회에서 자신이 성취한 것에 대해 잘 인식하고 있기 때문입니다.

좀 더 높은 의식으로 올라가서 영적인 존재로서의 자신과 자신의 영적 잠재력을 좀 더 깊이 자각하는 데에는 그리 많은 시간이 걸리지 않을 것입니다. 이런 전환이 일어나게 되면, 사람들은 (종종 가장 늦게 알게 될 사람들인 정치인들도) 북한과의 관계에서 극적인 변화가 있으려면 남한이 먼저 그런 변화를 가져와야 함을 알게 될 것입니다. 그리고 그런 변화를 가져오기 위해선 이전에 해왔던 것과는 다른 무언가를 할 필요가 있습니다.

처벌에 대한 욕망을 극복하기

나는 한국 국민들과 지도자들의 다수가 재통일을 보고 싶어 하고, 또 더 큰 개방과 협력과 교류를 바라는 것을 알고 있습니다. 내가 말했던 것을 실현함으로써 이 변화는 가속화될 수 있습니다. 여러분이 과거를 바꿀 수는 없습니다. 그러나 과거로부터 자유로워지기 위해서 우리는 용서해야 하고 놓아 버려야 합니다. 과거에 분쟁을 일으키고 잔혹한 행위를 했던 사람들이 벌을 받아야 한다는 태도를 가져서는 안됩니다. 만일 여러분이 처벌하려는 욕구를 가지고 있다면 용서를 할 수가 없습니다. 사랑하는 이들이여, 그렇게 해선 안됩니다. 그러므로 여러분은 누군가 책임을 지도록 만들어야 한다는 욕구를 극복해야 합니다.

다시 말하지만, 아무에게도 책임이 없다는 뜻이 아닙니다. 분명히 과거에 일어났던 일에 대한 책임이 있는 사람들, 그리고 지금 책임을 져야 하는 사람들이 있습니다. 사랑하는 이들이여, 대 카르마 위원회 (Great Karmic Board)는 그들에게 행위에 대한 책임을 물을 것이고, 그들은 자신의 카르마로부터 달아날 수 없음을 확언합니다. 그러므로 육화한 여러분들은, 신이 이스라엘 사람들에게 "복수는 내 소관이니, 내가 되갚을 것이다"라고 한 말에 담긴 지혜를 알아야 하는 것입니다.

그 의미는, 신께서 모든 이들로 하여금 뿌린 대로 거두게 한다는 것입니다. 모두가 자신들의 행위에 책임을 지게 되어 있기 때문에, 육화한 여러분 자신이 다른 사람들을 처벌하는 사람이 될 필요는 없습니다. 만일 그렇게 한다면, 여러분들은 스스로를 이원적인 의식에 묶이도록 만들어버립니다. 그래서 다른 사람들을 잘못된 사람으로 만들고 자신은 그들을 처벌하는 심판자가 됩니다. 여러분이 이렇게 하고 있을 때 우주 거울에 무엇을 보내고 있는지 아시나요? 이원적 투쟁이 존재하는 상황, 여러분이 누군가와 투쟁을 하고 있는 상황을 계속 진행시키려는 욕망을 보내고 있는 겁니다.

어떻게 이런 상태에서 한국의 재통일이 이루어지겠습니까? 오직 남한과 북한 모두가 이원적인 투쟁을 초월할 때만이 재통일이 가능합니다. 누가 이것을 먼저 할 수 있겠습니까? 당연히, 남한입니다. 북한이 무엇을 잘못했고 마땅히 벌을 받아야 한다는 태도로 북한에 접근해서는 안 된다는 자각이 필요합니다.

북한에 대해 좀 더 열린 정책을 가지기

여러분이 알아야 할 매우 단순한 사실이 있는데, 중국의 상황을 보면 그 힌트를 얻을 수 있습니다. 서구가 냉전 기간 동안 소련을 어떻게 다루려 했는지 보세요. 지속적인 갈등이 있었고, 지속적인 대립이 있었습니다. 결국 계속되었던 저항이 소련을 붕괴하게 만든 걸까요? 아니요, 그렇지 않습니다. 소련의 붕괴를 초래했던 원인은 사실 내부의 저항이었습니다.

서구는 중국에 대해서는 더 개방적이고 더 많은 상호 교류와 더 많은 상거래를 하는, 다른 접근법을 취했습니다. 사랑하는 이들이여, 여러분이 북한 정권과 30-40년 전의 중국 정권을 직접적으로 비교하는 것을 꺼릴 수도 있지만, 정말 여기 큰 차이가 있을까요? 만약 서구가 중국의 인권 유린이나 공산주의 체제를 못 본 척하면서 중국과 교역을 할 수 있다면, 북한과도 그렇게 할 수 있지 않을까요?

중국과의 교역은 어떤 효과를 가져왔을까요? 그것은 무엇보다도 중국인들과 외국 사람들과의 교류를 원활하게 만들어주었습니다. 무엇이 한 나라를 정체시키거나 문을 닫아걸게 하고, 하향나선으로 들어가게 할까요? 무엇이, 끊임없이 대항해야 하는 적들로 둘러싸여 있다는 두려움을 기반으로 하는 나라로 만들까요? 그것은, 그 나라 국민들과 더 큰 세상의 사람들과의 상호 교류가 없기 때문입니다. 요새 속에 갇힌 사람들은 다른 사람들이 삶과 세상을 어떻게 바라보고 자기 자신을 어떻게 바라보고 있는지에 대한 아무런 감화도, 참조틀도 가질 수가 없습니다.

중국의 방정식을 변화시키는 역할을 했던 물리적인 요소들을 지적할 수 있겠지만, 가장 중요한 점은 중국인들이 더 큰 세상의 사람들과 서로 정보와 의식을 주고받은 것입니다. 이 정보와 의식의 교류는 중국에 엄청난 변화를 가져왔습니다. 과거로 시간을 돌리는 것은 불가능해졌습니다. 중국의 집권층은 더 이상 몇 십 년 전처럼 중앙집권 체제를 유지하며 강력한 통제력을 행사할 수는 없는 지점에 이르게 되었습니다.

지금 북한은 어떻습니까? 북한 주민들은 세계로부터 고립되었습니다. 이것이 무엇을 뜻할까요? 그들에게는 북한의 집권자들이 주는 정보를 비교해볼 수 있는 아무런 참조틀이 없으므로, 집권자들에게서 들은 대로 믿을 수밖에 없습니다. 다른 사람들과의 상호 교류가 없는데, 집권자들이 말해주는 것이 사실인지 아닌지, 그들이 어떻게 알겠습니까? 각 나라들은 다른 나라에 하는 것처럼 북한과 북한의 집권층과도 함께 협상하고, 교역을 하고, 상호 교류를 할 수 있도록 정책을 바꾸어야 할 필요가 있습니다. 그렇지 않나요?

다시 말하지만, 나는 북한에서 일어나는 일들과 북한의 집권자들이 하고 있는 일들을 용서하고 있는 것이 아닙니다. 나는 단지, 주변 세상을 향해 더 많이 열린 태도를 가질 때에야 더 많은 아이디어와 의식의 교류가 이루어지고 이를 통해 결국 북한에 변화가 일어날 것이라고 말하고 있습니다.

핵전쟁에 대한 위험

물론 고립 정책이 지속되면, 집권층과 그들에게 충성하는 사람들이 형성하는 내부의 저항은 점점 더 강화되는 것이 사실입니다. 조만간 북한은 내부로부터 붕괴될 것인데, 그렇게 될 때 드는 비용은 어떻게 되는 걸까요? 파멸의 조짐을 알아차린 정부가 그 체제를 연장하기 위해서 절망적으로 뭔가를 감행할 가능성이 있습니다.

소비에트 연방이 막바지에 이르렀을 때, 소련 집권자들 몇몇이 권력을 장악하고 그들의 연방 통제를 유지하기 위해 핵무기와 재래식 무기를 동원해서 군사적 포고를 할 뻔했던 위험성도 있었습니다. 그때는 실제로 위험한 상황이었습니다.

여기 북한에도 그런 위험성이 존재합니다. 이런 일들이 일어나지 않는다 하더라도 북한의 내부적 붕괴는 북한 주민에게 그들이 지금까지 견뎌왔던 것보다 더욱 더 크고 엄청난 고통을 안겨줄 것이며, 그들은 그 동안도 너무나 고통을 당했습니다.

이는 물론 여러분이 보고자 하는 것이 아닙니다. 그들은 여러분의 가족들이며, 여러분의 영적인 형제자매들입니다. 그렇기 때문에 내가 여러분의 집단의식에, 북한에 대한 정책을 다시 생각해 보고 더 열린 마음이 될 필요성을 촉구하는 것입니다. 북한은 너무나 폐쇄적이어서, 좀 더 개방되는 것만이 모든 구성원에게 혜택을 가져다 줄 것입니다.

일본, 미국, 그리고 중국의 저항

여기에 대해 특별한 저항이 있을 수 있습니다. 어느 나라보다도 먼저 일본이 저항할 것이고 또한 미국의 저항도 있을 것입니다. 일본은 통일된 한국이 가져올 경쟁 상황에 대해 많은 우려를 하고 있습니다. 통일된 한국은 경제적으로 훨씬 강력해질 것이기 때문입니다. 그리고 특정한 군사적 분쟁에 대한 두려움도 있습니다. 이것은 객관적인 토대에서 하는 말은 아니고, 단지 일본의 집권층과 어느 정도의 일본인들의 양상을 지적하고자 하는 것입니다.

거의 무의식적이긴 하지만, 일본에서는 한국인이 일본인보다 훨씬 더 창의적이고 그렇기에 일본의 경제력을 추월할 가능성이 있다는 인식을 갖고 있습니다. 일본은 자국이 하락의 나선으로 가는 것을 막지 못했고, 창의력의 부족이 그 원인이었습니다. 그들은 한국인들이 그들보다 앞서 가는 것을 원치 않습니다. 일본은 한국을 저지하려는 어떤 욕망을 갖고 있기 때문에 여러분들은 이에 대해 요청하며 기원을 할 필요가 있습니다.

심지어 미국에서도 한국의 통일에 대한 저항이 있습니다. 미국에도 역시 이원적인 사고방식에 갇혀서 서사적인 투쟁의 환영을 유지하고 싶어 하는 사람들이 있기 때문입니다. 불행하게도 미국인들은 여전히 이 요인으로부터 해방되지 못했는데, 이것은 한 대통령 후보가 만들어 놓은 선거 캠페인과 후보 연설을 들어보면 알 수 있습니다. 물론 미국의 다른 많은 정치인들도 보면 마찬가지입니다. 확언하건대, 내가 보는 것을 여러분도 볼 수 있다면, 미국의 숨은 파워 엘리트들에게서도 같은 요인을 볼 수 있을 것입니다. 그들은 분단 한국의 긴장 상황과 이에 의해 얻어진 통제 메커니즘을 잃지 않으려 하며, 긴장 상황이 없다면 필요하지 않을 무기 판매로부터 오는 막대한 수입도 역시 잃고 싶어 하지 않습니다.

물론 중국에서도 한국의 통일을 거부하는 세력들이 존재하는데, 이들은 중국이 통일된 한국보다는 북한에 더 큰 영향력을 행사할 수 있다고 믿기 때문입니다. 그리고 통일된 한국의 경제력에 대한 두려움이 있습니다. 러시아의 반대도 있지만 그렇게 크지 않은데, 현재 러시아의 집권층은 다른 지역에 더 집중하고 있는 상황이기 때문입니다.

그럼에도 불구하고, 여러분이 한국의 통일에 반대하는 이런 세력들을 드러내고 소멸시켜 달라고 요청하는 것은 지혜로운 행동입니다. 내가 설명하고 있는 변화가 일어나기 위해서는 이 상황에 대한 국제적인 정서의 전환이 필요합니다. 다시 말합니다. 영적인 사람들인 여러분은, 한국의 황금시대 매트릭스를 물리적으로 구현하기 위해 남북한에 육화한 많은 사람들을 일깨우고 연합하게 하는 극적인 변화의 선두주자가 될 수 있습니다.

오직 빛만이 한국을 변화시킬 수 있습니다

여러분의 시작은 양호했습니다, 사랑하는 이들이여. 흔히 "좋은 출발은 절반을 마친 것과 같다"라고 말하지만 나머지 반이 물리적 현실이 되기 위해서는 여전히 할 일이 꽤 남아있습니다. 따라서 우리 모두는 책과 웹사이트를 번역하고 디크리와 기원문을 낭송하면서 여러분들이 한 일에 대해 칭찬을 하고 싶습니다. 이렇게 함께 모여서 방법들을 창조해냄으로써 여러분은 서로 알게 되고 서로 만날 수 있고 조화롭게 노력해갈 수 있습니다.

물론 이 컨퍼런스와 관련해서도 여러분들을 칭찬하고 싶습니다. 이 컨퍼런스는 영적인 의미에서 한국을 위한 하나의 진정한 전환점이기 때문입니다. 여러분들이 함께 모였다는 사실이 전환점을 이루며, 앞으로의 날들에서 여러분이 하나됨의 감각을 고양시키고 더 나아가 상승 호스트인 우리와 하나됨의 감각을 가진다면 훨씬 더 큰 전환점이 만들어질 것입니다.

그러나 한국 밖의 다른 나라에서 온 사람들도 이 자리에 있다는 것을 잊지 말아야 합니다. 이들은 빛의 길을 여는 것을 도울 것이고 이 빛은 내가 설명했던, 국제 사회에서 일어나야 할 그런 변화들을 가져올 것입니다. 따라서 여러분들이 함께하면 남한과 북한, 그리고 이 방정식의 일부인 다른 나라들이 가진 집단의식을 변화시킬 추진력을 가져올 수 있습니다. 내가 말했던 것처럼, 방정식에서 하나의 인자를 바꾸면 최종 결과에 변화가 일어납니다. 여러분이 모든 인자를 바꾸어가기 시작한다면, 최종 결과는 완전히 바뀔 것입니다.

여러분이 이 컨퍼런스를 실현시키고 있다는 사실만으로도 이미 한국의 방정식에는 전환이 일어났으며, 여러분들의 노력과 이 며칠 간 우리와 함께 작업하는 노력이 연합되면 더욱 더 큰 전환이 이루어질 것입니다. 여러분 자신의 마음을 성찰하면서 비용서, 분노, 복수, 처벌의 욕구, 비난, 그리고 타인에게 책임을 돌리고 싶은 그런 요소들이 있다면, 그렇다면 기꺼이 보내버리세요.

사랑하는 이들이여, 이 컨퍼런스를 통해 최상의 잠재력을 성취하길 원한다면 여러분, 특히 한국 출신의 여러분들은 그 모든 요소들 즉, 원한과 분노와 처벌하려는 욕구에서 자유로워져야 합니다. 여러분은 용서하고, 놓아 버려야 합니다. 이 낮은 감정들 모두를 보내버리고 자신을 비워야만, 상승 영역으로부터 오는 빛을 위한 열린 문이 될 수 있습니다. 항상 그러하듯이, 오직 상승 영역에서 오는 빛만이 진실로 이 방정식을 변화시킬 것입니다.

사랑하는 이들이여, 한국의 방정식을 마음에 떠올려보세요. 최종 결과가 있고, 똑같은 부호가 있고 특정한 인자들이 있습니다. 그 특정한 인자들은 관련된 나라들입니다: 즉 남한, 북한, 미국, 일본, 중국, 러시아 등등의 나라입니다. 이제 여러분이 여기에 또 하나의 인자를 더했는데, 그것은 상승 마스터들과 함께 일하는 한국 및 다른 나라의 영적인 사람들입니다. 그러면 갑자기, 여러분은 훨씬 더 강력한 인자를 가지게 되는데, 왜냐하면 여러분은 다른 모든 인자들보다도 더 높은 수준의 자각을 갖고 있기 때문입니다.

사랑하는 이들이여, 여러분이 비용서의 마음에서, 자비가 없는 마음에서 벗어나 자유로워진다면, 관련된 나라들의 지도자들보다 더 높은 자각에 이를 것입니다. 여러분은 집단의식을 넘어서서 그보다 더 높은 자각을 갖게 될 것입니다. 따라서 한국의 방정식에 대한 여러분의 영향력은 훨씬 더 커질 것입니다. 왜냐하면 사람의 수가 영향력을 배가시키는 것이 아니라, 자각의 수준과 개방성의 수준, 상승 영역의 빛이 흐르는 통로가 되고자 하는 진정한 의지가 영향력을 배가시키는 것이기 때문입니다.

여러분이 완전한 용서를 통해 통로의 문을 연다면, 그때 우리 상승 마스터들은 그 방정식에서 또 하나의 인자가 됩니다. 그러면, 눈 깜박할 사이에 변화가 일어나는 것을 볼 것입니다. 멀지 않은 미래에 여러분은 과거를 돌아보면서 이런 극적인 변화가 그토록 빨리 일어났다는 것을 믿지 못할 것입니다. 사람들은 이렇게 말하겠지요. "그런데 어떻게 이런 일이 일어났을까? 뭐가 이런 일을 일어나게 한 거지?" 사람들은 변화를 가져온 물리적인 원인들을 찾아보려 하겠지만, 아무것도 발견할 수 없을 것입니다. 왜냐하면 그 원인은 육화한 여러분과 상위 영역에 있는 상승 마스터들 사이의 8 자 형상의 흐름이며, 그 어떤 물리적 원인보다 더 강력한 생명의 강의 흐름이기 때문입니다.

자, 이제 더없이 큰 사랑과 기쁨을 가지고, 나는 여러분을 생명의 강의 흐름 안에 봉인합니다. 여러분이 모든 비-자비의 마음을 보내버리고 자비의 여신인 내 현존의 조건 없는 자비에 잠겨들 수 있도록, 나는 내 의지를 확장하여 여러분 한 사람 한 사람을 돕겠습니다. 나는 관음입니다(Kuan Yin I AM). 여러분이 요청한다면, 나는 여기서 여러분과 함께, 여러분 내면에 있습니다.

4
북한에 대한 새로운 개방을 기원하기

I AM THAT I AM, 예수 그리스도의 이름으로 나의 아이앰 현존이, 무한히 초월해가는 내 미래의 현존을 통해 흐르며, 완전한 권능으로 이 디크리를 해주시기를 요청합니다. 나는 사랑하는 관음을 부르며, 한국과 국제 사회에서 당신의 현존을 구현하시어 북한에 대한 새로운 태도와 접근방식을 가져와달라고 요청합니다…
(여기에 개인적인 요청을 추가하세요)

파트 1

1. 관음이시여, 개인적인 또는 국가적인 자유를 달성하는 유일한 방법은, 조건 없는 자비와 조건 없는 용서를 행하는 것임을 한국 사람들이 알게 하소서.

오 관음, 성스러운 이름이시여,
나를 자비의 불꽃으로 채워주소서.
자비를 베풀며 나는 자유로워지고,
모두를 용서함은 마법의 열쇠입니다.

관음의 감미로운 선율 안에서
나는 자유롭게 진아(Self)로 존재하며,
관음의 생명력 안에서
나는 자신의 불멸을 선언합니다.

2. 관음이시여, 우리나라가 생명의 강의 영원한 흐름 안으로 들어가 과거의 영향 아래 있던 우리 마음을 변화시키면, 우리의 진로에 미치는 과거의 영향도 역시 변화하게 됨을 한국 사람들이 알게 하소서.

오 관음이시여, 나는 여기 아래에서의
모든 집착을 놓아 버립니다.
갇혀 있던 느낌들을 모두 놓아주고,
감정의 질병에서 해방됩니다.

**관음의 감미로운 선율 안에서
나는 자유롭게 진아로 존재하며,
관음의 생명력 안에서
나는 자신의 불멸을 선언합니다.**

3. 관음이시여, 주변 세계로부터 자신들을 차단하고 고립시키는 경향을 한국 사람들이 극복하게 하소서.

오 관음이시여, 왜 삶이 내 이상(理想)에,
미치지 못한다고 느껴야 합니까?
나는 모든 기대를 던져버렸고,
이제 내 마음은 비워진 잔입니다

**관음의 감미로운 선율 안에서
나는 자유롭게 진아로 존재하며,
관음의 생명력 안에서
나는 자신의 불멸을 선언합니다.**

4. 관음이시여, 통제를 통해서는 그리고 흐름을 멈춘 정체 상태에서는 평화가 이루어질 수 없음을 한국 사람들이 알게 하소서. 우리는 모든 것을 통제해야 평화가 유지된다고 생각하며 정체 상태를 만들어냅니다.

오 관음이시여, 과거를 초월하니,
마침내 모든 원한은 사라집니다.
나는 미래의 어느 것도 기대하지 않고,
영원한 현재를 거부하지 않습니다.

**관음의 감미로운 선율 안에서
나는 자유롭게 진아로 존재하며,
관음의 생명력 안에서
나는 자신의 불멸을 선언합니다.**

5. 관음이시여, 세계로부터 스스로를 차단시킬 때, 우리는 저항을 형성하게 되며 그 저항을 유지하기 위해서 어떤 힘을 이끌어내야 함을 한국 사람들이 알게 하소서. 이것은 내부에서 갈등을 만들거나 외부에서 침략자를 끌어들입니다.

오 관음이시여, 윤회의 거친 바다 위로,
나를 들어올려 주소서.
당신의 반야의 배 안에선 모두가 안전하니,
이제는 피안이 멀지 않았습니다.

**관음의 감미로운 선율 안에서
나는 자유롭게 진아로 존재하며,
관음의 생명력 안에서
나는 자신의 불멸을 선언합니다.**

6. 관음이시여, 어떻게 하면 남북의 분단을 극복할 수 있는지를 한국 사람들이 깨닫게 하소서.

오 관음이시여, 당신의 연금술은,
기적과 함께 나를 해방합니다.
나는 용서함으로써 용서를 받으며,
이제는 죄책감의 구속에서 벗어납니다.

**관음의 감미로운 선율 안에서
나는 자유롭게 진아로 존재하며,
관음의 생명력 안에서
나는 자신의 불멸을 선언합니다.**

7. 관음이시여, 한국 분단의 원인을 북한이나 북한 주민과 집권자에게 돌리는 것은 너무 단순화된 견해임을 한국 사람들이 알게 하소서.

오 관음이시여, 모든 근심이 사라지니,
행한 것도 없고 행하지 못한 것도 없습니다.
분리된 자아를 통하여 행하지 않으니,
나는 당신과 완전히 하나 되어 휴식합니다.

**관음의 감미로운 선율 안에서
나는 자유롭게 진아로 존재하며,
관음의 생명력 안에서
나는 자신의 불멸을 선언합니다.**

8. 관음이시여, 우리가 북한을 문제로 지적할 때 우리는 스스로의 힘을 약화시키고 있는 것임을 한국 사람들이 알게 하소서. 이것은, 그들이 변하지 않는다면 한국에 평화가 올 수 없고 우리 힘으로는 평화를 이룰 수 없다고 말하는 것과 같습니다.

오 관음이시여, 당신의 지혜는
이제 나를 허상에서 자유롭게 합니다.
진정 그 모든 것이 나에게 무엇이리까,
나는 다 놓아 버리고 당신을 따릅니다.

관음의 감미로운 선율 안에서
나는 자유롭게 진아로 존재하며,
관음의 생명력 안에서
나는 자신의 불멸을 선언합니다.

9. 관음이시여, 자유의지의 법칙이 작용하고 있는 까닭에 우리가 힘을 강제로 빼앗기거나 아무것도 할 수 없는 상황이란 결코 없음을 한국 사람들이 알게 하소서.

오 관음이시여, 신성한 영역에서 울려 나오는,
너무나 감미로운 음류여.
내가 에고의 작업을 놓아 버리니,
피안의 기슭에서 나 자신을 발견합니다.

관음의 감미로운 선율 안에서
나는 자유롭게 진아로 존재하며,
관음의 생명력 안에서
나는 자신의 불멸을 선언합니다.

파트 2

1. 관음이시여, 남한은 "우리가 그 방정식을 바꾸기 위해 어떻게 변화해야 합니까"라고 묻는 자세를 취해야 함을 한국 사람들이 알게 하소서.

오 관음, 성스러운 이름이시여,
나를 자비의 불꽃으로 채워주소서.
자비를 베풀며 나는 자유로워지고,
모두를 용서함은 마법의 열쇠입니다.

관음의 감미로운 선율 안에서
나는 자유롭게 진아로 존재하며,
관음의 생명력 안에서

나는 자신의 불멸을 선언합니다.

2. 관음이시여, 상황에 대한 우리의 접근방식을 바꿈으로써 한반도의 방정식을 변화시킬 수 있음을 한국 사람들이 알게 하소서.

오 관음이시여, 나는 여기 아래에서의
모든 집착을 놓아 버립니다.
갇혀 있던 느낌들을 모두 놓아주고,
감정의 질병에서 해방됩니다.

**관음의 감미로운 선율 안에서
나는 자유롭게 진아로 존재하며,
관음의 생명력 안에서
나는 자신의 불멸을 선언합니다.**

3. 관음이시여, 한국의 분단 이전으로 시간을 되돌릴 수는 없음을 한국 사람들이 알게 하소서. 과거에 대해 분노하고 상처받으며 과거를 붙잡고 있으면 건설적인 것을 성취할 수 없습니다.

오 관음이시여, 왜 삶이 내 이상(理想)에,
미치지 못한다고 느껴야 합니까?
나는 모든 기대를 던져버렸고,
이제 내 마음은 비워진 잔입니다

**관음의 감미로운 선율 안에서
나는 자유롭게 진아로 존재하며,
관음의 생명력 안에서
나는 자신의 불멸을 선언합니다.**

4. 관음이시여, 물리적인 변화가 일어나기 위해서는 반드시 의식의 전환이 있어야 함을 한국 사람들이 알게 하소서. 이러한 변화를 가져오기 위해서 많은 사람들이 남한과 북한에 육화하는 것을 선택했습니다.

오 관음이시여, 과거를 초월하니,
마침내 모든 원한은 사라집니다.
나는 미래의 어느 것도 기대하지 않고,
영원한 현재를 거부하지 않습니다.

**관음의 감미로운 선율 안에서
나는 자유롭게 진아로 존재하며,
관음의 생명력 안에서
나는 자신의 불멸을 선언합니다.**

5. 관음이시여, 한국의 영적인 사람들이 한반도라는 배의 방향을 잡아갈 선구자들이 될 수 있음을 알게 하소서.

오 관음이시여, 윤회의 거친 바다 위로,
나를 들어올려 주소서.
당신의 반야의 배 안에선 모두가 안전하니,
이제는 피안이 멀지 않았습니다.

**관음의 감미로운 선율 안에서
나는 자유롭게 진아로 존재하며,
관음의 생명력 안에서
나는 자신의 불멸을 선언합니다.**

6. 관음이시여, 무엇보다도 의식 안에서 변화가 일어나야만 하고, 더 자유로운 나라인 남한에서 변화가 시작되어야 함을 한국 사람들이 알게 하소서.

오 관음이시여, 당신의 연금술은,
기적과 함께 나를 해방합니다.
나는 용서함으로써 용서를 받으며,
이제는 죄책감의 구속에서 벗어납니다.

관음의 감미로운 선율 안에서
나는 자유롭게 진아로 존재하며,
관음의 생명력 안에서
나는 자신의 불멸을 선언합니다.

7. 관음이시여, 만일 의식의 변화가 없었다면 전쟁 후에 남한이 엄청난 발전을 이룰 수 없었을 것이며, 앞으로 이 변화는 더 가속될 수 있음을 한국 사람들이 알게 하소서.

오 관음이시여, 모든 근심이 사라지니,
행한 것도 없고 행하지 못한 것도 없습니다.
분리된 자아를 통하여 행하지 않으니,
나는 당신과 완전히 하나 되어 휴식합니다.

관음의 감미로운 선율 안에서
나는 자유롭게 진아로 존재하며,
관음의 생명력 안에서
나는 자신의 불멸을 선언합니다.

8. 관음이시여, 남한의 사람들이 높은 수준의 자기의식에 이르렀음을 한국 사람들이 알게 하소서. 사람들이 영적인 존재로서의 자신에 대해 더 깊이 자각하면 더 높은 수준으로 올라갈 수 있습니다.

오 관음이시여, 당신의 지혜는,
이제 나를 허상에서 자유롭게 합니다.
진정 그 모든 것이 나에게 무엇이리까,
나는 다 놓아 버리고 당신을 따릅니다.

관음의 감미로운 선율 안에서
나는 자유롭게 진아로 존재하며,
관음의 생명력 안에서
나는 자신의 불멸을 선언합니다.

9. 관음이시여, 북한과의 관계가 극적으로 변화하기 위해서는 남한이 변화해야 함을 한국 사람들과 정치인들이 알게 하소서. 이전과는 뭔가 다르게 행함으로써 변화를 가져올 필요가 있습니다.

오 관음이시여, 신성한 영역에서 울려 나오는
너무나 감미로운 음류여.
내가 에고의 작업을 놓아 버리니,
피안의 기슭에서 나 자신을 발견합니다.

**관음의 감미로운 선율 안에서
나는 자유롭게 진아로 존재하며,
관음의 생명력 안에서
나는 자신의 불멸을 선언합니다.**

파트 3

1. 관음이시여, 과거에 분쟁과 잔혹행위들을 야기한 사람들이 반드시 처벌받고 책임을 져야 한다는 태도를 한국 사람들이 극복하게 하소서.

오 관음, 성스러운 이름이시여,
나를 자비의 불꽃으로 채워주소서.
자비를 베풀며 나는 자유로워지고,
모두를 용서함은 마법의 열쇠입니다.

**관음의 감미로운 선율 안에서
나는 자유롭게 진아로 존재하며,
관음의 생명력 안에서
나는 자신의 불멸을 선언합니다.**

2. 관음이시여, 남한과 북한 모두가 이원적 투쟁을 초월해야만 재통일이 이루어질 수 있고, 남한이 이것을 선도해나갈 능력이 있음을 한국 사람들이 알게 하소서.

오 관음이시여, 나는 여기 아래에서의
모든 집착을 놓아 버립니다.
갇혀 있던 느낌들을 모두 놓아주고,
감정의 질병에서 해방됩니다.

**관음의 감미로운 선율 안에서
나는 자유롭게 진아로 존재하며,
관음의 생명력 안에서
나는 자신의 불멸을 선언합니다.**

3. 관음이시여, 잘못을 행했으면 처벌받아야 한다는 태도로 북한에 접근하는 경향을 한국 사람들이 극복하게 하소서.

오 관음이시여, 왜 삶이 내 이상(理想)에,
미치지 못한다고 느껴야 합니까?
나는 모든 기대를 던져버렸고,
이제 내 마음은 비워진 잔입니다

**관음의 감미로운 선율 안에서
나는 자유롭게 진아로 존재하며,
관음의 생명력 안에서
나는 자신의 불멸을 선언합니다.**

4. 관음이시여, 북한이 변화하기 위해서는 북한 사람들과 더 큰 세상 사이에 정보와 의식의 교류가 더 확대될 필요가 있음을 한국 사람들이 알게 하소서.

오 관음이시여, 과거를 초월하니,
마침내 모든 원한은 사라집니다.
나는 미래의 어느 것도 기대하지 않고,
영원한 현재를 거부하지 않습니다.

관음의 감미로운 선율 안에서
나는 자유롭게 진아로 존재하며,
관음의 생명력 안에서
나는 자신의 불멸을 선언합니다.

5. 관음이시여, 북한 주민들은 주변 세계로부터 고립되어 있음을 한국 사람들이 알게 하소서. 북한 주민들은 집권층이 주는 정보를 판단할 참조틀이 없기 때문에 그들이 말하는 모든 것을 믿게 됩니다.

오 관음이시여, 윤회의 거친 바다 위로,
나를 들어올려 주소서.
당신의 반야의 배 안에선 모두가 안전하니,
이제는 피안이 멀지 않았습니다.

**관음의 감미로운 선율 안에서
나는 자유롭게 진아로 존재하며,
관음의 생명력 안에서
나는 자신의 불멸을 선언합니다.**

6. 관음이시여, 북한과 북한의 집권층을, 다른 나라처럼 협상과 교역이 가능하고 상호작용할 수 있는 나라처럼 대할 수 있도록 한국과 국제 사회가 정책을 바꾸어야 함을 보게 하소서.

오 관음이시여, 당신의 연금술은
기적과 함께 나를 해방합니다.
나는 용서함으로써 용서를 받으며,
이제는 죄책감의 구속에서 벗어납니다.

**관음의 감미로운 선율 안에서
나는 자유롭게 진아로 존재하며,
관음의 생명력 안에서
나는 자신의 불멸을 선언합니다.**

7. 관음이시여, 주변 세계에 더 문호를 열면 더 많은 의식과 아이디어의 교류가 일어나고 이것은 필연적으로 북한을 변화시킨다는 사실을 한국 사람들이 알게 하소서.

오 관음이시여, 모든 근심이 사라지니,
행한 것도 없고 행하지 못한 것도 없습니다.
분리된 자아를 통하여 행하지 않으니,
나는 당신과 완전히 하나 되어 휴식합니다.

관음의 감미로운 선율 안에서
나는 자유롭게 진아로 존재하며,
관음의 생명력 안에서
나는 자신의 불멸을 선언합니다.

8. 관음이시여, 고립 정책을 고수하면 북한의 집권층과 그에 충성하는 사람들에 의해 형성된 내부적인 저항이 더 강화된다는 사실을 한국 사람들이 알게 하소서.

오 관음이시여, 당신의 지혜는,
이제 나를 허상에서 자유롭게 합니다.
진정 그 모든 것이 나에게 무엇이리까,
나는 다 놓아 버리고 당신을 따릅니다.

관음의 감미로운 선율 안에서
나는 자유롭게 진아로 존재하며,
관음의 생명력 안에서
나는 자신의 불멸을 선언합니다.

9. 관음이시여, 조만간 북한이 내부로부터 붕괴될 것이지만, 그들이 체제 유지를 위해 필사적으로 무언가 감행한다면 손실이 매우 커질 수도 있음을 한국 사람들이 알게 하소서.

오 관음이시여, 신성한 영역에서 울려 나오는,
너무나 감미로운 음류여.
내가 에고의 작업을 놓아 버리니,
피안의 기슭에서 나 자신을 발견합니다.

**관음의 감미로운 선율 안에서
나는 자유롭게 진아로 존재하며,
관음의 생명력 안에서
나는 자신의 불멸을 선언합니다.**

파트 4

1. 관음이시여, 통일된 한국이 가지고 올 경쟁 상황을 염려하면서 한국의 재통일을 반대하는 일본 내의 세력들을 소멸해주소서.

오 관음, 성스러운 이름이시여,
나를 자비의 불꽃으로 채워주소서.
자비를 베풀며 나는 자유로워지고,
모두를 용서함은 마법의 열쇠입니다.

**관음의 감미로운 선율 안에서
나는 자유롭게 진아로 존재하며,
관음의 생명력 안에서
나는 자신의 불멸을 선언합니다.**

2. 관음이시여, 일본의 집권층과 사람들이 가지고 있는, 한국과의 군사적 분쟁에 대한 두려움을 소멸해주소서.

오 관음이시여, 나는 여기 아래에서의
모든 집착을 놓아 버립니다.
갇혀 있던 느낌들을 모두 놓아주고,
감정의 질병에서 해방됩니다.

관음의 감미로운 선율 안에서
나는 자유롭게 진아로 존재하며,
관음의 생명력 안에서
나는 자신의 불멸을 선언합니다.

3. 관음이시여, 한국인들이 일본인들보다 훨씬 더 창의적이고, 경제력에서 일본을 추월할 잠재력을 가지고 있다는 두려움을 일본인들이 극복하도록 도와주소서.

오 관음이시여, 왜 삶이 내 이상(理想)에,
미치지 못한다고 느껴야 합니까?
나는 모든 기대를 던져버렸고,
이제 내 마음은 비워진 잔입니다

관음의 감미로운 선율 안에서
나는 자유롭게 진아로 존재하며,
관음의 생명력 안에서
나는 자신의 불멸을 선언합니다.

4. 관음이시여, 일본인들이 창의성의 부족으로 인해 야기된 하향나선을 극복하도록 도와주소서. 그들이 한국을 방해하려는 욕망을 극복하도록 도와주소서.

오 관음이시여, 과거를 초월하니,
마침내 모든 원한은 사라집니다.
나는 미래의 어느 것도 기대하지 않고,
영원한 현재를 거부하지 않습니다.

관음의 감미로운 선율 안에서
나는 자유롭게 진아로 존재하며,
관음의 생명력 안에서
나는 자신의 불멸을 선언합니다.

5. 관음이시여, 통일된 한국에 대해 미국이 가지고 있는 저항을 소멸해 주소서. 이원적 사고방식에 완전히 사로잡혀 서사적 투쟁의 환영을 고수하려고 하는 미국 내의 사람들에 대해, 우리는 그리스도의 심판을 요청합니다.

오 관음이시여, 윤회의 거친 바다 위로,
나를 들어올려 주소서.
당신의 반야의 배 안에선 모두가 안전하니,
이제는 피안이 멀지 않았습니다.

관음의 감미로운 선율 안에서
나는 자유롭게 진아로 존재하며,
관음의 생명력 안에서
나는 자신의 불멸을 선언합니다.

6. 관음이시여, 분단된 한국이 주는 긴장과 통제의 메커니즘을 잃지 않으려는 미국의 숨은 파워 엘리트에 대해, 우리는 그리스도의 심판을 요청합니다. 무기 판매에서 오는 수입을 잃지 않으려는 자들에 대해 우리는 심판을 요청합니다.

오 관음이시여, 당신의 연금술은,
기적과 함께 나를 해방합니다.
나는 용서함으로써 용서를 받으며,
이제는 죄책감의 구속에서 벗어납니다.

관음의 감미로운 선율 안에서
나는 자유롭게 진아로 존재하며,
관음의 생명력 안에서
나는 자신의 불멸을 선언합니다.

7. 관음이시여, 통일된 한국보다는 북한에 더 큰 영향력을 행사할 수 있다고 믿으면서 한국의 통일에 저항하고 있는 중국 내의 세력들에 대해 그리스도의 심판을 요청합니다.

오 관음이시여, 모든 근심이 사라지니,
행한 것도 없고 행하지 못한 것도 없습니다.
분리된 자아를 통하여 행하지 않으니,
나는 당신과 완전히 하나 되어 휴식합니다.

**관음의 감미로운 선율 안에서
나는 자유롭게 진아로 존재하며,
관음의 생명력 안에서
나는 자신의 불멸을 선언합니다.**

8. 관음이시여, 우리는 통일된 한국을 가로막는 모든 것들을 드러내고 소멸시켜 달라고 요청합니다. 통일된 한국과 통일의 성취 방법에 대한 국제 정서에 전환이 이루어지기를 요청합니다.

오 관음이시여, 당신의 지혜는,
이제 나를 허상에서 자유롭게 합니다.
진정 그 모든 것이 나에게 무엇이리까,
나는 다 놓아 버리고 당신을 따릅니다.

**관음의 감미로운 선율 안에서
나는 자유롭게 진아로 존재하며,
관음의 생명력 안에서
나는 자신의 불멸을 선언합니다.**

9. 관음이시여, 한국의 황금시대 매트릭스를 물리적으로 구현하기 위해서 이 땅에 육화한 남북한의 많은 사람들이 깨어나, 단합하게 해주소서.

우리가 서로와, 그리고 상승 마스터들과 하나됨을 이루고 이 매트릭스를 현실로 구현하게 하소서.

오 관음이시여, 신성한 영역에서 울려 나오는,
너무나 감미로운 음류여.
내가 에고의 작업을 놓아 버리니,
피안의 기슭에서 나 자신을 발견합니다.

**관음의 감미로운 선율 안에서
나는 자유롭게 진아로 존재하며,
관음의 생명력 안에서
나는 자신의 불멸을 선언합니다.**

봉인하기

신성한 어머니의 이름으로, 나는 이 요청의 힘이 마-터 빛을 자유롭게 하는데 사용되어, 나 자신의 삶과 모든 사람들과 행성을 위한 그리스도의 완전한 비전을 구현할 수 있음을 전적으로 받아들입니다. I AM THAT I AM 의 이름으로, 그것이 이루어졌습니다! 아멘.

성모 마리아
Mother Mary

개성과 화합

타락한 존재들이 통제할 수 없는 것

한국에 더 이상 전쟁은 없습니다

5
한반도에 더 이상 전쟁은 없습니다

상승 마스터 성모 마리아, 2016년 7월 1일

나는 상승 마스터 성모 마리아입니다.

나는, 여러분이 로자리와 기원문을 한국어로 낭송하는 것을 들으며 기쁨의 눈길로 여러분을 보고 있습니다. 사랑하는 이들이여, 여러분이 낭송하는 소리를 듣는 것도 기쁨이지만 여러분 가슴 안의 사랑과 열정의 불꽃을 느끼는 것은 훨씬 더 큰 기쁨입니다. 우리의 가슴과 가슴이 하나로 합쳐질 때, 성취하지 못할 일이 있을까요? 없습니다. 사랑하는 이들이여. 우리를 하향나선 안으로 들어가도록 만드는 것은 분열이기 때문입니다.

예전에 예수도 이렇게 말했습니다: "두 세 사람이 내 이름으로 모이는 곳에 나도 함께 있을 것이다." 여러분이 조화와 하나됨의 진정한 영 안에서 함께 모일 때, 우리는 여러분이 흩어져 있을 때보다 훨씬 더 많이 여러분의 노력을 증폭할 수 있는 까닭입니다. 또 여러분이 감정, 멘탈, 정체성 영역에서 분리된 채로 육신으로만 함께 모일 때보다 여러분의 노력을 훨씬 더 증폭할 수 있습니다.

개성과 화합

개성을 표현하면, 함께 모여 화합을 이루는 것이 더 어려워질 것이라고 흔히들 생각합니다. 이 사람은 이리로 갈려 하고 저 사람은 저리로 갈려 하며, 세 번째 사람은 또 다른 데로 갈려 하고, 네 번째 사람은 아무 데도 갈려 하지 않습니다. 그리곤 서구에서 흔히 볼 수 있듯이, 완전히 분열된 상태에 이르게 됩니다. 이처럼 대천사 미카엘이 말씀했던 개성의 불균형한 표현은, 사람들을 제 각각의 방향으로 흩어버리고 하나의 목적 아래 화합하지 못하도록 만듭니다. 이것은 각 개인이 내면에서 너무 분열되어 통일된 마음을 가지지 못했기 때문입니다.

여러분이 내면에서 분열되어, 스스로에게 적대하며 다투고 있는 집이라면 여러분이 진정한 개성을 발휘할 수 있겠습니까? 그러나 진정한 여러분 자신인 '아이앰 현존(I AM Presence)'은 결코 분열된 적이 없고, 물질 영역에서 일어나는 어떤 것에 의해서도 분열될 수 없습니다. 여러분이 이 세상에서 경험해온 수많은 생 안에서 그 어느 것도 '아이앰 현존' 안에 분열을 만들지 못했습니다. 여러분이 진아인 '아이앰 현존'에 조율하기 시작하면 여러분은 분열되지 않을 것이고 전일한 한 마음이 되어 개성을 표현하게 됩니다.

여러분 한 사람 한 사람이 이 한 마음으로 자신의 개성을 표현하고 있을 때, 여러분은 전체 안에서도 분열이 없음을 알게 됩니다. 대천사 마이클의 말씀처럼 여러분 각각의 개성은 서로를 보완해줍니다. 각각의 개성은 대성당의 장미 창에서 많은 다양한 유리 조각들이 전체의 일부를 이루고 있는 것처럼, 아름다운 유리 모자이크의 한 측면을 이루고 있는 것입니다. 이 유리 조각들이 하는 일은 무엇일까요? 그 조각들은 밖에서 들어오는 빛을, 즉 상승 영역에서 오는 빛을 색상으로 표현해줍니다.

여러분 모두가 지상에 존재하는 신의 몸, 신의 마음의 개별적인 측면들입니다. 여러분이 상승 영역에서 오는 빛을 위해 열린 진정한 통로가 될 수 있다면 스스로를 그렇게 여기게 될 것입니다. 여러분이 가진 빛과 육화를 통해 모은 빛이 우리가 가진 빛에 의해 배가되고, 이 빛의 결합은 진정으로 행성 지구에 변화를 가져올 것입니다. 타락한 존재들은 이러한 교류, 이런 8 자 형상의 흐름을 어떤 다른 요소들보다 더 두려워합니다.

타락한 존재들이 통제할 수 없는 것

사랑하는 이들이여, 육화 안팎의 타락한 존재들 중에서 지구에 지배권을 가지고 있다고 믿는 자들이 있습니다. 그들은 무슨 일이 일어나건 지구를 통제할 수 있으며 그들을 놀라게 할 일은 아무것도 없다고 믿습니다. 그러나 충분한 수의 사람들이 자신의 개성을 통해서 화합하고 우리와 하나가 된다면, 타락한 존재들은 지구를 통제할 수 없게 될 것이라고 나는 말합니다. 타락한 존재들의 의식 수준으로는 그런 요소를 통제할 방법이 없으므로 그들은 그것을 다룰 수 없을 것이고, 또 그들은 자신의 의식 수준을 초월하려고 하지도 않을 것입니다.

설사 그들이 그 의식 수준을 초월한다고 해도 사람들의 빛이 분출되는 것을 통제할 방법은 없습니다. 한 그룹의 사람들이 당당하게 일어나서 "우리는 더 이상 물질계에서 이런 현실이 구현되는 것을 받아들이지 않겠다"라고 말하는 것은 전적으로 자유의지의 법칙 안에 있기 때문입니다.

그렇기 때문에 나는, 여러분이 나와 함께 '이 한반도에서 결코 전쟁이 다시없을 것'이라고 확언해주기를 요청합니다. 나는 여러분에게 세 번을 물어볼 것입니다. 그러면 여러분은 한국어로 "예"라고 대답하면 됩니다.

이때는 물론, 여러분이 한반도에서 결코 전쟁이 다시없도록 하자는 데 동의해야 합니다. 만일 여러분이 동의하지 않으면, 조용히 침묵을 지키면 됩니다. (웃음).

한국에 더 이상 전쟁은 없습니다

나는 지금 여러분에게 묻습니다:

"한반도에서 다시는 전쟁이 없을 것임을 받아들입니까?"

(학생들이 "예"라고 대답합니다).

"한반도에서 다시는 전쟁이 없을 것임을 받아들입니까?"

(학생들이 "예"라고 외칩니다).

"한반도에서 다시는 전쟁이 없을 것임을 받아들입니까?"

(학생들이 "예"라고 외칩니다).

그러면 이 확언이 물리적인 층으로 내려오도록 한 번 더 말하겠습니다:

"한반도에서 결코 다시는 전쟁이 없을 것임을 받아들입니까?"

(학생들이 다시 "예"라고 외칩니다).

나, 성모 마리아도 한반도에 결코 전쟁이 다시없을 것임을 받아들이며, 모든 상승 마스터 멤버들도 한반도에 결코 전쟁이 다시없을 것임을 받아들입니다. 이 동의를 통해서, 즉 천상의 우리와 여기 지상의 여러분의 동의를 통해서, 이제 우리 모두는 이 내용이 현실로 구현되었음을 가슴으로 받아들입니다.

사랑하는 이들이여, 이것이 헛된 말이라고 하는 사람들도 있겠지만, 나는 가슴의 불꽃과 함께 발언되는 말들은 결코 헛되지 않다고 보증합니다. 가슴의 불꽃을 인식하지 못하는 사람들은 왜 그 발언들이 헛되지 않은지 알 수가 없을 것입니다. 사랑하는 이들이여, 그들은 그들의 방식대로 자신들의 길을 가게 둡시다. 우리는 하나됨이란 더 높은 길로 갑니다. 서로 하나 되고 그리고 상승 호스트와 하나됨으로써 우리는 지구를 변화시킬 것이고, 더 높은 길로 가고자 하지 않는 이들은 다른 행성으로 가야 할 것입니다.

그러면 이 행성은 그렇게 많은 분열과, 그렇게 많은 갈등과, 그렇게 많은 전쟁을 초래했던 그 의식으로부터 자유로워질 것입니다. 한반도에는 더 이상 전쟁이 없을 것이며, 따라서 나는 전쟁의 의식에 사로잡혀 있는 한반도의 사람들에게 말합니다: "지금 나는 당신들에게 통지합니다. 당신들에게 전쟁의 의식을 놓아 버릴 마지막 기회가 있습니다. 만일 이 기회를 저버리고 전쟁이 가능하다고 생각한다면, 전쟁을 일으키기 전에 당신들은 육화에서 제거될 것입니다."

나는 전쟁의 의식 안에 있는 육화 안팎의 존재들에 대해, 한반도와 다른 나라에서 이 한반도의 분쟁 상태를 유지하려 획책하는 자들에 대해, 신성한 어머니의 심판을 선언합니다. 이제 우리는 한반도가 신성한 어머니와 평화의 기반을 위한 것임을 선언했고, 따라서 그것은 실현되었습니다.

여러분의 가슴과 내 가슴이 그것을 확언했으므로, 물질계에서 그것이 실현되었습니다.

6
한반도에 더 이상 전쟁이 없기를 기원하기

I AM THAT I AM, 예수 그리스도의 이름으로 나의 아이앰 현존이, 무한히 초월해가는 내 미래의 현존을 통해 흐르며, 완전한 권능으로 이 디크리를 해주시기를 요청합니다. 나는 사랑하는 성모 마리아께 한국에서 당신의 현존을 구현하시어 한반도에서 전쟁을 촉발할 수 있는 모든 세력들과 에너지들을 소멸시켜 달라고 요청합니다…
(여기에 개인적인 요청을 추가하세요)

1. 성모 마리아시여, 다시는 한반도에서 전쟁이 없을 것임을 나는 내 정체성체 안에 완전히 받아들입니다.

오 축복받은 성모 마리아, 나의 어머니시여,
당신의 사랑보다 더 큰 사랑은 없습니다.
우리가 가슴과 마음 안에서 하나가 될 때,
나는 우주의 위계에서 내 자리를 발견합니다.

오 어머니 마리아시여,
지구를 더 높은 상태로,

가속하는 노래를 내어주소서,
이제 모든 물질이 눈부시게 반짝입니다.

2. 성모 마리아시여, 다시는 한반도에서 전쟁이 없을 것임을 나는 내 멘탈체 안에 완전히 받아들입니다.

나는 천상에서 지상으로 보내져,
육신을 입었습니다.
나는 신성한 권한을 사용하여,
지구를 자유롭게 하라고 당신에게 명합니다.

**오 어머니 마리아시여,
지구를 더 높은 상태로,
가속하는 노래를 내어주소서,
이제 모든 물질이 눈부시게 반짝입니다.**

3. 성모 마리아시여, 다시는 한반도에서 전쟁이 없을 것임을 나는 내 감정체 안에 완전히 받아들입니다.

나는 이제 신의 신성한 이름 안에서,
어머니의 화염을 사용하여,
두려움에서 나온 에너지를 모두 불태우고,
신성한 조화를 회복하라고 당신에게 요청합니다.

**오 어머니 마리아시여,
지구를 더 높은 상태로,
가속하는 노래를 내어주소서,
이제 모든 물질이 눈부시게 반짝입니다.**

4. 성모 마리아시여, 다시는 한반도에서 전쟁이 없을 것임을 나는 내 육체 안에 완전히 받아들입니다.

나는 이로써 당신의 신성한 이름을 찬양하니,
당신은 집단의식을 들어올립니다.
어머니의 화염으로 불태우니,
두려움과 의심과 수치는 모두 사라집니다.

**오 어머니 마리아시여,
지구를 더 높은 상태로,
가속하는 노래를 내어주소서,
이제 모든 물질이 눈부시게 반짝입니다.**

5. 성모 마리아시여, 당신과 모든 상승 마스터들도 한반도에서 결코 전쟁이 다시없을 것이라고 받아들였음을 우리는 압니다.

당신은 지상에서 모든 어둠을 몰아내고,
당신의 빛은 거대한 해일처럼 밀려옵니다.
어떤 어둠의 힘도 이제는,
상승나선을 멈출 수 없습니다.

**오 어머니 마리아시여,
지구를 더 높은 상태로,
가속하는 노래를 내어주소서,
이제 모든 물질이 눈부시게 반짝입니다.**

6. 성모 마리아시여, 여기 아래의 우리와 천상의 당신들이 이것에 동의함으로써, 이제 우리 모두는 가슴 안에서 이것이 현실로 실현됨을 받아들입니다.

당신은 모든 엘리멘탈의 생명을 축복하며,
그들에게서 인간이 부과한 스트레스를 거두어줍니다.
이제 자연의 정령들은 자유를 얻어,
신성한 디크리를 실현합니다.

오 어머니 마리아시여,
지구를 더 높은 상태로,
가속하는 노래를 내어주소서,
이제 모든 물질이 눈부시게 반짝입니다.

7. 성모 마리아시여, 우리는 하나됨이라는 더 높은 길로 갈 것입니다. 서로 하나 되고 그리고 상승 호스트와 하나됨으로써 우리는 지구를 변화시킬 것이고, 더 높은 길로 가고자 하지 않는 이들은 다른 행성으로 가야 할 것입니다.

나는 목소리를 높이고 내 자세를 취하며,
전쟁의 중단을 명합니다.
다시는 전쟁이 지구에 상흔을 내지 않을 것이며,
황금시대의 탄생을 가져올 것입니다.

오 어머니 마리아시여,
지구를 더 높은 상태로,
가속하는 노래를 내어주소서,
이제 모든 물질이 눈부시게 반짝입니다.

8. 성모 마리아시여, 우리는 너무나 많은 분열과 갈등과 전쟁을 일으켰던 의식으로부터 이 행성이 자유로워진다고 선언합니다. 더 이상은 한반도에 분열과 갈등과 전쟁이 없을 것이며, 따라서 나는 전쟁의 의식에 갇힌 한반도의 사람들에게 말합니다: "지금 나는 당신들에게 통지합니다. 당신들에게 전쟁의 의식을 놓아 버릴 마지막 기회가 있습니다. 만일 이 기회를 저버리고 전쟁이 가능하다고 생각한다면, 전쟁을 일으키기 전에 당신들은 육화에서 제거될 것입니다."

어머니 지구가 마침내 자유를 얻을 때,
재난들은 과거의 일이 됩니다.
어머니 빛은 너무나 강렬하여,

이제 물질의 밀도는 훨씬 낮아집니다.

**오 어머니 마리아시여,
지구를 더 높은 상태로,
가속하는 노래를 내어주소서,
이제 모든 물질이 눈부시게 반짝입니다.**

9. 성모 마리아시여, 나는 전쟁의 의식 안에 있는 육화 안팎의 존재들에 대해, 한반도나 다른 나라에서 한반도의 분쟁 상태를 유지하려는 이들에 대해, 신성한 어머니의 심판을 선언합니다. 이제 우리는 한반도가 신성한 어머니와 평화의 기반을 위한 것임을 선언합니다. 신성한 어머니의 가슴과 우리의 가슴이 물질계에서 그것을 확인했으므로, 그것이 실현됨을 받아들입니다.

어머니 빛 안에서 지구는 순수해지고,
상향나선이 지속될 것입니다.
번영은 일상의 기준이 되고,
신의 비전은 형상으로 구현됩니다.

**오 어머니 마리아시여,
지구를 더 높은 상태로,
가속하는 노래를 내어주소서,
이제 모든 물질이 눈부시게 반짝입니다.**

봉인하기

신성한 어머니의 이름으로, 나는 이 요청의 힘이 마-터 빛을 자유롭게 하는데 사용되어, 나 자신의 삶과 모든 사람들과 행성을 위한 그리스도의 완전한 비전을 구현할 수 있음을 전적으로 받아들입니다. I AM THAT I AM 의 이름으로, 그것이 이루어졌습니다! 아멘.

파드마 삼바바

Padma Sambhava

인간 및 타락한 의식

타락한 존재들에 대한 이해

완벽함에 대한 환상

자기 자신에 집중하는 것

신의 오류를 증명하려는 시도

독재자들의 개인적인 힘은 미미함

자신의 오류가 밝혀지는 것에 대한 두려움

독재자들은 책임전가의 대상이 필요함

독재자가 바뀔 수 있을까요?

중국과 유사한 발전

국제 사회에서의 전환

7
독재자의 마음속으로의 여행

상승 마스터 파드마 삼바바, 2016년 7월 1일

나는 상승 마스터 파드마 삼바바입니다.

나는 여러분을 독재자의 마음속으로 여행을 시켜주고자 합니다. 이 여행이 비단 어느 한 사람의 독재자에게만 해당되는 것이 아니기 때문에, 어떤 특정한 독재자에게 초점을 맞추지 않고 시작하도록 하겠습니다. 이 행성의 긴 역사에서 심지어는 역사책에 알려진 내용만 보아도, 아무도 그들의 결정에 반대할 수 없는 위치에 올라가서 군림했던 지배자들이 대단히 많았다는 사실을 알 수가 있습니다. 그들은 절대적인 권력을 가지고 있었습니다. 만일 그들이 "이러이러하게 하라."라고 말하면 그대로 행해져야 했으며, 이의를 제기하는 사람들은 죽임을 당하거나 제거되었습니다.

인간과 타락한 의식

이러한 현상을 불가피한 것이라고 생각할 수도 있습니다. 또한 인간의 의식이 만들어낸 산물이라고 여길 수도 있습니다. 우리는 에고가 인간 의식의 일부라고 여러분에게 가르쳐왔으므로, 절대적인 권력을 가진 자리에 군림하고 있는 독재자는 단지 인간의 의식 및 에고가 극단에 치우친 것일 뿐이라고 여길 수도 있습니다.

나는 "인간의 의식"과 "타락한 의식"을 구별하고자 합니다. 일반적으로, 우리가 인간의 의식이라고 지칭할 때는 반드시 아주 진화해 있는 의식만을 의미하는 것이 아닙니다. 실제로는 그 인간의 의식 대신, 인간의 무의식 혹은 자각의 결핍이라고 바꾸어 말할 수도 있습니다. 간단히 말하면, 이 지구에는 특별히 악하거나 악한 의도를 지니고 있지 않은 생명흐름들(lifestreams)이 있는데, 이들은 자신들이 지닌 의식 상태에 따라 행동하고 있으며 단지 일정 수준까지만 성장해 있는 상태입니다. 이렇게 된 것은 이들의 육화 기간이 그렇게 길지 않았기 때문일 수도 있고, 아니면 자신들이 어느 수준에 올라 있다고 속고 있거나, 더 높이 올라가려는 의사결정을 하지 않으려고 했기 때문일 수도 있습니다. 그것은 계발의 부족, 자각의 부재로 인한 것입니다.

그러나 타락한 존재들은 많은 체험을 하지 않았기 때문에 자각이 결핍된 것이 아닙니다. 이들은 많은 체험을 했으며, 이를 통해 다른 사람들을 조종하고 자신의 의지로 이들을 굴복시키는 방법을 배웠던 것입니다. 타락한 의식을 지닌 존재들은 인간의 의식을 이용하는 방법을 배웠습니다. 이들은 인간의 의식을 가진 자들이 맹목적으로 자신들을 따르도록 만들 수가 있습니다. 왜냐하면 인간의 의식을 가진 자들이 타락한 지도자들을 은혜로운 존재로 믿으며 속고 있거나, 아니면 어떤 이유에서 스스로 이의를 제기하는 것을 두려워하고 있기 때문입니다.

타락한 의식, 즉 독재자의 의식은 인간의 이기적인 성향이 극단에 치우친 경우가 절대로 아니라는 사실을 깨닫기 바랍니다. 이것은 아주 다른 차원의 의식입니다. 이것은 계발이 부족한 것이 아니라, 부정적인 의식으로 고의적으로 변질되어 계발된 것입니다. 이들 존재는 지상에서 자기 자신을 신으로 내세우려고 하고 있습니다. 왜냐하면 이들은 자기 스스로를 초월하여 영적 영역에서 신이 되는 것을 거부했기 때문입니다. 이 같은 스스로의 초월에 대한 거부는 여기 이 지구에서 일어났던 일이 아니라, 이전의 구체에서 많은 타락한 존재들에게서 일어났던 일입니다. 이러한 이유로 타락한 존재들은 지구에서 진화하고 있는 인간들에 대해 동족이란 느낌을 전혀 갖고 있지 않습니다. 이들은 단지 인간을 도구로 여길 뿐이며, 이들에게는 인간에 대한 어떠한 연민이나 유대감도 없습니다.

타락한 존재들을 이해하기

이제 독재자의 마음속으로 여행을 떠나보겠습니다. 내가 확실하게 말할 수 있는 것은, 이러한 독재자들이 알려진 역사를 통해 여러분이 알고 있는 것보다 훨씬 더 많이 존재해 왔다는 것입니다. 과거에는 여러분이 최근의 역사에서 보아온 것보다 훨씬 더 많이 극단으로 치우쳤던 존재들도 있었습니다. 물론 다른 상승 마스터들처럼, 나도 이러한 현상을 아주 오랫동안 연구해 왔습니다. 육화해 있을 당시, 우리는 종종 타락한 존재들과 매우 가까운 관계로 육화하는 것을 선택했었습니다. 왜냐하면 타락한 존재의 사고방식을 이해하기 위해 가까이서 이들을 연구하고 싶었기 때문입니다.

그러나 사랑하는 이들이여, 여러분이 타락한 존재들과 가깝게 근접해서 자리를 잡는 것은 내가 추천하는 교육방식이 아닙니다. 사실 혹독할 만큼 솔직히 말하면(상승한 후에 될 수 있는 것처럼), 타락한 존재와 내가 관련을 맺도록 한 나의 결정에는 순진함과 자만심이 섞여 있었습니다. 여기엔 타락한 존재를 이해하는 것이 가능하며, 내가 타락한 존재를 이해할 능력이 있다는 믿음도 있었습니다.

이것은 호의로 받아들이기에는 위험천만한 믿음입니다. 내가 지금 이 강의를 통해서 타락한 의식이 작업하는 방식을 여러분에게 알려주려 하고 있습니다. 방금 이야기 했던, 나와 상승 마스터들이 가졌던 (위험한) 태도를 여러분이 계발하지 않기를 바라며, 무엇보다 먼저 타락한 존재의 의식 구조에 대해서 충분히 이해하기를 바랍니다. 타락한 존재들의 의식 구조는 명백하게 불합리한 요소를 지니고 있으므로, 합리적이고 논리적이며 단선적인 법칙과 패턴들을 따르는 그 어떠한 것으로도 바뀔 수 없습니다.

달리 표현하면, 여러분이 특정한 독재자를 살펴본 후 (독재자의 정신 자세와 과거의 행위들을 살펴본 후), 이에 근거하여 독재자가 다음에 무엇을 할 것인지 예측할 수 있다고 생각하면 안 된다는 말입니다. 그러한 존재가 무엇을 할 것인지를 예측하는 것은 대단히 어려울 수 있습니다. 독재자는 이전에 아주 여러 차례 보여주었던 패턴들을 계속하기 때문에, 쉽게 예측할 수 있을 때도 있습니다. 하지만 예측하지 못한 뭔가를 할 때도 있으며, 그것이 더 좋은 것이 될 수도 있고 더 나쁜 것이 될 수도 있습니다. 이 말을 하는 이유는, 여러분이 이러한 사례를 어느 개인에게 적용한 다음 이 사람은 항상 그런 식으로 행동할 것이며, 긍정적인 방향으로는 바뀔 수 없다고 생각하지 않도록 하기 위해서입니다.

완벽함에 대한 환상

아주 많은 문명들 속에서 볼 수 있는 하나의 패턴이 있는데, 그것은 왕이나 황제와 같은 지배자가 절대적인 힘을 가진 위치에 스스로 군림하고 그의 신하와 추종자들은 지배자가 절대적인 권위를 가진 것으로 믿고 있었다는 것입니다. 여러분은 많은 지배자들이 사람들로부터 숭배를 받는 방식으로 군림해 왔다는 것을 볼 수 있습니다.

여러분도 알겠지만, 최근 몇 십 년 사이에 리더십과 리더십 훈련 분야에 어떠한 개념이 널리 퍼져 있는데, 그것은 "섬김의 리더십(servant leadership)"이라고 하는 개념입니다. 물론 많은 독재자들에게서 보게 되는 것은 이러한 섬김의 리더십이 아니며, 섬김의 리더십은 타락한 의식 속에 빠져 있는지 여부를 알아보는 데 사용할 수 있는 하나의 척도입니다. 타락한 의식들에게 있어, 사람을 섬긴다는 것은 이른바 상상도 할 수 없는 것입니다. 이들에게 분명한 것은 사람들은 자신들을 섬기기 위해 거기에 존재한다는 것입니다.

그런데 무엇이 그들을, 거의 신과 같은 권위, 혹은 신과 같은 개인적 자질을 갖추고 있는 독재자로 설정하도록 만들고 있을까요? 바로 그 무언가가, 그들로 하여금 타락한 의식의 특정한 변형체로 들어가도록 만드는 것이며, 이 타락한 의식의 변형체는 물질 영역에 완벽함이 존재할 수 있다는 개념에 의해 작동됩니다. 물질계에서 완벽한 무엇이 된다는 말은 지구의 어떤 개인이나 대다수 사람들이 성취하거나 실현할 수 있는 것을 훨씬 능가한다는 것을 의미합니다.

다시 강조하지만 완벽함에 대한 믿음을 가지는 이런 의식 상태는, 인간의 의식에서 발전되어 나온 것이 아니라는 점을 깨닫는 것이 중요합니다. 인간의 의식이나 에고가 궁극적인 극단으로 치우쳐서 완벽함에 대한 믿음을 가지게 된 것이 아닙니다. 사랑하는 이들이여, 아닙니다! 이것은 타락한 의식이 만들어낸 산물로서, 인간의 의식과는 본질적으로 다른 것입니다. (자신이) 완벽하다고 믿는 것은 자신의 정체성이 신의 자녀라는 것을 전면적으로 부정하는 것에 기초를 두고 있습니다.

자기 자신에 초점을 맞추는 것

우리가 말했던 것처럼, 모든 생명흐름들(lifestreams)은 자신들의 영적인 부모들에 의해 창조되는 것에서부터 출발하여, 자신의 고등 자아인 현존(I AM Presence)에 의해 육화로 보내집니다. 이후 여러분은 아주 국소화된 의식만을 지닌 채로 시작하게 됩니다. 생명흐름은 (이 구체에서든 이전의 구체에서든) 육화를 통해 자기 자신과 자신의 창조적인 능력, 그리고 환경이 작용하는 원리에 대한 자각을 키워가게 됩니다. 따라서 한 존재로서의 생명의 흐름은, 자신이 원하는 대로 정확한 물질적 상황들을 창조하는 데 있어서 아주 고도의 숙련도를 성취할 수가 있습니다. 그리고 그 존재는 물질을 조종하는데, 심지어 마음으로 타인들을 조종하는데 있어 궁극적인 통달에 도달했다고 믿게 될 수도 있습니다.

그러나 우리가 이전에 깊이 설명했던 것처럼, 이것은 진실이 아닙니다. 이 존재는 자기 자신에만 초점을 맞추고 있으며, 예수께서 설명하신 그리스도의 의식을 성취하려는 것이 아니라, 다른 사람들과 비교하면서 자기 자신만을 높이려고 하는 것입니다. 여기에 있는 여러분들은 전체에 대한 자각을 지니고 있습니다. 따라서 여러분은 단지 자신만을 높이려는 것이 아니라, 다른 사람들을 높이고 모든 생명을 높이려고 합니다.

자유의지의 법칙에 따라, 구체가 상승지점에 가까이 다가갈 때까지 어떤 존재는 자기 자신만을 끌어올리는 이러한 길을 걸어갈 수가 있습니다. 그런 다음, 그 생명의 흐름은 자신이 엄청난 완성에 도달했다고 믿고 있음에도 불구하고, 실제로는 상승할 준비가 되어 있지 않다는 진실과 마주하는 상황에 이르게 됩니다. 오히려 그가 자기보다 아래에 있다고 믿었던 많은 존재들이 진실로 상승할 준비가 되어 있습니다. 왜냐하면 이들은 자신들의 가슴과 존재를 정화함으로써, 그리스도의 의식을 성취했기 때문입니다.

이 시점에서 상승 마스터가 그 존재 앞에 나타나 그를 실제의 상황과 대면하게 만듭니다. 이때 그 존재에게는 참된 길을 걷는 데 필요한 모든 도움이 제공되고, 뒤쳐진 것을 만회하고 참된 그리스도의 의식과 참된 자기-완성을 실현할 수 있는 선택의 기회가 주어집니다. 만일 그가 이렇게 하려는 의사가 없다면, 그는 창조되고 있는 다음의 구체로 하강하거나 타락하게 될 것입니다.

자기 자신에게만 초점을 맞추고, 자기 자신만을 사랑하고, 자기의 완성만을 추구했던 이런 존재들의 사례가 많이 있습니다. 진실과 마주하게 되었을 때, 어떤 이들은 정말로 마음을 바꾸어 참된 길을 걷겠다고 결정했습니다. 이들은 뒤쳐진 것을 따라 잡았으며, 그리스도의 의식을 구현했습니다. 이것은 이들이 얻었던 힘을 잃게 된 것이 아니라, 그러한 힘을 바꾸어서 전체를 높이는데 사용할 수 있었음을 의미하는 것입니다.

또한 그러한 결정을 할 의사가 없었던 존재들의 사례도 있습니다. 그 대신에 그들은 우주가 작동하는 방식에 대해, 혹은 적어도 우주가 어떻게 작동해야 한다는 것에 대해, 자신들이 신보다 더 잘 알고 있다는 마음자세를 가지기로 선택했습니다. 그들은 자신들의 자유의지를 궁극적인 극단까지 행사하기로 결정했고, 따라서 신께서 틀리셨으며 자신들이 옳았음을 증명하겠다고 결심하게 되었습니다.

신의 오류를 증명하려는 시도

이처럼 신의 오류를 증명하려는 의도를 가진 존재는 다음번의 구체로 타락하게 될 것입니다. 그 존재가 타락하여 또 다시 육화하게 될 때, 이전의 존재에 대해 상당 부분을 망각하게 되겠지만, 이 존재는 자신이 처해 있는 환경 안에서 자기 자신을 우월한 위치로 끌어올리려는 강한 내면의 욕망을 가지게 될 것입니다. 물질과 타인들을 조종하는 방법을 이미 익혔기 때문에, 이 존재는 새로운 구체 속에서 지배자의 자리를 아주 빨리 차지할 수가 있습니다.

그런 다음, 이 타락한 존재는 자신의 지위를 이용하여, 자신의 우월성, 무오류성 그리고 완벽함을 증명해 보이려고 시도할 수가 있습니다. 이것을 넘어 어떤 존재들은, 새로운 구체의 존재들이 상승 마스터로부터 받고 있는 지도(指導)들을 방해함으로써, 신의 오류를 증명하려 하고 있습니다. 물론 새로운 구체의 모든 존재들은 상승 마스터들로부터 가르침을 받게 되며, 그들은 이 가르침에 대해 의식적으로 알고 있습니다.

타락한 존재들은 이 가르침에 반대하면서 그 내용을 상쇄시키려고 하고, 우리에게 파장을 맞출 수 있는 사람들의 능력을 파괴하고 우리가 전해주는 내용을 믿으려는 의지를 말살하려고 할 것입니다. 이렇게 하여 사람들이 진실과 반대되는 것을 믿게 함으로써, 그들은 신의 오류를 증명하기 위한 시도를 할 수가 있습니다. 말하자면, 그들은 자신들만의 세계관을 만들어내고 있는 것입니다. 이것은 궁극적인 의미에서 자신들은 옳으므로 다른 누군가는 분명히 잘못되었다는, 서사적인 세계관입니다. 그 다른 누군가는 악마이거나, 아니면 신일 것입니다. 그들에게 있어서 신은 악마의 반대 극성에 있는 존재입니다. 따라서 그들은 참되고 조건 없는 신이 아닌, 하나의 상대적인 신을 창조해냈습니다.

어떤 타락한 존재들은 신께서 틀리셨다는 것을 증명하는데 완전히 몰입해서, 여기에만 관심을 집중하고 있기도 합니다. 또 신의 오류를 증명하는 것에는 그다지 초점을 두지 않는 다른 부류의 타락한 존재들도 있습니다. 그들은 신의 오류를 증명하기로 결심한 타락한 존재들을 따라 휩쓸려 들어간 경우라고 할 수 있습니다. 이러한 존재들은 신의 오류를 증명하려는 욕구는 가지고 있지 않지만, 완벽함을 믿는 의식 속에 사로잡혀 있습니다. 이들은, 인간은 완벽한 상태로 존재할 수 있으며 이런 완벽한 사람이 왕국이나 국가의 모든 사람들 훨씬 위에 군림해야 한다고 믿고 있습니다. 따라서 이 사람도 자신이 언제나 완벽하기 때문에 지도자로서 지배할 수 있는 자격이 있다고 스스로 자처하게 되는 것입니다.

독재자 개인이 가진 힘은 미약합니다

사랑하는 이들이여, 나는 독재자의 마음속으로 여러분을 여행시켜주겠다고 이야기했습니다. 절대적인 권력을 가진 자리에 앉아, (두려움 때문이든 아니면 완벽하다고 믿기 때문이든) 맹목적으로 자신을 따르는 많은 부하를 거느리고 있는 독재자의 마음속에 무슨 일이 일어나고 있을까요? 이러한 독재자들을 보면서, 여러분은 이들이 아주 강력한 존재라고 생각할 수도 있습니다. 그들의 외적인 행동을 보면, 그들은 거침없이 군대를 동원하거나 주민들을 억압하거나 자신들의 통치에 반대하는 사람들을 죽이면서 엄청난 권력을 행사하고 있습니다. 많은 사람들이 생각하는 것처럼, 여러분도 이러한 독재자들이 강력한 인물이며 개인적으로 엄청난 힘을 가지고 있을 것이라고 여길 수 있습니다.

사랑하는 이들이여, 개인적인 힘을 가지고 있다는 것은 무슨 의미일까요? 그것은 여러분이 자기 자신, 즉 스스로의 마음과 정신을 통제하고 있다는 것을 의미합니다. 즉, 여러분 바깥의 어떠한 것도 여러분이 어떤 의사결정을 하도록 강요하지 못한다는 것입니다. 어떠한 상황에 직면해 있든, 여러분은 자신의 내적인 심사숙고에 따라 자유롭게 의사결정을 한다는 것입니다. 여러분은 외면의 어떤 것에 의해서도 강요당하지 않으며 또한 내면의 어떤 것, 즉 일정한 유형의 결정을 하게 만드는 과거의 패턴에 의해서도 강요당하지 않습니다.

그러나 실제로 그와 같은 제어력을 가진 사람들은 권력을 행사하는 자리에 앉아 있지 않음을 여러분은 자주 목격하게 될 것입니다. 왜냐하면 그러한 사람들은 타인들을 지배하기 위해 권력을 행사하기를 원치 않기 때문입니다. 전체를 끌어올리는 것의 목적은 모든 사람의 자기의식(self-awareness)을 성장시키기 위한 것이며, 독재자로 하여금 그들 대신 의사결정을 하게 한다면 자기의식을 키워나갈 수 없음을 그들은 알고 있습니다. 사람들은 스스로 의사결정을 하는 것을 통해 성장합니다. 그리고 이것은 그러한 의사결정을 할 수 있는 자유가 모든 사람들에게 주어져야 함을 의미합니다.

잘못이 밝혀지는 것에 대한 두려움

독재자의 마음속을 들여다보면 그들이 자유롭지 않다는 것을 알게 될 것입니다. 왜냐하면 독재자는 외면적으로 그리고 내면적으로 강요받고 있는 상황에 따라 지속적으로 의사결정을 해야 하기 때문입니다. 일차적으로 이러한 독재자를 움직이게 하는 내면적인 상황이란 것이 무엇일까요? 사랑하는 이들이여, 그것은 두려움입니다. "가장 막강한" 권력을 휘두르는 사람들, 그리고 가장 무자비하게 권력을 행사하는 사람들은 가장 큰 두려움을 지니고 있는 자들입니다.

그들이 두려워하는 것이 무엇일까요? 자, 사랑하는 이들이여, 타인들을 속일 수 있으려면 그전에 자기 자신부터 속여야 하는 법입니다. 지능적인 면에서 대단히 뛰어난 타락한 존재들이 있습니다. 그들은 추론하는 데 있어 대단히 영리하며, 또한 타인들에게 확신을 심어주거나 혹은 무엇을 믿어야 할지 모르는 의심의 상태에 빠뜨리는 데에도 탁월한 지능을 가지고 있습니다. 타인들을 속일 수 있는 능력을 개발하기 전에 그들은 자기 자신들부터 먼저 속여야 했습니다. 그래서 그들은 자신들이 스스로 만들어낸 환상을 믿어야만 했던 것입니다.

자신이 완벽한 존재이기 때문에 통치하고 있다고 믿고 있는 독재자는 스스로 자신이 완벽하다고 믿고 있습니다. 그렇지 않다면 그러한 상황을 심리적으로 다룰 수 없었을 것이며, 따라서 자신이 완벽하다는 것을 의심하는 사람들을 죽이기 위해 무자비하게 권력을 행사할 수도 없었을 것입니다. 독재자는 자신이 완벽하다고 믿고 있습니다. 이것이 무엇을 의미하는 걸까요? 여러분은 자신이 완벽하다는 환상을 어떻게 유지할 수가 있나요? 오직, 실수를 하지 않음으로써 그렇게 합니다. 독재자가 가지고 있는 가장 큰 두려움이 무엇일까요? 그것은 자신도 실수를 할 수 있다는 사실입니다. 그리고 그가 틀렸다는 것이 그의 측근들에 의해서 어느 정도 부인할 수 없는 방식으로 입증될 수 있다는 사실입니다.

독재자가 정말로 두려워하는 것은, 자신이 했던 의사결정이 나중에 잘못된 것으로 밝혀짐으로써 자신이 완전히 틀렸었다는 것을 인정할 수밖에 없도록 공공연하게 드러나는 것입니다. 그렇게 되면 독재자는 결국 자신이 완벽하지 않다는 것을 받아들일 수밖에 없습니다.

사랑하는 이들이여, 독재자들을 움직이고 있는 것은 전적으로 이러한 두려움임을 알 수 있나요? 자신들은 절대로 오류를 행하지 않는다는 환상을 유지하기 위해 그들이 지구에서 취하지 못할 수단이란 없습니다.

국가의 절대적인 지도자로서 국가가 뭔가를 해야 하는 의사결정을 하게 될 때 그들이 직면하게 되는 어려움, 생존의 난관은, 거기 책임을 돌릴 누군가를, 그들 위에 있는 누군가를, 책임을 전가시킬 다른 누군가를 찾아야 하는데 아무도 찾을 수가 없는 것입니다. 그들은 외부의 어떠한 세력에게 책임을 전가시켜야 할 필요가 있으며, 많은 독재자들에게서 이런 점을 볼 수가 있습니다. 독재자들은 나라의 지배자가 되었지만, 그 나라가 지상에서 절대적인 권력을 가진 것은 아니었습니다.

독재자에게는 책임을 전가할 사람이 반드시 필요합니다

앞에서 미카엘 대천사께서 언급했듯이, 지구에 절대적인 권력을 가졌던 국가나 제국은 존재한 적이 없었습니다. 그 이유는 부분적으로는 열역학의 제 2 법칙 때문이며 또한 절대 권력을 가진 제국은 자신과 반대되는 상황을 만들어내게 되기 때문입니다. 언젠가는 스스로 창조한 반대 상황이 되돌아오게 되고, 그것을 극복할 수 없는 시점이 오게 됩니다.

또한 여기에는 심리적인 요소도 존재하고 있습니다. 왜냐하면 자신이 완벽하다고 믿는 독재자는 실제로는 지구에서 절대적인 권력을 가진 자리에 앉고 싶어 하지 않기 때문입니다. 독재자는 무의식적으로 그러한 자리를 거절하게 됩니다. 자신의 제국 바깥에 자신에게 반대하는 자가 없다면, 독재자가 어디에다 책임을 전가할 수가 있겠습니까? 독재자는 자신의 실패를 언제나 외부의 반대 세력에게 돌릴 수 있도록, 늘 자신을 반대하는 누군가를 필요로 합니다.

혹은, 독재자는 부하들이 맡은 바 임무를 행하지 않았거나 제대로 수행하지 못했다는 이유로, 그들에게 책임을 전가할 수도 있습니다. 독재자는 심리학자들이 망상(妄想)이라고 부르는 심리 상태에 빠질 수도 있습니다. 독재자는 자신만의 공상의 세계를 만들어냄으로써, 명백히 바람직하지 않은 결과를 불러올 그러한 의사결정들조차 절대 잘못된 것이 아니라는 변명을 늘어놓을 수 있게 됩니다. 따라서 마음속에서 그는 잘못을 저지르지 않았다는 환상을 유지할 수 있게 되며, 따라서 여전히 완벽할 수 있게 되는 것입니다.

이런 현상은 여러분이 알고 있는 대다수의 독재자들에게서 볼 수 있는 것입니다. 우리가 자주 언급하는 세 명의 독재자인 히틀러, 스탈린 그리고 마오쩌둥이 이러한 범주에 드는 인물들입니다. 이들은 무슨 일이 일어났건 절대로 자신들의 오류일 수가 없다는 환상을 마음속에 만들어냈습니다.

독재자가 변화할 수 있을까요?

여기서 제기되는 문제는 "독재자가 자신의 오류 가능성을 받아들이고, 자신이 완벽하지 않았음을 인정하게 될 수 있을까?" 하는 것입니다. 이런 일이 일어나기 위해서는 무엇이 필요할까요? 히틀러의 경우를 예로 들면, 전쟁이 끝나갈 무렵 히틀러는 많은 실패들로 인해, 자신이 완벽하지 않았고 잘못된 의사결정들을 했으며 독일의 패배는 피할 수 없다는 것을 깨달을 수가 있었습니다. 히틀러는 몇 년 동안 부정의 상태, 혹은 과대망상의 상태에 빠져 있었습니다. 그는 머릿속에서 존재하지도 않았던 군대를 이동시키고, 싸우지도 않았던 전쟁, 혹은 실제로는 패배했던 전투를 승리했다고 상상하고 있었습니다. 독일이 패배했다는 현실을 더 이상 부정할 수 없는 상황이 찾아왔고, 히틀러는 더 이상 자기 자신을 용납할 수 없게 되었기에 자살하고 말았던 것입니다. 스탈린과 마오쩌둥은 이러한 지경까지는 이르지 않았지만, 자신들의 완벽성과 무오류성을 믿으면서 죽었습니다.

여러분 앞에 내가 던지는 질문은 "자신이 완벽하다고 믿는 독재자에게 무엇이 필요한가, 그런 사람이 실제로 자신이 완벽하지 않다는 것을 받아들이고, 권력을 행사하는 방법을 바꾸거나 혹은 그러한 권력을 포기하도록 하기 위해선 무엇이 필요한가?" 하는 것입니다. 이것은 분명히 절대적인 답이 존재하지 않는 아주 미묘한 문제입니다.

하나의 잠재적 가능성은 독재자에게 의식의 변화가 오는 것입니다. 그는 자신이 자라면서 배운 대로 권력을 계속 행사하는 대신, 일부의 권력을 내려놓고 국민들에게 더 큰 자유와 풍요를 주면, 실제로 더 완벽한 상태를 성취할 수 있음을 알게 됩니다. 과거에도 이러한 일들이 일어났던 사례가 있었습니다. 이런 일이 많지는 않지만, 있기는 있었습니다.

내가 이 이야기를 하는 이유는, 한국의 분단에 대해 가장 평화로운 해결책은 어떤 독재자의 마음에 전환이 일어나는 것이기 때문입니다. 자신의 조부와 아버지가 오랫동안 해왔던 행태를 계속해서는 무오류의 위상을 유지할 수 없음을 그가 알게 되어야 합니다. 그가 큰 도량으로 국민들에게 더 많은 자유를 주고, 국민들이 더 큰 풍요와 더 나은 생활 수준을 누릴 수 있도록 새로운 국면을 여는 것이 더 낫다고 결정한다면, 그는 실제로 무오류의 위상을 어느 정도 유지할 수 있을 것입니다.

바꾸어 말하면, 이렇게 함으로써 그는 조부와 아버지보다도 더 완벽한 상태로 올라설 수가 있으며, 조부와 아버지가 이룩했던 것보다 더 좋은 시대로 국민들을 이끌어갈 지도자처럼 여겨지게 될 것입니다. 이런 일이 일어날 수 있는 가능성이 있습니다. 사랑하는 이들이여, 어떻게 될 것 같나요? 여러분이 생각하는 것보다 가능성은 더 높지만, 그러나 특정한 수치를 말해주지는 않겠습니다. 여러분 중에서 이러한 일이 일어나길 원하는 사람들은 이 독재자를 바라보는 시각을 바꾸고, 성모 마리아께서 말씀하신 '무결한 관념'을 마음에 품음으로써 긍정적인 변화가 일어날 수 있도록 해주기를 바랍니다.

여러분은, 이 사람이 북한과 남한의 국민들에게 잔혹한 행위를 자행해 왔으며, 그의 아버지와 조부도 엄청나게 잔혹한 행위를 저질렀다고 느낄 수 있습니다. 또 이 사람을 처벌하거나 책임을 지게 함으로써, 자기 자신의 잘못을 깨닫게 해야 한다고 느낄 수도 있습니다. 사랑하는 이들이여, 내가 여러분에게 제시하고 있는 것은, 관음께서 설명하셨듯이, 중국이 보여준 것과 유사한 궤도 위에 북한을 올려놓을 수 있는 가능성입니다.

중국과 유사한 형태의 발전

마오 사후의 중국에는 마오와 같이 막강한 독재자는 없었지만, 그래도 거의 독재적이고 거의 절대적인 권력을 가진 극소수의 엘리트들이 존재했었다는 것을 여러분도 알고 있습니다. 이들은 그들 개인의 무오류성뿐만 아니라, 지도 체계인 당의 무오류성도 유지할 필요가 있었습니다.

어떻게 이들은 중국을 개방하고 서양과 무역을 하면서도, 오류가 없다는 분위기를 유지할 수가 있었을까요? 이들은 적어도 자신들의 마음과 대다수 사람들의 마음속에서 그렇게 하려고 노력했습니다. 중국이 새로운 과정에 들어서게 된 것은 지도자들의 사고방식이 이와 같이 변했기 때문이며, 이들은 무오류의 개념을 다른 식으로 투사하는 방법을 깨닫고 새로운 진로로 들어섰습니다. 이제 중국은 옛날로 다시 돌아갈 수 없을 정도로 그 길로 멀리 가버렸습니다. 중국인들은 마오 아래에 있던 상황으로 절대로 되돌아갈 수 없을 정도로 아주 멀리 가버렸습니다. 이전의 중앙집권적 통제로 돌아가기 위해서는 수많은 사람들을 죽여야 하는데, 이제 중국에는 그렇게 하기에 충분한 특수 병력과 군인들이 없습니다.

북한에서 일어날 수 있었던 가장 긍정적인 해결책은, 북한의 지도자들이 무슨 일이 일어나고 있는지 모른 채 북한이 점점 더 개방되는 길로 들어서는, 중국과 유사한 변형의 과정을 거치는 것이었습니다. 물론 나는 북한의 지도자들이 이 구술문을 읽고, 이것을 자신들의 상황을 명확하게 분석한 자료로 받아들일 것이라고는 생각하지 않습니다.

나는 영적인 사람들인 여러분이 그러한 비전을 간직하기를 바라며, 여러분이 그렇게 하겠다고 선택한다면, 더 큰 개방으로 이어지는 긍정적인 변화가 일어날 것입니다. 이것이 바로, 미카엘 대천사와 관음께서 이야기하신 것입니다. 상대적으로 짧은 기간 안에 북한에 전환이 일어나기 위해서는 더 큰 규모로 아이디어와, 의식과, 에너지의 교환이 일어나야 합니다.

국제 사회 안에서의 전환

이렇게 되기 위해서는 국제 사회의 사고방식의 전환이 필요하며, 존중 받을 자격도 없다고 여기던 북한의 지도자를 어느 정도 존중해주는 태도를 가져야 합니다. 다시 말하지만, 이것은 되돌릴 수 없는 변화를 가져오기 위해서는 무엇이 필요한지를 깨닫는 게임입니다. 타락한 의식에 갇혀 있는 마음이 어떻게 반응할지에 대한 보장은 없지만, 그것은 현재의 상황에서 평화로운 결과를 가져올 수 있는 하나의 가능한 시나리오입니다.

물론 붓다의 계보에 속해 있는 우리는, 가능한 가장 평화로운 결과를 보게 되기를 언제나 바라고 있습니다. 사랑하는 이들이여, 우리는 북한의 지도자를 인간의 의식을 통해 바라보고 있지 않습니다. 따라서 우리는 어떠한 적대감이나 분노나 부정적인 느낌도 전혀 가지고 있지 않으며, 만일 이 생명의 흐름, 이 존재가 실제로 심경의 변화를 일으켜 긍정적인 길로 들어올 수 있다면, 우리는 환영할 것입니다. 우리는 모든 사람과 모든 물질에 내재하는 불성(Buddha nature)을 어디에서나 보고 있습니다.

나는 내 평화의 일부를 여러분에게 전해주었습니다. 물론 나의 평화는 무조건적이고 무한하므로, 실제로는 여러 개의 부분으로 나뉠 수가 없습니다. 하지만 나는 여기에 있는 여러분 모두가 다룰 수 있고 균형을 유지하는데 필요한 양을 여러분에게 주었습니다. 물론 내 지도를 받으며 제자의 길에 전념할 사람들에게는 훨씬 많은 평화를 줄 것입니다.

나는, 생명흐름들이 자신의 의식 안에 있는 반-평화의 요소들을 극복하도록 오랫동안 지도해왔던 경험을 가지고 있습니다.

만일 여러분이 거울을 들여다보면서 자신의 눈 속에 있는 들보나 아직 보지 못한 잡티를 보고자 한다면, 나에게 요청을 하기 바랍니다. 여러분은 나에게 안내를 부탁할 수 있으며, 나의 가슴과 나의 무한한 평화에 조율하면서 잠시 동안 시간을 가진 후, 나의 만트라를 적어도 하루에 9번 낭송하도록 하세요.

자 이제, 나는 그러한 평화 속에 여러분을 봉인하며, 여러분 개개인의 마음과 이 아름다운 행성의 집단적인 마음에게 이러한 말을 전할 수 있는 자리를 마련해준 데 대해 나의 감사를 확장합니다.

파드마 삼바바의 만트라:

옴 아 훔, 바즈라 구루 파드마 싯디 훔

8
독재자의 마음 안에 전환을 기원하기

I AM THAT I AM, 예수 그리스도의 이름으로 나의 아이앰 현존이, 무한히 초월해가는 내 미래의 현존을 통해 흐르며, 완전한 권능으로 이 디크리를 해주시기를 요청합니다. 나는 파드마 삼바바께 한국에 당신의 현존을 구현하시어, 남북 분단 상황에 평화로운 해결책을 가져오시기를 요청합니다...
(여기에 개인적인 요청을 추가하세요)

파트 1

1. 파드마 삼바바시여, 한국인들이 "인간의 의식"과 "타락한 의식"을 구별할 수 있도록 도와주소서.

옴 아 훔, 바즈라 구루 파드마 싯디 훔

2. 파드마 삼바바시여, 인간의 의식 속에는 악의적인 의도는 없지만, 각성이 결여되어 있음을 한국인들이 인식하게 하소서.

옴 아 훔, 바즈라 구루 파드마 싯디 훔

3. 파드마 삼바바시여, 타락한 의식은 악의적인 의도를 지니고 있으며, 인간의 의식을 조종하는 데 능숙한 고도의 의식을 갖고 있음을 한국인들이 인식하게 하소서.

옴 아 훔, 바즈라 구루 파드마 싯디 훔

4. 파드마 삼바바시여, 타락한 존재들은, 인간의 의식을 가진 이들이 맹목적으로 자신들을 따르게 만들 수 있음을 한국인들이 인식하게 하소서. 이는 사람들이 타락한 지도자들을 은혜로운 존재로 믿으며 속고 있거나, 아니면 스스로 이의를 제기하는 것을 두려워하고 있기 때문입니다.

옴 아 훔, 바즈라 구루 파드마 싯디 훔

5. 파드마 삼바바시여, 독재자의 의식은 부정적인 방향으로 의도적으로 계발된 것임을 한국인들이 인식하게 하소서. 이 존재는 자신을 지상의 신으로 내세우고자 하고 있습니다. 왜냐하면 그는 자신을 초월해감으로써 영적 영역에서 신이 되는 길을 거부했기 때문입니다.

옴 아 훔, 바즈라 구루 파드마 싯디 훔

6. 파드마 삼바바시여, 타락한 존재들은 지구에서 진화하고 있는 인간들에 대해 동족이란 느낌을 전혀 갖고 있지 않습니다. 이들은 단지 인간을 도구로 여길 뿐이며, 이들에게는 인간에 대한 어떠한 연민이나 유대감도 없습니다.

옴 아 훔, 바즈라 구루 파드마 싯디 훔

7. 파드마 삼바바시여, 타락한 존재들은 흔히 신과 같은 권위나 심지어 신과 같은 자질을 지니고 있다고 숭배받으며 독재자로 군림한다는 사실을 한국인들이 인식하게 하소서.

옴 아 훔, 바즈라 구루 파드마 싯디 훔

8. 파드마 삼바바시여, 어떤 사람들은 완벽하므로 그들 아래에 있는 사람들과 다르다는 생각은 환영에 기반을 둔 것임을 한국인들이 인식하게 하소서.

옴 아 훔, 바즈라 구루 파드마 싯디 훔

9. 파드마 삼바바시여, 개인적으로 완벽해지려는 꿈은 전체를 들어올리려는 대신, 자신에게만 집중하는 것임을 한국인들이 인식하게 하소서. 이것은 자신과 다른 모든 이들의 내면에 있는 그리스도를 부인하는 것입니다.

옴 아 훔, 바즈라 구루 파드마 싯디 훔

파트 2

1. 파드마 삼바바시여, 사람들이 진실과 반대되는 것을 믿게 함으로써, 독재자는 신의 오류를 증명하려 한다는 것을 한국인들이 인식하게 하소서.

옴 아 훔, 바즈라 구루 파드마 싯디 훔

2. 파드마 삼바바시여, 독재자들은 궁극적인 의미에서 자신들이 옳기 때문에 다른 이들은 당연히 잘못되었다는 서사적인 세계관을 만들고 있음을 한국인들이 인식하게 하소서.

옴 아 훔, 바즈라 구루 파드마 싯디 훔

3. 파드마 삼바바시여, 일부의 독재자들은 완벽한 상태에 있을 수 있는 한 사람이 나라에서 모든 사람들 위에 군림해야 한다고 믿고 있음을 한국인들이 인식하게 하소서. 그는 자신이 언제나 완벽하므로 통치할 자격이 있다고 믿고 있습니다.

옴 아 훔, 바즈라 구루 파드마 싯디 훔

4. 파드마 삼바바시여, 개인적으로 독재자는 큰 힘을, 즉 자신의 심리를 통제할 수 있는 능력을 갖고 있지 않음을 한국인들이 인식하게 하소서.

옴 아 훔, 바즈라 구루 파드마 싯디 훔

5. 파드마 삼바바시여, 독재자는 외면적, 내면적 상황의 압박에 의해 지속적으로 의사결정을 해야 하며, 따라서 자유롭지 않음을 한국인들이 인식하게 하소서.

옴 아 훔, 바즈라 구루 파드마 싯디 훔

6. 파드마 삼바바시여, 독재자를 움직이게 하는 주된 내면적 상황은 두려움, 즉 자신도 잘못을 저지를 수 있고 그것이 부인할 수 없는 방식으로 밝혀질 수 있다는 두려움임을 한국인들이 인식하게 하소서.

옴 아 훔, 바즈라 구루 파드마 싯디 훔

7. 파드마 삼바바시여, 독재자가 정말로 두려워하는 것은 자신이 내린 의사결정이 잘못되었다고 밝혀지는 것이며, 자신의 오류를 확실하게 인정할 수밖에 없도록 공공연하게 명시되는 것임을 한국인들이 인식하게 하소서.

옴 아 훔, 바즈라 구루 파드마 싯디 훔

8. 파드마 삼바바시여, 이러한 두려움에 내몰리는 독재자는 자신에게는 결코 오류가 없다는 환영을 유지하기 위해, 모든 수단을 다 동원할 것임을 한국인들이 인식하게 하소서.

옴 아 훔, 바즈라 구루 파드마 싯디 훔

9. 파드마 삼바바시여, 자신의 의도와 약속대로 일이 진행되지 않을 때, 독재자는 반드시 책임을 전가할 희생양을 필요로 한다는 사실을 한국인들이 인식하게 하소서.

옴 아 훔, 바즈라 구루 파드마 싯디 훔

　파트 3

1. 파드마 삼바바시여, 독재자는 언제나 자신의 실패를 외부 세력의 반대 탓으로 돌리기 위해, 자신에게 반대하는 누군가를 필요로 한다는 사실을 한국인들이 인식하게 하소서.

옴 아 훔, 바즈라 구루 파드마 싯디 훔

2. 파드마 삼바바시여, 독재자는 자신이 내린 명령을 제대로 잘 수행하지 못했다는 이유로 부하들에게 책임을 전가할 수 있음을 한국인들이 인식하게 하소서.

옴 아 훔, 바즈라 구루 파드마 싯디 훔

3. 파드마 삼바바시여, 독재자는 언제나 망상의 상태에 빠져 있음을 한국인들이 인식하게 하소서. 그는 자기만의 환영의 세계를 창조하여, 바

람직하지 않은 결과를 초래할 의사결정에 대해서도 변명을 꾸며댈 수가 있습니다

옴 아 훔, 바즈라 구루 파드마 싯디 훔

4. 파드마 삼바바시여, 독재자도 자신이 오류를 범할 수 있고 따라서 자신이 완벽하지 않다고 인정할 수 있다는 사실을 한국인들이 인식하게 하소서.

옴 아 훔, 바즈라 구루 파드마 싯디 훔

5. 파드마 삼바바시여, 한국의 분단에 대해 가장 평화롭고 가능한 해결책은, 김정은이 조부와 아버지가 오랫동안 해왔던 행태를 통해서는 무오류의 위상이 더 이상 유지될 수 없음을 깨닫고, 심경의 변화를 일으키는 것임을 한국인들이 인식하게 하소서.

옴 아 훔, 바즈라 구루 파드마 싯디 훔

6. 파드마 삼바바시여, 김정은이 관대함을 베풀어 주민들에게 더 많은 자유를 주고, 주민들이 더 많은 풍요와 더 높은 생활수준을 누릴 수 있는 가능성을 여는 것이 더 낫다는 결정을 함으로써 무오류의 위상을 유지하게 하소서.

옴 아 훔, 바즈라 구루 파드마 싯디 훔

7. 파드마 삼바바시여, 이렇게 함으로써 그는 조부와 아버지보다 더 완벽한 상태로 올라설 수가 있으며, 조부와 아버지가 이룬 것보다 더 좋은 시대로 국민들을 이끌어갈 지도자로 여겨지게 될 것임을 인식하게 하소서.

옴 아 훔, 바즈라 구루 파드마 싯디 훔

8. 파드마 삼바바시여, 한국인들이 바라보는 시각을 바꾸어, 성모 마리아께서 말씀하신 무결한 관념을 유지함으로써, 긍정적인 변화가 일어날 수 있도록 도와주소서.

옴 아 훔, 바즈라 구루 파드마 싯디 훔

9. 파드마 삼바바시여, 김정은과 그의 조부와 아버지는 북한과 남한 주민들에게 매우 잔혹한 행위를 저질렀으므로, 마땅히 처벌을 받아야 하고 그들의 잘못을 깨우쳐 줘야 한다는 감정을 한국인들이 극복하게 하소서.

옴 아 훔, 바즈라 구루 파드마 싯디 훔

파트 4

1. 파드마 삼바바시여, 북한의 지도자들이 중국에서 일어났던 전환과 유사한 방식을 받아들여, 어떻게 서구와 교역을 하면서 무오류의 위상을 유지할 수 있는지를 보게 하소서.

옴 아 훔, 바즈라 구루 파드마 싯디 훔

2. 파드마 삼바바시여, 북한의 지도자들이 사고방식을 바꾸어 무오류의 관념을 다른 방식으로 표현하게 되고, 북한이 새로운 길로 들어서게 하소서.

옴 아 훔, 바즈라 구루 파드마 싯디 훔

3. 파드마 삼바바시여, 북한의 지도자들이 무슨 일이 일어나고 있는지 알지 못한 채, 북한이 점점 더 개방되고 변화를 이루는 길로 나아가게 하소서.

옴 아 훔, 바즈라 구루 파드마 싯디 훔

4. 파드마 삼바바시여, 북한을 더 큰 개방으로 이끌어 줄 긍정적인 변화에 대한 비전을 한국인들이 지닐 수 있도록 하소서.

옴 아 훔, 바즈라 구루 파드마 싯디 훔

5. 파드마 삼바바시여, 더 많은 아이디어와 의식과 에너지의 교환을 통해 상대적으로 짧은 기간 내에 북한에 전환이 일어날 수 있도록, 한국인들을 도와주소서.

옴 아 훔, 바즈라 구루 파드마 싯디 훔

6. 파드마 삼바바시여, 국제 사회의 사람들이 사고방식을 바꾸어, 존중할 가치도 없다고 여기던 북한의 지도자를 어느 정도 존중하며 대하도록 도와주소서.

옴 아 훔, 바즈라 구루 파드마 싯디 훔

7. 파드마 삼바바시여, 이것은 단지 되돌릴 수 없는 큰 전환을 가져오기 위해서 무엇이 필요한지를 깨닫는 게임이란 것을 국제 사회의 사람들이 인식하게 하소서.

옴 아 훔, 바즈라 구루 파드마 싯디 훔

8. 파드마 삼바바시여, 김정은이 불성을 향한 긍정적인 길로 들어설 수 있도록 도와주소서.

옴 아 훔, 바즈라 구루 파드마 싯디 훔

9. 파드마 삼바바시여, 한국의 영적인 사람들이 당신의 제자로 입문할 수 있도록 도와주시어, 평화로운 방식으로 통일 한국을 실현하는 데 우리가 개인적으로 이바지할 수 있게 하소서.

옴 아 훔, 바즈라 구루 파드마 싯디 훔

봉인하기

신성한 어머니의 이름으로, 나는 이 요청의 힘이 마-터 빛을 자유롭게 하는데 사용되어, 나 자신의 삶과 모든 사람들과 행성을 위한 그리스도의 완전한 비전을 구현할 수 있음을 전적으로 받아들입니다. I AM THAT I AM 의 이름으로, 그것이 이루어졌습니다! 아멘.

쉬 바

Shiva

세 가지 상위체와 함께하는 공동-창조

여러분의 창조물 밖으로 나오기

데몬들은 어떻게 창조되는가

여러분의 가족들을 죽이는 것

북한의 주민들을 일깨우기

북한의 국가적인 데몬을 분쇄하기

북한은 전 세계적인 문제입니다

남한을 정화하기

9
지구에서 자각이 없는 시대는 끝나고 있습니다

상승 마스터 쉬바, 2016년 7월 2일

진실로, 나는 상승 마스터 쉬바입니다.

여러분은 힌두교의 삼위일체 신성인 창조자 브라마와, 유지자 비쉬누와, 파괴자 쉬바를 알고 있을 것입니다. 그러나 상승 마스터로서의 나는 힌두교가 묘사하는 쉬바의 이미지를 훨씬 넘어서는 존재입니다.

현대의 용어로 브라마, 비쉬누, 쉬바의 관계를 설명해 보겠습니다. 여러분은 우리를 인격을 가진 신으로 보다는, 우주적 힘들을 대표하는 존재로 보아야 합니다. 우주에는 만물의 시초를 이루는 창조의 힘이 존재하며, 이 힘은 형상 세계 안에서 만물을 구현해냅니다. 이 힘은 창조의 추진력이자 초월의 추진력이며, 모든 것을 더 이상의 존재로 끌어올리는 추진력입니다. 즉 이는 형상 세계를 구현해가는 힘일 뿐 아니라, 소위 '생명의 강'을 추진해가는 힘이기도 한 것입니다. 창조주로부터 확장되어 개체를 이루고 있던 존재들이, 위로 올라가는 자기초월의 힘과 하나 되어 흘러가는 것을 우리는 생명의 강이라 불러왔습니다.

그리고 비쉬누는 창조된 형상의 세계를 일정 시간 동안 유지시켜 주는 힘을 나타냅니다. 여러분이 보고 있는 주위의 많은 형상들이, 여러분이 의식하지 못한 채로 줄곧 공동-창조되고 있는 동안, 비쉬누는 그 형상들이 지속되게 해줍니다. 그러나 여러분의 의식적인 마음은 이렇게 끊임없이 진행되는 공동-창조를 인식할 수가 없습니다. 이 때문에 여러분은 실제로는 매 초마다 형상이 수없이 재창조되고 있음에도 불구하고, 어떤 형상이 오랫동안 고정되어 있다는 환영을 가지게 되는 것입니다.

쉬바는 이 모든 것이 스스로를 초월해가도록 추진하는 힘입니다. 사실 쉬바는 파괴하는 힘이 아닙니다. 쉬바는 일정 기간 유지된 형상이 언제든 스스로를 초월할 수 있도록 해줍니다. 그러므로 내가 상승 마스터로서 지구에 구현해낸 힘, 즉 쉬바의 역할은 그 어느 형상도 일정 시간의 한계를 넘어서 유지될 수 없게 하는 것입니다. 만일 형상들이 한계 없이 유지된다면, 자기의식적인 존재들은 스스로 창조한 형상 안에 고착되어 버리고 그것과 자신을 동일시하게 되어, 결국은 성장하지 못하게 됩니다.

세 상위체를 통해 이루어지는 공동-창조

자 사랑하는 이들이여, 우리는 엘리멘탈(elemental life)이라 불리는 특정한 존재들에 대한 가르침을 주었습니다. 그들은 소위 형상의 창조자들이며, 실제적으로 그들은 형상을 생성하는 존재들입니다. 그리고 자기의식적인 존재인 여러분들은 형상을 창조하는 공동-창조자들입니다. 왜냐하면 여러분이 마음에 품는 비전들은 엘리멘탈들 위로 투사되고 있기 때문입니다. 그러면 이 엘리멘탈들은 그 형상들을 생성해냅니다. 그러나 실제로 이 엘리멘탈들이 자신과 따로 분리되어 있는 형상을 만들어내는 것은 아닙니다.

예를 들어, 꽃을 구현해내는 엘리멘탈은 꽃을 창조하고 난 후에 그 옆에 앉아서 꽃을 감상하고 있는 존재, 꽃으로부터 독립된 존재가 아닙니다. 엘리멘탈은 꽃의 형상을 취하면서 스스로 그 꽃이 되어 버립니다. 따라서 많은 사람들이 귀엽게 여기며 애착해온 땅의 요정(gnome)이나 물의 요정(undine), 공기의 요정(sylph)의 이미지는 정확하지 않습니다. 설령 어떤 차원에서 그런 요정이 존재한다 해도, 지금 우리가 언급한 형상을 만드는 엘리멘탈들은 아닙니다. 왜냐하면 엘리멘탈들은 자신들이 만들어낸 형상을 취하면서 그 자체가 되어 버리기 때문입니다.

사랑하는 이들이여, 내가 이 설명을 하는 이유는, 여러분 자신도 어느 정도는 엘리멘탈과 같은 방식으로 기능하고 있다는 점을 잘 생각해 보라는 뜻입니다. 여러분이 세 상위 마음의 층에서 어떤 형상을 비전으로 그려낼 때, 자신과 분리된 형상을 창조하는 것이 아닙니다. 여러분도 역시 나름의 방식으로 그 형상을 취하게 됩니다. 자, 여러분이 마음속에서 하나의 집을 상상해 보고 그 집을 실제로 지었다고 합시다, 그러나 여러분이 물질계에서 집을 지었다고 해서, 자신이 그 집 자체로 변하는 것은 아닙니다. 지금 내 말이 무슨 뜻인지 의아할 수도 있지만, 여러분은 물질 영역에서 육체로써 창조해낸 것과 세 상위체로써 공동-창조하는 방식 간의 차이를 구별해야 합니다.

여러분이 물질 영역에서 보고 있는 것은 단지 빙산의 한 조각이고, 여러분이 이미 창조해낸 것의 가장 작은 일부에 불과함을 깨닫기 바랍니다. 여러분이 물질적 층 안에서 무엇을 창조했다면, 그 이전에 이미 여러분은 마음의 세 층인 정체성, 멘탈, 감정체 안에서 훨씬 더 큰 것을 구현해낸 상태입니다. 그리고 여러분은 바로 그 마음 안에서 살고 있고 그 마음 안에 존재합니다. 우리는, 여러분의 의식적인 자아(Conscious You)가 세 층의 마음 밖으로, 혹은 네 하위체 밖으로 나갈 수 있다는 가르침을 주었습니다. 그러나 대부분의 사람들은 이 마음들을 자기 자신과 완전히 동일시하고 있습니다. 이것은 마치 스스로 꽃의 형상과 동화되어 버린 엘리멘탈처럼, 여러분도 자신의 세 층의 마음과 육신이 가진 복합적인 형상들을 자기 자신으로 여기며 받아들여 왔다는 뜻입니다.

정말 실제적으로, 여러분은 자신이 공동-창조해낸 것 그 자체와 동화되어 있습니다. 여러분이 자신의 창조물과 자신을 동일시하면서 그 안에서 살아가기 때문입니다. 그러나 우리는 말합니다. 영적인 여정의 핵심은 바로, 여러분이 자신의 마음도 아니고, 자신의 몸도 아니고, 자신이 창조해낸 피조물도 아니라는 자각에 이르는 것입니다. 엘리멘탈에게는 이런 자각의 능력이 없지만, 여러분에게는 있습니다. 여러분은 공동-창조자이기 때문입니다.

여러분의 창조물 밖으로 나오기

여러분은 의식적 자아를 가지고 있으며, 그 의식적 자아는 물리적 몸 바깥으로 걸어 나와서 그 몸을 보며 "이 몸은 내가 아니다"라고 말할 수 있습니다. 의식적 자아는 또한 감정체 밖으로 나와서 그것들이 단지 감정일 뿐이고, 특정 수준의 진동에서만 존재하는 것임을 볼 수 있습니다. 여러분이 이 감정들을 통해 세상을 체험하는데 익숙해져 있더라도 여러분은 이 감정들이 아닙니다. 여러분은 더 이상 물리적 몸이나 감정과 합체되지 않으면서 "이 감정은 내가 아니다"라고 말할 수 있습니다.

마찬가지로 여러분은 자신이 멘탈체 안에 만들어 놓은 아이디어와 상들과 믿음들 밖으로 나올 수 있습니다. 그런 후 이들이 단지 아이디어일 뿐 언제든지 바뀔 수 있고 신 안에서 궁극적인 실재가 아님을 인식할 수 있습니다. 그것들은 모두 멘탈층에서 창조되었습니다. 여러분이 오랫동안 그 상들과 매트릭스들을 통해 세상과 관련을 맺어왔다 하더라도, 여러분은 그 밖으로 나와서 그것을 보며 이렇게 말할 수 있습니다. "이 생각들은 내가 아니다."

마찬가지로 정체성체 안에서도 여러분은 그것이 세상의 조건에 따라 창조된 정체성임을 알 수 있습니다. 그것은 여러분의 본 모습이 아니라 여러분이 세상과 관계하는 방식입니다. 여러분은 정체성체도 역시 실재가 아님을 알게 됩니다. 그것은 단순히 여러분이 사용하고 있는 운송수단일 뿐이며 세상 안의 조건들에 대응해서 만들어진 것입니다. 이 조건들은 신 안에서 궁극적으로는 실재하지 않는 까닭에, 여러분은 자신의 정체성체가 자신의 본래 모습이 아니며 궁극적인 실재가 아님을 알 수가 있습니다.

여러분은 그것을 보면서 "인간 자아는 내가 아니다. 그런 세속의 정체성은 내가 아니다."라고 말할 수 있게 됩니다. 그리고 이런 자각이 바로 영적인 여정의 핵심을 이루는 것입니다. 즉 여러분은 세상과 상호작용하기 위해 접속기로 사용하고 있던 네 가지 하위체와 자신을 동일시하지 않게 되는 것입니다.

내가 왜 이 말을 하고 있을까요? 네 하위체가 자신이 아니라는 깨달음에 이를 때 여러분에게 필요한 건 무엇일까요? 여러분이 특정 패턴을 반복하도록 끌어당기고 있는, 네 하위체 안의 매트릭스들을 벗어버리는 방법을 찾아내야 합니다. 쉬바의 역할은, 오래된 패턴에 여러분을 꽉 묶어두고 있던 패턴에서 여러분을 자유로워지게 해주는 것입니다.

여러분을 속박하고 있던 패턴들은 실제로는 비쉬누의 힘을 극단적으로 취함으로써 만들어진 것입니다. 자유의지의 법칙에 따라 이런 것이 허용되기는 합니다. 그러나 여러분이 자신의 영(Spirit), 즉 의식적 자아가 어떤 특정 매트릭스 안에 머물러야 하고 이를 통해서만 세상과 연결될 수 있다고 느낄 때, 그러면서 여러분이 네 하위체 안에 그 매트릭스를 고수하고 있을 때에만 비쉬누의 힘을 극단적으로 가져오게 됩니다.

이런 매트릭스들을 깨버리고 자유로워지려면 쉬바의 힘이 필요하며, 그 때문에 나의 디크리가 있는 것입니다. 여러분은 영적인 여정에서 자신을 초월하여 더 높은 단계로 가는 것을 방해하는 매트릭스들을 분쇄해버리기 위해서 이 디크리를 강력한 도구로서 사용할 수 있습니다. 물론 여러분은 자신을 둘러싼 매트릭스들을 분쇄하고 타인들을 자유롭게 해주기 위해서도 쉬바를 향해 요청과 디크리를 할 수 있으며, 간단히 "쉬바"를 부르면서 만트라로 사용할 수도 있습니다.

여러분은 본질적으로 영적인 존재이지만, 여러분이 육화 중인 동안에는 쉬바의 빛과 현존과 영을 불러낼 권한이 있습니다. 그래서 쉬바의 빛과 현존과 영을 자신의 마음 안으로, 그리고 역시 마음의 일부인 여러분 주위의 세상 안으로 향하게 할 수 있습니다.

여러분이 육화하여 특정한 지역에서 살고 있는 물리적 몸 안의 자신에게 집중하고 있을 때, 어떤 의미에서 여러분은 자신의 외부 상황을 창조하고 있는 감정, 멘탈, 정체성 영역 안의 매트릭스를 받아들여 그 자체가 되어 있는 것입니다. 당연히 행성 전체에 대한 매트릭스들도 존재하며 이 행성에서 살고 있는 사람들은 모두 그 매트릭스의 일부입니다. 또한 특정한 국가나 문화나 인간 집단에 대한 매트릭스들도 있습니다. 여러분이 한국과 같은 특정한 국가에서 몸을 가지고 태어난다면 여러분도 현재 상황을 창조하고 있는 매트릭스의 일부가 되어 버립니다.

여러분은 쉬바를 매트릭스 안으로 불러내어 그 권능과 화염을 발현시킬 수 있는 권한을 가지고 있습니다. 쉬바의 권능과 화염은 사람들이 같은 패턴을 계속 반복하도록 사로잡고 있었던 감정, 멘탈, 정체성 체의 매트릭스들과, 심지어 집단의식까지 불태워버릴 수 있습니다. 사랑하는 이들이여, 여러분이 지구 행성의 수천 년 역사와 알려지지 않은 수백만 년의 역사를 돌아보면, 사람들이 같은 패턴에 사로잡힌 채 그것을 수없이 반복해오고 있는 것을 알 수 있습니다. 파괴적인 패턴이 그렇게 반복되는 것을 보면서 "이것이 언제 끝날 것인가? 이것이 얼마나 더 계속 되어야 하는 것인가?"하고 느끼지 않을 사람이 누구일까요?

그러나 진실로, 오래된 패턴의 반복은 누군가 그 패턴의 반복을 끝내 겠다고 결단을 내릴 때까지 계속됩니다. 여러분이 스스로 공동-창조해 내거나 여러분의 문화나 나라가 집단적으로 공동-창조한 것과 합체가 되어 버린 나머지, 그 패턴과 자신을 완전히 동일시하고 있다면 어떻게 그런 결단을 내릴 수 있겠습니까? 여러분이 그것과 완전히 동체가 되어 있다면, 어떻게 한 걸음 뒤로 물러나서 "나는 다시는 이런 패턴을 반복 하지 않겠다."고 말할 수 있겠습니까?

사랑하는 이들이여, 그렇게 할 수가 없습니다. 이것이 바로 여러분 중 영적으로 깨어 있는 사람들이 오래된 패턴과 동체가 되어 있는 사람들 을 해방시키도록 요청을 해야 하는 이유이며, 이것은 엄청난 기회입니 다.

데몬들은 어떻게 창조되는가

여기에는 또 하나의 측면이 있는데, 좀 복잡하지만 여러분이 이해하 지 못할 정도는 아닙니다. 분명 우리의 가르침을 공부해온 이들에게는 이 가르침을 이해할 만한 기반이 있을 것입니다. 우리는 여러분에게 데 몬과 어둠의 세력에 대해 설명을 해왔습니다. (물질계의 네 층인) 물질, 감정, 멘탈, 정체성 영역에서 공동-창조된 모든 것은, 어떤 특정한 사념 의 매트릭스를 가지고 있습니다. 그 매트릭스는 의식의 침투와 함께 정 체성 층에서 멘탈층으로, 감정층으로 그리고 물질층의 순서로만 내려올 수 있습니다.

그리고 여기엔 반드시 자기의식을 가진 공동-창조자가 있어서 매트릭 스를 심상화하고 거기에 의식을 불어넣어야 하며, 그럼으로써 그것이 네 영역을 통과해서 내려오며 물질화되는 것입니다. 의식은 그 자체가 의식을 가지고 있다는 것을 여러분은 알아야 합니다. 의식은 그 자체의 생명을 가지고 있습니다. 여러분은 자기의식적인 존재이며, 여러분이 정체성 체에서 어떤 매트릭스를 심상화하고 있을 때 여러분은 의식의 순수한 힘을 그 안에 불어넣고 있는 것입니다.

다른 말로 여러분은 하나의 매트릭스를 심상화한 다음 여러분의 자기의식을 통해서, 비인격적이고 자각력이 없는 수준의 의식을 끌어올 수 있습니다. 이 의식은 스스로를 의식하지는 못하지만 여전히 의식을 가지고 있습니다. 여러분은 그 의식을 매트릭스 안으로 끌어와서 그것을 멘탈층 안으로, 감정층 안으로 그리고 물질층 안으로 풀어놓습니다. 이렇게 하는 과정에서 대부분의 사람들은 자신이 하고 있는 일을 스스로 의식하지 못합니다. 여러분이 어떤 매트릭스를 창조하고 거기에 의식을 불어넣을 때 여러분은 소위, 그것이 자신의 고유한 삶을 가지도록 풀어 놓아주는 것입니다.

달리 말해 보면, 여러분은 어떤 사회를 창조할 수 있습니다. 사람들은 어떤 사념의 매트릭스를 창조한 후에 자의식이 없는 그 수준의 의식을 불어넣음으로써, 집단적으로 사회를 창조할 수 있습니다. 그들이 이 매트릭스 안으로 자신의 의식을 주입하면서 이 매트릭스를 키워갈 때 그들은 영체를 만들어내고 있는 것입니다. 이 영체는 자기 자신으로부터 한 걸음 물러나 변화하는 것을 선택할 수 없으므로 자의식적인 영체가 아닙니다. 그 영체는 아무런 자각 없이 같은 패턴을 계속 반복해나갈 것입니다. 그리고 시간이 흐르면 그 영체는 어떤 의식을 띠게 됩니다. 자기의식은 없더라도 자기가 존재한다는 것은 의식하고 있기 때문에 그 영체는 생존을 유지하기 위해서 에너지를 필요로 합니다. 그래서 애초에 그 영체를 창조했던 행동들을 반복하는 것에 빠져 있는 사람들로부터 에너지를 빨아들입니다.

일반적으로, 창조된 모든 것은 그것을 지탱해주는 특정한 영체를 가지고 있기 때문에 이 문제는 중요합니다. 네 가지 수준의 엘리멘탈 존재들 위에는 좀 더 복합적인 전체적 수준의 영체들이 존재하는데, 이들은 자연 영체들(nature spirits)이 아닙니다. 그들은 육화한 인간 존재들, 공동-창조자들에 의해 창조된 심령적인 영체들(mind spirits)입니다. 물론 이들 중에는 자비로운 영체들도 있고, 인간들이 만들어낸 긍정적인 매트릭스를 유지해주는 영체들도 있습니다.

또한 우리가 데몬이라고 불러왔던 영체들도 존재하는데, 이들은 본래 공동-창조자들이 아닌 타락한 존재들에 의해서 창조되었습니다. 타락한 존재들은 자신의 네 가지 수준의 마음을 사용해서 파괴적인 매트릭스들을 심상화하고 그것들이 생명을 가질 때까지 그들 자신의 의식을 불어넣었습니다. 그러고 나서 타락한 존재들은 공동-창조자들을 속여서 그들의 계획과 동기를 지지하도록 유인함으로써 이 데몬들에게 더 많은 의식을 주입해주고 엄청나게 강력해지도록 만들었습니다.

지구상의 모든 파괴적 활동에는 이런 영체나 데몬들이 작용하고 있는 것을 보게 됩니다. 그들은 아무런 자각 없이 이런 매트릭스를 반복하면서, 사람들로 하여금 파괴를 되풀이하도록 끌어당기려 애씁니다.

한 예가 전쟁의 데몬입니다. 이 행성에는 수많은 전쟁의 데몬들이 있는데, 그들은 하나의 피라미드를 이루고 있으며 그 꼭대기에는 엄청나게 강력해진 총사령관 수준의 전쟁 데몬이 있습니다. 그 데몬은 너무나 강력해서 육화한 인간 존재들의 마음을 완전히 지배하면서 인간들이 더 이상 자기의식을 가진 공동-창조자로서 행동하지 못하게 되는 지점까지 몰고 갑니다. 인간들은 스스로 개인적인 생각을 하지 못하는 생물학적 로봇처럼 기능하고 있고 그들의 모든 사고는 이러한 데몬으로부터 오고 있습니다. 사람들은 한 걸음 밖으로 걸어 나와서 "나는 더 이상 이렇게는 할 수 없다."라고 말할 수 있는 능력을 잃었습니다.

사랑하는 이들이여, 이것이 무엇을 의미할까요? 이것이 바로 여러분이 역사를 통해 수없이 되풀이되는 것을 보아온 그 현실, 사람들이 다른 사람들에게 너무나 비인간적이고 잔혹한 행동을 하는 것에 대한 진정한 설명입니다. 성모 마리아는 "전쟁과 세계경제조작 배후의 영적인 원인과 그 해법(Help the Ascended Masters Stop War)"라는 책에서 이 현상에 대해 설명하고 있습니다. 여러분들이 어떻게 사람들로 하여금 다른 사람들을 죽이도록 만들 수 있는지, 영체들이나 데몬들에 의해 눈이 멀었다는 이유로 어떻게 그런 일이 일어날 수 있는지, 이 일이 많은 사람들에게 어떻게 미스터리가 되었는지 말입니다. 사람들의 마음은 그들에 의해 장악되어서 더 이상 사고할 수도 없고, 더 이상 의식도 없습니다.

성모 마리아는 인간이 가진 가장 깊은 본능 중의 하나가 종족 보존의 본능이라고 언급을 했습니다. 여러분은 개인의 보존과 종족 전체의 보존, 혹은 적어도 그룹의 보존에 대한 본능을 가지고 있습니다. 사람들을 전쟁터로 나가도록 하려면 그 무언가가, 매우 기본적인 이 생존 본능을 압도해야만 합니다. 그런 일은 오직 사람들의 마음이 이런 어둠의 존재들이나 데몬들, 영체들에 의해 지배될 때 일어납니다. 이때 사람들은 생명 유지의 욕구를 무시하고 문자 그대로, 생각 없이 명령을 수행하는 살인 로봇이 되어 그들 자신이 정말 무엇을 하고 있는지에 대한 의식도 없이 다른 사람을 죽입니다.

자신이 무엇을 하고 있는지 충분히 의식하며 깨어 있는 사람들은, 다른 사람을 죽일 수 없습니다. 절대 가능하지 않습니다, 사랑하는 이들이여, 절대 가능하지 않습니다. 그러나 여러분은, 인간들이 다른 동료 인간들을 죽이거나 괴롭히기 위해 얼마나 자각 없이 행동하고 있는지 거듭 거듭 되풀이해서 보고 있습니다.

여러분의 가족들을 죽이는 것

내가 지금 여기서 이 이야기를 꺼내는 이유는, 여러분이 북쪽의 분단선을 볼 때 꼭대기에 있는 한 사람의 독재자, 파드마 삼바바가 설명한 것처럼 절대적인 권력을 가지고 있는 한 독재자가 존재하고 있기 때문입니다. 그러나 그가 밖으로 나가 개인적으로 북한의 모든 주민을 억압할 수 있을까요? 그가 밖으로 나가 개인적으로 그와 그의 통치에 반대하는 사람들을 모두 죽일 수 있을까요? 분명히 아닙니다.

파드마 삼바바는, 왜 독재자가 자신의 무오류성과 권력에 대한 감각을 위협하는 자를 죽이려고 하는지를 설명했습니다. 그의 의도를 실행하기 위해서 독재자는 자기 나라 사람은 물론, 경우에 따라 자기 가족까지 죽일 용의가 있는 사람들을 확보하고 있어야 합니다. 그런 사람들은 독재자나 그 아래 사람들의 명에 따라 아무 자각도 없이 살인을 저지를 것입니다.

어떻게 누군가에게 자기 가족을 죽이고 자기 나라 사람을 죽이도록 시킬 수 있을까요? 이런 것은 설득으로는 불가능합니다. 이런 것은 사람들의 마음이 데몬에 의해 지배될 때만 가능한 일입니다. 어떻게 사람들의 마음이 데몬에 의해 지배될 수 있을까요? 그 사람들은 스스로 결정을 내리려는 의지를 포기했기 때문입니다. 어떻게 그 사람들은 스스로 결정을 하지 않으려는 지경에 이르렀을까요?

그것은 많은 생애를 거치면서 타락한 존재들에 의해 조종을 받았기 때문입니다. 한 사람이 어떤 대의명분을 지지하도록 조종을 받은 다음, 이로 인해 비참한 결과로 이끌어지는 체험을 한다고 합시다. 그 사람이 결정을 내리고 비참한 결과를 체험하는 일이 계속 연달아서 일어난다면, 그는 고통으로 인해 마음의 상처를 입고 그 다음부터는 결과가 두려워서 더 이상은 결정을 안 하려 할 것입니다.

진실로, 너무나 많은 사람들이 이 지점에 와 있습니다. 전 세계에 걸쳐 많은 사람들이 있지만, 독재정권을 가진 나라를 잘 살펴보면 그 나라에 육화한 국민의 대다수가 자기 스스로 결정을 하지 않으려 하는 그 지점에 와 있음을 분명히 볼 수 있습니다. 그들은 그들 자신을 대신해서 결정을 해주고 그들이 로봇처럼 자각 없이 그 결정을 수행하도록 요구하는 독재자의 권력 아래로 스스로 들어갔던 것입니다.

북한의 주민들을 일깨우기

사랑하는 이들이여, 자신을 더 강력하게 해주는 에너지를 끌어오기 위해 오직 고문과 전쟁과 갈등만을 원하는 데몬들의 지배 아래로 국민 대다수가 들어가 버리고 이런 체제로 굳어버렸다면, 어떻게 이 상황이 변화될 수 있을까요?

그러나 변화는 일어날 수 있습니다. 왜냐하면 모든 국민들이 데몬들에게 완전히 장악되고 스스로 결정하려는 의지를 완전히 잃어버린 나라는 있지도 않고, 또 있은 적도 없기 때문입니다.

어떤 나라에건 스스로 결정할 수 있는 지점에 있는 일정 비율의 사람이 항상 있기 마련입니다. 그러나 이런 사람들 중의 일부는 그런(데몬들에게 장악된) 나라에서 성장하면서 자신이 누구인지를 잊어버리게 됩니다. 그 나라의 상황에서는 자율적인 결정권을 행사할 수 없다는 것을 깨닫고, 결정하려는 의지를 보류하기도 하겠지요. 또 몇몇 사람들은 망각에 빠져 있기도 할 것입니다.

내가 지금 지적하고 싶은 것은 북한에 육화해서 그들 자신의 자율적인 결정을 행사하려는 지점으로 신속히 올라갈 수 있는 임계수치의 존재들, 영혼들이 있다는 사실입니다. 이 일이 일어나지 않고 있는 단 하나의 이유는, 그들이 북한이란 나라의 매트릭스를 지탱하고 있는 집단적인 데몬과 많은 옹호하는 데몬들에 의해 아직도 눈이 멀어 있기 때문입니다. 만일 이 매트릭스가 분쇄된다면 이 사람들은 다시 자유롭게 풀려나서 실제적이고 개인적이고 의식적인 결정을 할 수 있을 것입니다. 그러면 이 나라의 상황에는 극적인 변화가 일어날 것입니다.

북한의 독재자 자체도 북한의 매트릭스를 지탱하는 데몬에 의해 너무나 압도되어 있어서 파드마 삼바바가 말한 것처럼, 나라의 진로를 바꾸는 결정을 하기에는 한계가 있습니다. 이 데몬들을 분쇄해버린다면, 적어도 좀 약한 데몬들이라도 불태워버린다면, 그런 독재자라 할지라도 자유롭게 풀려나서 좀 더 깨어난 의식으로 결정을 하게 되고 그를 통해 더 많은 사람들을 자유롭게 해줄 수 있는 잠재력이 있습니다. 그리고 바로 이것이 나의 전체 가르침이 전달하고 있는 요점 중의 하나입니다.

남한과 그 이외의 지역에 있는 영적인 여러분, - 이것은 전 세계적인 문제이기도 하기에 - 여러분은 북한의 파괴적인 매트릭스를 지탱하고 있는 데몬들을 분쇄해달라고 요청할 수 있는 기회를 가지고 있습니다. 따라서 나는 이 구술문을 주면서, 여러분이 내 이름을 부르며 이 요청을 할 수 있도록 권한을 부여합니다. 이 구술문에 따라서 기원문이 만들어지겠지만, 여러분은 언제든지 자유롭게 쉬바를 부르면서 북한과 북한 주민들에 대한 파괴적인 매트릭스를 지탱하고 있는 데몬들을 불태워달라고 요청할 수 있습니다.

여러분은 언제든지 이 요청을 시작할 수 있지만, 내가 여기서 원하는 것은 이 구술문이 언어로 전해지고 있는 이 순간, 듣고 있는 여러분 모두가 이 기회를 활용해달라는 것입니다. 여러분 각자가 허락한다면 나는 내가 지금 하고 있는 요청을 여러분의 차크라를 사용해서 증폭할 것입니다. 내가 이다음 부분을 전달할 때, 여러분이 나와 함께 심상화 해줄 것을 요청합니다.

북한의 국가적인 데몬을 분쇄하기

나는 여러분에게 남한에서 보이는 북한의 분단선을 심상화할 것을 요청합니다. 지금 나, 쉬바가 이 분단선의 남쪽에 서 있는 것을 심상화하세요. 그리고 나를 하나의 화염으로 그려보세요. 그 화염은 힘차게 타오르는 태양과 같이 너무나 강렬해서 인간의 눈으로는 바라볼 수도 없습니다. 그것은 지상의 어떤 것도 견딜 수 없는 불길입니다.

이제 여러분은 하나의 삼각형 안에서 내 뒤에 서 있습니다. 나는 그 삼각형의 정점에 있고 여러분은 내 뒤에서 삼각형을 이룹니다. 사랑하는 이들이여, 나 자신인 화염(the fire that I AM)이 삼각형의 꼭짓점을 이루고 여러분의 개별적인 화염들은 나의 더 큰 화염 뒤에 있습니다.

우리는 이렇게 화염의 삼각형을 이루면서 지금, 아주 빠르게, 북쪽으로 이동합니다. 우리는 북한 내부로 들어가는 화살표 모양의 삼각 대열을 만듭니다. 이 삼각 대열은 물질 영역뿐만 아니라 감정, 멘탈, 정체성 영역 안으로도 들어갑니다.

우리는 재빨리 이동해서 곧바로 북한의 수도에 도착합니다. 우리는 그 정권을 지탱하는 그 전체 기관 바로 앞에 섭니다. 우리는 바로 그 데몬 앞에 서 있습니다. 이제 나, 쉬바는 선언합니다. "너는 더 이상 존재할 수 없다. 너는 쉬바의 화염으로 소멸된다! 쉬바! 너는 소멸되었고 더 이상 존재하지 않는다."

이제 이 삼각 화염이 갑자기 열리고 점점 더 큰 원을 그리면서, 마치 날개를 펼치듯이 바깥으로 확장되고 있는 것을 심상화하세요. 그리고 전체 북한을 다 에워싸면서 그 원이 닫힙니다.

여러분은 그 모든 데몬들이 불길로부터 달아나며 남은 공간 안에서 숨을 곳을 찾고 있는 것을 봅니다. 그러나 두 날개가 닫히면 그들이 숨을 곳은 없습니다. 그들이 화염과 만나지 않을 길은 없으며 그들이 화염에 닿자마자 불길은 즉시 그들을 태워버립니다. 따라서 나, 쉬바는 신의 천사로 서서 나의 날개로 북한을 에워싸고 있으며, 이로써 그 나라의 매트릭스를 유지하고 있는 모든 데몬들과 어둠의 세력들을 태워버립니다.

이것은 즉각적으로 행해진 조치입니다. 자유의지의 법칙으로 인해, 내가 영구적인 기반에서 모든 데몬들을 소멸시킬 권한은 갖고 있지 않음을 여러분이 알 필요가 있습니다. 이 조치를 통해 나는 데몬 중의 일부만 불태웠습니다. 나는 북한의 국가적인 매트릭스를 유지하는 중앙 데몬의 매트릭스를 분쇄해버렸습니다.

그러나 이 일이 네 영역을 모두 통과해서 내려와 자율적인 결정을 할 수 있는 사람들을 해방해주는 효과를 발휘하기 위해서는, 여러분의 요청에 의해 재강화될 필요가 있습니다. 우리가 설명했듯이, 우리는 우리에게 권한이 주어진 것만 할 수 있으며, 육화한 존재들도 역시 어떤 것을 변화시키겠다고 결정을 해줄 필요가 있습니다.

북한은 전 세계적인 문젯거리입니다

여러분은 이것(북한의 매트릭스 소멸)을 위한 요청을 계속해야 합니다. 그리고 더 많은 데몬들을 소멸시키기 위해서, 그리고 사람들이 정말로 생각하고 의문을 품을 수 있도록 자유롭게 해주기 위해서, 거듭 되풀이해서 이 심상화 작업을 할 필요가 있습니다.

바로 첫 단계에서 그들은 자신들이 왜 자국민과 가족들을 죽여야 하는지 의문을 가지기 시작합니다. 왜 특정 정권의 유지를 위해서 사람들을 죽이거나 감옥에 가두어야 하는가요? 정권을 바꾸고 체제를 바꿀 수 있다면, 자신의 동족을 계속 죽일 필요가 없지 않은가요?

이것이 투사되어야 할 기본적인 생각입니다. 그리고 여러분은 이것을 북한으로 투사하며 심상화할 수 있습니다. 그러면 그곳의 북한 주민들은 다른 많은 것들에도 의문을 가지기 시작할 것이며 이것이 바로 변화를 위한 기반이 됩니다. 체제를 바꾸면 서로 죽일 필요가 없는데 왜 체제 유지를 위해서 살인을 해야 하는지, 사람들이 의문을 던지게 되면 변화가 일어나기 시작할 것이고 점점 확대되면서 퍼져나갈 것입니다.

북한은 전체주의 세력의 집중점이기 때문에 이것은 전 세계적인 문제라고 나는 지구의 모든 여러분에게 조언합니다. 만일 북한의 전체주의가 붕괴될 수 있다면 - 그리고 붕괴될 것이지만 - 그것은 지구 전체로 파급되어 곧 다른 지역에서도 전체주의 세력들이 설 땅을 잃게 되는 결과가 올 것입니다. 이것은 지구에서 특정한 국가뿐만 아니라 경제를 비롯한 다른 범주에서도 발견될 수 있는 전체주의 매트릭스들을 분쇄해버리는 범세계적인 운동의 발단이 될 것입니다.

따라서 마음이 데몬들에 의해서 지배되고 있는 탓에 자각 없이 오래된 패턴을 반복하고 있던 사람들이 깨어나서 자율적으로 사고하기 시작하는 새로운 시대가 열리는 것을 여러분은 보게 될 것입니다. 이제 나, 쉬바는 강력한 조치를 취하며 북한 위에 일정량의 화염을 영구적으로 정박시키고, 이 행위를 봉인합니다.

남한을 정화하기

자 이제, 영원히 존재하는 알파와 오메가와 더불어, 우리가 다시 북한의 경계선에 서 있는 것을 심상화하세요. 그러나 이번에는 남한으로 방향을 돌립니다.

여러분이 보듯이 나는 삼각형의 선두에 서 있고, 이제 우리가 남한으로 들어가는 것을 심상화하세요. 쉬바의 불은 아주 신속하게 이동하여 남한의 전체 체제와 파워 엘리트 바로 앞에 섭니다. 물론 거기엔 남북한 간의 이원적인 투쟁을 지속시키고 있는 남한의 국가적 데몬이 있습니다.

나는 이제 선언합니다. "나, 쉬바는 나의 화염을 보낸다. 따라서 너는 더 이상 존재할 수 없다!" 남북한에 있는 이들 이원성의 데몬들이 모두 불타버리고, 옹호 데몬들이 모두 불타버리고, 잇따라 분단국가의 매트릭스가 산산이 흩어지는 것을 심상화하세요. 그리고 그렇게 되도록 요청하세요.

단지 북한만 변화시킨다고 분단이 어떻게 극복되겠습니까? 분단은 양국 간에 일어난 것이고 당연히 양국 안에, 양국의 분단 안에 분열시키는 세력들이 존재합니다. 따라서 여러분에게 또한 요청합니다. 남한의 이원성 세력들, 파워 엘리트를 형성하고 남한의 국민들을 노예화하고 있는 그들에 대한 요청을 하고 심상화를 하세요.

이 파워 엘리트들도 역시 어떤 의미에서, 국민들을 자각 없는 존재들로 만들고 있습니다. 동료 인간들을 죽이도록 만든다는 의미가 아니라, 무수한 시간 동안 일하게 하고 국민들의 전체 삶을 오로지 이윤, 더 많은 이윤을 창출하고자 하는 거대 회사들에 의해 삼켜지게 만든다는 의미에서 그렇습니다. 사람들은 아무런 자각 없이 잠든 채로, 오직 이윤을 창출하는 것 이외엔 아무것도 아닌 그런 패턴들을 반복하고 있습니다. 그러나 그들에게 그 모든 이윤이 왜 필요한 것인지는 아무도 모릅니다. 그들은 그 매트릭스로부터 나올 수가 없습니다. 왜 마음 없이 더욱 더 많은 이윤만을 산출하는 자본주의 체제를 지탱하기 위해 자국민을 노예화하고 있는지, 사람들은 의문조차 던지지 못합니다.

다시 나는 국경에서 나의 날개를 펼칩니다. 이번에 나는 공간을 점점 더 작게 만들어 여기서 이 데몬들이 압축되도록 한 다음 그 공간을 완전히 닳아버립니다. 그리고 그들은 소멸되어 버립니다. 다시, 이 분단국가의 매트릭스를 지탱하던 일부 데몬들에게 이 조치가 취해졌습니다.

이 조치가 물질계까지 내려오도록 요청을 하는 것은 여러분의 몫입니다. 그러면 사람들은 이런 질문을 할 수 있게 될 것입니다.

"왜 우리는 이 같은 매트릭스를 유지하고 있는가? 왜 우리는 우리의 형제자매인 북한 사람들을 우리의 반대편으로 생각하는가? 왜 우리는 풍요를 창조하는 방법이 오직 하나라고 생각하는가? 왜 우리는, 우리나라의 전체 목표가 이런 거대 기업들이 더욱 더 많은 이윤을 내기 위해 국민을 노예화하도록 허용하는 것이라 여기는가? 이로 인해 우리 국민들은 자신이 왜 육화했고 인생의 목적은 무엇인지 질문하며 영적인 길을 찾는데 써야 할 시간과 에너지와 주의력을 다 소진해버리고 있다."

"번영과 부를 이루는 것이 사람들로 하여금 일생을 이들 기업의 노예로 살도록 만든다면, 이 번영과 부의 목적은 무엇이란 말인가? 부를 이루는 목적은 사람들이 남는 에너지와 주의력을 자신의 영적인 추구에 집중하도록 하는 것이 아닌가? 사람들을 자유롭게 해방하자, 우리나라의 매트릭스를 변화시켜서 이윤과 회사가 아닌 국민들에게 초점을 맞추도록 하자. 그러면 우리가 가진 가장 중요한 자원이 바로 사람들이란 것을 알게 될 것이다.

국가의 목적은 사람들을 자유롭게 하는 것이지, 기업을 위한 이윤을 창출하는 것이 아니다. 기업 자체는 이윤을 필요로 하지 않는데, 왜냐하면 기업은 그 자체로서 목적이 될 수 없기 때문이다. 우리의 국가에 목적을 제공하는 것은 바로 사람들이다."

그러므로, 나 쉬바는 나의 평화를 선언합니다. 여러분이 나에게 이런 자리를 마련해주고 기꺼이 차크라를 열어 나의 행위를 재강화 해준 것에 대해 나의 감사를 확장합니다. 분명 나는 나의 일을 했으나, 여러분이 없다면 물질적 층까지 내려오지 못할 것입니다. 여러분은 물질적인 몸을 가지고 있으므로 이 물질계에 변화를 가져다 줄 열쇠입니다.

여러분은 육화한 쉬바이며, 나는 천상의 쉬바입니다. 여러분이 자신을 육화한 쉬바로서, 쉬바의 화염으로서 받아들인다면, 그때 여러분은 나의 화염을 위한 열린 문이 될 권한을 가지게 되며 우리는 함께 변화를 가져올 수 있습니다. 분명 우리는 사람들을 이 낡은 매트릭스들에 갇혀 있게 만드는 그 어떤 것이라도 다 불태워버릴 수 있습니다.

사랑하는 이들이여, 자각이 결여된 시대는 이제 지구에서 종말을 맞고 있습니다.

10
남북한의 국가적 데몬의 소멸을 기원하기

I AM THAT I AM, 예수 그리스도의 이름으로 나의 아이앰 현존이, 무한히 초월해가는 내 미래의 현존을 통해 흐르며, 완전한 권능으로 이 디크리를 해주시기를 요청합니다. 나는 사랑하는 쉬바께 한국에서 당신의 현존을 구현하시어 남한과 북한의 국가적 데몬들을 소멸시켜 달라고 요청합니다…
(여기에 개인적인 요청을 추가하세요)

파트 1

1. 사랑하는 쉬바여, 스스로 의사결정을 할 수 있는 지점에 이른 북한 사람들을 일깨워주소서.

오 쉬바, 신성한 불의 신이시여,
과거를 끝낼 시간입니다.
나는 옛 것을 초월해서 올라가며,
황금빛 미래가 펼쳐집니다.

**오 쉬바여, 에너지를 정화하소서,
오 쉬바여, 동반 상승을 가져오소서,
오 쉬바여, 모든 데몬들을 흩어버리시고,
오 쉬바여, 나에게 다시 평화가 오게 하소서.**

2. 사랑하는 쉬바여, 북한의 국가 매트릭스를 유지하고 있는 데몬의 집단과 이를 지원하고 있는 많은 데몬들을 결박하고 소멸시켜 주소서.

오 쉬바여, 나를 제한하는 세력으로부터,
나를 자유롭게 하소서,
더 이하의 모든 것을 태워버리는 불꽃으로,
나의 성공을 위한 길을 놓아주소서.

**오 쉬바여, 에너지를 정화하소서,
오 쉬바여, 동반 상승을 가져오소서,
오 쉬바여, 모든 데몬들을 흩어버리시고,
오 쉬바여, 나에게 다시 평화가 오게 하소서.**

3. 사랑하는 쉬바여, 북한의 국가 매트릭스를 산산조각 내시어, 사람들이 깨어난 의식으로 자유롭게 자신의 실제적인 의사결정들을 할 수 있게 하소서. 그럼으로써 국가의 방정식에 변화가 일어나게 하소서.

오 쉬바여, 마야의 베일을 흩어버리시고,
나 자신의 우주를 정화하소서,
죽음의 의식을 몰아내고,
당신의 신성한 숨결로 불태우소서.

**오 쉬바여, 에너지를 정화하소서,
오 쉬바여, 동반 상승을 가져오소서,
오 쉬바여, 모든 데몬들을 흩어버리시고,
오 쉬바여, 나에게 다시 평화가 오게 하소서.**

4. 사랑하는 쉬바여, 김정은을 통제하면서 북한이 진로를 변경하지 못하게 막고 있는, 북한의 국가 데몬을 결박하고 소멸시켜 주소서.

오 쉬바여, 이에 나는 여기 아래의,
모든 집착을 놓아 버립니다.
중독성의 영체들이 불타버리고,
나는 다시 위로 향한 길을 갑니다.

**오 쉬바여, 에너지를 정화하소서,
오 쉬바여, 동반 상승을 가져오소서,
오 쉬바여, 모든 데몬들을 흩어버리시고,
오 쉬바여, 나에게 다시 평화가 오게 하소서.**

5. 사랑하는 쉬바여, 김정은을 국가 데몬으로부터 단절하여 해방하시고, 그 아래의 데몬들을 소멸시키시어 더 많은 사람들이 자유를 얻게 하소서.

오 쉬바여, 내가 당신의 이름을 낭송하니,
오셔서 두려움과 의심과 수치심을 소멸해주소서,
에고가 마음속에 감추고 싶어 하는 것을,
당신의 불꽃으로 드러내소서.

**오 쉬바여, 에너지를 정화하소서,
오 쉬바여, 동반 상승을 가져오소서,
오 쉬바여, 모든 데몬들을 흩어버리시고,
오 쉬바여, 나에게 다시 평화가 오게 하소서.**

6. 사랑하는 쉬바여, 파괴적인 북한의 국가 매트릭스를 유지하는 데몬들을 산산조각 내소서.

오 쉬바여, 모든 두려움은 사라지고,
이제 내 카르마의 빚이 청산되니,

과거는 더 이상 내 선택권을 제한하지 못하며,
나는 쉬바의 숨결 안에서 기쁨을 누립니다.

**오 쉬바여, 에너지를 정화하소서,
오 쉬바여, 동반 상승을 가져오소서,
오 쉬바여, 모든 데몬들을 흩어버리시고,
오 쉬바여, 나에게 다시 평화가 오게 하소서.**

7. 사랑하는 쉬바여, 나는 북한 정부를 유지하는 전반적인 조직에 대한 당신의 심판을 확언하고 강화합니다. 나는 데몬 앞에 서서 당신과 함께 선언합니다: "너는 이제 끝났다! 너는 쉬바의 화염으로 소멸된다! 쉬바! 너는 소멸되었고 더 이상 존재하지 않는다."

오 쉬바여, 저들의 올가미 안에 나를 가두고 있는,
쌍쌍의 영체들을 내게 보여주소서,
당신이 확고히 결박하는 그 영체들을,
내 마음 안에서 직시하기를 원합니다.

**오 쉬바여, 에너지를 정화하소서,
오 쉬바여, 동반 상승을 가져오소서,
오 쉬바여, 모든 데몬들을 흩어버리시고,
오 쉬바여, 나에게 다시 평화가 오게 하소서.**

8. 사랑하는 쉬바여, 나는 당신의 화염이 북한을 완전히 에워싸고, 당신 날개 안에서 화염이 북한의 데몬들을 소멸시키고 있음을 확언합니다.

오 쉬바여, 이제 모든 것을 비우고 일어서니,
내 마음은 자유롭게 확장됩니다.
내면의 모든 허상들을 놓아 버리니,
내맡김은 평화로 가는 열쇠입니다.

오 쉬바여, 에너지를 정화하소서,

오 쉬바여, 동반 상승을 가져오소서,
오 쉬바여, 모든 데몬들을 흩어버리시고,
오 쉬바여, 나에게 다시 평화가 오게 하소서.

9. 사랑하는 쉬바여, 당신께서 북한의 국가 매트릭스를 지탱하던 중앙 데몬의 매트릭스를 산산조각 내셨음을 나는 확언하고 강화합니다. 나는 이것이 네 층 모두에서 실현됨으로써, 스스로 의사결정을 할 수 있는 사람들을 자유롭게 해주시길 요청합니다.

오 쉬바, 모든 것을 태워버리는 화염이시여,
파르바티와 함께 나를 더 높이 올려주소서,
내가 당신의 빛을 더 높이 들어올려 보일 때,
모든 사람들이 나에게 이끌려올 것입니다.

오 쉬바여, 에너지를 정화하소서,
오 쉬바여, 동반 상승을 가져오소서,
오 쉬바여, 모든 데몬들을 흩어버리시고,
오 쉬바여, 나에게 다시 평화가 오게 하소서.

파트 2

1. 사랑하는 쉬바여, 북한 사람들을 자유롭게 하시어, 왜 자신들이 주민과 가족들을 죽이고 있는지, 의문을 가지게 하소서.

오 쉬바, 신성한 불의 신이시여,
과거를 끝낼 시간입니다.
나는 옛 것을 초월해서 올라가며,
황금빛 미래가 펼쳐집니다.

오 쉬바여, 에너지를 정화하소서,
오 쉬바여, 동반 상승을 가져오소서,
오 쉬바여, 모든 데몬들을 흩어버리시고,

오 쉬바여, 나에게 다시 평화가 오게 하소서.

2. 사랑하는 쉬바여, 북한 사람들을 자유롭게 하시어, 정권을 유지하기 위해서 왜 사람들을 투옥하고 죽여야 하는지, 의문을 가지게 하소서.

오 쉬바여, 나를 제한하는 세력으로부터,
나를 자유롭게 하소서,
더 이하의 모든 것을 태워버리는 불꽃으로,
나의 성공을 위한 길을 놓아주소서.

**오 쉬바여, 에너지를 정화하소서,
오 쉬바여, 동반 상승을 가져오소서,
오 쉬바여, 모든 데몬들을 흩어버리시고,
오 쉬바여, 나에게 다시 평화가 오게 하소서.**

3. 사랑하는 쉬바여, 북한 사람들을 자유롭게 하시어, 자국민을 계속 죽일 필요가 없어지도록 정권과 체제를 바꾸는 것이 가능하지 않을까 하는 의문을 가지게 하소서.

오 쉬바여, 마야의 베일을 흩어버리시고,
나 자신의 우주를 정화하소서,
죽음의 의식을 몰아내고,
당신의 신성한 숨결로 불태우소서.

**오 쉬바여, 에너지를 정화하소서,
오 쉬바여, 동반 상승을 가져오소서,
오 쉬바여, 모든 데몬들을 흩어버리시고,
오 쉬바여, 나에게 다시 평화가 오게 하소서.**

4. 사랑하는 쉬바여, 북한 사람들을 자유롭게 하시어, 체제를 바꾸면 사람들을 죽일 필요가 없는데 왜 체제를 유지하기 위해서 서로 죽여야 하는지, 의문을 가지게 하소서.

오 쉬바여, 이에 나는 여기 아래의,
모든 집착을 놓아 버립니다.
중독성의 영체들이 불타버리고,
나는 다시 위로 향한 길을 갑니다.

**오 쉬바여, 에너지를 정화하소서,
오 쉬바여, 동반 상승을 가져오소서,
오 쉬바여, 모든 데몬들을 흩어버리시고,
오 쉬바여, 나에게 다시 평화가 오게 하소서.**

5. 사랑하는 쉬바여, 북한 안에 중심점을 만든 전체주의 세력들을 결박하고 소멸시켜 주소서. 나는 북한의 전체주의 매트릭스가 붕괴되고, 이로써 전체주의 세력이 행성에서 기반을 잃기를 요청합니다.

오 쉬바여, 내가 당신의 이름을 낭송하니,
오셔서 두려움과 의심과 수치심을 소멸해주소서,
에고가 마음속에 감추고 싶어 하는 것을,
당신의 불꽃으로 드러내소서.

**오 쉬바여, 에너지를 정화하소서,
오 쉬바여, 동반 상승을 가져오소서,
오 쉬바여, 모든 데몬들을 흩어버리시고,
오 쉬바여, 나에게 다시 평화가 오게 하소서.**

6. 사랑하는 쉬바여, 국가들뿐만이 아니라 경제를 포함한 다른 많은 영역에서도 발견되는 전체주의 매트릭스들을 소멸하는 세계적인 규모의 화염을 방출하소서.

오 쉬바여, 모든 두려움은 사라지고,
이제 내 카르마의 빚이 청산되니,
과거는 더 이상 내 선택권을 제한하지 못하며,
나는 쉬바의 숨결 안에서 기쁨을 누립니다.

**오 쉬바여, 에너지를 정화하소서,
오 쉬바여, 동반 상승을 가져오소서,
오 쉬바여, 모든 데몬들을 흩어버리시고,
오 쉬바여, 나에게 다시 평화가 오게 하소서.**

7. 사랑하는 쉬바여, 세상의 모든 사람들을 자유롭게 하시어, 사람들이 마음을 데몬들에게 장악 당한 채 낡은 패턴들을 자각 없이 반복하는 대신, 깨어나서 실제적으로 생각하게 하소서.

오 쉬바여, 저들의 올가미 안에 나를 가두고 있는,
쌍쌍의 영체들을 내게 보여주소서,
당신이 확고히 결박하는 그 영체들을,
내 마음 안에서 직시하기를 원합니다.

**오 쉬바여, 에너지를 정화하소서,
오 쉬바여, 동반 상승을 가져오소서,
오 쉬바여, 모든 데몬들을 흩어버리시고,
오 쉬바여, 나에게 다시 평화가 오게 하소서.**

8. 사랑하는 쉬바여, 나는 북한의 데몬들을 결박하는 당신의 조치를 강화하며, 북한에 영구적으로 당신 화염의 일부를 정착시켜 주시길 요청합니다.

오 쉬바여, 이제 모든 것을 비우고 일어서니,
내 마음은 자유롭게 확장됩니다.
내면의 모든 허상들을 놓아 버리니,
내맡김은 평화로 가는 열쇠입니다.

**오 쉬바여, 에너지를 정화하소서,
오 쉬바여, 동반 상승을 가져오소서,
오 쉬바여, 모든 데몬들을 흩어버리시고,
오 쉬바여, 나에게 다시 평화가 오게 하소서.**

9. 사랑하는 쉬바여, 나는 쉬바의 화염이 북한의 지도자들과 주민들을 통제하던 모든 데몬들을 태워버리고, 북한 전역을 봉인했음을 받아들입니다.

오 쉬바, 모든 것을 태워버리는 화염이시여,
파르바티와 함께 나를 더 높이 올려주소서,
내가 당신의 빛을 더 높이 들어올려 보일 때,
모든 사람들이 나에게 이끌려올 것입니다.

**오 쉬바여, 에너지를 정화하소서,
오 쉬바여, 동반 상승을 가져오소서,
오 쉬바여, 모든 데몬들을 흩어버리시고,
오 쉬바여, 나에게 다시 평화가 오게 하소서.**

파트 3

1. 사랑하는 쉬바여, 남한의 파워 엘리트와 그 전체 체계를 유지하는 데몬들을 결박하고 소멸시켜 주소서.

오 쉬바, 신성한 불의 신이시여,
과거를 끝낼 시간입니다.
나는 옛 것을 초월해서 올라가며,
황금빛 미래가 펼쳐집니다.

**오 쉬바여, 에너지를 정화하소서,
오 쉬바여, 동반 상승을 가져오소서,
오 쉬바여, 모든 데몬들을 흩어버리시고,
오 쉬바여, 나에게 다시 평화가 오게 하소서.**

2. 사랑하는 쉬바여, 두 나라 사이의 이원적 투쟁을 유지시키길 원하는, 남한의 국가 데몬을 결박하고 소멸시켜 주소서.

오 쉬바여, 나를 제한하는 세력으로부터,
나를 자유롭게 하소서,
더 이하의 모든 것을 태워버리는 불꽃으로,
나의 성공을 위한 길을 놓아주소서.

**오 쉬바여, 에너지를 정화하소서,
오 쉬바여, 동반 상승을 가져오소서,
오 쉬바여, 모든 데몬들을 흩어버리시고,
오 쉬바여, 나에게 다시 평화가 오게 하소서.**

3. 사랑하는 쉬바여, 나는 당신과 함께 선언합니다: "나, 쉬바는 나의 화염을 보내며, 너의 소멸을 명한다!"

오 쉬바여, 마야의 베일을 흩어버리시고,
나 자신의 우주를 정화하소서,
죽음의 의식을 몰아내고,
당신의 신성한 숨결로 불태우소서.

**오 쉬바여, 에너지를 정화하소서,
오 쉬바여, 동반 상승을 가져오소서,
오 쉬바여, 모든 데몬들을 흩어버리시고,
오 쉬바여, 나에게 다시 평화가 오게 하소서.**

4. 사랑하는 쉬바여, 남한과 북한의 이원주의 데몬들을 결박하고 소멸시켜 주소서. 나는 그들과 모든 지원 데몬들이 소멸되었고, 따라서 이 분단국가의 매트릭스가 분쇄되었음을 받아들입니다.

오 쉬바여, 이에 나는 여기 아래의,
모든 집착을 놓아 버립니다.
중독성의 영체들이 불타버리고,
나는 다시 위로 향한 길을 갑니다.

오 쉬바여, 에너지를 정화하소서,
오 쉬바여, 동반 상승을 가져오소서,
오 쉬바여, 모든 데몬들을 흩어버리시고,
오 쉬바여, 나에게 다시 평화가 오게 하소서.

5. 사랑하는 쉬바여, 남한 사람들을 노예로 만들고 있는 파워 엘리트를 형성한 남한의 이원주의 세력들을 결박하고 소멸시켜 주소서.

오 쉬바여, 내가 당신의 이름을 낭송하니,
오셔서 두려움과 의심과 수치심을 소멸해주소서,
에고가 마음속에 감추고 싶어 하는 것을,
당신의 불꽃으로 드러내소서.

오 쉬바여, 에너지를 정화하소서,
오 쉬바여, 동반 상승을 가져오소서,
오 쉬바여, 모든 데몬들을 흩어버리시고,
오 쉬바여, 나에게 다시 평화가 오게 하소서.

6. 사랑하는 쉬바여, 오직 더 많은 이윤만을 추구하는 거대 기업들을 위해 사람들이 무수한 시간을 일하면서 전 삶을 소모하도록, 자각 없는 상태로 만들고 있는 파워 엘리트를 심판하고 소멸시켜 주소서.

오 쉬바여, 모든 두려움은 사라지고,
이제 내 카르마의 빚이 청산되니,
과거는 더 이상 내 선택권을 제한하지 못하며,
나는 쉬바의 숨결 안에서 기쁨을 누립니다.

오 쉬바여, 에너지를 정화하소서,
오 쉬바여, 동반 상승을 가져오소서,
오 쉬바여, 모든 데몬들을 흩어버리시고,
오 쉬바여, 나에게 다시 평화가 오게 하소서.

7. 사랑하는 쉬바여, 단지 이윤을 내기 위한 그런 패턴을 자각 없이 반복하는 것에서 남한 사람들을 자유롭게 해주소서.

오 쉬바여, 저들의 올가미 안에 나를 가두고 있는,
쌍쌍의 영체들을 내게 보여주소서,
당신이 확고히 결박하는 그 영체들을,
내 마음 안에서 직시하기를 원합니다.

오 쉬바여, 에너지를 정화하소서,
오 쉬바여, 동반 상승을 가져오소서,
오 쉬바여, 모든 데몬들을 흩어버리시고,
오 쉬바여, 나에게 다시 평화가 오게 하소서.

8. 사랑하는 쉬바여, 남한 사람들을 자유롭게 하시어, 자각 없이 그저 더 많은 이윤을 추구하는 자본주의 체제를 유지하기 위해서, 왜 우리가 사람들을 노예로 만들어야 하는지 의문을 가지게 하소서.

오 쉬바여, 이제 모든 것을 비우고 일어서니,
내 마음은 자유롭게 확장됩니다.
내면의 모든 허상들을 놓아 버리니,
내맡김은 평화로 가는 열쇠입니다.

오 쉬바여, 에너지를 정화하소서,
오 쉬바여, 동반 상승을 가져오소서,
오 쉬바여, 모든 데몬들을 흩어버리시고,
오 쉬바여, 나에게 다시 평화가 오게 하소서.

9. 사랑하는 쉬바여, 이 분단국가의 매트릭스를 유지하고 있는 데몬들을 결박하고 소멸시켜 주소서. 나는 이것이 물리적 층에 실현되어, 사람들이 의문을 가지게 해달라고 요청합니다.

오 쉬바, 모든 것을 태워버리는 화염이시여,

파르바티와 함께 나를 더 높이 올려주소서,
내가 당신의 빛을 더 높이 들어올려 보일 때,
모든 사람들이 나에게 이끌려올 것입니다.

오 쉬바여, 에너지를 정화하소서,
오 쉬바여, 동반 상승을 가져오소서,
오 쉬바여, 모든 데몬들을 흩어버리시고,
오 쉬바여, 나에게 다시 평화가 오게 하소서.

파트 4

1. 사랑하는 쉬바여, 남한 사람들을 자유롭게 하시어, 왜 우리가 계속 같은 매트릭스를 유지해야 하는지, 의문을 가지게 하소서.

오 쉬바, 신성한 불의 신이시여,
과거를 끝낼 시간입니다.
나는 옛 것을 초월해서 올라가며,
황금빛 미래가 펼쳐집니다.

오 쉬바여, 에너지를 정화하소서,
오 쉬바여, 동반 상승을 가져오소서,
오 쉬바여, 모든 데몬들을 흩어버리시고,
오 쉬바여, 나에게 다시 평화가 오게 하소서.

2. 사랑하는 쉬바여, 남한 사람들을 자유롭게 하시어, 북한 사람들은 우리의 형제자매들인데, 왜 우리가 스스로를 북한과 대립하고 있다고 보고 있는지, 의문을 가지게 하소서.

오 쉬바여, 나를 제한하는 세력으로부터,
나를 자유롭게 하소서,
더 이하의 모든 것을 태워버리는 불꽃으로,
나의 성공을 위한 길을 놓아주소서.

오 쉬바여, 에너지를 정화하소서,
오 쉬바여, 동반 상승을 가져오소서,
오 쉬바여, 모든 데몬들을 흩어버리시고,
오 쉬바여, 나에게 다시 평화가 오게 하소서.

3. 사랑하는 쉬바여, 남한 사람들을 자유롭게 하시어, 우리가 왜 이런 대기업들이 더 큰 이윤을 창출하도록 허용하는 것이 국가의 목적이고 번영을 이루는 유일한 방법으로 보고 있는지, 의문을 가지게 하소서.

오 쉬바여, 마야의 베일을 흩어버리시고,
나 자신의 우주를 정화하소서,
죽음의 의식을 몰아내고,
당신의 신성한 숨결로 불태우소서.

오 쉬바여, 에너지를 정화하소서,
오 쉬바여, 동반 상승을 가져오소서,
오 쉬바여, 모든 데몬들을 흩어버리시고,
오 쉬바여, 나에게 다시 평화가 오게 하소서.

4. 사랑하는 쉬바여, 남한 사람들을 자유롭게 하시어, 우리가 왜 대기업들이 사람들을 노예화하도록 허용했는지 의문을 가지게 하소서. 그로 인해 사람들에게는 자신이 누구이고 왜 육화했는지를 돌아볼 아무런 시간이나 에너지, 주의력이 남아 있지 않습니다.

오 쉬바여, 이에 나는 여기 아래의,
모든 집착을 놓아 버립니다.
중독성의 영체들이 불타버리고,
나는 다시 위로 향한 길을 갑니다.

오 쉬바여, 에너지를 정화하소서,
오 쉬바여, 동반 상승을 가져오소서,
오 쉬바여, 모든 데몬들을 흩어버리시고,

오 쉬바여, 나에게 다시 평화가 오게 하소서.

5. 사랑하는 쉬바여, 남한 사람들을 자유롭게 하시어, 삶의 목적은 무엇인지에 의문을 가지게 하시고, 영적인 여정을 발견하도록 해주소서. 부를 이루는 목적은, 사람들이 여분의 에너지와 주의력을 가지고 영적인 추구에 집중할 수 있도록 하는 것임을 알게 하소서.

오 쉬바여, 내가 당신의 이름을 낭송하니,
오셔서 두려움과 의심과 수치심을 소멸해주소서,
에고가 마음속에 감추고 싶어 하는 것을,
당신의 불꽃으로 드러내소서.

오 쉬바여, 에너지를 정화하소서,
오 쉬바여, 동반 상승을 가져오소서,
오 쉬바여, 모든 데몬들을 흩어버리시고,
오 쉬바여, 나에게 다시 평화가 오게 하소서.

6. 사랑하는 쉬바여, 남한 사람들을 자유롭게 하시어, 그들의 전 삶을 기업들의 노예로 살게 된다면, 남한에서 부와 번영을 이루는 목적이 무엇인지, 의문을 가지게 하소서.

오 쉬바여, 모든 두려움은 사라지고,
이제 내 카르마의 빚이 청산되니,
과거는 더 이상 내 선택권을 제한하지 못하며,
나는 쉬바의 숨결 안에서 기쁨을 누립니다.

오 쉬바여, 에너지를 정화하소서,
오 쉬바여, 동반 상승을 가져오소서,
오 쉬바여, 모든 데몬들을 흩어버리시고,
오 쉬바여, 나에게 다시 평화가 오게 하소서.

7. 사랑하는 쉬바여, 남한 사람들을 자유롭게 하시어, 우리 국가의 매트릭스를 변화시키게 하소서, 이윤과 기업이 아니라 사람들에게 중점을 두게 하고, 따라서 핵심적인 자원은 사람들임을 알게 하소서.

오 쉬바여, 저들의 올가미 안에 나를 가두고 있는,
쌍쌍의 영체들을 내게 보여주소서,
당신이 확고히 결박하는 그 영체들을,
내 마음 안에서 직시하기를 원합니다.

**오 쉬바여, 에너지를 정화하소서,
오 쉬바여, 동반 상승을 가져오소서,
오 쉬바여, 모든 데몬들을 흩어버리시고,
오 쉬바여, 나에게 다시 평화가 오게 하소서.**

8. 사랑하는 쉬바여, 남한 사람들을 자유롭게 하시어, 국가의 목적은 사람들을 자유롭게 하는 것이지 기업을 위해 이윤을 내는 것이 아님을 보게 하소서. 이윤이란 기업을 위해 필요한 것이 아닙니다. 분명히 기업의 목적은 기업 그 자체에 있는 것이 아니며, 국가와 기업에 목적을 부여하는 것은 사람들입니다.

오 쉬바여, 이제 모든 것을 비우고 일어서니,
내 마음은 자유롭게 확장됩니다.
내면의 모든 허상들을 놓아 버리니,
내맡김은 평화로 가는 열쇠입니다.

**오 쉬바여, 에너지를 정화하소서,
오 쉬바여, 동반 상승을 가져오소서,
오 쉬바여, 모든 데몬들을 흩어버리시고,
오 쉬바여, 나에게 다시 평화가 오게 하소서.**

9. 사랑하는 쉬바여, 나를 통해서 당신의 작업이 물리적 층으로 내려오기를 요청합니다. 당신이 위에서 쉬바인 것처럼, 나는 육화한 쉬바임을 확언합니다. 나는 자신을 육화한 쉬바로 받아들이며, 나에게 당신의 화염을 위한 열린 문이 될 권한이 있음을 받아들입니다. 따라서, 나는 지구에서 자각이 없는 시대는 끝이 났음을 당신과 함께 확언합니다.

오 쉬바, 모든 것을 태워버리는 화염이시여,
파르바티와 함께 나를 더 높이 올려주소서,
내가 당신의 빛을 더 높이 들어올려 보일 때,
모든 사람들이 나에게 이끌려올 것입니다.

오 쉬바여, 에너지를 정화하소서,
오 쉬바여, 동반 상승을 가져오소서,
오 쉬바여, 모든 데몬들을 흩어버리시고,
오 쉬바여, 나에게 다시 평화가 오게 하소서.

봉인하기

신성한 어머니의 이름으로, 나는 이 요청의 힘이 마-터 빛을 자유롭게 하는데 사용되어, 나 자신의 삶과 모든 사람들과 행성을 위한 그리스도의 완전한 비전을 구현할 수 있음을 전적으로 받아들입니다. I AM THAT I AM 의 이름으로, 그것이 이루어졌습니다! 아멘.

고타마 붓다

Gautama Buddha

자기 자신을 받아들이지 못하는 것에 대한 보상책

분할된 아시아 사회

아시아에서 여성에 대한 태도

개인을 중시하지 않는 것

개인에 대한 사회의 태도를 전환하기

한국의 목적

타락한 존재들에게 충성심이란 없습니다

황금시대의 교육

혁신에 대한 한국의 잠재력

붓다의 이미지는 변화되어야 합니다

11
아시아인들의 의식 구조가
변화해야 합니다

상승 마스터 고타마 붓다, 2016년 7월 2일

나는 상승 마스터 고타마 붓다입니다.

나는 한국과 아시아가 황금시대로 들어가기 위해서 어떤 변화가 필요한지, 통찰을 전해주기 위해 왔습니다. 사랑하는 이들이여, 지금 우리는 이 메신저가 이야기를 전할 수 있고, 내용을 실제로 이해하는 청중에게 전하고 있어서 정말 기쁘게 생각합니다. 우리는 여러분 모두를, 바로 지금의 여러분의 존재 그대로 받아들이고 있습니다. 그리고 여러분이 스스로를 영적 여정을 걷고 있는 학생으로 받아들이는 것, 그 이상을 여러분에게 원하지 않습니다.

그러므로 여정을 즐기고, 살아 있음을 즐기고, 육화 중에는 육화해 있는 상태를 즐기세요. 여러분이 충분히 삶을 즐기지 않았다면 삶의 마지막 순간에 이르러, 심지어는 상승하면서도, 자신이 육화 동안 가졌던 기회를 온전히 활용하지 못했다는 것을 깨닫게 될 테니 말입니다. 여러분이 삶을 즐기지 못했던 것은 진정한 자기 자신을 받아들이지 못했기 때문이었습니다.

자기 자신을 받아들이지 못하는 것에 대한 보상책

이 메신저가 언급했듯이, 타락한 존재들은 사람들로 하여금 항상 자기 자신이 아닌 다른 존재가 되어야 한다고 생각하게 만들어서, 아무도 자신을 받아들이지 못하는 상황을 만들려고 획책해왔습니다. 그리고 이 말은 전적으로 맞습니다. 많은 사회에서 사람들은 이 상황을 보상해줄 방법을 찾아왔습니다. 어떤 사회 안에서 아무도 자신의 진정한 실체를 받아들이지 않고 있다면, 그들 모두가 어떤 불만과 고통을 느끼고 있을 것입니다.

사람들은 이 상황에 어떻게 대처할까요? 많은 사람들이 그것을 자기 삶의 운명이라고 받아들여버립니다. 그들은 자신이 농부나 노동자, 또는 평범한 사람일 뿐이고 결코 그 이상이 될 수는 없었을 것이라고 여깁니다. 일단 이렇게 받아들여버리면, 낯설긴 해도 그런 식으로 살아갈 수 있습니다. 결국 그들의 집단에 속한 그 누구도 그들과 별로 다르지 않기 때문입니다. 모든 사람이 똑같이 비참한 지경에 놓이면, 대부분의 사람들은 결국 자신들의 비참함이 그리 나쁜 건 아니라고 느끼게 됩니다.

그러나 대부분의 사회에서, 자신을 받아들이지 못하는 문제에 다른 방식으로 대처하는 또 다른 계층을 볼 수 있습니다. 그들은 자신을 다른 사람보다 더 높고 특별한 존재로 설정합니다. 그리고 자신들이 사회에서 일반 대중인 농부나 노동자나 보통 사람들의 위에 있는 특권층에 속한다고 생각합니다. 이 행성의 역사를 살펴볼 때 특권층의 군림은 거의 모든 사회가 가진 주된 특성 중의 하나였습니다.

타락한 존재들은 타락하던 그 순간부터 (그리고 많은 경우 심지어 그 이전부터), 자신을 높은 존재로 설정하고 다른 이들보다 우월한 존재로 높이려는 욕망을 갖고 있었습니다. 사회 안에서 대다수의 인구 위에 군림하는 계급을 만들려는 성향은 타락한 존재들에게서 유래한 것입니다. 이것이 사회 특권층의 구성원 모두가 반드시 타락한 존재라는 의미는 아닙니다. 그러나 많은 사람들이 타락한 의식에 사로잡혀 있으며, 다른 사람들 위에 군림하는 특별한 존재가 되려고 노력합니다. 그들은 특권층에 속하기를 원하고, 다른 사람들보다 우월하다고 느끼고 싶어 합니다.

그렇게 하기 위해서 그들은 흔히 이 계급을 어떤 특별한 능력이나 특성을 가진 것으로 묘사합니다. 역사를 통해 많은 다양한 철학 체계들이 상위계층과 하위계층으로 나누어진 계급 사회를 정당화하는데 이용되었습니다. 종교가 그런 역할을 할 수 있었고, 많은 경우에 그렇게 해왔습니다. 정치 철학도 그런 역할을 해왔고 심지어는 과학적인 물질주의도 그런 역할을 할 수 있었습니다. 이것은 마치 요즈음 세상에서 보듯이, 집에 가서 운동도 안 하는 사람들이 스스로 다른 사람들보다 더 건강하다고 생각하는 것과 비슷합니다.

사랑하는 이들이여, 진정한 자신을 받아들이지 못하는 것에 대한 모든 변명과 그들이 스스로를 특권층으로 높이고 정당화한 것을 보면서 그들의 말을 믿는다면, 여러분은 그들이 자기 자신과 사회적 지위에 대해 만족하고 있다고 생각할 것입니다. 그들은 분명 자신들이 다른 이들보다 정말 우월하다고 느끼고 있으며, 이 상위계층 중의 다수가 그들만의 넥타(Kool Aid)를 마셔오면서 자신이 남들보다 우월한 어떤 특성을 가지고 있다고 믿습니다.

그러나 이것은 단지 그들의 표면적인 의식 수준에서만 그렇습니다. 왜냐하면 그들은 자신의 심리를 깊이 살피지도 않고 자신을 받아들이지도 못한 탓에 정말 비참한 상태에 놓여 있는데도, 이것을 부인해버리는 일종의 망상 상태에 빠져 있기 때문입니다. 그들이 다른 사람들보다 우월하다는 외면적인 느낌은 손쉽게 내면의 비참함을 덮어버리며, 따라서 그들은 내면을 들여다보지 않은 채로 살 수 있는 것입니다. 하위계층의 사람들 또한 내면의 비참함을 덮어버리는 법을 찾았고, 따라서 그들도 깨어있는 의식으로 내면을 보지 않습니다.

분할된 아시아 사회

일반적으로 아시아 사회에는 엄청난 특권을 가진 상위계층이 존재해 왔고 나머지 사람들은 소위, 아주 공손하게 상위계층에 복종하는 오랜 전통이 있었습니다. 권위에 대응하는 방식과 사람들이 서로 대하는 방식에서 아직도 이러한 잔재가 남아 있는 것을 많은 아시아의 나라에서 볼 수 있습니다. 사람들은 권위적이고 지도적 지위에 있는 사람들에게 종종 깊이 허리 굽혀 인사하며 복종해야 한다는 느낌을 가집니다.

그러나 우리는 영적인 학생인 여러분들이 이런 의식을 넘어서서 진정한 자기 자신을 받아들이고, 사회적인 지위에 관계없이 내면에서 스스로를 긍정적으로 느끼고 수용하길 바랍니다. 여러분은 집단의 정책을 따르고 체제 속에서 생존하는 데 필요한 일을 할 수 있겠지만, 그러면서도 여러분의 내면에서는 진정한 자신의 실체를 받아들이고 자신의 가치를 인정할 수 있습니다.

그리고 상위계층과 하위계층으로 나뉜 아시아 사회의 이러한 계급 분할은 물병자리 시대에서는 유지될 수 없다는 의식에 도달해야 합니다. 상위계층과 하위계층으로 나누어진 채 황금시대 사회를 건설할 수는 없습니다. 황금시대 사회를 건설할 주역은 상위계층이 아닐 것입니다. 그들은 성 저메인의 의식에 조율할 수 없을 것이기 때문입니다. 그들이 스스로도 내면에서 자유롭지 않고 사회에서 그들 아래 있는 사람들에게 자유를 줄 의사도 없는데, 어떻게 자유의 신에게 조율할 수 있겠습니까?

여러분 스스로가 의식을 전환할 필요가 있습니다. 그리고 사람들이 더욱 깨어난 의식으로 상위계층과 하위계층으로 사회를 나누는 이 메커니즘을 대하도록, 여러분이 요청을 할 필요가 있습니다. 사람들이 왜 계급의 분할이 생겼는지에 대해 의식해야 하고, 그것이 시대에 맞지 않는다는 사실을 의식해야 합니다. 사람들이 그 제도를 살펴보면서 공개적으로 토론을 벌이며 새로운 문화를 창조해가야 하는 것입니다.

한국을 비롯한 많은 아시아 국가에서 보이는 현상 중의 하나가, 오직 적합한 집안에 속하는 사람들만이 좋은 교육을 받고 직업 현장에서 좋은 직위를 가지게 된다는 것입니다. 많은 회사들이 누군가를 높은 지위에 임명하기 전에 그 사람의 집안 배경을 먼저 봅니다. 사랑하는 이들이여, 그 사람이 실제적으로 가진 지식, 능력, 인성으로 그 자리에 적합한지를 판단하지 않고, 집안 배경 때문에 그 자리에 앉힌다는 것이 비즈니스적 관점에서 무슨 의미가 있을까요? 사랑하는 이들이여, 왜 많은 아시아의 회사들이 서구의 몇몇 나라들처럼 새로운 발명과 새로운 기술을 만들어내지 못하는지, 이유가 있다는 것을 깨달았나요?

A 기업이라는 거대한 기업이 왜 B 기업이 만들어낸 상품을 복제해야 했는지를 스스로에게 물어본다면, 이유는 꽤 단순함을 알 수 있습니다. A 기업은 그 규모와 자금과 자원들에도 불구하고, 새롭고 혁신적인 제품들을 만들어낼 만큼 충분히 창의적인 사람들을 고용할 수가 없었습니다. A 기업은 다른 회사들을 따라 해야만 했는데, 왜 그랬을까요? 그것은 주로 창의성이나 능력이 아닌 집안 배경에 의거해서 사람들을 고용하는 그런 문화 때문입니다.

여러분이 이 점을 깨닫게 되면, 이런 관행이 한국 사회뿐만 아니라 많은 아시아 사회에서 다양한 방식으로 영향을 미치고 있음을 볼 수 있을 것입니다. 일부는 분명히 드러나지만, 일부는 아주 미묘하게 영향을 미치고 있습니다. 아시아가 황금시대의 의식 수준으로 올라가기 위해선 이런 문화가 초월되어야 한다고 나는 단언합니다. 그래서 외적인 특성보다는 그 영혼(soul)을 바라보고 사람 자체를 바라보면서, 그에게 갖추어진 고유한 능력과 특성을 볼 용의가 있어야 합니다.

아시아에서 여성에 대한 태도

또 한 가지 다뤄져야 하는 문제는 아시아 사회가 가진, 여성을 향한 태도입니다. 아시아의 대기업에서 고위직에 오르기 위해서는 좋은 집안 출신이어야 합니다. 여기에 더해 좋은 자리에 오르기 위해서는 남성이어야 합니다. 다시 말하지만, 이것이 많은 아시아 회사들이 뒤쳐지는 이유의 하나입니다. 남성들이 가장 창의적이라는 보장도 없고, 많은 경우에 새롭고 혁신적인 아이디어들은 오직 여성들을 통해 오기 때문입니다. 그러나 서구도 역시 이런 문제점을 가지고 있으며, 이 주제는 다음에 다루기로 하겠습니다.

알다시피, 아시아에서는 하위계층에 속하거나 별로 중요하지 않다고 여겨지는 사람들을 억압하기 위한 오랜 전통이 존재해왔습니다. 소위 상위계층 안에도 여성을 억압하는 전통이 있었으며, 여성들이 창의력과 조직력을 발휘하거나, 자신의 관점을 제시하거나, 사회에 기여하는 것을 허용하지 않았습니다.

여러분이 사회를 살펴보면, 가문에 기반을 둔 상위계층과 하위계층이 있다고 말하겠지만, 또한 가문에 기반을 두어 남자들로 이루어진 상위계층과, 가문에 상관없이 여자들로 이루어진 하위계층이 있다고도 말할 수 있습니다. 그러나 영혼, 즉 한 생명흐름(lifestream)은 남성이나 여성 한쪽으로만 육화하는 것이 아니라 많은 생애를 통해 다양한 육체로 태어난다는 사실을 인식해야 합니다. 여러분이 언제나 남성의 몸 안에서 남자로만 존재하는 것이 아닙니다. 언제나 여자인 것도 아닙니다. 따라서 여러분이 사회나 회사의 어떤 직책에 맞는 최적의 사람을 찾고 싶다면, 그 영혼의 특성, 즉 그 영혼이 지닌 내면적인 특성들을 살펴봐야 합니다.

개인을 중시하지 않는 것

사랑하는 이들이여, 합리적인 비즈니스적 관점에서 보면 이 점은 더 명백합니다. 예를 들어 한국에서 비즈니스 리더들은 왜 한국이 혁신에서 서구 회사들보다 뒤쳐지는지, 어떻게 하면 이 간격을 좁힐 수 있는지 실제적으로 살펴볼 수 있습니다. 그들이 사람의 외적인 특성을 중시하면서 좋은 집안에서 온 사람이 더 창의적이고 훌륭한 지도자가 될 것이라고 여기는 대신, 내면에 특별한 능력들을 갖춘 사람들을 찾아야 한다는 결론에 도달할 때 이 간격을 좁힐 수 있습니다. 여러분은, 왜 그들이 이런 결론에 이르지 못했는지 자문해볼 수 있습니다. 단지 그들이 별로 똑똑하지 못해서일까요? 그들이 별로 지성적이지 못해서일까요? 아니면 어떤 다른 이유가 있을까요?

다른 마스터들이 이미 언급했듯이, 그 이유는 개인보다 정부나 기업을 더 중시하는 아시아의 오랜 전통 때문입니다. 개인에게 고유한 가치가 있고 고유한 자질들이 있으며, 고유한 능력과 특성들이 갖추어져 있다는 것이 인정되지 않았습니다. 충원되어야 하는 직책이 있으면 거의 누구나 다 그 자리에 들어갈 수 있고, 그 자리를 채울 수 있는 사람들은 얼마든지 있다고 생각하는 경향이 있었습니다. 따라서 정부나 기업들은 최고 지도자를 제외하고는 개인에게 특별히 관심을 가져야 할 이유를 느끼지 못했습니다. 그래서 오늘날 북한을 비롯한 많은 나라에서 보아온 것처럼, 이전 지도자의 아들이 그 자리에 적합한지 아닌지에 상관없이, 또 실제로 그 자리를 원하는지 아닌지에 상관없이 다음 지도자가 되는 것입니다.

여러분이 개인의 가치를 존중하지 않고, 인간 존재의 가치를 존중하지 않는다면, 가문이나 외적인 특성에 초점을 맞춘 이런 문화를 어떻게 바꿀 수 있겠습니까? 그러므로 진정으로 필요한 전환은, 메신저가 말한 것처럼, 우리가 서로의 가치를 존중하고, 서로를 동등하게 보며, 서로 개인으로서의 가치를 존중해주기 시작하는 것입니다. 다양성을 음미하고 그 가치를 인정하는 것입니다.

메신저가 왜 그런 말을 해줄 수 있었던 걸까요? 그의 말을 경청하고 있는 여러분 대다수가 지금까지와는 다른 방식의 상호 관계를 원하는 의식 상태에 이르렀기 때문입니다. 여러분은 상층과 하층으로 분할되기보다는, 동등하게 서로 관계를 맺고자 합니다. 여러분이 자신 안에 이런 의식을 받아들이고, 말로 표현하고, 또한 (우리에게) 요청을 한다면 여러분의 잠재력은 사회에 큰 영향을 줄 수 있을 것입니다. 물론 아주 아주 오래되고 너무나 깊이 뿌리 박혀 있는 의식을 변화시키는 것은 대단히, 대단히 어려울 것입니다.

내가 대단히 어려울 것이라고 말했지만 물론 이것은 상대적입니다. 우리가 여러 번 말했듯이, 인간에게는 불가능할지라도 신과 함께라면 모든 것이 가능하기 때문입니다. 그럼에도 불구하고 먼저 사람들의 의식에 전환이 일어나야만, 우리가 비로소 우리의 권능을 사용할 수 있습니다. 여러분의 의식의 성장과 의식의 전환이 필요합니다. 그래서 여러분이 진정한 여러분 자신을 받아들이고, 서로의 진정한 존재를 받아들이기 시작하고, 기존과 다른 방식으로 서로 관계를 형성하기 시작해야 합니다.

개인에 대한 사회의 태도를 바꾸기

사랑하는 이들이여, 우리는 지금 물고기자리 시대에 흔히 보아왔던 패턴이 되풀이되는 그런 유형의 운동을 창조하려고 하는 것이 아닙니다. 거기엔 심지어 영적인 운동에서도 상위계층과 하위계층의 구분이 있었습니다. 자신이 다른 사람들보다 우월하다고 여기는 사람들이 있었고, 다른 이들은 자신을 지도자 아래 있는 열등한 존재로 받아들였습니다. 우리는 이런 일이 일어나는 것을 보고 싶지 않습니다. 여러분이 내면에서 이런 의식을 초월할 때, 여러분의 요청은 더 큰 힘을 가지게 되고 여러분은 메신저를 통해 전해진 비전들을 실행하게 될 것입니다. 즉 여러분은 사람들에게 여태까지와는 다른 방식으로 인간관계를 형성하는 것이 가능하다는 실례를 보여주게 될 것입니다.

사회에서 어떤 전환이 일어나야만 할까요? 삶의 목적과 사회의 목적은, 사람들을 섬기는 것임을 여러분이 인식해야 합니다. 삶과 사회는 사람들의 의식이 성장하도록 해주어야 하고, 사람들의 고유한 자질들과 창조력과 경험과 능력을 표현할 기회를 부여해주어야 합니다. 만일 사회가 전생들에서 최상의 능력들을 계발했던 사람들에게 이번 생에 그것을 발휘할 기회를 준다면, 그 사회는 번영할 것입니다. 만일 기업이 능력 있는 사람들을 모으고 그들의 능력의 가치를 알아보며 능력을 발휘할 기회를 준다면, 그 기업은 번창할 것입니다.

이렇게 되려면, 사회의 목적이 사람들을 섬기는 것으로 되어야 합니다. 기업의 목적은 그 기업에서 일하는 사람들을 섬기는 것입니다. 단지 지분과 주식을 소유해서 배당금을 챙길 뿐 실제로 기업에 기여하지도 않는 소수의 주주를 위해 최대한의 이익을 창출하는 것이 기업의 목적은 아닙니다.

사랑하는 이들이여, 황금시대에는 완전히 새로운 기업 구조가 생겨나서, 기업의 업무에 직접적으로 관여하는 사람들이 기업 운영의 주된 목적으로 여겨지게 될 것입니다. 심지어는 돈을 버는 것도 황금시대 기업의 목적이 아닐 것입니다. 기업을 위해 일하는 사람들을 섬기는 것이 기업의 목적이며, 물론 기업의 제품과 서비스들을 이용하는 사람들을 섬기는 것도 이에 해당합니다. 이러한 것은 극적인 전환이며, 드물게 예외는 있지만 서구도 아직 이렇게 되지는 않았습니다. 아시아가 먼저 이렇게 될 가능성은 거의 없지만, 황금시대 매트릭스의 일부로서 이것을 시작하는 것은 여전히 가치가 있습니다. 그리고 여러분은 아시아의 사회들이 개인과 인간의 가치를 존중하게 되고, 사람들을 섬기는 것이 사회의 목적임을 인식하도록 (상승 마스터들에게) 요청을 할 수 있습니다.

한국의 목적

한 국가로서의 한국의 목적이 무엇일까? 소수 엘리트가 더욱 더 부유해지도록 허용해주는 것일까요? 엘리트들에게 부가 편중되도록 허용해주고 특권적 지위를 주었던 나라들은 이제 그 엘리트들이 그 나라에 충성하지 않는다는 것을 느끼기 시작했습니다. 세계에서 얼마나 많은 기업이 다국적 기업으로 되었는지를 보세요. 무제한의 권력과 무제한의 부를 추구하는 사람들에게는, 앞서 낭송한 기원문에서 설명하는 것처럼, 그 어떤 것도 충분하지 않습니다.

그들에게는 어떤 양의 권력도 충분하지 않습니다. 어떤 양의 이윤도 충분하지 않습니다. 권력과 돈을 향한 그치지 않는 욕망을 충분하게 만족시킬 수 있는 나라는 이 세상에 없습니다. 심지어 미국처럼 그렇게 큰 나라도 그런 기업에게 권력과 부를 충분히 줄 수 없었으므로, 그 기업은 다국적으로 확장되었습니다. 기업이 점점 다국적으로 될수록, 모국과 모국의 국민에 대한 충성도는 낮아집니다.

여러분은 이런 현상을 한국의 일부 대기업에서도 이미 보고 있지 않나요? 국가와 그 국가의 시민들에게 충성하지 않는 소수 엘리트에게 특권적인 지위를 주는 것이 정말 국가의 목적이겠습니까? 얼마나 많은 기업들이 더 값싼 노동력을 얻기 위해 다른 나라로 생산시설을 이전하고, 얼마나 빈번히 수만 명을 실업 상태로 빠뜨렸는지를 살펴보세요. 이제 이런 기업들을 허용했던 나라들은 아주 큰 문제에 직면했으며, 기업들이 돌보지 않고 외면하는 모든 것을 처리해야만 합니다. 이것이 정말 여러분이 여기 한국과 아시아의 다른 나라에서 계속 되풀이되기를 바라는 모델입니까?

타락한 존재들에게는 충성심이 전혀 없습니다

여러분은 이곳에 변화를 가져오기 위해 요청을 해야 합니다. 그리고 자신의 나라에 대해, 그리고 회사가 그런 규모로 성장하도록 일꾼으로 봉사해준 사람들에 대해 충성심이 전혀 없는 특권층 엘리트의 의식을 심판하기 위한 요청을 할 필요가 있습니다. 사랑하는 이들이여, 여러분들은 타락한 존재들이 그 어떤 인간에게도 아무런 충성심을 갖고 있지 않음을 알아야 합니다. 또한 타락한 존재들은 끊임없이 인간들에게 충성심을 요구한다는 사실도 깨달아야 합니다. 타락한 존재들은 자신들은 줄 의사가 없는 것을 다른 사람들로부터는 지속적으로 요구하는데, 이것은 심판받아야 하는 의식이며, 폭로되어야 하는 의식입니다. 사람들은 더 이상 이런 매트릭스에 복종하지 않겠다는 선택을 할 필요가 있습니다.

"우리에게는 충성심을 요구하면서 자신들은 아무것도 주려고 하지 않는 이런 상위계층의 사람들에게 우리는 더 이상 복종하지 않을 것입니다. 따라서 우리는 이런 상위계층을 허용하지 않는 사회를 요구합니다. 상위계층에게 특권을 주고 충성하는 대신, 사람들과 국민들에게 충성하는 사회를 요구합니다. 소수 엘리트들이 이러한 특권들을 독점하도록 허용하지 않고, 모든 사람들이 국가의 부를 공유하도록 허용하는 사회를 요구합니다."

상위 특권층이 지배하는 사회는 물병자리 시대의 매트릭스가 아닙니다. 그것은 물병자리 시대에서 유지될 수 있는 매트릭스가 아닙니다. 여러분은 그런 매트릭스를 초월하지 못한 나라들이 뒤쳐지는 것을 보게 될 것입니다. 그런 매트릭스를 초월하지 못한 기업들은 도태될 것입니다.

사랑하는 이들이여, 왜 그러할까요? 그것은, 성 저메인이 완전히 혁신적인 형태의 기술을 내보내게 될 것이기 때문입니다. 성 저메인이 이전에도 말한 적이 있고 또 다시 설명하겠지만, 그것은 힘에 기반을 둔 기술이 아니라 완전히 다른 의식 상태에 기반을 둔 것입니다.

황금시대의 교육

타락한 존재들인 파워 엘리트나 타락한 의식에 갇힌 사람들이 운영하는 그 어느 회사가 성 저메인에게 조율하여 이 기술을 받을 수 있을 것이라고 생각합니까? 아닙니다! 사랑하는 이들이여. 왜냐하면 그들은 단지 새로운 기술을 찾아서 독점하고 그것을 자신들의 지위를 공고히 하는데 사용하려 할 것이기 때문입니다. 그들은 사람들을 섬기고 자유롭게 해주려는 목적으로 신기술을 보지 않습니다. 그런 그들이 어떻게 자유의 신과 조율하여, 그가 방출하기 위해 대기 중인 이런 새로운 혁신적 기술과 제품들과 받을 수 있겠습니까?

이 기술들은 대부분의 나라들에서 오직 매우 창의적인 사람들에게만, 그리고 전통적인 기업 구조나 기존 교육제도가 가진 방식에 지배되지 않는 열린 마음을 가진 사람들에게만 방출될 수 있을 것입니다.

여러분은 많은 아시아 국가의 교육체계에서 좋은 가문을 위한 특권층 학교와 대중을 위한 일반 학교들로 나눠지는 구분이 있음을 봅니다. 그리고 모든 교육 기관이, 배운 것을 암기하고 기억하고 반복하는 것을 기반으로 한 어떤 기준에 맞춰 시험에서 좋은 성적을 받는 것에 초점을 맞추고 있습니다. 학생들이 그 지식을 소화하고 내면화하여, 그들이 일하는데 창조적으로 활용할 수 있는지는 중요하지 않습니다. 외적인 성적과 외적인 지식과 암기에 맹목적으로 초점을 맞추는 것은 속성상 기계적인 것임을 보지 못하나요? 그것은 로봇 제조 과정과 같습니다. 그것은 비록 누군가가 구체적인 특정 분야에 깊은 조예를 가지고 있다 하더라도, 그들을 모두 창의적으로 생각하지 않는 사람들로 만들어버립니다.

어떻게 그런 사람들이 기존의 기술보다 훨씬 높이 있는 창조적인 아이디어들을 받을 수 있겠습니까? 특권층 엘리트와 타락한 의식에 의해, 사회와 타인에 의해 규정된 상자 안에 자신을 맞추면서 전 생애를 살아온 사람들이 어떻게 그 상자 바깥을 생각할 수 있겠습니까? 타락한 의식에 의해 규정된 정신적 틀(mental box) 안에 갇혀있는 사람들이 어떻게 성 저메인에게 조율해서 새로운 아이디어와 기술을 받을 수 있겠습니까? 사랑하는 이들이여, 그렇게 될 수가 없습니다.

그렇다면 이 말이 아시아에서는 기술과 혁신에서 선두주자가 될 수 있는 나라가 없다는 의미일까요? 아니요, 그렇지 않습니다. 왜냐하면 이 지역에 육화하겠다고 자원했던 영혼들이 있고, 분명히 그들 중에 많은 수가 한국에 있기 때문입니다. 상세히 말하면, 그들은 창조적인 영혼들이고 지구의 이 지역이 진보하도록 돕기를 원했습니다.

현행의 교육제도와 사회 기관과 기업들 안의 어디에서 그들을 위한 문이 열릴까요? 사랑하는 이들이여, 어디에서 그들이 가치를 인정받을까요? 어디에서 그들이 창조적인 아이디어를 낼 수 있도록 허용될까요?

여러분이 알다시피, 그렇게 되기 위해서는 변화가 필요합니다. 의식이 변해야 하고, 개성을 가진 개별적인 인간의 가치에 대한 의식이 성장해야 합니다. 특정 사회의 한 특정 상황에서 다른 누구도 낼 수 없는 아이디어를 가져올 수 있는 것은, 개성을 가진 한 인간이기 때문입니다.

혁신에 대한 한국의 잠재력

한국을 황금시대로 이끌어갈 아이디어들을 제시할 수 있는, 충분한 능력을 가진 사람들이 한국에 있습니다. 이 사람들은 상승 마스터들의 말을 들을 수 있고 아이디어도 받을 수 있지만, 사회에서 이 사람들의 말을 경청하기 위해 열려 있는 곳은 어디일까요? 어떻게 그 아이디어들이 올 수 있을까요?

그 아이디어들이 올 수 없다면 무슨 일이 일어날까요? 그러면 그 아이디어들은 당연히 이 행성 전체에 방출되게 됩니다. 그리고 창조적인 개인에게 귀 기울일 의향이 있는 사회들은 그 새로운 아이디어들을 실행에 옮길 것이고, 이로써 그들은 큰 진보를 이루며 도약할 것입니다.

아시아에서는 기존의 매트릭스에 기반을 두어서 대규모로 고품질의 상품을 생산하고 그것을 개선해 가는데 초점을 맞추는 경향이 있습니다. 그러나 사랑하는 이들이여, 여러분이 자동차를 얼마나 개선하고, 가솔린이나 디젤 엔진을 얼마나 개선할 수 있는지는 일정한 한계가 있습니다. 여러분은 거기서 효율성을 더 높일 수 있겠지만, 그것은 단지 어떤 한계 안에서만 이루어지는 것입니다. 사회가 다른 유형의 운송 기술로 도약해가야 하는 시점이 오고 있습니다.

만일 한 나라가, 한 기업의 구조가 이미 발명된 것의 개선에만 초점을 맞춘다면 이 사회는 한 특정 기술이 얼마나 많이 개선될 수 있는지에 대한 한계에 도달하게 됩니다. 따라서 사회와 기업들이 성장할 수 있는 한도가 제한됩니다. 이미 일본이 이 점을 아주 명확히 보여주지 않았습니까? 일본이 세계 경제에서 지도적인 위치에 있던 시기가 있었는데, 이것은 아주 획일화된 상품들을 대량으로 생산할 수 있도록 사람들을 로봇으로 바꿔놓는 능력 때문이었습니다. 왜 일본과 일본 경제가 하락하기 시작했을까요? 그들이, 사람들과 상품과 기업 구조에 대해 기계적이고 로봇적인 접근방식을 계속하는 것을 가지고서는 더 이상 성장할 수 없는 한계에 도달했기 때문이었습니다.

이미 여러분은 한국을 포함한 다른 나라들에서 동일한 현상을 보기 시작했습니다. 여러분이 휴대폰이나 컴퓨터에 새로운 가치를 부여하면서 얼마나 많은 개선을 가져올 수 있는지는 한계가 있습니다. 물론 여러분은 기존 틀을 벗어나서 생각할 수 있고, 기존 상품들이 할 수 없는 무언가를 할 수 있는 상품을 만들어낼 수 있습니다. 그러나 아이디어를 받거나 아이디어를 실현하기 위해 열려 있지 않다면 어떻게 이것을 할 수 있겠습니까?

붓다의 이미지에 변화가 필요합니다

사랑하는 이들이여, 나는 붓다로 알려져 있고 이 세상의 많은 사람들이 흔히 붓다를 안정감을 주는 부동의 존재로 보아온 것을 압니다. 따라서 여러분은 내가 성장과 변화에 대해 말하는 것을 들으며 놀랄 수도 있습니다. 이것은 오랫동안 붓다에게 부과되어온 전통적인 이미지가 있었기 때문이지만, 그 이미지는 붓다를 완전하게 설명하지 못합니다.

2500년 전에 내가 주었던 가르침의 핵심이 무엇인가요? 모든 것이 붓다의 성품, 불성(Buddha Nature)이라는 것입니다. 불성이 무엇인가요? 불성이란 정지되어 있는 것인가요? 아닙니다! 불성은 생명의 강이고, 생명의 강은 무궁하게 스스로를 초월해가고 있습니다. 만일 여러분이 붓다는 정적인 존재이고 부동성을 전해주는 존재라는 이미지를 만들면서 사회가 안정되고 불변하기를 바란다면, 여러분은 바로 그 붓다의 본질, 불성이란 것을 잘못 이해한 것입니다. 그리고 자신에 내재하는 불성을 여태껏 부인해 온 것입니다. 왜냐하면 여러분이 자신 안의 불성을 깨달을 때, 여러분은 무궁하게 흐르고 있는 생명의 강과 조율하게 될 것이기 때문입니다.

사랑하는 이들이여, 이때가 바로 메신저가 설명한 것처럼, 현재의 자기 자신을 완전히 받아들일 수 있을 때입니다. 자신 안의 불성을 보기 시작하고 불성이 정지되어 있는 것이 아님을 깨닫게 될 때, 여러분은 현재의 자기 자신 그대로를 완전히 받아들일 수 있습니다. 이를 깨달음으로써 우리는 그의 말처럼 한 걸음 더 나아갑니다. 바로 지금의 자기 자신을 받아들이는 것이 불성의 표현이지만, 동시에 불성은 지속적으로 자기 자신을 초월해 나갑니다. 그렇기 때문에 여러분은 더 이상의 존재로 되어가고 있는 것입니다. 그렇기 때문에 여러분은 1년, 10년 또는 심지어 1주일, 하루, 매 순간 후에 동일한 존재로 남아 있지 않는 것입니다.

사랑하는 이들이여, 자기 내면의 불성을 보고 불성이 완성의 상태가 아니라 지속적인 흐름의 상태이고 지속적인 변화의 상태임을 보는 것이 (몇몇 티베트 불교도들이 보았던 것처럼) 바로, 자신을 받아들이는 열쇠입니다. 오직 여러분이 자신을 지속적인 변화의 흐름인 생명의 강의 일부로 받아들일 때만이, 자신을 완전히 받아들일 수 있습니다.

여러분은 스스로를 현재의 자신으로 존재하도록 허용하며, 또 여러분이 되고자 하는 자신으로 존재하도록 허용하며, 또 다음 순간에 여러분이 되고자 하는 존재로 되어가도록 허용합니다. 여러분은 스스로 생명의 강과 함께 흘러가면서, 전통에 갇혀 있지 않고 조상들이나 지도자들, 정치, 종교 체계에 대한 충성에 갇혀있지 않게 할 수 있습니다. 기존에 존재해왔던 것에 충성하는 대신, 항상 더 이상의 존재가 되려는 의지를 가지고 끊임없이 진행되는 흐름 속에 있을 수 있는데, 진실로 이것이 불성입니다.

불성이란 끊임없이 스스로를 성찰하는 인식에 의한 영속적인 자기초월입니다: "이것이 지금의 나이지만, 더 이상의 존재가 되는 것이 가능하며, 나는 더 이상의 존재가 되길 원합니다. 그러므로 나는 현재의 나에 대한 존재감을 더 이상의 존재감으로 전환하며, 이것이 내가 붓다에 조율하는 방식입니다. 그리고 나는 붓다와 함께 흘러가며 진실로 붓다처럼 영속적으로 더 이상의 존재가 되어갑니다."

나는 언제나 활동하면서 초월하고 있는 존재입니다. 나는 결코 정지되어 있는 존재였던 적이 없습니다. 변하지 않는 황금 불상을 숭배하는 것과 붓다가 상징하는 것은 변하지 않는다는 생각은, 2500년 전에 준 내가 준 가르침을 근본적으로 잘못 이해한 것입니다. 오늘날의 붓다가 2500년 전의 나와 동일하다고 생각하는 것은 근본적으로 잘못된 이해이고, 오늘날의 내 존재에 조율하는데 실패한 것입니다. 나는 지난 2500년 동안 무수히 나 자신을 초월해왔습니다.

그리고 나는 매 초마다, 매 초를 최대한으로 나눈 모든 순간마다, 무한한 횟수로 나 자신의 초월을 계속해갈 것입니다. 나는 무수히 나 자신을 초월할 것이고, 따라서 나는 유한한 세상에서 창조해낼 수 있는 그 어떤 분리도 붓다 됨을 막을 수는 없을 것이라고 말합니다.

왜냐하면 나는 항상 더 이상의 존재로 되어가고 있는 존재이며(I AM always More), 이것이 바로 불성의 핵심이기 때문입니다.

12
한국인의 의식 구조에 변화를 기원하기

I AM THAT I AM, 예수 그리스도의 이름으로 나의 아이앰 현존이, 무한히 초월해가는 내 미래의 현존을 통해 흐르며, 완전한 권능으로 이 디크리를 해주시기를 요청합니다. 나는 사랑하는 고타마 붓다께 한국에서 당신의 현존을 구현하시어, 한국인의 의식 구조에 변화가 일어나게 해주시길 요청합니다...
(여기에 개인적인 요청을 추가하세요)

파트 1

1. 고타마 붓다시여, 한국 사람들이 지도자나 권위적인 지위에 있는 사람에게 복종해야 한다고 느끼는 성향을 극복하도록 도와주소서.

고타마 붓다시여, 나에게 애증을 일으키는
마음의 상태를 보여주소서,
당신이 드러내주는 것을 견디면서,
내 지각은 순수해질 것입니다.

**고타마 붓다, 우주 평화의 화염이시여,
이제 거칠게 몰아치던 사념들이 그치고,
당신과 나는 내면의 평화를 방사하여
윤회의 바다를 고요하게 합니다.**

2. 고타마 붓다시여, 한국 사람들이 현재의 자신을 받아들이고, 사회 내의 지위에 상관없이 내면에서 자신에 대해 좋은 느낌을 가질 수 있도록 도와주소서.

고타마 붓다시여, 당신의 평화의 화염 안에서,
분투하던 자아를 놓아 버립니다.
나는 이제 불성을 깨달으며,
불성은 당신과 나의 중심핵입니다.

**고타마 붓다, 우주 평화의 화염이시여,
이제 거칠게 몰아치던 사념들이 그치고,
당신과 나는 내면의 평화를 방사하여
윤회의 바다를 고요하게 합니다.**

3. 고타마 붓다시여, 상하로 분할된 계급 사회는 물병자리 시대에서 유지될 수 없음을 한국 사람들이 인식하게 하소서. 상위 계층과 하위 계층으로 나뉜 채 황금시대를 구현할 수는 없습니다.

고타마 붓다시여, 내가 그대와 하나 되니,
이제 마라의 데몬들은 달아납니다.
당신의 현존은 고통을 치유하는 향유와 같이,
내 마음과 감각들을 늘 고요하게 합니다.

**고타마 붓다, 우주 평화의 화염이시여,
이제 거칠게 몰아치던 사념들이 그치고,
당신과 나는 내면의 평화를 방사하여
윤회의 바다를 고요하게 합니다.**

4. 고타마 붓다시여, 사회를 상위 계층과 하위 계층으로 나누는 메커니즘을 한국 사람들이 더 깊이 통찰하도록 도와주소서. 사람들이 이것이 어떻게 형성되었는지, 그리고 얼마나 시대에 뒤떨어졌는지를 보고, 자유로운 논의를 통해 다른 문화를 창출할 필요가 있음을 알게 하소서.

고타마 붓다시여, 영원한 현재 안에 살겠다고,
나는 이제 서약합니다.
당신과 함께 모든 시간을 초월하여,
더없이 숭고한 현재 안에서 살겠습니다.

고타마 붓다, 우주 평화의 화염이시여,
이제 거칠게 몰아치던 사념들이 그치고,
당신과 나는 내면의 평화를 방사하여
윤회의 바다를 고요하게 합니다.

5. 고타마 붓다시여, 좋은 집안에 속하는 사람만이 좋은 교육을 받고 직장에서 좋은 지위를 얻게 되는 경향에 대해, 한국 사람들이 의문을 가지게 하소서.

고타마 붓다시여, 나에겐 아무런 욕망도 없으며,
세속의 어느 것도 갈망하지 않습니다.
이제 나는 무집착 안에서 휴식하며,
마라의 미묘한 시험을 통과합니다.

고타마 붓다, 우주 평화의 화염이시여,
이제 거칠게 몰아치던 사념들이 그치고,
당신과 나는 내면의 평화를 방사하여
윤회의 바다를 고요하게 합니다.

6. 고타마 붓다시여, 어떤 고위직을 충원하기 전에 그 사람의 집안 배경을 보려는 경향을 한국 회사들이 극복하도록 도와주소서.

고타마 붓다시여, 당신 안으로 녹아들며,
내 마음은 이제 둘이 아닌 하나가 되었고,
당신의 눈부신 빛 안에 잠기니,
내가 아는 모든 것은 열반뿐입니다.

**고타마 붓다, 우주 평화의 화염이시여,
이제 거칠게 몰아치던 사념들이 그치고,
당신과 나는 내면의 평화를 방사하여
윤회의 바다를 고요하게 합니다.**

7. 고타마 붓다시여, 그 지위에 맞는 지식과 능력과 인격이 있는지를 평가하지 않고, 집안 배경 때문에 누군가를 고용하는 것은 사업적인 면에서 의미가 없음을 한국 회사들이 인식하게 하소서.

고타마 붓다시여, 시간을 초월한 당신의 공간 안에서,
나는 우주적 은총 안에 잠겨듭니다.
모든 형상을 초월해 계신 신을 깨달으며.
나는 더 이상 세상을 따르지 않습니다.

**고타마 붓다, 우주 평화의 화염이시여,
이제 거칠게 몰아치던 사념들이 그치고,
당신과 나는 내면의 평화를 방사하여
윤회의 바다를 고요하게 합니다.**

8. 고타마 붓다시여, 이것이, 새로운 발명과 새로운 기술을 내지 못하고 서구 국가들이 개발한 것을 복제할 수밖에 없는 하나의 이유임을 한국 회사들이 인식하게 하소서.

고타마 붓다시여, 나는 이제 깨어나서,
무엇이 시급한지를 명료하게 봅니다.
그러므로 나는 내 신성한 권리를 선언하며
지상에서 불성의 빛이 됩니다.

고타마 붓다, 우주 평화의 화염이시여,
이제 거칠게 몰아치던 사념들이 그치고,
당신과 나는 내면의 평화를 방사하여
윤회의 바다를 고요하게 합니다.

9. 고타마 붓다시여, 한국 회사들이 여성보다는 남성을 고용하려는 경향을 극복하도록 도와주소서. 남성이 가장 창조적이라는 보장은 없으며, 많은 경우 새롭고 혁신적인 아이디어들은 여성을 통해서 온다는 것을 기업들이 인식하게 하소서.

고타마 붓다시여, 당신의 뇌성번개와 더불어,
우리는 지구에 거대한 동요를 일으킵니다.
누군가는 깨달음을 얻어,
붓다의 영원한 무리에 합류할 것입니다.

고타마 붓다, 우주 평화의 화염이시여,
이제 거칠게 몰아치던 사념들이 그치고,
당신과 나는 내면의 평화를 방사하여
윤회의 바다를 고요하게 합니다.

파트 2

1. 고타마 붓다시여, 여성들이 자신의 견해를 밝히거나 창의성과 조직력을 발휘하거나 사회에 기여하는 것을 허용하지 않는, 여성 억압의 오랜 전통을 한국 사람들이 극복하도록 도와주소서.

고타마 붓다시여, 나에게 애증을 일으키는
마음의 상태를 보여주소서,
당신이 드러내주는 것을 견디면서,
내 지각은 순수해질 것입니다.

**고타마 붓다, 우주 평화의 화염이시여,
이제 거칠게 몰아치던 사념들이 그치고,
당신과 나는 내면의 평화를 방사하여
윤회의 바다를 고요하게 합니다.**

2. 고타마 붓다시여, 영혼이 많은 생애를 거치며 남성이나 여성 한쪽만이 아니라 다양한 몸으로 육화한다는 것을 한국 사람들이 인식하게 하소서. 만일 사회나 회사에서 어떤 자리에 가장 적합한 사람을 찾고자 한다면, 그 영혼의 내면적인 특성들을 살펴보아야 합니다.

고타마 붓다시여, 당신의 평화의 화염 안에서,
분투하던 자아를 놓아 버립니다.
나는 이제 불성을 깨달으며,
불성은 당신과 나의 중심핵입니다.

**고타마 붓다, 우주 평화의 화염이시여,
이제 거칠게 몰아치던 사념들이 그치고,
당신과 나는 내면의 평화를 방사하여
윤회의 바다를 고요하게 합니다.**

3. 고타마 붓다시여, 왜 한국이 혁신에서 서구 기업들보다 뒤쳐지는지 살펴보고, 이 차이를 좁힐 수 있도록 한국의 기업 지도자들을 도와주소서. 그들이 사람들의 외면적 특성보다는 내면에 있는 특별한 능력들을 살펴보아야 한다는 결론에 이르게 하소서.

고타마 붓다시여, 내가 그대와 하나 되니,
이제 마라의 데몬들은 달아납니다.
당신의 현존은 고통을 치유하는 향유와 같이,
내 마음과 감각들을 늘 고요하게 합니다.

**고타마 붓다, 우주 평화의 화염이시여,
이제 거칠게 몰아치던 사념들이 그치고,**

**당신과 나는 내면의 평화를 방사하여
윤회의 바다를 고요하게 합니다.**

4. 고타마 붓다시여, 한국 지도자들이 개인보다 나라나 기업을 더 중시하는 전통을 넘어서서 볼 수 있도록 도와주소서. 그들이 개인을, 고유한 가치와 자원과 능력과 특성을 가진 존재로 보게 하소서.

고타마 붓다시여, 영원한 현재 안에 살겠다고,
나는 이제 서약합니다.
당신과 함께 모든 시간을 초월하여,
더없이 숭고한 현재 안에서 살겠습니다.

**고타마 붓다, 우주 평화의 화염이시여,
이제 거칠게 몰아치던 사념들이 그치고,
당신과 나는 내면의 평화를 방사하여
윤회의 바다를 고요하게 합니다.**

5. 고타마 붓다시여, 한국 사람들이 가문과 외면적 특성들에 초점을 맞춘 문화를 벗어날 수 있도록 도와주소서. 사람들이 서로를 동등하게 보며, 서로 개인으로서의 존재 그대로의 가치를 인정하게 하소서.

고타마 붓다시여, 나에겐 아무런 욕망도 없으며,
세속의 어느 것도 갈망하지 않습니다.
이제 나는 무집착 안에서 휴식하며,
마라의 미묘한 시험을 통과합니다.

**고타마 붓다, 우주 평화의 화염이시여,
이제 거칠게 몰아치던 사념들이 그치고,
당신과 나는 내면의 평화를 방사하여
윤회의 바다를 고요하게 합니다.**

6. 고타마 붓다시여, 한국 사람들이, 상층의 사람과 하층의 사람으로 구분하는 대신 서로를 동등하게 보면서 관계를 맺도록 도와주소서. 우리가 이전과 다른 방식으로 서로를 대하도록 도와주소서.

고타마 붓다시여, 당신 안으로 녹아들며,
내 마음은 이제 둘이 아닌 하나가 되었고,
당신의 눈부신 빛 안에 잠기니,
내가 아는 모든 것은 열반뿐입니다.

**고타마 붓다, 우주 평화의 화염이시여,
이제 거칠게 몰아치던 사념들이 그치고,
당신과 나는 내면의 평화를 방사하여
윤회의 바다를 고요하게 합니다.**

7. 고타마 붓다시여, 삶의 목적과 사회의 목적은 사람들을 섬기는 것이고, 사람들의 의식이 성장하도록 봉사하는 것임을 한국 사람들이 인식하게 하소서.

고타마 붓다시여, 시간을 초월한 당신의 공간 안에서,
나는 우주적 은총 안에 잠겨듭니다.
모든 형상을 초월해 계신 신을 깨달으며.
나는 더 이상 세상을 따르지 않습니다.

**고타마 붓다, 우주 평화의 화염이시여,
이제 거칠게 몰아치던 사념들이 그치고,
당신과 나는 내면의 평화를 방사하여
윤회의 바다를 고요하게 합니다.**

8. 고타마 붓다시여, 전생에 최상의 능력들을 계발해 놓은 사람들에게 이번 생에 그 능력을 발휘할 기회를 준다면, 그 사회는 번영하게 될 것임을 한국 사람들이 인식하게 하소서.

고타마 붓다시여, 나는 이제 깨어나서,
무엇이 시급한지를 명료하게 봅니다.
그러므로 나는 내 신성한 권리를 선언하며
지상에서 불성의 빛이 됩니다.

고타마 붓다, 우주 평화의 화염이시여,
이제 거칠게 몰아치던 사념들이 그치고,
당신과 나는 내면의 평화를 방사하여
윤회의 바다를 고요하게 합니다.

9. 고타마 붓다시여, 만일 기업들이 능력 있는 사람들을 모으고 그 능력의 가치를 알아보며 능력을 발휘할 기회를 준다면, 그 기업은 번창하게 될 것임을 한국의 기업 지도자들이 인식하게 하소서.

고타마 붓다시여, 당신의 뇌성번개와 더불어,
우리는 지구에 거대한 동요를 일으킵니다.
누군가는 깨달음을 얻어,
붓다의 영원한 무리에 합류할 것입니다.

고타마 붓다, 우주 평화의 화염이시여,
이제 거칠게 몰아치던 사념들이 그치고,
당신과 나는 내면의 평화를 방사하여
윤회의 바다를 고요하게 합니다.

파트 3

1. 고타마 붓다시여, 사회의 목적은 사람들을 섬기는 것임을, 한국 사람들이 인식하게 하소서. 기업의 목적은 소수 엘리트를 위해 더 큰 이윤을 창출하는 것이 아니라, 기업에서 일하는 사람을 섬기는 것입니다

고타마 붓다시여, 나에게 애증을 일으키는
마음의 상태를 보여주소서,

당신이 드러내주는 것을 견디면서,
내 지각은 순수해질 것입니다.

**고타마 붓다, 우주 평화의 화염이시여,
이제 거칠게 몰아치던 사념들이 그치고,
당신과 나는 내면의 평화를 방사하여
윤회의 바다를 고요하게 합니다.**

2. 고타마 붓다시여, 새로운 기업 구조에서 필요한 것은, 기업의 업무에 직접적으로 관여하는 사람들이 기업 운영의 주된 목적으로 여겨지는 것임을, 한국 사람들이 인식하게 하소서.

고타마 붓다시여, 당신의 평화의 화염 안에서,
분투하던 자아를 놓아 버립니다.
나는 이제 불성을 깨달으며,
불성은 당신과 나의 중심핵입니다.

**고타마 붓다, 우주 평화의 화염이시여,
이제 거칠게 몰아치던 사념들이 그치고,
당신과 나는 내면의 평화를 방사하여
윤회의 바다를 고요하게 합니다.**

3. 고타마 붓다시여, 황금시대 기업의 목적은 돈을 버는 것이 아님을 한국 사람들이 인식하게 하소서. 기업의 목적은 기업의 제품과 서비스를 이용하는 사람들을 섬기는 것이고, 그럼으로써 그 기업에서 일하는 사람들을 섬기는 것입니다.

고타마 붓다시여, 내가 그대와 하나 되니,
이제 마라의 데몬들은 달아납니다.
당신의 현존은 고통을 치유하는 향유와 같이,
내 마음과 감각들을 늘 고요하게 합니다.

고타마 붓다, 우주 평화의 화염이시여,
이제 거칠게 몰아치던 사념들이 그치고,
당신과 나는 내면의 평화를 방사하여
윤회의 바다를 고요하게 합니다.

4. 고타마 붓다시여, 국가의 목적은 소수의 엘리트만을 더욱 더 부유하게 만들어주는 것이 아님을 한국 사람들이 인식하게 하소서. 왜냐하면 그런 엘리트들은 자신들에게 특권적인 지위를 준 나라에 대한 충성심이 없기 때문입니다.

고타마 붓다시여, 영원한 현재 안에 살겠다고,
나는 이제 서약합니다.
당신과 함께 모든 시간을 초월하여,
더없이 숭고한 현재 안에서 살겠습니다.

**고타마 붓다, 우주 평화의 화염이시여,
이제 거칠게 몰아치던 사념들이 그치고,
당신과 나는 내면의 평화를 방사하여
윤회의 바다를 고요하게 합니다.**

5. 고타마 붓다시여, 많은 기업들은 무제한의 권력과 부를 추구하면서도 결코 충분하다고 여기지 않는 사람들을 끌어온다는 사실을, 한국 사람들이 인식하게 하소서.

고타마 붓다시여, 나에겐 아무런 욕망도 없으며,
세속의 어느 것도 갈망하지 않습니다.
이제 나는 무집착 안에서 휴식하며,
마라의 미묘한 시험을 통과합니다.

**고타마 붓다, 우주 평화의 화염이시여,
이제 거칠게 몰아치던 사념들이 그치고,
당신과 나는 내면의 평화를 방사하여**

윤회의 바다를 고요하게 합니다.

6. 고타마 붓다시여, 국가의 목적은 그 국민들과 국가에 대한 충성심이 없는 소수 엘리트에게 특권적인 지위를 주는 것이 아님을, 한국 사람들이 인식하게 하소서.

고타마 붓다시여, 당신 안으로 녹아들며,
내 마음은 이제 둘이 아닌 하나가 되었고,
당신의 눈부신 빛 안에 잠기니,
내가 아는 모든 것은 열반뿐입니다.

**고타마 붓다, 우주 평화의 화염이시여,
이제 거칠게 몰아치던 사념들이 그치고,
당신과 나는 내면의 평화를 방사하여
윤회의 바다를 고요하게 합니다.**

7. 고타마 붓다시여, 기업들은 더 값싼 노동력을 얻기 위해 다른 나라로 생산 시설을 이전해왔습니다. 이제 이런 기업들을 허용했던 나라들은 큰 문제에 직면했으며, 기업들이 돌보지 않고 외면했던 모든 것을 처리해야만 함을 한국 사람들이 인식하게 하소서.

고타마 붓다시여, 시간을 초월한 당신의 공간 안에서,
나는 우주적 은총 안에 잠겨듭니다.
모든 형상을 초월해 계신 신을 깨달으며.
나는 더 이상 세상을 따르지 않습니다.

**고타마 붓다, 우주 평화의 화염이시여,
이제 거칠게 몰아치던 사념들이 그치고,
당신과 나는 내면의 평화를 방사하여
윤회의 바다를 고요하게 합니다.**

8. 고타마 붓다시여, 이것은 우리가 다시 반복하기를 바라는 모델이 아니며, 따라서 한국 사람들이 더 나은 비즈니스 모델을 찾을 필요가 있다는 결정에 이르도록 도와주소서.

고타마 붓다시여, 나는 이제 깨어나서,
무엇이 시급한지를 명료하게 봅니다.
그러므로 나는 내 신성한 권리를 선언하며
지상에서 불성의 빛이 됩니다.

**고타마 붓다, 우주 평화의 화염이시여,
이제 거칠게 몰아치던 사념들이 그치고,
당신과 나는 내면의 평화를 방사하여
윤회의 바다를 고요하게 합니다.**

9. 고타마 붓다시여, 국가에 충성하지도 않고, 회사를 그런 규모로 키우기 위해 일을 해준 사람들을 섬기지도 않는, 특권층 엘리트의 의식에 대한 심판을 요청합니다.

고타마 붓다시여, 당신의 뇌성번개와 더불어,
우리는 지구에 거대한 동요를 일으킵니다.
누군가는 깨달음을 얻어,
붓다의 영원한 무리에 합류할 것입니다.

**고타마 붓다, 우주 평화의 화염이시여,
이제 거칠게 몰아치던 사념들이 그치고,
당신과 나는 내면의 평화를 방사하여
윤회의 바다를 고요하게 합니다.**

파트 4

1. 고타마 붓다시여, 인간들에게는 충성을 요구하면서 그들 자신은 전혀 충성을 바칠 의사가 없는 엘리트의 의식에 대한 심판을 요청합니다.

고타마 붓다시여, 나에게 애증을 일으키는
마음의 상태를 보여주소서,
당신이 드러내주는 것을 견디면서,
내 지각은 순수해질 것입니다.

**고타마 붓다, 우주 평화의 화염이시여,
이제 거칠게 몰아치던 사념들이 그치고,
당신과 나는 내면의 평화를 방사하여
윤회의 바다를 고요하게 합니다.**

2. 고타마 붓다시여, 파워 엘리트의 이면에 놓인 의식을 보면서 우리가 더 이상 이 매트릭스에 복종하지 않겠다고 선택해야 함을, 한국 사람들이 인식하게 하소서.

고타마 붓다시여, 당신의 평화의 화염 안에서,
분투하던 자아를 놓아 버립니다.
나는 이제 불성을 깨달으며,
불성은 당신과 나의 중심핵입니다.

**고타마 붓다, 우주 평화의 화염이시여,
이제 거칠게 몰아치던 사념들이 그치고,
당신과 나는 내면의 평화를 방사하여
윤회의 바다를 고요하게 합니다.**

3. 고타마 붓다시여, 우리는 당신과 함께 선언합니다: "우리에게는 충성심을 요구하면서 자신들은 아무것도 주려고 하지 않는 상위 계층의 사

람들에게 우리는 더 이상 복종하지 않을 것입니다. 따라서 우리는 이런 상위 계층을 허용하지 않는 사회를 요구합니다. 상위 계층에게 특권을 주고 충성하는 대신, 사람들과 국민들에게 충성하는 사회를 요구합니다. 소수 엘리트들이 이러한 특권들을 독점하도록 허용하지 않고, 모든 사람들이 국가의 부를 공유하도록 허용하는 사회를 요구합니다."

고타마 붓다시여, 내가 그대와 하나 되니,
이제 마라의 데몬들은 달아납니다.
당신의 현존은 고통을 치유하는 향유와 같이,
내 마음과 감각들을 늘 고요하게 합니다.

고타마 붓다, 우주 평화의 화염이시여,
이제 거칠게 몰아치던 사념들이 그치고,
당신과 나는 내면의 평화를 방사하여
윤회의 바다를 고요하게 합니다.

4. 고타마 붓다시여, 혁신적인 새 기술들은 오직 매우 창의적인 사람들에게만, 그리고 전통적인 기업 구조나 기존 교육제도가 가진 방식에 지배되지 않는 열린 마음을 가지고 있는 사람들에게만 방출될 수 있음을, 한국 사람들이 인식하게 하소서.

고타마 붓다시여, 영원한 현재 안에 살겠다고,
나는 이제 서약합니다.
당신과 함께 모든 시간을 초월하여,
더없이 숭고한 현재 안에서 살겠습니다.

고타마 붓다, 우주 평화의 화염이시여,
이제 거칠게 몰아치던 사념들이 그치고,
당신과 나는 내면의 평화를 방사하여
윤회의 바다를 고요하게 합니다.

5. 고타마 붓다시여, 부유층 가문을 위한 특권층 학교와 대중을 위한 일반 학교로 나눠지는 교육 체계를 넘어서야 함을 한국 사람들이 인식하게 하소서.

고타마 붓다시여, 나에겐 아무런 욕망도 없으며,
세속의 어느 것도 갈망하지 않습니다.
이제 나는 무집착 안에서 휴식하며,
마라의 미묘한 시험을 통과합니다.

**고타마 붓다, 우주 평화의 화염이시여,
이제 거칠게 몰아치던 사념들이 그치고,
당신과 나는 내면의 평화를 방사하여
윤회의 바다를 고요하게 합니다.**

6. 고타마 붓다시여, 학생들이 배운 것을 암기하고 기억하고 반복하는 것을 기반으로 하여 좋은 시험 성적을 얻는 데에만 초점을 맞추는 것을, 한국 사람들이 넘어서도록 도와주소서.

고타마 붓다시여, 당신 안으로 녹아들며,
내 마음은 이제 둘이 아닌 하나가 되었고,
당신의 눈부신 빛 안에 잠기니,
내가 아는 모든 것은 열반뿐입니다.

**고타마 붓다, 우주 평화의 화염이시여,
이제 거칠게 몰아치던 사념들이 그치고,
당신과 나는 내면의 평화를 방사하여
윤회의 바다를 고요하게 합니다.**

7. 고타마 붓다시여, 학생들이 지식을 통합하고 그것을 자신의 존재 일부로 만들어 자신의 작업에 창조적으로 사용해야 한다는 것을, 한국 사람들이 인식하게 하소서.

고타마 붓다시여, 시간을 초월한 당신의 공간 안에서,
나는 우주적 은총 안에 잠겨듭니다.
모든 형상을 초월해 계신 신을 깨달으며.
나는 더 이상 세상을 따르지 않습니다.

고타마 붓다, 우주 평화의 화염이시여,
이제 거칠게 몰아치던 사념들이 그치고,
당신과 나는 내면의 평화를 방사하여
윤회의 바다를 고요하게 합니다.

8. 고타마 붓다시여, 외적인 성취와 지식과 암기에 맹목적으로 집중하는 일은, 본성상 기계적인 것임을 한국 사람들이 인식하게 하소서. 그것은 로봇과 같습니다. 설령 특정 분야에 대한 지식을 많이 가지고 있다 하더라도 창의적인 사고를 하지 못하게 만듭니다.

고타마 붓다시여, 나는 이제 깨어나서,
무엇이 시급한지를 명료하게 봅니다.
그러므로 나는 내 신성한 권리를 선언하며
지상에서 불성의 빛이 됩니다.

고타마 붓다, 우주 평화의 화염이시여,
이제 거칠게 몰아치던 사념들이 그치고,
당신과 나는 내면의 평화를 방사하여
윤회의 바다를 고요하게 합니다.

9. 고타마 붓다시여, 타인과 사회와 특권층 엘리트들이 규정한 틀에 완전히 자신을 맞추면서 성장한 학생들은, 그 틀을 벗어난 사고를 할 수 없다는 사실을 한국 사람들이 인식하게 하소서.

고타마 붓다시여, 당신의 뇌성번개와 더불어,
우리는 지구에 거대한 동요를 일으킵니다.
누군가는 깨달음을 얻어,

붓다의 영원한 무리에 합류할 것입니다.

**고타마 붓다, 우주 평화의 화염이시여,
이제 거칠게 몰아치던 사념들이 그치고,
당신과 나는 내면의 평화를 방사하여
윤회의 바다를 고요하게 합니다.**

파트 5

1. 고타마 붓다시여, 한국이 진보하는 데 도움을 주기 위해, 자원해서 정확히 한국에 육화해왔던 창조적인 영혼들을 일깨워주소서.

고타마 붓다시여, 나에게 애증을 일으키는
마음의 상태를 보여주소서,
당신이 드러내주는 것을 견디면서,
내 지각은 순수해질 것입니다.

**고타마 붓다, 우주 평화의 화염이시여,
이제 거칠게 몰아치던 사념들이 그치고,
당신과 나는 내면의 평화를 방사하여
윤회의 바다를 고요하게 합니다.**

2. 고타마 붓다시여, 어떤 사회의 한 특정한 상황에서 다른 누구도 내지 못한 아이디어를 가져올 수 있는, 개성적인 한 인간이 지닌 가치를 한국 사람들이 인식하게 하소서.

고타마 붓다시여, 당신의 평화의 화염 안에서,
분투하던 자아를 놓아 버립니다.
나는 이제 불성을 깨달으며,
불성은 당신과 나의 중심핵입니다.

고타마 붓다, 우주 평화의 화염이시여,

이제 거칠게 몰아치던 사념들이 그치고,
당신과 나는 내면의 평화를 방사하여
윤회의 바다를 고요하게 합니다.

3. 고타마 붓다시여, 한국에 황금시대를 가져올 아이디어들을 실현할 수 있는 역량을 지닌 한국 사람들을 일깨워 주소서.

고타마 붓다시여, 내가 그대와 하나 되니,
이제 마라의 데몬들은 달아납니다.
당신의 현존은 고통을 치유하는 향유와 같이,
내 마음과 감각들을 늘 고요하게 합니다.

**고타마 붓다, 우주 평화의 화염이시여,
이제 거칠게 몰아치던 사념들이 그치고,
당신과 나는 내면의 평화를 방사하여
윤회의 바다를 고요하게 합니다.**

4. 고타마 붓다시여, 상승 마스터들과 연결되어 아이디어를 받을 수 있는 사람들을 일깨워 주소서. 사회가 그런 사람들의 가치를 알아보고, 그들이 제시하는 새로운 아이디어들에 문호를 열어주도록 도와주소서.

고타마 붓다시여, 영원한 현재 안에 살겠다고,
나는 이제 서약합니다.
당신과 함께 모든 시간을 초월하여,
더없이 숭고한 현재 안에서 살겠습니다.

**고타마 붓다, 우주 평화의 화염이시여,
이제 거칠게 몰아치던 사념들이 그치고,
당신과 나는 내면의 평화를 방사하여
윤회의 바다를 고요하게 합니다.**

5. 고타마 붓다시여, 기존의 매트릭스에 기반을 두어서 대규모로 고품질의 상품을 생산하고 그것을 개선해 가는 데만 초점을 맞추는 경향을 넘어설 수 있도록, 한국 사람들을 도와주소서. 상품들을 개선하는 데에는 한계가 있고, 사회가 다른 유형의 기술로 도약하는 것을 필요로 하는 시점이 옵니다.

고타마 붓다시여, 나에겐 아무런 욕망도 없으며,
세속의 어느 것도 갈망하지 않습니다.
이제 나는 무집착 안에서 휴식하며,
마라의 미묘한 시험을 통과합니다.

**고타마 붓다, 우주 평화의 화염이시여,
이제 거칠게 몰아치던 사념들이 그치고,
당신과 나는 내면의 평화를 방사하여
윤회의 바다를 고요하게 합니다.**

6. 고타마 붓다시여, 나라와 기업이 이미 발명된 것을 개선하는 것에만 초점을 맞춘다면, 하나의 특정 기술이 얼마나 개선될 수 있는지에 대한 한계점에 도달하게 됨을 한국 사람들이 인식하게 하소서.

고타마 붓다시여, 당신 안으로 녹아들며,
내 마음은 이제 둘이 아닌 하나가 되었고,
당신의 눈부신 빛 안에 잠기니,
내가 아는 모든 것은 열반뿐입니다.

**고타마 붓다, 우주 평화의 화염이시여,
이제 거칠게 몰아치던 사념들이 그치고,
당신과 나는 내면의 평화를 방사하여
윤회의 바다를 고요하게 합니다.**

7. 고타마 붓다시여, 한국 사람들이 기존의 틀을 벗어나서 사고할 필요가 있고, 현재 상품들이 할 수 없는 무언가를 할 수 있는 상품을 개발해야 함을 인식하게 하소서. 그러기 위해서 우리는 아이디어를 받고 실현하는 데 열려 있어야만 합니다.

고타마 붓다시여, 시간을 초월한 당신의 공간 안에서,
나는 우주적 은총 안에 잠겨듭니다.
모든 형상을 초월해 계신 신을 깨달으며.
나는 더 이상 세상을 따르지 않습니다.

**고타마 붓다, 우주 평화의 화염이시여,
이제 거칠게 몰아치던 사념들이 그치고,
당신과 나는 내면의 평화를 방사하여
윤회의 바다를 고요하게 합니다.**

8. 고타마 붓다시여, 붓다와 불성은 끊임없이 스스로를 초월해가고 있으며, 이 자기 초월이란 개인과 국가 모두가 대면해야 하는 도전임을 한국 사람들이 인식하게 하소서. 우리는 계속해서 성장을 해나가야 하며, 아니면 정체되어 뒤쳐지게 될 것입니다.

고타마 붓다시여, 나는 이제 깨어나서,
무엇이 시급한지를 명료하게 봅니다.
그러므로 나는 내 신성한 권리를 선언하며
지상에서 불성의 빛이 됩니다.

**고타마 붓다, 우주 평화의 화염이시여,
이제 거칠게 몰아치던 사념들이 그치고,
당신과 나는 내면의 평화를 방사하여
윤회의 바다를 고요하게 합니다.**

9. 고타마 붓다시여, 한국 사람들이 전통이나 조상들이나 지도자들, 정치, 종교 체계에 대한 충성에 갇혀 있지 않고, 생명의 강과 함께 흘러가도록 도와주소서. 끊임없이 진행되는 과정인 진정한 불성 안에서, 우리가 항상 더 이상의 존재로 되어가도록 도와주소서.

고타마 붓다시여, 당신의 뇌성번개와 더불어,
우리는 지구에 거대한 동요를 일으킵니다.
누군가는 깨달음을 얻어,
붓다의 영원한 무리에 합류할 것입니다.

고타마 붓다, 우주 평화의 화염이시여,
이제 거칠게 몰아치던 사념들이 그치고,
당신과 나는 내면의 평화를 방사하여
윤회의 바다를 고요하게 합니다.

봉인하기

신성한 어머니의 이름으로, 나는 이 요청의 힘이 마-터 빛을 자유롭게 하는데 사용되어, 나 자신의 삶과 모든 사람들과 행성을 위한 그리스도의 완전한 비전을 구현할 수 있음을 전적으로 받아들입니다. I AM THAT I AM 의 이름으로, 그것이 이루어졌습니다! 아멘.

성 저메인

Saint Germain

한국은 황금시대를 위한 시작 단계에 있습니다

조직적인 사회에 대한 열망

타락한 존재들은 사람들이 특정한 역할을 받아들이도록 만들었습니다

삶에 대한 불만족

내면으로부터의 저항

아시아 국가들이 가진 잠재적 갈등

젊은 세대와 나이 든 세대 간의 갈등

개인들의 고유한 가치

청년 실업

공산주의도 방종한 자본주의도 아닙니다

경제에 대한 새로운 접근

체면 유지에 대해

실패의 위험을 극복하기

13
황금시대를 가져올 수 있는
한국의 잠재력

상승 마스터 성 저메인, 2016년 7월 2일

한국은 황금시대를 시작하는 단계에 있습니다

나는 상승 마스터 성 저메인입니다.

어떻게 하면 한국과 아시아가 황금시대를 실현할 수 있는지, 제 7 광선의 관점에서 이야기할 수 있는 자리가 마련된 것에 대해 나는 깊은 감사를 느낍니다. 물론 황금시대를 실현할 수 있게 한다는 것은 아직 실현에 이르지 않았다는 의미이지만, 그에 대해 진지하게 생각해볼 수 있는 동기를 부여해줍니다.

여러 측면에서 한국은 이미 황금시대로 진입해 있습니다. 여러분은 전쟁이 남겨준 황폐한 상황에서도 엄청나게 큰 진보를 이루어냈습니다. 여러분은 발전을 추구하고, 열심히 일하며 앞으로 나아가고자 하는 강렬한 의지를 보여주었고, 여러 면에서 이미 황금시대로 들어와 있습니다.

전에도 말했듯이, 황금시대는 정지된 사회가 아니라 지속적인 성장의 과정입니다. 그래서 한국이 황금시대의 시작 단계에 있다 해도, 아직은 이루어야 할 것들이 훨씬 더 많이 기다리고 있습니다. 그럼에도 불구하고 나는, 한국이 황금시대를 가져올 수 있는 계획에 못 미치거나 시대에 뒤진 부족한 사회라고는 전혀 생각지 않음을 여러분이 알았으면 합니다. 내가 이 나라에 대해 가지고 있는 비전을 실현하기 위한 일정대로 여러분은 여러 면에서 잘 나아가고 있으며, 이에 대해 여러분에게 축하와 감사를 전합니다.

물론 여러분과 같이 영적인 사람들은, 여전히 이 사회에서 황금시대의 매트릭스와 부합되지 않는 일들이 일어나고 있는 것을 보고 있습니다. 그럼에도 불구하고 부정적인 마음을 가지거나, 근본적으로 무언가 잘못되었다고 느끼면 안됩니다. 자기 나라를 불신하지 마세요. 미국에서처럼 많은 이들이 음모론에 빠져들어, 모든 것이 잘못되어 있고 보이는 모든 현상 뒤에는 조작이 있을 것이라고 믿는, 그런 의식 상태로 들어가지 마세요.

모든 곳에 타락한 존재들이 있으면서 항상 하고자 하는 일을 여전히 하고 있다는 의미에서, 보이는 현상들의 배후에는 그들에 의한 조종이 존재합니다. 그럼에도 나의 요점은, 한국에 있는 여러분들이 스스로 황금시대의 시작 단계에 이르렀다고 생각할 수 있을 정도로 커다란 진보를 이루었다는 사실입니다. 여러분은 훌륭한 기반을 만들고 있으므로 우리 자신과 사회가 결함이 있거나 뒤쳐졌다고 보지 않는 그런 태도와 의식을 가지고 앞으로 나갈 수 있습니다.

물론 이것은, 아직은 낙후되어 있는 북한이나 아시아의 많은 나라들에 해당하는 경우는 아닙니다. 한국은 뒤쳐져 있지 않으며 이것이 내가 네덜란드에서 한국이 아시아의 열쇠이며, 아시아의 의식 구조를 바꿀 수 있는 열쇠라고 말했던 이유입니다.

질서정연한 사회에 대한 열망

일곱 번째 광선인 초한(Chohan)인 내가 광범위한 아시아 지역에서 황금시대를 가져오기 위해 그리는 비전이 무엇일까요? 물론 나의 조망에서 황금시대를 가져오는 핵심 열쇠는 자유이며, 자유를 실현하는 것입니다. 자유가 없는 황금시대가 있을 수 있을까요? 자유 없이 어떻게, 황금시대에 필요한 모든 사고 매트릭스와 모든 이상들과 실용적 기술들을 실현할 수 있는 혁신과 창조의 새 시대가 열릴 수 있겠습니까? 자유가 없다면 그런 일은 일어날 수 없을 것이며, 중요한 자유는 단지 육체적 혹은 정치적, 경제적 자유뿐만 아니라 무엇보다도 마음의 자유입니다. 그래서 기존의 틀이나 매트릭스를, 즉 삶에 대한 전통적인 관점을 벗어나 새롭게 자유에 대해 정의할 필요가 있습니다. 사실 그 전통적인 관점이라는 것이 특히 이곳 아시아에서 황금시대의 실현을 방해하는 가장 큰 요소 중의 하나입니다.

이번에 주어진 시간 동안, 내가 여러분에게 전하려는 내용이 무엇일까요? 그것은 간단히 말해서, 아시아인들이 오랫동안 이 지역에서 지배적이었던 의식 구조에서 벗어나 자유를 얻어야 한다는 것입니다. 아시아인들에게는 이런 자각이 필요합니다. 내가 이야기하는 의식 구조는, 다소 미묘하긴 하지만 이렇게 묘사될 수 있습니다. 아시아인들은 모든 것이 예측될 수 있고 모든 것이 잘 통제되어 파격적으로 놀랄 일이 없는 그런 사회, 아주 질서 있게 정돈되고 조직된 사회에서 살고자 하는 이상을 가지고 있었습니다.

그 예로써 과거에 얼마나 많은 나라들이(심지어 현재의 사회들도) 매우 엄격한 위계질서를 가진 정부와 중앙집권적인 지배를 통해 이러한 사회를 확립하려는 시도를 해왔는지 여러분도 알 것입니다. 그 사회는 모든 시민들에게 일정한 역할들을 규정해주었습니다. 농부, 노동자, 군인, 관리, 지배자 등 각각에게 정해진 역할들이 있었습니다. 이런 현상은 여러 경우에서 극단적으로 오용된 유교 사상의 영향이라고 말할 수 있겠지만, 공정하게 말해서 공자의 육화 시에 공자 자신도 역시, 아주 질서정연하게 조직된 사회를 만들려는 염원을 가지고 있었습니다.

타락한 존재들은 사람들이 일정한 역할을 수용하도록 만들었습니다

물론, 타락한 존재들은 그러한 사상들을 조직된 사회를 만들기 위한 명분으로 삼으려 했기 때문에 그 사상들을 극단적으로 왜곡해버렸습니다. 조직된 사회를 만들기 위해서 그들은 모든 것이 예측 가능한 사회로 만들어야 했습니다. 모든 것을 예측 가능하게 하기 위해서는 사회의 모든 사람들이 아주 제한적이고 좁은 범위의 역할들만을 수행하도록 만들어야 합니다. 그래서 한 사람이 어떤 특정한 역할을 하는 가정에서 태어나면 그 사람은 자동적으로 그 특정한 역할을 이어 받도록 키워집니다. 그 역할을 잘하도록 그에 맞는 교육을 받고, 그것이 천직임을 스스로 받아들이고, 평생 동안 수행해야 합니다. 흔히 속담에서 "영혼을 악마에 팔아버렸다"고 말하는 것처럼, 많은 사람들이 어떤 의미에서는 자신들의 영혼을 안전함과 바꾸고, 안전이 보장된 사회에서 살아가는 것과 바꿨다고 말할 수 있습니다.

수많은 사람들이 자신의 역할을 받아들였습니다. 그들은, 우리가 이전에 말했듯이, 스스로 자신의 결정을 할 용의를 상실한 지점에 이르렀기 때문이었습니다. 그들은 뭔가 잘못되거나 스스로 불행한 결과를 불러오는 것을 두려워한 나머지 자신들의 삶이 예상 가능한 상황에 머물기를 원했습니다. 자신들이 사회에서 주어진 임무를 충실히 수행한다면 여생이 안전할 것이라고 생각했습니다. 크게 놀랄 일도, 충격 받을 일도 없으며 원치 않는 결과들도 결코 일어나지 않을 것이라고 말입니다.

타락한 존재들은 그러한 상황을 이용할 수 있는 방법을 알아냈습니다. 그러나 처음에 어떻게 그러한 상황들이 생겨났는지 의문을 가지고 과거로 거슬러 올라가보면, 우리가 여러 번 언급했듯이, 여러분이 자신의 선택에 의해 모진 결과를 경험할 수밖에 없도록 타락한 존재들이 이 행성에 불균형한 상태를 만들어냈다는 사실을 명백히 알 수 있습니다. 사람들이 자신의 선택으로 인해 끔찍한 결과가 온 것을 체험하고 스스로 결정하는 것을 두려워하게 된 상황을 만든 것은 사실상, 바로 타락한 존재들입니다.

타락한 존재들은 그때 자신들이 만든 그 불균형의 상황들을 틈타서 사회를 장악하고, 그 안에서 스스로를 거의 신과 같은, 사회에 전적인 통제력을 발휘할 수 있는 위치로까지 올렸습니다. 여기서 내가 신과 같은 통제력이라고 말할 때의 그 신은 물론, 타락한 존재들이 창조한, 하늘 저 높은 곳에서 모든 것을 통제하기를 원하는 신을 뜻합니다.

우리가 설명했듯이, 이 신은 당연히 가짜입니다. 그러나 얼마나 많은 사람들이 그것을 볼 수 있었을까요? 얼마나 많은 사람들이 타락한 존재들이 부여한 영적 영역의 신의 이미지로부터 자유로워질 수 있었을까요? 이에 의해 많은 사람들이 (특히 과거 시대에서), 사회의 지배자들은 그 신이 명한 지위나 권한을 갖고 있다고 믿게 되었습니다. 지배자들이 무엇을 말하건 그것은 신성의 명이고 칙령이므로 그것에 따르지 않는다면 이는 곧 신을 거역하는 것이었습니다. 사회의 지배자들에 반한다면 이는 곧 신의 의지에 반하는 것이 되었습니다.

삶에 대한 불만족

그러한 사회에서 생활하게 되면 어떠한 일이 일어날까요? 한편으로 사람들은 아주 안전한 삶을 살게 되었다고도 말할 수 있습니다. 여러분은, 현대에 들어와 공산주의가 붕괴된 후 그곳에서 얼마나 많은 사람들이 자신들이 다루기를 원치 않았던 불안감에 휩싸여 있었는지를 알 것입니다. 전체 인구 중 일정 비율의 사람들은 삶에서 특정한 직업과 특정한 삶의 수준이 보장되었던 이전의 안전한 사회로 돌아가고 싶어 했습니다. 이곳 아시아의 많은 사람들도 역시, 그 안전이란 신에게 자신의 영혼을 팔아버리고 예측 가능한 삶을 기대해 왔습니다.

이러한 상황에 놓였을 때 영혼의 깊은 심리 안에서는 어떤 일이 일어날까요? 그 영혼은, 즉 그 사람의 내적 존재는 (비록 의식적으로는 모를지라도) 그것이 성장이 아니고 자신의 존재 이유를 충족시키는 일이 아님을 알고 있습니다. 우리가 여러 번 설명했듯이, 여러분은 자기의식을 가진 영적인 존재이며, 이번 육화를 통해 6~70년 동안 안전한 삶을 살아가는 것이 여러분의 목적이 아닙니다. 여러분의 목적은, 자신의 몸을 떠날 때는 그 몸에 들어갔을 때보다 더 높은 의식의 수준으로 올라갈 수 있는 삶을 사는 것입니다.

만일 여러분이 들어올 때와 동일하거나 혹은 더 낮은 의식 수준에서 떠난다면, 자신이 낙오되고 무언가를 놓쳐버렸고 잘못되었다는 것을 내적인 자각으로 알게 됩니다. 그러한 내적 자각들이 여러분들로 하여금 영적 여정을 발견하고 그 길을 걷기 위해 엄청난 노력을 하게 만드는 것입니다. 사랑하는 이들이여, 영혼이 내면에서 무언가를 놓쳤고 그래서 성장하지 못하고 있다는 것을 알게 되었을 때 그 사람 외면의 의식적인 수준에서 느끼는 것은 삶에 대한 어떤 불만족입니다.

여러분은 사회에서 어떠한 지위를 차지하고 있든지 상관없이 지속적으로 삶에 불만족을 느끼게 됩니다. 아마도 여러분이 특권을 누릴 수 있는 특권 엘리트층에 속해있다고 해도 여전히 불만족스러울 것입니다. 자신이 있어야 할 곳에 온전히 있지 않기 때문입니다. 이 일은 아주 모순되는 심리 상태를 만들어내는데, 한편으로는 안전을 열망하면서 다른 한편으로는 내면 깊은 곳에서 불만이 자라나게 됩니다.

내면으로부터의 반감

여러분이 그러한 조직된 사회에서 성장하고 나이가 들게 되면, 자신이 실제적으로 틀 안에 갇힌 채 자신의 사회적 위치를 바꿀 수 있는 가능성은 전혀 없고, 절대 그것을 넘어설 수 없음을 깨닫게 됩니다. 여러분이 얼마나 열심히 일하고, 얼마나 혁신적이고, 얼마나 창의적인 새 아이디어를 낼 수 있는지는 전혀 상관이 없습니다. 지금 여러분이 농부, 군인, 공무원이라면 남은 일생 동안 그 역할들을 해야 합니다. 그로 인해 영혼 안에서는 점점 반감이 자라나게 됩니다. 그리고 반감은 영혼이 스스로가 결정을 하지 않으려 하기 때문에 외부로 방향을 돌리게 됩니다.

여러분은 자신이 변화한다 할지라도, 사회가 자신에게 부과한 외적인 한계로 인해 실제로 자신의 사회적 위치를 바꿀 수는 없다는 것을 알고 있습니다. 또한 여러분은 자신의 결정이 바람직하지 못한 결과를 초래할 지도 모른다는 두려움으로 인해 내적으로도 한계를 가지고 있어서 이전과 다른 것을 하겠다고 결정할 수도 없습니다. 만일 여러분이 스스로 결정을 하고 싶은 의지가 없음을 인정하지 않는다면, (여러분의 외적인 마음은) 자신을 제한하고 있는 것이 바로 사회라고 여기면서 자신의 반감을 외부로 향할 수밖에 없습니다.

자, 그런 사회에서 살아가는 사람들에 대해 두 가지 가능한 시나리오가 있습니다. 하나는 어떤 극적인 일도 일어나지 않은 질서정연하고 예측 가능한 사회에서 남은 생애 동안 자신들에게 주어진 상황 속에서 머무르는 것입니다. 그러한 경우 반감은 점점 자라나면서 빠른 속도로 어떤 형태의 분노가 되어 만만하거나 위험해 보이지 않는 상대를 향합니다. 어느 사회에서든 사람들이 분노를 자신보다 낮은 계층의 사람들에게로 향하는 것을 보게 됩니다. 아마도 가장 고위층의 지도자는 누구에게나 분노를 표출할 수 있을 것입니다. 그 다음 등급의 고위층은 다시 자신보다 낮은 쪽으로 분노를 향하게 될 것입니다. 심지어 가장 낮은 계층의 사람은 자신의 직업에 대한 분노를 부인과 자녀들에게 돌리게 될 수도 있습니다.

물론 그 여성들도 – 흔히 사회에서 아내와 어머니라는 자리 외에는 아무 직업이나 지위가 없는 이들 – 자신들의 분노를 남편으로 향할 수 있습니다. 모든 이들이 일정 생활양식을 영위하는 안전함 안에 있음에도 불구하고 다소 차이는 있지만 서로에게 화를 내고, 그러한 분노와 반감과 짜증을 바탕으로 서로의 인간관계를 형성하게 되는 것입니다.

또 다른 시나리오는, 그러한 사회에서 안정감을 뒤흔드는 어떤 사건이 생기는 것입니다. 과거의 많은 경우에 그것은 전쟁이나 자연 재해였습니다. 그런 사건들은 정치적 지도자나 정치적 시스템을 붕괴시키고 사회의 기존 질서를 뒤엎어버려 새로운 것이 드러나도록 만들었습니다. 남은 생애 동안 안전한 위치가 보장될 것이라고 생각하던 사람들이 어느 날 갑자기 자신들의 지위와 특권을 잃고, 사회적 위치를 바꾸고 직업을 바꾸어야만 했습니다. 그들은 새로운 환경에 적응해야 했고 무언가를 잃었다는 상실감에 빠졌습니다. 많은 사람들이 다시 새로운 것에 적응해야 할 때면 분노를 느끼게 됩니다. 그래서 결국 그들은 삶에서 자신들의 위치에 순응한다면 다시는 변화할 필요가 없고 새로 적응할 필요도 없을 것이라는 생각을 하며, 다시 영혼을 팔아버리는 거래를 하게 되는 것입니다.

예상치 못한 변화는 종종 분노를 가져옵니다. 이런 현상을 시대의 변화에 따라 기존 삶의 방식이 바뀌고 있는 아시아의 많은 나라들에서 보게 될 것입니다. 그들은 시간이 흐르면서 자신들의 삶과 지위가 더 이상 유지될 수 없음을 보고 있습니다.

아시아 국가들이 가진 잠재적인 갈등

예를 들어, 중국 내의 국민들 간에 서로 얼마나 강한 반감들이 있는지를 볼 수 있습니다. 이것은 스스로의 삶을 오래된 공산주의 시스템이란 틀 안에서 살아가는 것으로만 보아온 사람들이 있기 때문입니다. 그러나 이제는 변화가 시작되고 있고, 그들은 사회 내에서 자신들의 주도권을 상실하고 있다고 느낍니다. 다음 10년 동안, 공산주의 시스템과 구조를 놓지 않으려는 사람들과, 새로운 시대에서 기회를 찾아 돈을 버는 데 집중해서 그 돈으로 사회적 위치를 높이려고 하는 사람들 간의 반목이 두드러지게 부각될 가능성이 큽니다.

공산당의 고위 관리, 공무원들인 기존의 파워 엘리트와, 경제적 권력을 가진 출세 지향적 파워 엘리트들이 있을 것입니다. 이들 간의 권력 싸움은 중국 사회 안에서 아주 거대한 재앙을 야기할 가능성이 있습니다. 아마도 폭력적인 혁명까지는 아니더라도 국가 안에서 커다란 긴장을 조성할 수 있습니다.

일본에서도 이와 유사한 패턴이 보입니다. 공산주의 영향은 적기 때문에 완전히 같은 방식은 아니더라도, 오래된 방식을 고수하려는 기존의 파워 엘리트와 권력을 장악해서 사회를 새로운 방향으로 이끌려는 새로운 파워 엘리트들을 볼 수 있습니다.

한국을 포함해 아시아의 여러 나라들에서 드러나고 있는 문제는 빈부 간의 불평등이 심화되는 현상입니다. 시스템을 통한 이익을 취할 수 있기 때문에 논리적인 설명이 불가능할 정도로 부를 증가시켜가는 사람들이 있습니다. 그들은 성장의 이점을 취하고, 회사와 정부를 통해 얻은 특권적 지위를 이용하고, 부패를 통해 자신들보다 낮은 이들을 저지해 왔습니다. 이를 통해 그들은 회사에서 축적한 부를 사람들 혹은 회사의 피고용인들과 나누는 대신, 대주주들에게 집중시켜왔습니다. 이로 인해 삶 전체를 바쳐 일해 왔던 사람들은 자신의 삶의 질이 점점 저하되고 있고 이것을 부당하다고 느낍니다.

젊은 세대와 기성세대 간의 갈등

많은 사회에서 잠복해 있는 다른 갈등은 젊은 세대와, 사회와 회사에서 여전히 주요한 위치들을 점하고 있는 기성세대 간의 충돌입니다. 많은 젊은이들은 어릴 때부터, 공부를 많이 해야 하고 좋은 직업이 필요하고 어떤 특정한 직업을 가져야 한다는 말을 들으며 자랐습니다. 그들은 너무나 엄격하고 너무나 요구가 많은 교육 시스템을 거치며 좋은 성적과 학위를 얻는 것에 전적으로 진력해왔습니다. 그런데 학위와 졸업장을 가지고 세상에 나온 그들은 모든 졸업자들이 직업을 얻는 것은 아니라는 현실, 부모들이 누렸고 그들도 자라면서 누릴 것이라고 생각했던 안정적인 삶이 보장되지 않는 현실과 갑자기 마주치게 되었습니다.

다시 말하지만 사회의 경직된 구조 때문에, 모든 이들이 단지 자신들에게 주어진 사회적 위치를 받아들이고 거기에 요구되는 것들을 맞춰주기만 하면 삶이 예측 가능하고 안전해질 것이라고 생각하게 되었던 것입니다. 이런 구조에서 사람들은 자신의 삶의 권리라고 생각했던 안정성이 사라지면 분노로 반응하게 됩니다. 물론 분노가 사회를 성장과 진보로 이끌지는 않습니다. 그러므로 영적인 여러분은 선구자가 되고 스스로 그러한 의식을 뛰어넘어야 합니다. 이 뿐만 아니라 사회에서 모든 문제들이 분노와 함께 너무 커져서 이성적인 논의가 불가능한 상황이 되기 전에, 그러한 문제들을 다룰 수 있는 방법을 찾도록 여러분이 요청을 하는 것이 중요합니다.

물론 세계 여러 지역의 많은 경우에서 자신의 삶에서 안정감을 느끼고 있는 기성세대들은 젊은 사람들이 극단적인 분노로 치닫기 전까지는 (예를 들어 1960년대 서구에서 젊은 세대들이 갖고 있었던 불만들처럼) 그들에게 귀를 기울이지 않습니다. 이런 상황은 불행하게도 비건설적인 격론으로 인해 아무에게도 이득이 되지 않는 잘못된 결정에 이르거나, 파워 엘리트가 개입해서 상황을 조작해 버리기도 합니다. 이러한 때는 여러분이 비전을 가지고 한국 사회가 그러한 문제들을 다룰 수 있는 좀 더 건설적인 방법을 찾을 수 있도록 요청을 하는 것이 중요합니다. 나는 그 일이 아주 큰 도전이고 그 문제를 다루는 것이 매우 어렵다는 것을 알고 있지만, 그것이 가능하다는 것도 알고 있습니다.

개인들은 고유한 가치를 가지고 있습니다

사랑하는 이들이여, 여러분은 여러 마스터들이 개인의 가치와 중요함에 대해 이야기해온 것을 알 것입니다. 사회는 개인의 가치를 보지 못했습니다. 사람들도 그 가치를 보지 못했고, 사회나 회사도 사람들에게 투자하고 그들을 중요한 자원으로 볼 필요성을 알지 못했습니다. 젊은 사람들의 상황을 실질적으로 다룰 수 있는 유일한 방법은, 오늘날도 그렇고 다가오는 미래에는 더욱 확실해지겠지만, 삶에 대한 관점을 바꾸어 삶의 목적이 안전이 아니라는 것을 깨닫는 것입니다. 자신의 사회적 위치를 찾고 그것을 받아들인 후 그 역할을 잘 수행하기 위해 스스로를 교육시키고, 평생 그 일을 하다가 은퇴하고 죽는 것이 삶의 목적이 아닙니다.

여러분은 한국 사람들의 삶과 인간에 대한 관점이 전환될 수 있도록 요청해야 합니다. 인간 존재로서 여러분이 가치를 가지고 있다고 하는 것은 여러분이 인간 존재가 아닌 영적 존재이기 때문임을 깨달아야 합니다. 이러한 전환이 서구에서는 어느 정도 이루어졌으며, 여기서도 그런 전환이 가능할 것입니다. 그러나 서구의 어떤 나라에서도 그 전환이 완성되지 않았으며, 삶에 대한 관점이 바뀌면서 여전히 많은 혼란과 문제들이 일어나고 있습니다.

지금 나는 단지 그 가능성을 이야기 하는 것입니다. 여러분은 사회가 개인에게 더 큰 가치를 부여해야 한다는 것을 배우고 제시할 수 있습니다. 이것은 많은 젊은이들로 하여금 인간으로서의 자신의 가치가 직업을 가지거나 혹은 어떤 직업을 갖고 있는지에 달려 있지 않음을 이해하도록 도울 것입니다. 심지어 특정 직업을 유지하기 위해 자신을 교육하면서 그 일을 평생 해나가는 전통적인 모델을 따르지 않은 사람들을 사회가 수용하고, 그들이 사회에 오히려 이익을 줄 수도 있음을 인식하도록 도울 것입니다. 현재의 직장에서 요구하는 수많은 일들이 자신들의 삶과 주의력을 모두 삼켜버리지 않도록 뒤로 물러날 수 있는 사람들이 어느 정도 사회를 구성하고 있다는 것은 가치가 있는 일입니다. 자유로운 시간을 가지고 삶의 다른 측면들에 집중할 수 있는 자유로운 에너지와 관심을 가진 사람들이 늘어나는 것 또한 가치가 있습니다.

이 같은 양상을, 전통적으로 불교나 다른 종교의 많은 수도승들과 수녀들처럼 사회에서 물러나 좀 더 종교적이고 영적인 삶의 방식을 추구했던 이들에게서 볼 수 있었습니다. 그러나 현대 사회에서 발달된 삶의 방식으로 인해 지금은 그러한 삶이 그리 흔하지는 않게 되었습니다. 서구의 많은 나라에서는 비록 삶의 영적 측면을 추구하지 않지만 직업을 가지지 않고 중간자적 삶을 살면서 사회가 제공하는 복지혜택으로 유유자적하며 사는 사람들이 있습니다. 사람들이 그러한 상황을 자신들의 영적 본질과 창의성에 집중할 수 있는 기회로 보게 되는 전환이 일어날 수 있다면, 기본 등식이 바뀌게 되고 사회가 좀 더 건설적인 방향으로 이 문제들을 다룰 수 있게 될 것입니다.

청년 실업

지금 전 세계적으로 만연한 청년 실업에 대한 문제는 분명히 쉽게 개선되지는 않을 것입니다. 많은 나라들이 젊은 사람들의 대규모 실업 문제에 직면해 있으며 어떤 나라에서는 그 실업률이 25%까지 이르고 있습니다. 그러나 이것은, 인간 존재의 의미는 무엇이고 사회의 훌륭한 구성원이 된다는 것의 의미는 무엇인지, 가치를 지닌다는 것이 무엇인지에 대한 사고의 전환을 통해 다루어야 할 문제입니다.

사람들의 가치에 대한 판단이 사회에서의 외적 지위에 의해서만 결정되는 상황이 지속되어서는 안됩니다. 물론 이것은 내가 설명했던 경직된 사회 구조가 가지고 있었던 방식이지만, 물병자리 시대(Aquarian age)에서 가능한 방식은 아닙니다. 물병자리 시대에서 일어날 성장은, 사람들이 스스로의 고유한 가치가 자신들이 영적인 존재라고 보기 시작하는 것입니다. 다가올 전환의 시기에는 사람들이 자신들의 가치를 삶에서 가지는 외적인 지위, 특별히 직업을 통해 얻는 것에 대해 의문을 가지는 것을 피할 수 없게 될 것입니다. 이는 전 세계의 사람들에게 엄청난 적응을 요구하는 일이지만, 사랑하는 이들이여, 힘들어도 그것은 황금시대를 가져오기 위해 절대적으로 요구되는 필수 사항입니다. 그러나 많은 이들이 고려하기를 주저하는 주제이기도 합니다.

우리가 설명했듯이, 사람들이 신성한 안내로부터 배우기를 주저한다면, 많은 실제적 고난들(School of Hard Knocks)을 통해 배울 수밖에 없습니다. 그리고 정확히 그 많은 고난들 중 하나가 증가하는 청년 실업 현상입니다. 사람들이 어떤 위치를 위해 분투하며 그 대가로 안정성을 약속 받았다고 생각하며 성장해 왔는데, 어느 날 갑자기 그 약속이 지켜지지 않는다면 불만이 생기게 됩니다. 곧 이런 많은 젊은이들이 침묵하지 않고 목소리를 내며 사회의 변화를 요구하기 시작할 것입니다. 불행하게도 그 일은 다양한 갈등을 일으키겠지만, 나는 여러분의 사회가 그 문제를 해결하기 위해 분노와 반감을 극복하고 좀 더 건설적인 방식을 찾을 수 있도록 여러분이 요청해주기를 바랍니다.

공산주의도 자유분방한 자본주의도 아닙니다

그 해결 방법들 중에서 가장 첫 번째는, 여러분들이 극소수 엘리트들의 손에 부를 집중시켜주는 회사들을 허용했던 상황을 살펴보는 것입니다. 부의 분배에 대해서 언급할 때마다, 어떤 이들이(특별히 미국에서이지만 다른 나라에서도) 즉각적으로 "공산주의"라고 소리치는 것을 잘 알고 있습니다. 그러나 내가 이야기하는 것은 공산주의도 아니고 또한 제어불능 상태의 극단적인 자본주의도 아닙니다. 이전에 말했던 것처럼, 소련이 붕괴되었을 때 사실 붕괴된 것은 '주의'(isms)의 시대입니다. 단지 공산주의뿐만 아니라 자본주의와 다른 형태의 주의들도 붕괴되어 버렸습니다.

한 사회가 특정 철학을 채택하고 그 철학이 모든 문제들을 해결해줄 것이라고 여기는 시대가 붕괴된 것입니다. 황금시대에는 이것이 더 이상 작동하지 않습니다. 그러므로 사회는, 현실을 일련의 생각에 일치시키기 위해 타락한 마음이 고안해낸 이 시스템들을 넘어설 필요가 있습니다. 황금시대에는 삶이 실제로 어떻게 작동하는지에 대한 답을 구하기 위해서, 성모 마리아께서 언급한 '어머니의 지혜'를 사용해야 한다는 것을 깨달아야 합니다. 예를 들어 한국을 살펴보면, 공산주의의 북한과 공산주의가 아닌 남한으로 나누어져 있습니다. 남한에서는 자본주의가 공산주의보다 우월하므로, 자본주의 방식대로 하기만 하면 훨씬 더 풍요로운 사회를 만들 수 있다고 생각하는 경향이 있었습니다.

사랑하는 이들이여, 자본주의를 채택함으로써 여러분이 큰 부를 창조한 것은 맞습니다. 그러나 자본주의가 그 자체의 방식대로 흘러가는 것을 허용함으로써 그 부는 점점 더 소수의 엘리트들에게 집중되어 왔습니다. 공산주의가 소수 엘리트에게 통제권이 집중되도록 고안된 것처럼, 정확히 자본주의는 소수에게 부가 집중되도록 고안된 시스템입니다. 공산주의 시스템은 정당을 통해 통제권을 얻고, 자본주의 시스템은 부가 집중되도록 하는 경제적 조직을 통해 통제권을 획득합니다. 부를 통해 사회를 통제하는 것입니다.

여러분은 이 상황에서 한걸음 물러나서 이렇게 선언할 필요가 있습니다: "이제 우리는 빈부의 격차가 커지고 청년 실업률이 증가하는 것을 인식하고 있습니다. 지금까지 우리가 지녀왔던 자본주의 형태는 그 가용한 수명을 다했다는 것을 인정할 필요가 있습니다. 이 상황을 명확하게 판단하고 그 한계를 보면서 새로운 접근을 시도해야 할 때입니다." 공산주의 시스템을 창조하자는 이야기가 아닙니다. 공산주의는 이미 죽었습니다. 소수 엘리트가 경제에 대한 절대적인 통제권을 가지도록 허용하는 사회는 자유로운 사회가 될 수 없음을 여러분이 깨닫고, 경제에 대한 새로운 접근법을 구상하자는 것입니다.

자본주의 시스템은 소수 엘리트가 경제를 장악하기 위해 무제한의 자유를 요구할 수 있는 시스템입니다. 자본주의는 대중의 자유를 보장해 줄 수 없는 체계입니다. 그렇기 때문에 여러분은, 공산주의 출현 후에 쏟아진 자본주의에 대한 수많은 미사여구에도 불구하고 자본주의는 지금도 그리고 미래에도, 자유로운 사회를 창출할 수 없다는 것을 인식해야 합니다. 자본주의 사회는 공산주의 사회처럼 자유롭지 않은 사회이며, 자유로운 사회는 오직 다른 방법을 통해서만 이루어질 수 있습니다.

경제에 대한 새로운 접근

경제에 대해 새로운 접근 방식을 찾을 필요가 있습니다. 새로운 경제 시스템, 모델을 말하는 것이 아닙니다. 우리는 무슨 시스템이나 모델을 찾는 것이 아니기 때문입니다. 사회가 자유로워지기 위해서는 (자유로운 사회를 선언하고, 자유롭고 민주적인 사회가 되기를 바란다면) 소수의 엘리트가 국민에게서 자유와 특권을 절대 빼앗지 못하도록 해야 한다는 자각이 커지기를 우리는 바라고 있습니다. 최대한의 자유와 최대한의 풍요를 최대한의 사람들에게 보장해줄 필요가 있습니다.

그 동안 한국에서 창출되어 온 부는 거대 회사의 소수 엘리트 주주들의 것이 아님을 깨달아야 합니다. 많은 사람들의 노동의 결과로 부가 창출되었기 때문에 부는 그 사람들의 것입니다. 따라서 사회는 소수의 손에 부가 집중되는 것을 제한하는 방법을 찾아서, 창출된 부를 각 나라의 문화에 적합한 방식으로 사람들이 공유하도록 해야 합니다. 많은 방법들이 있겠지만, 그 중 하나는 새로운 방식으로 조직된 회사를 만들어 생산된 이윤이 주주들에게만 돌아가지 않도록 하는 것입니다. 혹은 그 회사를 위해 일하는 모든 사람들이 주주가 되게 한 후 이윤을 주주에게 돌려주는 방식이 될 수도 있습니다.

이윤을 나누어 가지기 위해선 단순히 주식을 사는데 그치지 않고 실질적으로 그 회사를 위해 일하고 노력을 해야 합니다. 물론 다른 방법들도 있지만, 여기서 설명하기에는 너무 복잡합니다. 그러나 분명한 것은, 지금 한국을 포함한 여러 사회에는 구체적인 아이디어를 고안하기 위해 나와 조율하고 있는 사람들이 있습니다. 그들을 통해, 한국 사회와 회사들이 황금시대 구조에 더욱 알맞은 전환을 하는 데 필요한 아이디어들이 나오게 될 것입니다.

체면의 유지

만일 영적인 여러분이 그러한 비전을 품고 요청을 한다면, 또 사람들이 그렇게 할 의지를 가지고 있다면 그것은 실제로 현실화될 수 있습니다. 여러분은 또한 사람들이 오래된 매트릭스에서 자유로워지도록 요청을 할 수 있습니다. 남한에서 창조된 악마들은 바로, 기업들이 마음대로 군림하는 현 상태의 유지를 원하는 파워 엘리트들이 창조해낸 것임을 여러분이 깨닫는다면, 여러분은 쉬바(Shiva)의 조치가 강화되도록 요청할 수 있습니다. 여러분이 그들을 결박하고 소멸시켜 달라는 요청을 함으로써 사람들은 자유로워지고 짓누르던 짐이 갑자기 사라지면서 명확한 생각을 할 수 있게 될 것입니다. 그 사람들은 상황에서 한 걸음 물러나 이렇게 말할 것입니다: "지금 무언가 사라져버렸어. 이제까지 해왔던 방식으로는 안 되겠어. 이 트랙을 계속 돌 수는 없으니까 새로운 아이디어와 새로운 접근 방식을 찾아야 해." 이러한 시도들이 일정한 규모로 임계수치를 넘어서 일어날 때, 여러분은 변화가 일어나는 것을 보게 될 것입니다.

처음에 그런 일은 공공연하게는 일어나지 않을 것입니다. 한국도 마찬가지지만 아시아의 모든 나라들에는 외면적인 인상과 겉모습을 유지하려는 경향이 있기 때문입니다. 물론 세계 어디서나 그런 경향이 있지만, 겉모습을 유지하고 체면을 유지하고 지키는 것을 대단히 중시하는 아시아나 한국에서는 여러 가지 양상으로 나타납니다. 그러므로 바로 전에 우리가 자신의 잘못을 인정하지 못하는 독재자의 마음에 대해 언급한 것처럼, 남한과 그 집권층이 자신들의 잘못을 인정하는 것도 또한 매우 어려울 것입니다.

여러분 모두는 얼마 전에 한국에서 배가 침몰되었던 재앙을 알고 있을 것입니다. 그것에 대한 은폐 작업이 있었다는 것은 모두가 아는 바이지만, 그 난파 사건에 대한 사전 음모는 없었다고 말해줄 수 있습니다. 실질적으로 그 일은 전체 시스템의 실패, 사람들의 접근 방식, 맡은 일에 대한 태도의 실패로 인한 것입니다. 그들은 선박 설계, 건설, 작동에 이르는 전 시스템을 규칙에 따라 겉모양새만 유지하는 데에만 신경을 썼습니다. 그 사건은 전체 시스템의 실패였고 그 누구도 앞으로 나서서 그것을 인정하려 하지 않았습니다. 이것이 정부에 대한 사람들의 신뢰와 한국 사회의 평판에 대해 심각한 손상을 줄 것임을 아는 사람들은 이 사태를 비판했습니다.

여기에는, 모든 것이 잘 돌아가고 있고 모든 것이 통제 하에 있고 결코 시스템의 실패는 없었다는 외관의 유지를 강력히 원하는 그런 의식이 존재합니다(그것은 대단히 강력한 의식이고 물론 여러분의 요청을 통해 결박해야 할 데몬이 그 꼭대기에 있습니다). 사랑하는 이들이여, 우리가 설명하려 했듯이, 실패의 관점에서 그 일을 생각하지 않아야 합니다. 많은 점들이 변화해야 하고, 어떤 점에서 분명히 잘못되었고 명백히 실패한 것으로 여겨질 수도 있다는 것을 압니다. 그러나 내가 시작하면서 강조했듯이, 한국이 결함을 갖고 있거나 낙후된 나라라고 생각하지 않습니다. 여러분은 커다란 진보를 이루어왔습니다. 그 사건은 여러분의 사회가 실패했다고 여길 문제가 아닙니다. 다만 이 사회가 일정한 발전 단계에까지 올라왔고, 다음 단계로 성장하기 위해서는 오래된 패턴과 오래된 사고방식, 오래된 관행들을 흘려보낼 필요가 있음을 깨달아야 합니다.

실패의 위험을 극복하기

옛 것을 보면서 그것을 실패라고 단정할 필요는 없습니다. 사랑하는 이들이여, 희생양을 지목하려고 하지 마세요. 여러분은 그것이 더 이상 최선의 접근 방식이 아니라는 것을 인식해야 합니다. 우리는 다음 단계로 이끌어줄 더 좋은 방법을 찾으면 됩니다. 더 나은 접근 방식을 찾기 위해 마음을 연다면, 열린 이들을 통해 내가 그 방법을 전달해주겠다고 약속합니다. 그리고 이 사회가 거의 강박적으로 외관을 유지하려 하고 모든 것이 완벽한 것처럼 보이게 만들려는 경향을 극복하도록, 여러분은 요청을 할 수 있습니다.

사랑하는 이들이여, 모든 것이 완벽하다면 왜 그토록 많은 사람들이 불만을 품고 있을까요? 내가 설명했듯이, 그 불만의 원인은 의식입니다. 사회에서 긴장이 팽배하는 이유는, 사람들이 안전을 위해 자신들의 영혼을 팔아버렸고 이로 인해 점점 자라난 영혼의 불만이 필연적으로 밖으로 향하게 되었기 때문입니다. 수많은 사람들이 자신의 불만을 사회로 돌립니다. 그러나 이와 동시에 사회는 모든 것이 훌륭하다는 외관을 유지하길 원하기 때문에 결국은 여기에 탈출구가 없습니다.

그런 긴장을 배출할 출구가 없는 것입니다. 여러분은 불을 때고 물을 부어 증기와 압력을 만드는 옛 증기 엔진의 작동 방식을 알 것입니다. 그 압력은 엔진이 작동하는데 필요하지만, 그 압력을 풀어줄 안전밸브가 필요합니다. 압력이 너무 높아지면 폭발하게 되기 때문입니다. 사회도 그 자체를 살펴보면서 엔진이 안전밸브를 통해 압력을 해소하듯이, 그렇게 당면 문제들을 해결할 수 있는 방법을 찾도록 여러분이 요청을 할 필요가 있습니다.

혹은 실제로 더 좋은 방법은, 압력을 그냥 공중에 풀어주는 것이 아니라 사회 문제에 대한 새로운 접근 방식으로 나아갈 수 있는 에너지 동력으로 바꾸는 것입니다. 실패라고 여기는 대신 그리고 성장에 계속 저항하다가 붕괴해버려서 명백한 실패에 봉착하는 대신, 당황스럽고 충격적인 현실을 겪지 않고도 새로운 방향으로 전환할 수 있습니다. 그 선박 사고는, 사건의 내용 자체도 그렇고 관련된 사람들에게는 더욱 더 충격적이고 비극적인 사건이었음을 여러분 모두가 알 것입니다. 그 사건은 점점 더 많은 사람들이 무언가 바뀌어야 한다고 생각하게 만들었고, 방금 내가 설명했던 역동성의 상징이 되었습니다. 그러나 무언가 바뀌어야 한다면 오래된 제도에 실패가 있었음이 틀림없다는 믿음으로 인해 그 변화에 대한 저항이 있기도 합니다. 새로운 접근 방법을 위해 여러분은 요청을 해야 합니다. 오래된 시스템에서 실패를 지목할 것이 아니라, 단순히 다음 단계로 성장하기 위해 새로운 접근, 새로운 아이디어와 방법이 필요함을 깨달아야 하는 것입니다.

사랑하는 이들이여, 지금까지 상당한 분량이 전달되었고 나는 여러분이 깊이 숙고해 봐야 할 많은 주제들을 제시했습니다. 나의 구술 내용의 역사를 살펴보면 익히 알 수 있듯이, 일단 시작하면 멈추기가 쉽지 않습니다. 나는 진정으로 모든 사회에서 진보가 이루어지기를 열망하고 있기 때문입니다. 내 가슴은 이 나라를 너무나 소중하게 느끼기에, 나는 한국의 진보를 볼 수 있기를 정말 열망합니다. 나에 속한 많은 영혼들이 여기에 육화해 있습니다. 그들은 다른 나라에 영감을 줄 수 있는 황금시대의 측면들이 남한에서 이루어질 수 있는 가능성을 보았기 때문에, 나와 조율하고 정확히 이곳에 육화했던 것입니다.

자 이제, 여러분의 관심에 감사드리며, 내가 이 메시지를 전달할 수 있도록 모두 함께 모이는 자리를 만들어 준 것에 감사드립니다. 분명 나는 한국에 전해줄 훨씬 더 많은 내용을 가지고 있으며, 이 사회의 다양한 위치에 있는 사람들을 통해 나의 아이디어가 방출될 수 있도록 여러 가지 방법을 찾을 것입니다. 아마도 많은 사람들은 각자 하나의 아이디어를 받겠지만, 받는 사람들의 수가 충분해진다면 내가 전달하고자 하는 모든 것들이 발표될 수 있습니다. 이 메신저의 교육 수준과 지식과는 상관없이 모든 내용이 한 메신저를 통해 전달될 수는 없기 때문입니다.

우리는 아이디어를 실행할 수 있는 위치에 있는 사람들을 통해 많은 아이디어를 발현시키기를 바라고 있습니다. 지금의 우리의 방식은 이 사람(킴 마이클즈)과 같은 메신저를 통해 여러분 같은 영적인 사람들에게 영감을 주어서 여러분이 전체적인 비전을 가지고 요청을 하게 만드는 것입니다. 그럼으로써 황금시대의 매트릭스가 네 개의 층을 거쳐 내려오게 되고, 사회에서 그 아이디어를 실행할 수 있는 사람들을 통해 물질적으로 구현되는 것입니다.

자 이제, 여러분이 이 자리에 모여 나에게 요청을 해준 데 대한 큰 기쁨과 고마움을 느끼며, 나는 여러분을 기쁨으로 충만한 자유의 불꽃인 내 현존(Flame of Joyful Freedom that I AM) 안에 봉인합니다.

14
자본주의와 공산주의를 넘어선 경제적 접근방식을 기원하기

I AM THAT I AM, 예수 그리스도의 이름으로 나의 아이앰 현존이, 무한히 초월해가는 내 미래의 현존을 통해 흐르며, 완전한 권능으로 이 디크리를 해주시기를 요청합니다. 나는 사랑하는 성 저메인께 한국에서 당신의 현존을 구현하시어, 자본주의와 공산주의 사이에 중도를 발견하도록 사람들을 도와주시기를 요청합니다…
(여기에 개인적인 요청을 추가하세요)

파트 1

1. 성 저메인이여, 남한에서 이미 황금시대의 기반들이 시작되고 있지만, 황금시대는 정적인 사회가 아니라 진행하는 성장의 과정임을 한국 사람들이 알도록 도와주소서.

오 성 저메인이여, 당신은 영감을 부어주시며,
내 비전을 영원히 더 높이 들어올립니다.
나는 당신과 함께 8자 형상의 무한한 흐름을 만들며,
당신의 황금시대를 공동-창조합니다.

오 성 저메인이여, 당신이 가져오는 사랑은,
진실로 모든 물질을 노래하게 하고,
당신의 보라색 불꽃은 모든 것을 회복시키며,
당신과 함께 우리는 더 이상의 존재가 됩니다.

2. 성 저메인이여, 모든 것이 나쁘며 장막 뒤에 조작만이 있다고 믿거나, 또는 음모 이론들을 믿으며 국가를 신뢰하지 않고 바라보는 경향과, 모든 부정적인 마음의 상태를 한국 사람들이 극복하도록 도와주소서.

오 성 저메인이여, 우리가 당신의 이름을 부를 때,
자유의 불꽃이 방출됩니다.
당신은 우리에게 가속을 부여하고,
그로써 우리 행성은 더 높이 상승합니다.

오 성 저메인이여, 당신이 가져오는 사랑은,
진실로 모든 물질을 노래하게 하고,
당신의 보라색 불꽃은 모든 것을 회복시키며,
당신과 함께 우리는 더 이상의 존재가 됩니다.

3. 성 저메인이여, 황금시대를 시작하는 절대적인 열쇠는 마음의 자유임을 한국 사람들이 알도록 도와주소서. 자유로운 마음들이 황금시대 아이디어들을 받을 수 있기 때문에, 마음의 자유 없이는 황금시대가 있을 수 없습니다.

오 성 저메인이여, 우리는 사랑 안에서,
당신의 보라색 화염을 가져올 권리를 선언합니다.
당신의 화염은 천상으로부터 지상으로 흘러오며,
모든 것을 변형시킵니다.

오 성 저메인이여, 당신이 가져오는 사랑은,
진실로 모든 물질을 노래하게 하고,
당신의 보라색 불꽃은 모든 것을 회복시키며,

당신과 함께 우리는 더 이상의 존재가 됩니다.

4. 성 저메인이여, 엄격하고, 질서정연한 정부의 형태와, 시민들 모두에게 어떤 역할들을 정의하는, 중앙 집중화된 사회를 만들려는 경향을 한국 사람들이 극복하도록 도와주소서.

오 성 저메인이여, 당신을 너무나 사랑합니다.
내 오라가 보라색 광휘로 채워지고,
내 차크라들이 보라색 불꽃으로 타오르니,
나는 당신의 우주적 증폭기입니다.

오 성 저메인이여, 당신이 가져오는 사랑은,
진실로 모든 물질을 노래하게 하고,
당신의 보라색 불꽃은 모든 것을 회복시키며,
당신과 함께 우리는 더 이상의 존재가 됩니다.

5. 성 저메인이여, 어떤 가족에게서 태어나면, 자동적으로 특정한 역할로 태어난다는 패턴을 한국 사람들이 극복하게 도와주소서. 그 역할을 충족하려고 자신을 교육시켜야만 하며, 이것이 자신의 역할이라고 받아들여야만 하고, 남은 생애 동안 그 역할을 계속해야만 합니다.

오 성 저메인이여, 나는 이제 자유로워졌습니다.
당신의 보라색 불꽃은 치유법이며,
내 마음 안의 모든 장애를 변형시켜주니,
나는 진정한 내면의 평화를 발견합니다.

오 성 저메인이여, 당신이 가져오는 사랑은,
진실로 모든 물질을 노래하게 하고,
당신의 보라색 불꽃은 모든 것을 회복시키며,
당신과 함께 우리는 더 이상의 존재가 됩니다.

6. 성 저메인이여, 구조화된 사회는 한쪽 사람들이 안전에 대한 욕구를 가지지만, 다른 쪽 사람들은 내부에서 불만을 가지는 갈등의 심리를 만든다는 것을 한국 사람들이 알도록 도와주소서.

오 성 저메인이여, 내 몸은 순수해지고,
당신의 보라색 화염은 모두를 치유합니다.
모든 질병의 원인을 태워버리니,
나는 완전한 평온함을 느낍니다.

오 성 저메인이여, 당신이 가져오는 사랑은,
진실로 모든 물질을 노래하게 하고,
당신의 보라색 불꽃은 모든 것을 회복시키며,
당신과 함께 우리는 더 이상의 존재가 됩니다.

7. 성 저메인이여, 구조화된 사회에서 계층상 그들 아래에 있는 사람들에게, 직접적으로 분노를 드러내며, 그들 위의 사람들에게는 말없이 분노를 드러냄을 한국 사람들이 알도록 도와주소서. 따라서 사람들은 서로 간에 화를 냅니다.

오 성 저메인이여, 내가 카르마에서 해방되니,
과거는 더 이상 나에게 짐이 아닙니다.
완전히 새로운 기회가 펼쳐지고,
나는 그리스도 신성과 일체가 됩니다.

오 성 저메인이여, 당신이 가져오는 사랑은,
진실로 모든 물질을 노래하게 하고,
당신의 보라색 불꽃은 모든 것을 회복시키며,
당신과 함께 우리는 더 이상의 존재가 됩니다.

8. 성 저메인이여, 구조화된 사회는 시대에 적응할 수 없으며, 이것은 사람들이 안도감을 잃어버리게 하며 또한 화나게 한다는 것을 한국 사람들이 알도록 도와주소서.

오 성 저메인이여, 우리는 이제 하나이고,
나는 당신을 위한 보랏빛 태양입니다.
우리가 이 지구 행성을 변형시키니,
당신의 황금시대가 탄생합니다.

오 성 저메인이여, 당신이 가져오는 사랑은,
진실로 모든 물질을 노래하게 하고,
당신의 보라색 불꽃은 모든 것을 회복시키며,
당신과 함께 우리는 더 이상의 존재가 됩니다.

9. 성 저메인이여, 보라색 화염의 대양들을 보내시어, 중국에서 공산주의 체제를 유지하려는 자들과, 돈으로 그들의 기반을 높이고 돈을 만드는데 초점을 둔, 사람들 사이에서 분쟁의 잠재력을 태워주소서.

오 성 저메인이여, 지구는 이원성의 부담을 벗어나,
자유를 얻고,
우리는 하나됨 안에서 최상의 것을 이루니,
당신의 황금시대가 실현됩니다.

오 성 저메인이여, 당신이 가져오는 사랑은,
진실로 모든 물질을 노래하게 하고,
당신의 보라색 불꽃은 모든 것을 회복시키며,
당신과 함께 우리는 더 이상의 존재가 됩니다.

파트 2

1. 성 저메인이여, 보라색 화염의 대양들을 보내시어, 중국에서 기존의 공산당 관리들인 행정관들 및 파워 엘리트와, 경제력을 가진 신생 파워 엘리트 사이에서 분쟁의 잠재력을 태워주소서.

오 성 저메인이여, 당신은 영감을 부어주시며,
내 비전을 영원히 더 높이 들어올립니다.
나는 당신과 함께 8자 형상의 무한한 흐름을 만들며,
당신의 황금시대를 공동-창조합니다.

**오 성 저메인이여, 당신이 가져오는 사랑은,
진실로 모든 물질을 노래하게 하고,
당신의 보라색 불꽃은 모든 것을 회복시키며,
당신과 함께 우리는 더 이상의 존재가 됩니다.**

2. 성 저메인이여, 보라색 화염의 대양들을 보내시어, 중국 사회에서 주요한 재해와 심지어 폭력 혁명의 잠재력을 태워주소서.

오 성 저메인이여, 우리가 당신의 이름을 부를 때,
자유의 불꽃이 방출됩니다.
당신은 우리에게 가속을 부여하고,
그로써 우리 행성은 더 높이 상승합니다.

**오 성 저메인이여, 당신이 가져오는 사랑은,
진실로 모든 물질을 노래하게 하고,
당신의 보라색 불꽃은 모든 것을 회복시키며,
당신과 함께 우리는 더 이상의 존재가 됩니다.**

3. 성 저메인이여, 보라색 화염의 대양들을 보내시어, 일본에서 낡은 방식들을 고집하는 기존의 파워 엘리트와, 새로운 방향으로 사회를 가져가기를 바라고 지배하기를 바라는, 신생 파워 엘리트 사이에서 주요한 분쟁의 잠재력을 태워주소서.

오 성 저메인이여, 우리는 사랑 안에서,
당신의 보라색 화염을 가져올 권리를 선언합니다.
당신의 화염은 천상으로부터 지상으로 흘러오며,
모든 것을 변형시킵니다.

**오 성 저메인이여, 당신이 가져오는 사랑은,
진실로 모든 물질을 노래하게 하고,
당신의 보라색 불꽃은 모든 것을 회복시키며,
당신과 함께 우리는 더 이상의 존재가 됩니다.**

4. 성 저메인이여, 보라색 화염의 대양들을 보내시어, 모든 아시아 나라들, 특히 남한에서 빈부 사이의 불평등이 성장하는 것을 태워주소서.

오 성 저메인이여, 당신을 너무나 사랑합니다.
내 오라가 보라색 광휘로 채워지고,
내 차크라들이 보라색 불꽃으로 타오르니,
나는 당신의 우주적 증폭기입니다.

**오 성 저메인이여, 당신이 가져오는 사랑은,
진실로 모든 물질을 노래하게 하고,
당신의 보라색 불꽃은 모든 것을 회복시키며,
당신과 함께 우리는 더 이상의 존재가 됩니다.**

5. 성 저메인이여, 보라색 화염의 대양들을 보내시어, 시스템을 활용해서 점점 더 부자가 되며, 정부 또는 회사 조직에서 특권적 지위들을 이용한 부패로, 그들 아래의 발전을 방해하는 어떤 사람들에 대한 패턴을 태워주소서.

오 성 저메인이여, 나는 이제 자유로워졌습니다.
당신의 보라색 불꽃은 치유법이며,
내 마음 안의 모든 장애를 변형시켜주니,
나는 진정한 내면의 평화를 발견합니다.

오 성 저메인이여, 당신이 가져오는 사랑은,
진실로 모든 물질을 노래하게 하고,
당신의 보라색 불꽃은 모든 것을 회복시키며,
당신과 함께 우리는 더 이상의 존재가 됩니다.

6. 성 저메인이여, 보라색 화염의 대양들을 보내시어, 수익을 고용자들에게 분배하는 대신 주주들에게 돌아가게 하며 회사의 이익에 집중하는 사람들에 대한 패턴을 태워주소서.

오 성 저메인이여, 내 몸은 순수해지고,
당신의 보라색 화염은 모두를 치유합니다.
모든 질병의 원인을 태워버리니,
나는 완전한 평온함을 느낍니다.

오 성 저메인이여, 당신이 가져오는 사랑은,
진실로 모든 물질을 노래하게 하고,
당신의 보라색 불꽃은 모든 것을 회복시키며,
당신과 함께 우리는 더 이상의 존재가 됩니다.

7. 성 저메인이여, 보라색 화염의 대양들을 보내시어, 젊은 사람들과 여전히 기업 구조와 사회에서, 주요한 지위들을 가지고 있는 기존의 오래된 사람들 사이에서, 분쟁의 잠재력을 태워주소서.

오 성 저메인이여, 내가 카르마에서 해방되니,
과거는 더 이상 나에게 짐이 아닙니다.
완전히 새로운 기회가 펼쳐지고,
나는 그리스도 신성과 일체가 됩니다.

오 성 저메인이여, 당신이 가져오는 사랑은,
진실로 모든 물질을 노래하게 하고,
당신의 보라색 불꽃은 모든 것을 회복시키며,
당신과 함께 우리는 더 이상의 존재가 됩니다.

8. 성 저메인이여, 보라색 화염의 대양들을 보내시어, 사회가 시간을 변경하고 조정하는데 실패함으로써 야기된, 청년 실업의 패턴을 태워주소서.

오 성 저메인이여, 우리는 이제 하나이고,
나는 당신을 위한 보랏빛 태양입니다.
우리가 이 지구 행성을 변형시키니,
당신의 황금시대가 탄생합니다.

**오 성 저메인이여, 당신이 가져오는 사랑은,
진실로 모든 물질을 노래하게 하고,
당신의 보라색 불꽃은 모든 것을 회복시키며,
당신과 함께 우리는 더 이상의 존재가 됩니다.**

9. 성 저메인이여, 보라색 화염의 대양들을 보내시어, 그들은 편안하게 산다고 느끼며, 젊은이들이 극단으로 가거나 아주 화나게 되지 않으면, 말을 들으려 하지 않는 기성세대 안에 있는 사람들의 패턴을 태워주소서.

오 성 저메인이여, 지구는 이원성의 부담을 벗어나,
자유를 얻고,
우리는 하나됨 안에서 최상의 것을 이루니,
당신의 황금시대가 실현됩니다.

**오 성 저메인이여, 당신이 가져오는 사랑은,
진실로 모든 물질을 노래하게 하고,
당신의 보라색 불꽃은 모든 것을 회복시키며,
당신과 함께 우리는 더 이상의 존재가 됩니다.**

파트 3

1. 성 저메인이여, 보라색 화염의 대양들을 보내시어, 누구에게도 유리하지 않고 종종 파워 엘리트가 그 상황을 조작하도록 허용해서, 나쁜 결정들로 이어지는 비-건설적인 길을 설립하는 사회 안의 논쟁에 대한 잠재력을 태워주소서.

오 성 저메인이여, 당신은 영감을 부어주시며,
내 비전을 영원히 더 높이 들어올립니다.
나는 당신과 함께 8자 형상의 무한한 흐름을 만들며,
당신의 황금시대를 공동-창조합니다.

**오 성 저메인이여, 당신이 가져오는 사랑은,
진실로 모든 물질을 노래하게 하고,
당신의 보라색 불꽃은 모든 것을 회복시키며,
당신과 함께 우리는 더 이상의 존재가 됩니다.**

2. 성 저메인이여, 한국 사람들이 삶의 목적은 안전이 아님을 알도록 도와주소서. 자신의 사회적 위치를 찾고 그것을 받아들인 후 그 역할을 잘 수행하기 위해 스스로를 교육시키고, 평생 그 일을 하다가 은퇴하고 죽는 것이 삶의 목적이 아닙니다.

오 성 저메인이여, 우리가 당신의 이름을 부를 때,
자유의 불꽃이 방출됩니다.
당신은 우리에게 가속을 부여하고,
그로써 우리 행성은 더 높이 상승합니다.

**오 성 저메인이여, 당신이 가져오는 사랑은,
진실로 모든 물질을 노래하게 하고,
당신의 보라색 불꽃은 모든 것을 회복시키며,
당신과 함께 우리는 더 이상의 존재가 됩니다.**

3. 성 저메인이여, 인간으로써 그들의 가치는 그들이 가진 직업이나, 어떤 유형의 직업을 가진 것에 의존되는 것이 아님을, 한국의 젊은 사람들이 알도록 도와주소서.

오 성 저메인이여, 우리는 사랑 안에서,
당신의 보라색 화염을 가져올 권리를 선언합니다.
당신의 화염은 천상으로부터 지상으로 흘러오며,
모든 것을 변형시킵니다.

**오 성 저메인이여, 당신이 가져오는 사랑은,
진실로 모든 물질을 노래하게 하고,
당신의 보라색 불꽃은 모든 것을 회복시키며,
당신과 함께 우리는 더 이상의 존재가 됩니다.**

4. 성 저메인이여, 일정한 비율의 사람들이 요구되는 일에 삶과 주의력이 소모되지 않게, 한 걸음 물러설 수 있는 사회를 가지는 것이 가치가 있음을, 한국 사회가 알도록 도와주소서. 그들은 삶의 다른 측면들에 초점을 맞추는데 자유로운 시간, 에너지와 주의력을 가집니다.

오 성 저메인이여, 당신을 너무나 사랑합니다.
내 오라가 보라색 광휘로 채워지고,
내 차크라들이 보라색 불꽃으로 타오르니,
나는 당신의 우주적 증폭기입니다.

**오 성 저메인이여, 당신이 가져오는 사랑은,
진실로 모든 물질을 노래하게 하고,
당신의 보라색 불꽃은 모든 것을 회복시키며,
당신과 함께 우리는 더 이상의 존재가 됩니다.**

5. 성 저메인이여, 한국 사회가 전환하고, 따라서 사람들이 그들의 영적인 본질에 초점을 맞추거나, 창조력을 개발하는데 초점을 맞추는 기회로써 이것을 보도록 도와주소서.

오 성 저메인이여, 나는 이제 자유로워졌습니다.
당신의 보라색 불꽃은 치유법이며,
내 마음 안의 모든 장애를 변형시켜주니,
나는 진정한 내면의 평화를 발견합니다.

오 성 저메인이여, 당신이 가져오는 사랑은,
진실로 모든 물질을 노래하게 하고,
당신의 보라색 불꽃은 모든 것을 회복시키며,
당신과 함께 우리는 더 이상의 존재가 됩니다.

6. 성 저메인이여, 보라색 화염의 대양들을 보내시어, 청년 실업에 대한 폭력 충돌의 잠재력을 태워주시고, 사회가 보다 건설적인 방법으로 그 문제를 다루는 방법을 찾게 도와주소서.

오 성 저메인이여, 내 몸은 순수해지고,
당신의 보라색 화염은 모두를 치유합니다.
모든 질병의 원인을 태워버리니,
나는 완전한 평온함을 느낍니다.

오 성 저메인이여, 당신이 가져오는 사랑은,
진실로 모든 물질을 노래하게 하고,
당신의 보라색 불꽃은 모든 것을 회복시키며,
당신과 함께 우리는 더 이상의 존재가 됩니다.

7. 성 저메인이여, 보라색 화염의 대양들을 보내시어, 소수 엘리트의 손에 들어갈 부에 초점을 맞춘 기업들이 만든 패턴을 태워주소서. 우리가

공산주의와 제한되지 않은 자본주의 사이에서, 중도를 찾도록 도와주소서.

오 성 저메인이여, 내가 카르마에서 해방되니,
과거는 더 이상 나에게 짐이 아닙니다.
완전히 새로운 기회가 펼쳐지고,
나는 그리스도 신성과 일체가 됩니다.

오 성 저메인이여, 당신이 가져오는 사랑은,
진실로 모든 물질을 노래하게 하고,
당신의 보라색 불꽃은 모든 것을 회복시키며,
당신과 함께 우리는 더 이상의 존재가 됩니다.

8. 성 저메인이여, 어떤 철학을 사회에 적용하고, 이 철학이 우리의 모든 문제들을 해결해줄 것이라고 생각하는 것은, 충분하지 않음을 한국 사람들이 알도록 도와주소서. 우리는 일련의 아이디어들에 부합하고, 현실을 바라는 체계들을 초월해야만 합니다.

오 성 저메인이여, 우리는 이제 하나이고,
나는 당신을 위한 보랏빛 태양입니다.
우리가 이 지구 행성을 변형시키니,
당신의 황금시대가 탄생합니다.

오 성 저메인이여, 당신이 가져오는 사랑은,
진실로 모든 물질을 노래하게 하고,
당신의 보라색 불꽃은 모든 것을 회복시키며,
당신과 함께 우리는 더 이상의 존재가 됩니다.

9. 성 저메인이여, 한국 사람들이 어머니의 지혜를 발견하고, 삶이 실질적으로 어떻게 작동하는지 자신들에게 묻도록 도와주소서.

오 성 저메인이여, 지구는 이원성의 부담을 벗어나,

자유를 얻고,
우리는 하나됨 안에서 최상의 것을 이루니,
당신의 황금시대가 실현됩니다.

**오 성 저메인이여, 당신이 가져오는 사랑은,
진실로 모든 물질을 노래하게 하고,
당신의 보라색 불꽃은 모든 것을 회복시키며,
당신과 함께 우리는 더 이상의 존재가 됩니다.**

파트 4

1. 성 저메인이여, 자본주의는 공산주의보다 우월하고, 자본주의가 계속 진행하도록 허용하면 사회가 더욱 번창할 것이라는 환영을 한국 사람들이 극복하도록 도와주소서.

오 성 저메인이여, 당신은 영감을 부어주시며,
내 비전을 영원히 더 높이 들어올립니다.
나는 당신과 함께 8 자 형상의 무한한 흐름을 만들며,
당신의 황금시대를 공동-창조합니다.

**오 성 저메인이여, 당신이 가져오는 사랑은,
진실로 모든 물질을 노래하게 하고,
당신의 보라색 불꽃은 모든 것을 회복시키며,
당신과 함께 우리는 더 이상의 존재가 됩니다.**

2. 성 저메인이여, 자본주의가 계속 진행하도록 허용하면 사회에서 부는 더 커지지만, 그 부는 소수 엘리트의 통제 하에 집중된다는 것을 한국 사람들이 알도록 도와주소서.

오 성 저메인이여, 우리가 당신의 이름을 부를 때,
자유의 불꽃이 방출됩니다.
당신은 우리에게 가속을 부여하고,

그로써 우리 행성은 더 높이 상승합니다.

**오 성 저메인이여, 당신이 가져오는 사랑은,
진실로 모든 물질을 노래하게 하고,
당신의 보라색 불꽃은 모든 것을 회복시키며,
당신과 함께 우리는 더 이상의 존재가 됩니다.**

3. 성 저메인이여, 공산주의는 집중된 통제권이 엘리트의 손에 들어가도록 설계된 반면, 자본주의는 집중된 부가 엘리트의 손에 들어가도록 설계되었음을 한국 사람들이 알도록 도와주소서.

오 성 저메인이여, 우리는 사랑 안에서,
당신의 보라색 화염을 가져올 권리를 선언합니다.
당신의 화염은 천상으로부터 지상으로 흘러오며,
모든 것을 변형시킵니다.

**오 성 저메인이여, 당신이 가져오는 사랑은,
진실로 모든 물질을 노래하게 하고,
당신의 보라색 불꽃은 모든 것을 회복시키며,
당신과 함께 우리는 더 이상의 존재가 됩니다.**

4. 성 저메인이여, 공산주의 체제의 통제는 당을 통해서 얻지만, 자본주의 체제는 경제 조직을 통제함으로써 얻으며, 이로써 부가 집중되고 부를 통해서 사회를 통제할 수 있음을 한국 사람들이 알도록 도와주소서.

오 성 저메인이여, 당신을 너무나 사랑합니다.
내 오라가 보라색 광휘로 채워지고,
내 차크라들이 보라색 불꽃으로 타오르니,
나는 당신의 우주적 증폭기입니다.

**오 성 저메인이여, 당신이 가져오는 사랑은,
진실로 모든 물질을 노래하게 하고,**

당신의 보라색 불꽃은 모든 것을 회복시키며,
당신과 함께 우리는 더 이상의 존재가 됩니다.

5. 성 저메인이여, 한국 사람들이 한 걸음 물러서서 말하게 도와주소서: "이제 부자와 가난한 자 사이의 차이가 커지고 있으며, 청년 실업이 증가하고 있는 우리가 가진 자본주의는, 유용한 수명이 다했다고 인정할 필요가 있음을 인식합니다. 우리는 자본주의의 제한들을 보며, 새로운 접근방식을 펼칠 때입니다."

오 성 저메인이여, 나는 이제 자유로워졌습니다.
당신의 보라색 불꽃은 치유법이며,
내 마음 안의 모든 장애를 변형시켜주니,
나는 진정한 내면의 평화를 발견합니다.

오 성 저메인이여, 당신이 가져오는 사랑은,
진실로 모든 물질을 노래하게 하고,
당신의 보라색 불꽃은 모든 것을 회복시키며,
당신과 함께 우리는 더 이상의 존재가 됩니다.

6. 성 저메인이여, 소수 엘리트가 경제에 대해 절대적인 통제를 가지도록 허용하면, 자유로운 사회는 결코 자유롭게 남아 있을 수 없다는 것을 한국 사람들이 깨닫도록 도와주소서.

오 성 저메인이여, 내 몸은 순수해지고,
당신의 보라색 화염은 모두를 치유합니다.
모든 질병의 원인을 태워버리니,
나는 완전한 평온함을 느낍니다.

오 성 저메인이여, 당신이 가져오는 사랑은,
진실로 모든 물질을 노래하게 하고,
당신의 보라색 불꽃은 모든 것을 회복시키며,
당신과 함께 우리는 더 이상의 존재가 됩니다.

7. 성 저메인이여, 자본주의 경제는 소수 엘리트가 경제를 지배하는데, 무제한의 자유가 주어지도록 요구하는 체계임을 한국 사람들이 알도록 도와주소서. 이것은 대중의 자유를 지켜줄 수 없습니다.

오 성 저메인이여, 내가 카르마에서 해방되니,
과거는 더 이상 나에게 짐이 아닙니다.
완전히 새로운 기회가 펼쳐지고,
나는 그리스도 신성과 일체가 됩니다.

오 성 저메인이여, 당신이 가져오는 사랑은,
진실로 모든 물질을 노래하게 하고,
당신의 보라색 불꽃은 모든 것을 회복시키며,
당신과 함께 우리는 더 이상의 존재가 됩니다.

8. 성 저메인이여, 자본주의는 자유로운 사회를 낳을 수 없음을 한국 사람들이 알도록 도와주소서. 자본주의 사회는 공산주의 사회처럼 자유롭지 않은 사회이며, 자유로운 사회는 오직 다른 방법을 통해서만 이루어질 수 있습니다.

오 성 저메인이여, 우리는 이제 하나이고,
나는 당신을 위한 보랏빛 태양입니다.
우리가 이 지구 행성을 변형시키니,
당신의 황금시대가 탄생합니다.

오 성 저메인이여, 당신이 가져오는 사랑은,
진실로 모든 물질을 노래하게 하고,
당신의 보라색 불꽃은 모든 것을 회복시키며,
당신과 함께 우리는 더 이상의 존재가 됩니다.

9. 성 저메인이여, 만약 사회가 자유롭고 민주적이면, 반드시 소수 엘리트가 자유를 빼앗아 갈 수 없으며, 수많은 대중보다 높은 특권들을 확

실히 가져갈 수 없다는 인식에 기반을 둔, 경제에 대한 새로운 접근방식을 한국 사람들이 찾도록 도와주소서.

오 성 저메인이여, 지구는 이원성의 부담을 벗어나,
자유를 얻고,
우리는 하나됨 안에서 최상의 것을 이루니,
당신의 황금시대가 실현됩니다.

**오 성 저메인이여, 당신이 가져오는 사랑은,
진실로 모든 물질을 노래하게 하고,
당신의 보라색 불꽃은 모든 것을 회복시키며,
당신과 함께 우리는 더 이상의 존재가 됩니다.**

파트 5

1. 성 저메인이여, 자유로운 사회는 가능한 가장 많은 사람들에게, 가장 많은 자유와, 가장 많은 번영을 보장할 필요가 있음을 한국 사람들이 알도록 도와주소서.

오 성 저메인이여, 당신은 영감을 부어주시며,
내 비전을 영원히 더 높이 들어올립니다.
나는 당신과 함께 8자 형상의 무한한 흐름을 만들며,
당신의 황금시대를 공동-창조합니다.

**오 성 저메인이여, 당신이 가져오는 사랑은,
진실로 모든 물질을 노래하게 하고,
당신의 보라색 불꽃은 모든 것을 회복시키며,
당신과 함께 우리는 더 이상의 존재가 됩니다.**

2. 성 저메인이여, 남한에 가진 부는 소수 엘리트나, 대기업의 주주들에게 속한 것이 아님을 한국 사람들이 알도록 도와주소서. 많은 사람들의 노동의 결과로 부가 창출되었기 때문에 부는 그 사람들의 것입니다.

오 성 저메인이여, 우리가 당신의 이름을 부를 때,
자유의 불꽃이 방출됩니다.
당신은 우리에게 가속을 부여하고,
그로써 우리 행성은 더 높이 상승합니다.

**오 성 저메인이여, 당신이 가져오는 사랑은,
진실로 모든 물질을 노래하게 하고,
당신의 보라색 불꽃은 모든 것을 회복시키며,
당신과 함께 우리는 더 이상의 존재가 됩니다.**

3. 성 저메인이여, 한국 사회가 기업을 운영하는 소수의 사람들 손에, 얼마나 많은 부가 집중될 수 있는지 제한하는 방법을 발견하게 해주시고, 생산된 이익은 그 기업을 위해 일한 모두에게 공유되게 도와주소서.

오 성 저메인이여, 우리는 사랑 안에서,
당신의 보라색 화염을 가져올 권리를 선언합니다.
당신의 화염은 천상으로부터 지상으로 흘러오며,
모든 것을 변형시킵니다.

**오 성 저메인이여, 당신이 가져오는 사랑은,
진실로 모든 물질을 노래하게 하고,
당신의 보라색 불꽃은 모든 것을 회복시키며,
당신과 함께 우리는 더 이상의 존재가 됩니다.**

4. 성 저메인이여, 남한의 사회와 기업들을 더 많이 황금시대 구조로 변화시키기 위해, 필요한 어떤 아이디어들을 가져오기로 당신과 조율한, 남한 사람들을 일깨워 주소서.

오 성 저메인이여, 당신을 너무나 사랑합니다.
내 오라가 보라색 광휘로 채워지고,
내 차크라들이 보라색 불꽃으로 타오르니,
나는 당신의 우주적 증폭기입니다.

**오 성 저메인이여, 당신이 가져오는 사랑은,
진실로 모든 물질을 노래하게 하고,
당신의 보라색 불꽃은 모든 것을 회복시키며,
당신과 함께 우리는 더 이상의 존재가 됩니다.**

5. 성 저메인이여, 보라색 화염의 대양들을 보내시어, 기업들이 자유롭게 통치하도록 현재의 상황을 유지하는, 파워 엘리트에 의해 만들어진 데몬들을 태워주소서. 그들을 결박하고 태워주시어, 사람들이 한 걸음 물러서는데 자유롭게 되고 말하게 하소서: "여기에 뭔가가 빠져 있고, 해오던 그 방식을 뭔가 지속할 수 없으며, 이 길을 지속할 수 없기 때문에, 우리는 새로운 접근방식을, 새로운 아이디어들을 찾아야만 한다."

오 성 저메인이여, 나는 이제 자유로워졌습니다.
당신의 보라색 불꽃은 치유법이며,
내 마음 안의 모든 장애를 변형시켜주니,
나는 진정한 내면의 평화를 발견합니다.

**오 성 저메인이여, 당신이 가져오는 사랑은,
진실로 모든 물질을 노래하게 하고,
당신의 보라색 불꽃은 모든 것을 회복시키며,
당신과 함께 우리는 더 이상의 존재가 됩니다.**

6. 성 저메인이여, 보라색 화염의 대양들을 보내시어, 우리가 반드시 유지해야 하는 허울과, 외적인 이상, 그리고 그들이 틀렸음을 인정할 수 없는, 지도자들에 대한 패턴을 태워주소서.

오 성 저메인이여, 내 몸은 순수해지고,
당신의 보라색 화염은 모두를 치유합니다.
모든 질병의 원인을 태워버리니,
나는 완전한 평온함을 느낍니다.

오 성 저메인이여, 당신이 가져오는 사랑은,
진실로 모든 물질을 노래하게 하고,
당신의 보라색 불꽃은 모든 것을 회복시키며,
당신과 함께 우리는 더 이상의 존재가 됩니다.

7. 성 저메인이여, 보라색 화염의 대양을 보내시어, 모든 것이 좋고 모든 것이 통제 하에 있으며, 체계에 실패가 없었다는 모습을 유지하기를 절대적으로 바라는, 이 의식의 최상위 데몬을 결박하고 태워주소서.

오 성 저메인이여, 내가 카르마에서 해방되니,
과거는 더 이상 나에게 짐이 아닙니다.
완전히 새로운 기회가 펼쳐지고,
나는 그리스도 신성과 일체가 됩니다.

오 성 저메인이여, 당신이 가져오는 사랑은,
진실로 모든 물질을 노래하게 하고,
당신의 보라색 불꽃은 모든 것을 회복시키며,
당신과 함께 우리는 더 이상의 존재가 됩니다.

8. 성 저메인이여, 보라색 화염의 대양들을 보내시어, 사람들이 실패의 위험을 넘어서고, 사회를 더 높은 수준으로 데려가는 새로운 접근방식을 발견해야만 하는, 새로운 인식에 반대하는 것을 태워주소서.

오 성 저메인이여, 우리는 이제 하나이고,
나는 당신을 위한 보랏빛 태양입니다.
우리가 이 지구 행성을 변형시키니,
당신의 황금시대가 탄생합니다.

오 성 저메인이여, 당신이 가져오는 사랑은,
진실로 모든 물질을 노래하게 하고,
당신의 보라색 불꽃은 모든 것을 회복시키며,
당신과 함께 우리는 더 이상의 존재가 됩니다.

9. 성 저메인이여, 한국 사회가 문제들을 다루고, 자신을 살펴보는 새로운 방법을 찾도록 도와주소서. 우리가 과거에 대해 실패를 지적하는 문제가 아닌, 새로운 접근방식을 발견하지만, 다음 수준으로 성장하기 위해서, 우리는 새로운 접근방식, 아이디어들, 방법들이 필요하다는 것을 깨닫도록 도와주소서

오 성 저메인이여, 지구는 이원성의 부담을 벗어나,
자유를 얻고,
우리는 하나됨 안에서 최상의 것을 이루니,
당신의 황금시대가 실현됩니다.

오 성 저메인이여, 당신이 가져오는 사랑은,
진실로 모든 물질을 노래하게 하고,
당신의 보라색 불꽃은 모든 것을 회복시키며,
당신과 함께 우리는 더 이상의 존재가 됩니다.

봉인하기

신성한 어머니의 이름으로, 나는 이 요청의 힘이 마-터 빛을 자유롭게 하는데 사용되어, 나 자신의 삶과 모든 사람들과 행성을 위한 그리스도의 완전한 비전을 구현할 수 있음을 전적으로 받아들입니다. I AM THAT I AM 의 이름으로, 그것이 이루어졌습니다! 아멘.

예 수

Jesus

아시아에 있는 거짓 그리스도교

거짓된 그리스도교에 대한 그리스도의 심판

내면의 그리스도 의식을 실현한 사람들이 황금시대를 가져올 것입니다

권위에 의문을 제기할 수 있는 용기

모든 이들이 승리할 때

사람들의 이상을 이용해 성장하기

권력 남용이 없는 공동체

아시아 사람들이 가진 사회 조직 능력

다차원적 신성 기하학

단선적인 마음의 원리를 넘어서는 신성 기하학

영혼을 위해 조직된 사회

풍요로운 삶은 창조적인 삶입니다

그리스도 의식으로 나라를 평가하는 법

15
아시아 사회에서의
신성 기하학

상승 마스터 예수, 2016년 7월 3일

나는 상승 마스터 예수 그리스도입니다.

나는 오늘 여러 가지 목적을 가지고 왔습니다. 그 하나는, 아시아에 퍼져 있으면서 사회의 모든 계층에 침투하려는 거짓된 그리스도교에 대해 내 존재로부터 직접 그리스도의 심판을 가져오는 것입니다. 서양에서 지배적 위치를 차지해 왔던 형태의 그리스도교는 지금 세상의 다른 지역들까지 확산되기 위한 기회를 찾고 있습니다.

이에 나, 예수 그리스도는 한국과 다른 아시아 국가들에 있는 가톨릭 교회에 그리스도의 심판을 선언합니다. 나, 예수 그리스도는 한국과 다른 아시아 국가들에 있는 프로테스탄트 교회에 그리스도의 심판을 선언합니다. 나, 예수 그리스도는 한국과 다른 아시아 국가들에 있는 근본주의 교회에 그리스도의 심판을 선언합니다. 나, 예수 그리스도는 한국과 다른 아시아 국가들에 있는 몰몬 교회에 그리스도의 심판을 선언합니다.

이제 내가 물질계에서 이 선언을 했기 때문에 그에 대한 여러 파장이 있을 것입니다. 물론 이 선언은, 여러분이 내 존재와 조율한다면 여러분을 통해 작용할 수 있고, 여러분의 요청과 수용으로 재강화될 필요가 있습니다. 따라서 나는 여러분에게 이 요청을 해달라고 당부합니다.

아시아에 있는 거짓 그리스도교

나는 또한 거짓된 그리스도교의 배후에 있는, 모든 대형 교회들과 지부들, 그것을 지지하는 데몬들 중 가장 높은 위치에 있는 데몬들에게도 그리스도의 심판을 선언합니다. 오늘 그들은 심판받았고 여러분들의 요청으로 그 심판이 강화된다면, 대천사 미카엘은 그들을 결박하여 점차적으로 데려가 버릴 것입니다. 그러면 수백 년 동안 서양에서 자리를 차지해왔고 아시아에도 지배적인 위치를 구축하려 손을 뻗치고 있는 이 거짓된 종교는 여기서 사라질 것입니다.

진실로, 우리는 어떻게 한국과 아시아에 황금시대를 가져오게 될까요? 그것은 나의 메시지와 가르침을 접할 수 없는 거짓된 그리스도교를 통해서는 오지 않을 것입니다. 여러분은 어떻게 황금시대를 가져올 수 있을까요? 오직 임계 수치의 사람들이 깨어나서 각 개인이 자기 내면의 그리스도를 자각하고 받아들일 때만이 가능합니다. 그 누구든 그리스도 영(Christ Spirit), 성령(Holy Spirit)의 흐름에 스스로 가슴을 열고자 한다면 성령은 그를 통해 흐를 것입니다.

진실로 이것이 내가 오래 전에 전했던 중심 메시지들 중의 하나입니다. 다시 말해서, 오직 소수의 엘리트만이 신의 왕국에 접근하고 성령의 흐름을 전할 수 있는 특사가 될 수 있다는 말은 전적으로 거짓이라는 것입니다. 나와 나의 제자들, 사도들이 설명했던 진실은, 성령의 바람은 스스로 불고자 하는 곳으로 분다는 것입니다. 성령의 바람은 인간 사회에서 인간들이 설정해 놓은 계급을 존중하거나 받아들이지 않습니다.

인간들은, 지상에서 꼭대기에 있는 존재들에게 거의 신과 같은 권력을 부여하는, 인위적인 권위의 피라미드를 만들어냈습니다.

거짓된 그리스도교에 대한 그리스도의 심판

그러나 성령은 열린 마음과 가슴을 가진 사람들을 통해, 그리고 다른 이들을 조종하거나 통제하려 하고 심지어 그 목적을 위해 신에 대한 믿음까지 이용하려는 사악한 의도를 깨끗이 씻어낸 사람들을 통해 흐를 것입니다. 신에 반대하는 타락한 존재들의 목적을 위해 사람들을 조종하면서 자신을 신의 대리인으로 자처하는 것, 그보다 더 엄청난 조작이 있을 수 있겠습니까? 내가 베드로에게 한 말이 무엇이었습니까? "사탄아, 물러가라." 나는 오늘 나를 대리한다고 주장하는 거짓된 그리스도교에 천명합니다: "사탄아, 물러가라. 너는 나를 모욕했다. 너는 신의 일보다 인간 세상의 일에 탐닉하고 있으니 나에게 속하지 않는다. 너는 나를 대리한다고 주장하고, 내 이름을 이용하고, 원하는 만큼 예수라는 이름을 부를 수 있겠지만, 나로부터는 응답을 듣지 못할 것이다. 네가 겉으로는 그리스도에게 충성하겠다고 주장하면서 실제로 충성의 맹세를 바쳤던 대상인, 어둠의 왕으로부터만 응답을 들을 것이다."

내 말이 가혹하게 들리겠지만, 이는 가혹한 것이 아니라 단지 현실에 입각한 것입니다. 오늘날 보여지는 종교화된 그리스도교는 사실상 나에 대한 모욕입니다. 내가 사람들에게 요청했던 것과는 정반대입니다. 나의 요청은, 여러분이 형제자매들의 수호자가 되고, 그들이 여러분에게 해주기를 바라는 대로 그들에게 해주고, 더 나아가 내가 했던 대로 형제자매에게 그리고 스스로에게 해주라는 것이었습니다.

예수가 했을 법한 행동을 다른 이들에게 하는 것, 이것은 이 시대를 위한 훌륭한 슬로건이 될 수 있습니다. 아마도 많은 그리스도교인들이,

"예수님이라면 어떻게 했을까?"하고 궁금해 할 것입니다. 그러나 여러분이 나의 가슴과 조율한다면, 그리스도가 여러분 개개인을 통해 무엇을 할 것인지를 알 수 있으므로 의구심을 가질 필요가 없습니다. 또한 내면의 그리스도를 인식하고 받아들인다면 그리스도는 여러분 안에 있습니다. 그러므로 여러분이 스스로의 가슴 안에서 나의 가슴과 조율하고 싶지 않다면 나를 대리하는 체하는 행위를 멈추세요. 가슴의 하나됨이 없는데 어떻게 여러분이 예수 그리스도를 대변하는 것이 가능하겠습니까?

내면의 그리스도 의식을 실현한 사람들이 황금시대를 가져올 것입니다

이제 아시아에서 거짓된 그리스도교를 통해서 황금시대가 열리지 않으리라는 것은 명백합니다. 그러면 황금시대는 어떻게 이루어질까요? 그 주역은 한국과 아시아의 각 나라에서, 내면으로 들어가 자신들의 그리스도 의식(Christhood)을 실현하는 이들입니다. 그리스도 의식의 구현이 바로 이 시대를 위한 우리 가르침의 목적이기도 합니다.

한국과 아시아의 모든 사람들이 어느 날 갑자기 깨어나 상승 마스터들의 가르침을 모두 인정하게 되는 것이 내 비전은 아닙니다. 상승 마스터들의 가르침이 대중적으로 받아들여지기까지는 분명 오랜 시간이 걸리겠지만, 사랑하는 이들이여, 우리에게는 그렇게 오래 기다릴 수 있는 시간이 없습니다. 성 저메인이 황금시대에 대한 계획을 가지고 있기 때문입니다. 황금시대의 도래가 지연되는 것을 피하기 위해서는, 여러분의 형제자매들이 내면의 그리스도를 깨닫게 해달라고 영적인 존재인 여러분이 요청을 해야 합니다. 비록 그들이 그리스도를 어떻게 말로 표현할지 의식적으로는 알지 못한다 해도 말입니다.

비록 그들은 자신들이 무엇을 하고 있는지 그리고 상승 마스터가 누구인지 몰라도, 그리스도 의식을 구현하고자 할 것입니다. 진실로 지구에 그런 움직임, 성령의 흐름을 막을 수 있는 힘이란 없으며, 이것은 내가 지구에 육화하기도 전에 상승 마스터들이 세워 놓은 멋진 계획입니다. 그리스도 의식을 이미 성취하고 육화한 만 명이 깨어남으로써 수백만 명에게 내면의 그리스도 의식을 일깨우려는 우리의 계획에 약간의 편차와 지연이 생긴 것은 사실입니다. 나의 내적인 메시지에 대한 의식적인 자각이 없더라도, 여전히 많은 사람들이 내면의 차원에서 지난 2천 년 동안 그리스도 의식의 정도를 높여왔다는 사실을 여러분은 이해해야 합니다.

그들은 이곳 아시아를 포함한 모든 나라에 퍼져 있습니다. 우리가 설명했듯이, 한국에서도 많은 이들이 있지만 그들은 여러분들이 아는 것을 의식적으로 알 필요는 없으며, 직접 말로 표명할 필요를 느끼지 않습니다. 여러분은 그들에게, 이미 많은 이들이 그래왔듯이, 자신들의 마지막 한 걸음을 내디딤으로써 그리스도 의식을 실현하기 시작하라고 요청해야 합니다.

권위에 의문을 제기할 수 있는 용기

여러분들이 요청해야 할 하나의 특성은 무엇일까요? 그것은 내가 2천 년 전에 육화했을 때 그토록 많이 시현했었던 그리스도 의식의 바로 그 면을 실행하기 시작하는 것입니다. 나는 실제로 성경에 기록된 것보다 더 빈번히 그 특성을 드러냈습니다. 그것은 바로 공개적으로 권위에 대해 의문을 던질 수 있는 용기와 의지입니다.

여러분은 내 구술 이전에 다른 마스터들이, 여기 아시아에서 황금시대를 가로막는 주된 특성은 최상층에서 아래로 권력이 내려가는 구조인 중앙집권적 사회라고 이야기하는 것을 들었습니다. 여러분은, 그러한 사회구조가 아시아 문화와 한국에서도 널리 퍼져 있고 그 사회의 구성원들은 모두 자기 위치를 받아들여서, 낮은 위치에 있는 이들은 누구도 감히 자기 윗사람들의 권위에 의문을 품지 못하는 것을 보고 있습니다.

우리는, 해당 지위의 임무를 수행할 능력이 없는 많은 사람들이 권위를 가진 지위로 올라가는 문제에 대해 이야기했습니다. 그들이 그 지위로 승진하는 이유는 "좋은" 가문에서 태어나 인맥으로 연결되어 있기 때문입니다. 그래서 그 지위에서 요구되는 역량과는 전혀 상관없이 특정 가문에 속해 있다는 이유만으로 서로 혜택을 주고 높은 지위를 차지하게 해줍니다.

일단 권위적 위치에 오른 사람이 자신이 그만큼의 역량이 없다는 것을 깨닫는다고 해서 그것을 인정하고 사퇴할까요? 절대 그렇지 않습니다. 그것은 자신의 가족에 엄청난 실망이 되고 명예도 실추되어 체면을 잃는 일이기 때문에 그는 그 자리에 머무를 수밖에 없습니다. 그리고 자신의 무능을 숨기기 위해 그가 하는 일은 그 지위가 가진 외부적 권위 뒤에 숨는 것입니다. 그는 자기 아래의 누구도 그에게 의문을 품고 대항할 수 없다는 것에 의존하면서, 자기 위 사람들이 그를 훈계, 시정조치하거나 혹은 해고해버릴 만큼 심각한 실수를 하지 않기만을 바랄 뿐입니다.

사회에서 그런 지위에 있는 너무나 많은 사람들이 지속적으로 불안한 삶을 살아갑니다. 그들은 진실로 자신이 그 지위에 맞지 않음을 잘 알고 있어, 상관이 그들을 끌어내릴 만큼 큰 실수를 하지 않기만을 바랍니다. 물론 그들은 이로 인해 인생의 대부분을 고통스런 상태에서 살아갑니다. 이는 사회적으로도 치명적인 것이, 지위를 가진 사람들이 그 자리에 합당한 능력을 갖고 있지 않음으로써 황금시대가 실현되는데 필요한 진보를 가로막고 있기 때문입니다.

영적인 여러분들은 내면에서 이러한 의식을 극복하고, 잘못된 상황을 만들어가는 권위에 맞서서 목소리를 낼 수 있습니다. 목소리를 낸다는 것은 그것이 잘못되었다고 지적하는 것이 아니라, 더 훌륭한 대안이 있고 모든 관련자들에게 더 좋은 결과를 가져올 방법이 있다고 알려준다는 의미입니다. 또한 여러분은, 자신의 영성과 성취 수준을 자각하지 못하고 있는 형제자매들이 깨어나, 자유롭게 권위에 의문을 제기하는 그리스도 의식의 측면을 행사하게 해달라고 요청을 할 수 있습니다.

모든 이들이 승리할 때

우리가 말했듯이, 이것은 무엇이 잘못되었다고 지적하는 문제가 아닙니다. 여기에 더 잘할 수 있는 대안이 있다고 말하는 용기, 새로운 국제 비즈니스 환경에서 경쟁을 위해 더 개선되어야 하는 것에 대해 말하는 용기를 가지는 문제입니다. 우리가 여기 아시아에서 발전의 선두에 있기 위해서 한국은 그러한 대책을 가져야 합니다.

점점 더 많은 사람들이 과감히 목소리를 낼 때, 상황이 비교적 빨리 전환되는 것을 보게 될 것입니다. 그래서 사람들이 스스로 보고 생각하는 것에 대해 말하는 것을 두려워하지 않게 되는, 이전과는 다른 풍토가 됩니다. 새롭게 열린 환경이 조성되는 것입니다. 우리가 말했듯이, 권위를 가진 위치에 있는 이들도 이런 새로운 아이디어를 가지고 실행해 나간다면 실질적으로 자신보다 아래에 있는 이들을 위해 옳은 일을 하는 것이며, 그 위치에서 자신들의 권위적 입지를 강화할 수 있습니다. 사실상 많은 사람들이 오래된 것을 고수하는 것보다 새로운 아이디어를 수용하면서 안도할 수 있는 이유는, 그것이 그들이 느껴왔던 불안을 해소해주기 때문입니다.

사랑하는 이들이여, 변화를 통해 모든 사람이 혜택을 얻게 되는 "상생(win-win)"이라는 개념이 있습니다. 우리는 경쟁적인 세계의 경제 환경에 처해 있으므로 이것은 수용할 수 있는 개념이 될 것입니다. 그리고 사회도 더 높은 수준으로 갈 필요가 있다는 새로운 자각을 통해 이 상생 개념을 수용하고 전체 사회가 더 높은 수준으로 올라가게 해달라고, 여러분은 요청할 수 있습니다. 사랑하는 이들이여, 여러분이 어떤 특정한 나라 혹은 특정한 사람들(심지어 한 회사나 한 단체)을 들여다본다면, 그들 자신의 이상을 설정해 놓고 있는데, 여러분은 그에 대해 두 가지 옵션이 있습니다.

아마 여러분은 그들의 이상이 완전히 잘못되었으므로 전복시키거나 폐기되어야 한다고 판단할 수 있습니다. 이것이 과거에 자주 채택되었던 선택입니다. 예를 들어, 수많은 혁명에서 그 혁명 세력의 배후에 있었던 이들은 그 사회의 지도자가 무언가 완전히 잘못했기 때문에 전복시킬 필요가 있다고 생각했습니다. 이것이 공산주의 혁명을 이끌었던 원동력이었고 또한 여기 한국에서도 많은 이들이 목격했던 사실입니다.

사람들의 이상을 이용해 성장하기

내가 지적하고 싶은 것은, 그리스도 의식의 한 측면이 모든 사람들 내면에 있는 그리스도를 깨닫는 데 헌신하며, 더 나아가 그 그리스도에게 상생의 상황을 창조해달라고 호소하고 있다는 점입니다. 기존의 이상들이 잘못되었다는 것이 요지가 아닙니다. 우리가 사람들의 이상(그 방식으로 살아가고 싶고, 그 방식으로 스스로를 이해하고 다른 이들도 그렇게 봐주었으면 하는)을 이해하면서 실제로 그 이상에 호소하고, 사람들이 조금만 방향을 틀게 만들어서 이 사회에 새로운 방향을 가져오도록 할 수 있다는 것이 요지입니다.

예를 들어, 한국에는 아시아에서 가장 발전된 나라가 되고자 하고, 새로운 발전의 첨단에 서고자 하고, 종종 비교 대상인 중국이나 일본보다 더 진보된 사회가 되고자 하는 국민적인 정서가 있습니다. 그럼에도 불구하고 여러분은 자신들을 다른 국민과 비교할 필요가 없다고 말하고 싶습니다. 여러분은 자신들만의 고유한 특성을 가진 사람들이고, 더 낫거나 못하고 혹은 더 높거나 낮다는 관점에서 생각할 필요가 없기 때문입니다. 온전히 여러분들의 특성대로 존재하고 표현하는 것에 충분히 만족할 수 있습니다. 그러나 그러한 열망을 직시하며 그 열망의 방향을 조금만 돌려 이렇게 말해도 좋습니다. "우리가 아시아뿐만 아니라 세계에서 발전의 선두에 서고자 한다면, 과감히 새로운 아이디어를 수용해야 합니다. 다른 이들이 하지 못한 일을 과감히 실행해야 합니다. 그러한 아이디어들에 과감히 마음을 열고 생각해 보아야 합니다. 지금까지 해온 방식들에 의문을 품고, 우리의 문화와 접근 방식에 있어서 어떤 측면들이 우리가 선두에 서고 더 멀리 전진하는 것을 저해하고 있는지를 돌아보아야 합니다."

이러한 방식을 통해 여러분은 책임을 돌리고 희생양을 지목하고, 사람들을 분열시켜 서로 반목하게 하는 것이 능사가 아니라는 긍정적인 환경을 조성할 수 있습니다. 사랑하는 이들이여, 여러분은 열린 대화의 장을 열어서 사람들이 과감히 새로운 아이디어를 가져오게 할 수 있습니다. 그것은 기존의 낡은 것과 권위를 가진 이들에 대한 급격한 반대의 문제가 아닙니다. 세계적인 경쟁 환경에서 이 사회가 앞으로 도약할 수 있는 가능성을 살펴보는, 개인적인 범위를 넘어서는 논의의 장을 창조하는 문제입니다. 우리는 어떻게 더 오래된 나라들, 침체되거나 정체되어 있는 다른 나라들을 뛰어넘을 수 있을까요?

일본이 과감히 시도하지 못했던 일을 우리는 어떻게 실행할 것이며, 거기에서 보이는 침체를 어떻게 피할 수 있을까요? 이를 통해 새로운 환경을 조성할 수 있겠지만, 타락한 존재들 혹은 타락한 의식을 가진 이들은 그 변화에 반대할 것입니다. 그렇게 함으로써 그들은 또한 스스로를 노출시키게 됩니다. 결국에는, 그들이 자신의 특권적 지위를 지키기 위해 진보에 반대하고 있다는 것을 점점 더 많은 사람들이 알게 되지 않겠습니까?

권력 남용이 없는 공동체

사랑하는 이들이여, 내가 이천 년 전에 주었던 메시지는, 여러분이 그리스도의 잠재성을 가진 개인으로서 자신의 본질을 깨닫게 되면, 다른 이들도 모두 그리스도의 잠재성을 가지고 있다는 것을 깨닫게 된다는 것이었습니다. 그러한 깨달음을 실천하게 되면 진정한 영적 공동체 안에서 함께 모일 수 있습니다. 나의 초기 제자들은 그러한 공동체를 만들었습니다. 그들이 만든 공동체는 그 시기에 적합한 것이었지만, 여러분은 현대 사회에 적합한 다른 형태의 공동체를 만들 수 있습니다. 그 공동체는, 여러분이 그곳에 있으면서 서로를 돕고, 서로를 돌보고, 서로의 의식 수준을 올리고 그럼으로써 공동체 전체의 의식을 올릴 수 있음을 깨달을 수 있는 곳입니다.

우리가 말했듯이, 사람들의 가치, 개인의 가치를 인식하기 시작하는 사회로의 전환이 필요합니다. 여러분들은 사람들을 사회의 가장 중요한 자산으로, 사회의 가장 중요한 목적으로 보아야 합니다. 즉 사회의 가장 중요한 목적은 사람들에게 봉사하는 것이어야 합니다. 사회가 사람들에게 봉사하고, 사람들이 서로 봉사하는 것은 그리스도 의식이 사회와 연결될 때 나타나는 한 측면입니다. 그럼으로써 개인들은 전체를 위해 봉사하고 전체 공동체는 다시 개인에 봉사하고, 사람들 모두에게 봉사합니다.

여러분은 새로운 의미의 공동체를 창조할 수 있습니다. 그리고 분명히 그러한 개념을 반대하는 이들이 나타날 것입니다. 그들은 무력을 통해 쟁취했던 특권적 지위를 유지하고 싶어 하기 때문에, 모두의 의식 수준이 올라가는 것을 원치 않습니다. 그들의 의도가 알려진다면 이런 낮은 의식을 가진 사람들이 지도자 위치에 있도록 허용하는 동안은 어떤 사회도 황금시대로 들어가지 못한다는 것을 여러분들이 깨닫게 되고, 사회 내의 토론 내용에도 전환이 일어날 것입니다.

이를 통해 사회 내에서 권력을 가진 지위를 남용하는 특정 사람들이 있다는 것을 사람들이 알게 되는 새로운 인식의 기회가 열립니다. 그들은 사회 혹은 특정한 위치나 지위에 있는 회사들에 의해 위임을 받은 후 사람들에게 봉사하기 보다는 자기 자신과 소수 엘리트에 봉사하면서 그 권력을 남용해왔습니다. 따라서 여러분은 지도자에 대한 진정한 척도는 그가 사람들을 위해 봉사하는지, 아니면 소수 엘리트의 협소한 이익을 위해서 봉사하는지에 있다는 새로운 인식을 가질 수 있습니다.

이미 내면의 수준에서 거의 그러한 자각으로 돌파해갈 수 있는 지점에 있는 많은 사람들이 있습니다. 여러분이 이 일이 일어나도록 요청을 한다면, 그들은 그 돌파구를 만들고 그에 대한 자각이 시작될 것입니다. 사회가 진정으로 발전의 선두에 설 수 있는 유일한 방법은 사람들에게 봉사하는 사회, 엘리트들이 사회와 대중을 이용하는 것을 허용하지 않으면서 최대한의 사람들에게 봉사하는 사회를 창조하는 것이라는 자각이 (여기서 뿐만 아니라 전 세계적으로) 확산되는 것을 보게 될 것입니다.

아시아 사람들이 가진 사회 조직 능력

사랑하는 이들이여, 나는 여러분과 짧은 여행을 떠나 이 지역과 한국의 과거를 살펴보고자 합니다. 이 지역과 이 지역의 사람들에게서 발견될 수 있는 특성에 주목해주길 바랍니다. 그 특성은 황금시대를 가져오는 데 사용될 수 있는 잠재성을 갖고 있습니다.

우리가 지금까지 준 메시지를 보면 주로 "이것이 변화가 필요한 문제이며, 저것이 변화가 필요한 문제이며, 이것이 극복해야 할 문제입니다"라고 지적하는 방식에 집중해 왔습니다. 아마도 여러분은 황금시대를 가로 막는 문제들이 너무 많아서 압도될 것 같다는 인상을 받았을지 모릅니다. 또한 황금시대가 오기 위해서는 문제들을 다 제거해야 한다고 생각할 수 있지만 사실은 그렇지 않습니다.

문제의 실상은, 여러분이 항상 분쟁으로 이끄는 타락한 의식, 이원성의 의식, 분리의 의식에 의해 너무나 극심하게 영향을 받고 있는 행성에서 살고 있다는 사실입니다. 그래서 진정 그 본질이 무엇인지를 알고 극복해야 하는 특정한 문제들이 있다는 것입니다.

물론, 이 일은 황금시대를 가져오는 여러 측면들 중 하나일 뿐입니다. 즉 현행 조건들을 살펴보고 어떻게 상황을 변화시킬 수 있는지에 대해 어머니의 지혜를 적용하는 것을 오메가적 측면이라 할 수 있습니다. 그리고 모든 나라와 모든 사람들에게서 새로운 자각이 일어나는 것을 막고 있는 문제들을 제거한 뒤 긍정적인 자질들을 발견해 그것을 활성화시키는 알파 측면도 역시 존재합니다.

이제 여러분을 짧은 여정으로 데려가 보겠습니다. 여기 동남아시아에서 수천수만 년을 거슬러 과거로 들어가면 우리는 고도로 발전된 문명들을 목격할 수 있습니다.

그곳에서는 완벽하게 직선으로 뻗은 도로들과 함께 아주 거대한 사원과 건물들이 복합적으로 구성된 유적지들을 볼 수 있습니다. 도로들은 격자형으로 놓여 있는데 아주 높은 수준으로 조직화되어 있음이 분명합니다. 이것은 이 지역의 사람들이 가지고 있는 긍정적인 특성들 중의 하나로 조직하는 능력, 모든 것을 아주 능숙하게 조직할 수 있는 능력입니다. 이것은 긍정적인 특성이지만, 다른 모든 것들과 마찬가지로, 타락한 의식에 의해 극단적인 불균형으로 이끌어졌습니다.

우리는 지난 몇 년간 기계화(mechanization)된 관념, 기계화된 의식이라 불리는 것에 대한 가르침을 주었습니다. 이것은 지구의 모든 것을 통제하려고 시도하고 있는 타락한 존재들로부터 온 의식입니다. 여기서 지구의 모든 것이라는 건, 우선적으로는 지구의 모든 사람을 뜻합니다. 그 타락한 존재들은 자신들이 전체 인구에 비해 아주 제한된 수라는 것을 알기 때문에 가장 근본적인 도전에 직면하고 있습니다. 그들을 볼 때 가지게 되는 의문은 항상 "어떻게 그런 소수의 존재들이 대다수의 사람들에 대한 지배권을 가지고 있을까?"라는 것입니다.

타락한 존재들이 시도해 온 방법 중 하나는, 사람들이 그들 내면의 그리스도 의식을 깨닫지 못하게 차단해서 창조적인 해결책을 내지 못하도록 하는 것입니다. 사람들은 점점 더 기계적인 방식으로 살아가고 있습니다. 이 사실은 다른 마스터들이 말씀하셨듯이, 사람들이 자신의 그릇된 결정으로 인해 극심한 결과가 오게 되는 것이 두려워 더 이상 스스로 결정을 하지 않으려는 것과 맥락을 같이 합니다. 타락한 존재들은 그 상황을 이용하여 사람들에게 일정한 위치를 규정해주는 아주 조직화된 사회를 만들었습니다. 그래서 사람들은 이렇게 받아들이게 된 것이지요. "여기가 삶에서의 나의 위치야. 내가 기계적으로 이 위치에서 요구하는 조건들을 채운다면, 내가 두려워하는 부정적인 결과를 피할 수 있어."

이는 사람들이 로봇과 같이 기계적인 성향을 가지게 되는 것을 의미합니다. 타락한 존재들은 이곳 사람들이 가진 사회 조직 능력을 이용해서, 모든 사람들을 한낱 로봇으로 축소시켜 버리며 지배하는 사회로 바꾸었습니다. 그래서 사람들은 미리 규정된 자신들의 역할과 위치에 따른 기능만을 기계적으로 실행하기에 이르렀습니다. 여러분도 대부분의 대기업에서 근로자들을 이처럼 기계적인 로봇으로 한정시키려고 시도해 온 것을 볼 수 있을 겁니다.

다시 말하지만, 물론 이것은 그 사회적 지위에 걸맞은 능력이 없으면서 지도자의 위치에까지 오른 사람들이 많다는 사실에서 기인합니다. 그들은 실수하는 것을 두려워해서, 자신들이 규칙을 따르고 들어온 대로 하면 절대 실수를 하지 않을 것이라 생각하는 것입니다. 그러나 앞서 지적했듯이, 이렇게 해서는 황금시대가 올 수 없습니다.

그러면 사랑하는 이들이여, 이 지역 사람들이 가진 조직력을 긍정적으로 활용하는 길은 무엇일까요? 그것은, 모든 사람들을 획일화시키는 기계화된 개념 대신 개개인의 진아인 현존(I AM Presence)에서 나오는 창조성을 드러내는, 그리스도 의식을 바탕으로 한 사회를 만드는 것입니다.

다차원적 신성 기하학

사랑하는 이들이여, 이것이 가진 의미에 대한 시각적인 실례를 들겠습니다. 과거의 사회들을 살펴보면 그들은 아주 흔히 단순한 기하학적 형태를 기본으로 한 완벽하게 규칙적인 격자 안에 도시를 설계했습니다. 사각형, 직사각형, 직선, 이따금씩 원을 사용하기도 했는데 모두 단순한 기하학적 형태를 바탕으로 한 것입니다. 여러분이 철학을 공부한 적이 있다면, 고대 그리스 철학자, 플라톤이 이상적인 세계는 그런 식으로 이루어져 있다고 말한 것을 알 것입니다. 즉 물질 세계 너머에는 소위 이상적인 형상들의 세계, 이상적인 기하학적 형태로 이루어진 영역이 있다는 것입니다. 그 때 이후로 많은 사람들은, 이상적인 기하학적 형태를 단순한 선으로 이루어지고 수학적으로 아주 간단하게 정의되는 사각형, 직사각형, 원, 삼각형 등이라고 믿게 되었습니다.

사랑하는 이들이여, 이것들은 플라톤이 이야기했던 이상적인 기하학적 형상이 아닙니다. 타락한 존재들이 자신들의 기계화된 개념을 가지고 낮은 수준의 기하학적 형태를 활용했지만, 고차원의 신성 기하학은 단순한 2 차원적 선들로 이루어진 아주 단순한 형태 그 이상이라는 사실에 주목해주길 바랍니다.

신성 기하학은 다차원의 기하학적 형태로 이루어집니다. 그것들은 폭, 너비, 깊이의 3 차원에만 존재하는 것이 아니라 4 차원의 시간과 아직 알려지지 않은 차원들에도 존재합니다. 사회에 더 높은 형태의 조직과 원리들을 가져오기 위해서 여러분은 이런 단순한 기하학을 넘어서서 좀 더 복합적인 기하학으로 가야 합니다. 여러분은 이 신성 기하학을 통해 이 시대의 과학과 과학적 원리에 대한 더 깊은 자각을 충분히 활용할 수 있습니다.

물론 여러분의 컴퓨터 기술은 백 년 전 혹은 수천 년 전에 사람들이 가지고 있던 능력을 넘어서는 복잡한 계산의 수행을 더욱 간단하게 만들었습니다.

내가 이야기하는 좀 더 복합적인 기하학이란 무엇일까요? 그것은, 현재에 있는 자연의 형태들과 더불어 작업하면서 하나의 위대한 조화를 창조해내는 풍수의 원리를 통해 접근할 수 있습니다. 이 풍수의 원리는 훨씬 더 높은 수준으로 활용될 수 있는데, 지구에 육화해서 이미 그러한 원리를 연구하고 실제적으로 활용할 능력이 있는 사람들이 있습니다.

여러분은 고차원의 기하학을 가져와달라는 요청을 함으로써 그들을 도울 수 있습니다.

단선적인 마음의 원리를 넘어서는 신성 기하학

앞에서 무엇이 가능한지를 보여주었던 것과는 대조적으로, 여러분은 그러한 고대 문명들의 설계에서 건축물들이 직선, 정사각형, 직사각형을 기본으로 하면서 대단히 규칙적인 격자 형태로 놓인 것을 볼 수 있을 것입니다. 그 사회들이 어떤 의미에서는 고도로 조직적이었다고 보일 수도 있습니다. 오늘날 여러분의 사회와 도시들을 보아도 그렇게 규칙적이지는 않습니다. 따라서 여러분은 고대의 사람들이 오늘날의 여러분보다 높은 수준의 조직성에 접근했었다고 생각할 수도 있습니다. 그러나 사랑하는 이들이여, 그것은 정확한 사실이 아니기 때문에 나는 그런 결론을 내리고 싶지는 않습니다.

그렇다고 현재의 사회가 가장 높은 수준의 조직성을 띠고 있다는 말이 아닙니다. 내가 알려주고 싶은 것은 그러한 고대 문명들과 도시 설계가 가진 그 모든 규칙성이 약간 복잡하기는 하지만 실제로 아주 고도로 정교한 복합성은 아니라는 것입니다. 만일 여러분이 단순한 정사각형이나 삼각형보다 더 고도의 기하학에서 나온 훨씬 더 정교한 복합성의 실례를 원한다면 멀리 갈 것 없이 여러분 자신의 몸을 보면 됩니다.

인간의 몸은 정사각형도 아니고 직선으로 이루어져 있지도 않습니다. 인간의 몸에는 고대인들이 이상적이라고 여겼던 정사각형이나 직선 같은 그런 단순한 기하학적 형태들은 전혀 없습니다. 그런 것들은 고대인들의 수학적인 수준에서 그들이 다룰 수 있었던 형태에 불과합니다. 실제로 인간의 몸은 어느 정도는 신성 기하학을 바탕으로 하고 있습니다. 여러분은 인간의 몸이 대칭을 이루고 있다는 사실을 알고 있습니다. 인간의 신체에는 직선이 없음에도 불구하고 대칭을 이루고 있습니다. 이것이 바로 내가 이야기하고 있는 더 고차원적인 신성 기하학의 일종입니다. 모든 것을 단순한 기하학적 형태로 축소해 버리지 않는, 더 높은 수준의 조직 방법이 있다는 것을 깨닫게 되면 그 원리를 가져와 사회의 많은 영역에 적용할 수 있습니다. 그러면 여러분의 마음은, 이른바 '단선적인 마음'에서 벗어나 자유로워지게 됩니다.

1차원의 단선적인 마음은 그런 단순한 기하학적 형태와 강하게 연결되어 있습니다. 일직선으로 달려가는 단선적인 마음은 아주 단순한 형태 속에서만 사고하고 상상하면서, 간단한 수학으로 다룰 수 있는 기계적인 요소들로 스스로를 축소시킵니다. 오늘날 여러분이 가지고 있는 수학은 훨씬 더 복잡합니다. 고도의 수학 이론들이 앞으로 더 많이 나오겠지만 그럼에도 불구하고 모든 것이 수학적인 원리로 환원될 수는 없습니다. 고차원적 형태의 인간의 마음은 기계적 장치가 아님을 깨달아야 합니다.

영혼을 위해 조직된 사회

인간의 마음은 그리스도 의식의 잠재력을 가지고 있고, 그리스도 의식의 잠재력은 기계적인 마음이 아닙니다. 그래서 그것은 단순한 기하학적 형태와 수학으로 환원될 수 없습니다. 사랑하는 이들이여, 여러분은 모든 것이 대칭적이고 일정한 비율로 만들어진, 완벽하게 규칙적인 기하학 형태를 바탕으로 건물이나 전체 도시를 건설할 수 있습니다. 북한과 중국 그리고 다른 공산주의 나라에서 세운 거대한 건물과 건물 복합체들을 보면, 현대 사회에서도 모든 것을 수학적, 기계적으로 제한하려는 시도를 하고 있는 것을 알 수 있습니다.

거기에 가서 그러한 건물들을 볼 때 여러분의 영혼이 기쁨으로 뛰놀까요? 아니요! 전혀 그렇지 않습니다. 실제로 그런 환경은 불편하게 느껴질 것입니다. 이 단순한 척도가 거기에 무언가 빠진 게 있음을 알려줍니다. 그들은, 영혼이 기계화될 수 없다는 깨달음을 놓치고 있습니다. 사람들에게 봉사하고, 사람들의 성장을 위해 봉사하는 사회를 창조하기 위해서는 경직된 기계적 관점, 혹은 수학적 관점의 계획으로 접근해서는 안됩니다.

여러분은 풍수에서 볼 수 있는 원리를 훨씬 더 정교하게 고려할 수 있어야 하며, 이것을 훨씬 더 고도로 발전시켜 응용할 수 있습니다. 여러분은 새로운 형태의 조직, 새로운 형태의 도시 계획, 새로운 구조의 회사와 정부 기관들을 창조하기 시작해야 합니다. 여기에 항상 창조성과 영혼의 확장을 위한 공간이 있어야 합니다. 영혼을 억압하거나 기계적 장치로 한정하려는 불가능한 시도 대신, 영혼의 발전을 촉진하는 환경을 조성해야 합니다.

공산주의 국가들을 들여다보면, 어제 언급한 소비에트 연방 사람들처럼, 어릴 때부터 자신들이 가장 발전된 사회에서 살고 있고 이를 자랑스럽게 여기도록 세뇌하는 환경에서 자라난 사람들을 보게 됩니다. 그러나 사람들은 그러한 환경에서는 완전한 만족을 느낄 수가 없습니다. 많은 이들이 내면에서, 무언가 잘못되었음을 느낍니다. 잘못되었다는 인식을 할 만큼 충분히 깨어있지 않은 사람들이라도, 여전히 뭔가 채워지지 않고 만족스럽지 않음을 느낍니다. 어떤 이들은 자신들이 결코 그 이상은 될 수 없다고 여기면서 현재의 비참함 안에서 만족할 수도 있겠지만, 그렇다고 그들이 행복하고, 충만하고, 가능한 최선의 사회에 살고 있다고 느끼는 것은 아닙니다. 그들의 외면적 마음은 그렇게 생각할 수도 있으나, 가슴으로는 그렇게 느끼지 못할 것입니다.

풍요로운 삶은 창조적인 삶입니다

사랑하는 이들이여, 나, 예수 그리스도는 모든 것은 생명을 가지고 있고 자신의 삶을 더 풍요롭게 누릴 수 있음을 알려주기 위해 왔었습니다. 여러분이 어떻게 생명을 누리겠습니까? 그것은 기계화된 의식을 통해서가 아니라 오직 그리스도 의식을 통해서만 가능합니다. 기계화된 의식은 높은 형태의 생명을 줄 수 없기 때문입니다. 분명, 로봇처럼 살아가고 있는 사람들은 비록 그들의 심장이 뛰고 폐로 숨을 쉬고 있지만, 진정으로 살아 있는 것이 아닙니다.

사랑하는 이들이여, 내가 여러분에게 주고자 했던 삶의 고차원적 형태는 진실로 그리스도 의식을 자각한 삶입니다. 내가 이야기한 삶의 풍요는 단지 물질적 풍요만이 아니라, 무엇보다도 영적인 풍요로움, 영혼의 풍요로움이었습니다. 그 풍요로움 안에서 여러분은 자신이 영적 여정을 가며 성장하고 있음을 알고, 자신의 신성한 개성을 표현하고, 사회에 봉사하면서 자신의 신성한 창조성을 펼쳐낼 수 있음을 자각합니다. 여러분은 자기 개인의 금전적, 물질적인 성취만을 위해 신성한 창조성을 발휘하는 것이 아닙니다. 가장 위대한 가치는 충만한 삶을 살고, 진정한 자기 자신으로 존재하면서 진정한 자기 자신을 표현하는 것이기 때문입니다.

이것이 풍요로운 삶입니다. 사랑하는 이들이여, 이것이 창조적인 삶입니다. 수십 년 내에 모든 사람이 이러한 삶을 경험하게 되기란 어려울 것입니다. 그러나 더 진보된 사회에서는 점점 더 높은 비율의 사람들이 이러한 종류의 내면적 만족감을 느끼기 시작할 것입니다. 그것은, 사회를 진보시킬 새로운 아이디어를 가져오기 위해 그들이 정확히 어디에 있어야 할지, 정확히 무엇을 해야 할지 아는 데에서부터 시작됩니다.

그리스도 의식으로 나라를 평가하는 법

이것은 모든 사회가 가져야 할 궁극적 가치입니다. 만일 여러분이 나라들을 진지하게 들여다보면서 얼마나 많은 사람들이 자신의 내면적 존재와 그리스도 의식을 구현하고 있는지에 따라 국가의 발전도를 평가해본다면, 오늘 여러분이 아는 것과는 완전히 다른 구성 요소를 보게 됩니다. 흔히 한 나라의 가치를 평가할 때 인구수, 국가 생산량, 군대의 수, 군사력의 크기와 힘, 경제적 규모, 기업의 경쟁력 등 외면적 척도들에 근거를 둡니다. 그 척도들은 그리스도 의식의 관점에서 볼 때는 아무것도 아닙니다. 그것들은 내가 말했듯이, 세속의 것에 탐닉하는 사탄의 의식일 뿐, 신에 속한 것들이 아닙니다.

황금시대를 향해 나아가며 가장 선두에 있는 나라들은 가장 다수의 사람들에게 가장 큰 창조적 자유를 주는 나라입니다. 그 나라들은 창조성을 통해 나온 새로운 아이디어가 사회에 실제적인 영향을 주도록 허용합니다.

사랑하는 이들이여, 이것이 여기 아시아에 있는 잠재력입니다. 그 잠재력은 여기 한국에서, 그리스도교나 공산주의 국가나 여느 조직체 등 지구의 어떤 기관의 통제도 받지 않는 그리스도 의식을 통해 펼쳐질 것입니다. 그 일은 절대로 강제로 될 수 있는 것이 아닙니다. 그리스도 의식에 이른 사람들을 교육하는 기계적 프로그램, 사회 안에서 특정 방향으로 가기 위해 그들의 창조성의 흐름을 통제하는 기계적 프로그램은 만들 수 없습니다.

성령(Holy Spirit)은 스스로 가고자 하는 방향으로 흘러가기에, 상층에 있는 권위적 구조들을 뒤엎을 수 있습니다. 내가 예루살렘의 사원으로 들어가 환전상의 탁자들을 뒤엎었던 것은, 모든 분야에서 사람들과 사회를 통제하면서 성령의 흐름을 막으려 했던 환전상의 탁자들을 성령이 어떻게 뒤엎을 수 있는지를 보여준 상징이었습니다. 성령의 흐름은 스스로 가고자 하는 방향으로 흐릅니다. 그것은 기계적인 방식으로 통제할 수 있는 것이 아니며, 이것이 바로 타락한 존재들이 개인들을 통해 흐르는 성령을 치명적으로 두려워하는 이유입니다.

따라서 그들은 개별적인 사람들을 통해 흐르는 성령의 흐름을 막기 위해 어떤 짓이든 서슴지 않고 할 것입니다. 그래서 그들은 거짓된 그리스도교를 통해, 더 이상 지상에 없는 예수 그리스도를 제외하고 사람들의 내면에는 그리스도가 존재하지 않는다고 부정해왔습니다. 이것은 여러분이 공식적인 그리스도교 교리를 믿는다면, 지구에서 그리스도 의식이 열릴 수가 없다는 것을 의미합니다. 또한 타락한 존재들은 공산주의를 만들어내어 개인의 내면에 있는 그리스도와 개개인들의 가치를 부인하고, 만인 안에서 만인의 상태를 향상시키는 것을 거부합니다.

이것이 과거에 이 지역의 많은 사회에서 한 사람의 특정 지도자를 제외하고서 모든 사람의 내면에 있는 그리스도를 부정해온 다양한 사상들이 전파된 이유입니다. 당연히 타락한 존재들은 만인의 내면에 있는 그리스도를 부정하고, 사람들이 그리스도 의식이나 성령의 흐름을 자각하는 것을 원치 않습니다. 또한 타락한 존재들은 그리스도에 대한 자각과 그리스도적 잠재력이 있는 사회를 받아들이기는 하겠지만, 그들 자신을 성령을 위한 유일한 통로로 높임으로써 나머지 모든 대중들이 그들의 내면에 있는 통로를 부정하도록 만듭니다.

다시 한번, 나, 예수 그리스도는 여기 한국과 아시아의 기계화된 의식에 대한 심판을 선언합니다. 나, 예수 그리스도는 한국과 아시아의 개개인 내면에 존재하는 그리스도를 부인하는 의식에 심판을 선언합니다. 여러분은 요청을 통해 이 심판을 강화할 수 있으며, 그 요청은 전생의 삶에서 그리스도 의식을 성취했던 수많은 사람들이 깨어나서 과감히 그리스도 의식을 표현하도록 전환을 일으키는 데 엄청난 영향을 줄 수 있습니다. 깨어난 그들은 과감하게 권위에 도전하고, 과감하게 새로운 아이디어를 위한 열린 문이 됨으로써 고차원의 기하학, 신성 기하학, 유기적 기하학, 그리스도적 기하학을 바탕으로 하는 높은 수준의 조직을 가진 사회를 창조하게 될 것입니다.

자 이제, 나는 여러분에게 이러한 자리를 제공해준 데 대해 고마움을 전합니다. 나는 충만한 기쁨과 내 가슴의 깊은 평화 안에서 여러분을 봉인합니다.

16
거짓 그리스도교에 대한
그리스도의 심판을 기원하기

I AM THAT I AM, 예수 그리스도의 이름으로 나의 아이앰 현존이, 무한히 초월해가는 내 미래의 현존을 통해 흐르며, 완전한 권능으로 이 디크리를 해주시기를 요청합니다. 나는 사랑하는 예수님께 한국에서 당신의 현존을 구현하시어, 사람들이 그리스도 신성을 표현하지 못하게 막는 모든 제도들에 대한 심판을 요청합니다…
(여기에 개인적인 요청을 추가하세요)

파트 1

1. 사랑하는 예수님, 아시아에 퍼져 있으면서 사회의 모든 계층에 침투하려는 거짓된 그리스도교에 대해, 당신 존재로부터 직접 그리스도의 심판이 내려지기를 요청합니다.

오 예수님, 내 축복받은 형제시여,
나는 당신이 그려주는 길을 갑니다.
우리 모두의 위대한 본보기시여,
나는 이제 내면에서 당신의 부름을 따릅니다.

오 예수님, 환희의 불꽃이,
악마의 미묘한 계책을 불태우게 하소서,
우리의 지구 행성은 변형되어,
황금시대의 탄생을 가져올 것입니다.

2. 사랑하는 예수님, 서양에서 지배적 위치를 차지해왔으며 지금 세계의 다른 지역으로 확산될 기회를 찾고 있는 거짓된 형태의 그리스도교에 대해, 그리스도의 심판을 요청합니다.

오 예수님, 내면의 눈을 열어주소서,
에고는 자신의 권리를 입증하려 하지만,
나는 더 이상 이를 따르지 않으며,
당신과 온전히 하나 되기를 원합니다.

오 예수님, 환희의 불꽃이,
악마의 미묘한 계책을 불태우게 하소서,
우리의 지구 행성은 변형되어,
황금시대의 탄생을 가져올 것입니다.

3. 사랑하는 예수님, 나는 당신과 하나됨 안에서, 한국과 아시아 국가들의 가톨릭교회에 대해 그리스도의 심판을 선언합니다.

오 예수님, 내게 주어진 대지혜의 열쇠를,
이제는 명료하게 깨닫습니다.
이에 내가 그리스도 자아를 받아들이니,
당신의 평화가 내면에 넘칩니다.

오 예수님, 환희의 불꽃이,
악마의 미묘한 계책을 불태우게 하소서,
우리의 지구 행성은 변형되어,
황금시대의 탄생을 가져올 것입니다.

4. 사랑하는 예수님, 나는 당신과 하나됨 안에서, 한국과 아시아 국가들의 개신교 교회에 대해 그리스도의 심판을 선언합니다.

오 예수님, 뱀의 거짓말을 드러내시고,
내 자신의 눈에 있는 들보를 깨닫게 하소서,
당신이 나에게 그리스도의 분별력을 주시니,
나는 영원히 하나됨 안에 거합니다.

오 예수님, 환희의 불꽃이,
악마의 미묘한 계책을 불태우게 하소서,
우리의 지구 행성은 변형되어,
황금시대의 탄생을 가져올 것입니다.

5. 사랑하는 예수님, 나는 당신과 하나됨 안에서, 한국과 아시아 국가들의 근본주의 교회에 대해 그리스도의 심판을 선언합니다.

오 예수님, 나는 진실로 온유하며,
나의 다른 뺨도 내어줍니다.
핍박자가 나를 공격할 때,
나는 내면으로 들어가 당신과 하나됩니다.

오 예수님, 환희의 불꽃이,
악마의 미묘한 계책을 불태우게 하소서,
우리의 지구 행성은 변형되어,
황금시대의 탄생을 가져올 것입니다.

6. 사랑하는 예수님, 나는 당신과 하나됨 안에서, 한국과 아시아 국가들의 몰몬 교회에 대해 그리스도의 심판을 선언합니다.

오 예수님, 나는 에고를 죽게 놓아두며,
모든 지상의 속박을 내려놓습니다.
죽은 자는 죽은 자로 하여금 장사 지내게 하며,

나는 당신과 함께 걸어갑니다.

**오 예수님, 환희의 불꽃이,
악마의 미묘한 계책을 불태우게 하소서,
우리의 지구 행성은 변형되어,
황금시대의 탄생을 가져올 것입니다.**

7. 사랑하는 예수님, 나는 당신과 하나됨 안에서, 거짓된 그리스도교 배후의 데몬들, 대형 교회들과 지부들 배후에 있는 최상위 데몬들과 그들을 지지하는 많은 데몬들에 대해, 그리스도의 심판을 선언합니다.

오 예수님, 더 높은 사랑을 통해,
내가 악마의 시험을 넘어서게 하소서,
분리된 자아가 비실재임을 보여주시고,
형상을 초월한 내 현존을 드러내소서.

**오 예수님, 환희의 불꽃이,
악마의 미묘한 계책을 불태우게 하소서,
우리의 지구 행성은 변형되어,
황금시대의 탄생을 가져올 것입니다.**

8. 사랑하는 예수님, 나는 당신과 하나됨 안에서, 이 지역에서 이 거짓된 종교가 사라지도록 이들 데몬들을 결박하고 소멸하라고 대천사 미카엘께 요청합니다. 이 거짓된 종교는 서구에서 자리를 잡은 이래로 아시아에서도 지배적인 위치를 구축하려 시도하고 있습니다.

오 예수님, 내게 속한 모든 것을,
나는 다 놓아 버리고 당신을 따릅니다.
이로써 나는 모든 시험을 통과하고,
당신과 함께 영원한 휴식을 발견합니다.

오 예수님, 환희의 불꽃이,

**악마의 미묘한 계책을 불태우게 하소서,
우리의 지구 행성은 변형되어,
황금시대의 탄생을 가져올 것입니다.**

9. 사랑하는 예수님, 당신의 메시지와 가르침을 접할 수 없는 거짓된 그리스도교를 통해서는 한국과 아시아에 황금시대를 가져올 수 없음을, 한국 사람들이 인식하게 하소서.

오 예수님, 불꽃같은 나의 마스터시여,
지금 내 가슴은 당신의 가슴 안으로 녹아듭니다.
가슴과 마음과 영혼을 다하여,
내 지고의 목표인 신을 사랑합니다.

**오 예수님, 환희의 불꽃이,
악마의 미묘한 계책을 불태우게 하소서,
우리의 지구 행성은 변형되어,
황금시대의 탄생을 가져올 것입니다.**

파트 2

1. 사랑하는 예수님, 오직 임계수치의 사람들이 깨어나서 각자 내면의 그리스도를 받아들이기 시작할 때 황금시대가 올 수 있음을 한국 사람들이 인식하게 하소서, 그 누구든 성령의 흐름에 스스로 가슴을 연다면, 성령은 그 사람을 통해 흐를 것입니다.

오 예수님, 내 축복받은 형제시여,
나는 당신이 그려주는 길을 갑니다.
우리 모두의 위대한 본보기시여,
나는 이제 내면에서 당신의 부름을 따릅니다.

오 예수님, 환희의 불꽃이,

**악마의 미묘한 계책을 불태우게 하소서,
우리의 지구 행성은 변형되어,
황금시대의 탄생을 가져올 것입니다.**

2. 사랑하는 예수님, 오직 소수의 엘리트만이 신의 왕국에 접근하여 성령의 흐름을 위한 특사로 활동할 수 있다는 말은 전적인 거짓말임을 한국 사람들이 인식하게 하소서. 성령은 사회 안에서 인간들이 만들어 놓은 계급에 개의치 않습니다.

오 예수님, 내면의 눈을 열어주소서,
에고는 자신의 권리를 입증하려 하지만,
나는 더 이상 이를 따르지 않으며,
당신과 온전히 하나 되기를 원합니다.

**오 예수님, 환희의 불꽃이,
악마의 미묘한 계책을 불태우게 하소서,
우리의 지구 행성은 변형되어,
황금시대의 탄생을 가져올 것입니다.**

3. 사랑하는 예수님, 실제로는 신에 반대하는 타락한 존재들의 목적을 위해 사람들을 조종하고 있으면서도 신의 대리자로 자처한다면, 이보다 더 큰 조작은 없음을 한국 사람들이 인식하게 하소서.

오 예수님, 내게 주어진 대지혜의 열쇠를,
이제는 명료하게 깨닫습니다.
이에 내가 그리스도 자아를 받아들이니,
당신의 평화가 내면에 넘칩니다.

**오 예수님, 환희의 불꽃이,
악마의 미묘한 계책을 불태우게 하소서,
우리의 지구 행성은 변형되어,
황금시대의 탄생을 가져올 것입니다.**

4. 사랑하는 예수님, 나는 당신과 하나됨 안에서, 오늘날 당신을 대리한다고 주장하는 거짓된 그리스도교에 대해 그리스도의 심판을 선언합니다.

오 예수님, 뱀의 거짓말을 드러내시고,
내 자신의 눈에 있는 들보를 깨닫게 하소서,
당신이 나에게 그리스도의 분별력을 주시니,
나는 영원히 하나됨 안에 거합니다.

오 예수님, 환희의 불꽃이,
악마의 미묘한 계책을 불태우게 하소서,
우리의 지구 행성은 변형되어,
황금시대의 탄생을 가져올 것입니다.

5. 사랑하는 예수님, 나는 당신과 하나됨 안에서, 당신의 이름을 오용하고, 그리스도에 대한 충성을 선언하면서 사실상은 어둠의 왕자에게 충성을 맹세한, 거짓된 그리스도교에 대해 그리스도의 심판을 선언합니다.

오 예수님, 나는 진실로 온유하며,
나의 다른 뺨도 내어줍니다.
핍박자가 나를 공격할 때,
나는 내면으로 들어가 당신과 하나됩니다.

오 예수님, 환희의 불꽃이,
악마의 미묘한 계책을 불태우게 하소서,
우리의 지구 행성은 변형되어,
황금시대의 탄생을 가져올 것입니다.

6. 사랑하는 예수님, 나는 당신과 하나됨 안에서, 당신의 가슴에 조율할 의향도 없고 당신과 하나됨에 이르지도 않은 지도자들이 당신을 대리하

고 있다고 주장하는 거짓된 그리스도교에 대해 그리스도의 심판을 선언합니다.

오 예수님, 나는 에고를 죽게 놓아두며,
모든 지상의 속박을 내려놓습니다.
죽은 자는 죽은 자로 하여금 장사 지내게 하며,
나는 당신과 함께 걸어갑니다.

**오 예수님, 환희의 불꽃이,
악마의 미묘한 계책을 불태우게 하소서,
우리의 지구 행성은 변형되어,
황금시대의 탄생을 가져올 것입니다.**

7. 사랑하는 예수님, 나는 한국의 영적인 사람들에게 내면의 그리스도를 자각하라고 요청합니다. 그들이 내면의 그리스도를 어떻게 말로 표현할지 의식적으로 알지 못한다 해도, 자발적으로 자신의 그리스도 신성을 표현할 것입니다.

오 예수님, 더 높은 사랑을 통해,
내가 악마의 시험을 넘어서게 하소서,
분리된 자아가 비실재임을 보여주시고,
형상을 초월한 내 현존을 드러내소서.

**오 예수님, 환희의 불꽃이,
악마의 미묘한 계책을 불태우게 하소서,
우리의 지구 행성은 변형되어,
황금시대의 탄생을 가져올 것입니다.**

8. 사랑하는 예수님, 공개적으로 권위에 의문을 던지는 용기와 자발성을 가지도록 한국 사람들을 일깨워 주소서. 더 낮은 지위의 사람이 감히 윗사람의 권위에 의문을 제기하지 못하는 문화로부터 일깨워 주소서.

오 예수님, 내게 속한 모든 것을,
나는 다 놓아 버리고 당신을 따릅니다.
이로써 나는 모든 시험을 통과하고,
당신과 함께 영원한 휴식을 발견합니다.

오 예수님, 환희의 불꽃이,
악마의 미묘한 계책을 불태우게 하소서,
우리의 지구 행성은 변형되어,
황금시대의 탄생을 가져올 것입니다.

9. 사랑하는 예수님, 한국 사람들을 일깨워 주시어, 옳지 않은 일을 보면 권위 앞에서도 당당하게 목소리를 낼 수 있도록 한국 사람들을 일깨워주소서. 더 훌륭한 대안이 있고, 모든 관련자들에게 더 좋은 결과를 가져올 방법이 있다고 과감하게 지적하게 하소서.

오 예수님, 불꽃같은 나의 마스터시여,
지금 내 가슴은 당신의 가슴 안으로 녹아듭니다.
가슴과 마음과 영혼을 다하여,
내 지고의 목표인 신을 사랑합니다.

오 예수님, 환희의 불꽃이,
악마의 미묘한 계책을 불태우게 하소서,
우리의 지구 행성은 변형되어,
황금시대의 탄생을 가져올 것입니다.

파트 3

1. 사랑하는 예수님, 새로운 국제 비즈니스 환경에서 경쟁하기 위해 더 개선되어야 하는 점에 대해 말할 필요성을 한국 사람들에게 일깨워 주소서. 우리가 여기 아시아에서 발전의 선두에 서려면, 한국은 새로운 대책을 취해야 합니다.

오 예수님, 내 축복받은 형제시여,
나는 당신이 그려주는 길을 갑니다.
우리 모두의 위대한 본보기시여,
나는 이제 내면에서 당신의 부름을 따릅니다.

오 예수님, 환희의 불꽃이,
악마의 미묘한 계책을 불태우게 하소서,
우리의 지구 행성은 변형되어,
황금시대의 탄생을 가져올 것입니다.

2. 사랑하는 예수님, 사람들이 스스로 보고 생각하는 것에 대해 말하는 것을 두려워하지 않는, 다른 풍토를 창조하도록 한국 사람들을 일깨워 주소서. 만일 권위적 위치에 있는 사람들이 새로운 아이디어들을 실행해간다면, 아랫사람들을 위해 옳은 일을 하는 것이고, 그럼으로써 자신들의 권위적 입지도 강화할 수 있음을 인식하게 하소서.

오 예수님, 내면의 눈을 열어주소서,
에고는 자신의 권리를 입증하려 하지만,
나는 더 이상 이를 따르지 않으며,
당신과 온전히 하나 되기를 원합니다.

오 예수님, 환희의 불꽃이,
악마의 미묘한 계책을 불태우게 하소서,
우리의 지구 행성은 변형되어,
황금시대의 탄생을 가져올 것입니다.

3. 사랑하는 예수님, 변화를 통해 모두가 승리하는 "상생" 개념을 수용하도록, 한국 사람들을 일깨워 주소서. 우리가 국제적 환경에서 경쟁력을 유지하려면, 전반적으로 더 높은 수준으로 올라가야 함을 인식하게 하소서.

오 예수님, 내게 주어진 대지혜의 열쇠를,
이제는 명료하게 깨닫습니다.
이에 내가 그리스도 자아를 받아들이니,
당신의 평화가 내면에 넘칩니다.

오 예수님, 환희의 불꽃이,
악마의 미묘한 계책을 불태우게 하소서,
우리의 지구 행성은 변형되어,
황금시대의 탄생을 가져올 것입니다.

4. 사랑하는 예수님, 한국 사람들이 아시아에서 가장 발전된 나라가 되고자 하는 욕구를, 새로운 아이디어를 수용하고 다른 나라가 하지 못한 것을 과감히 실행하려는 의지로 전환시키도록 도와주소서.

오 예수님, 뱀의 거짓말을 드러내시고,
내 자신의 눈에 있는 들보를 깨닫게 하소서,
당신이 나에게 그리스도의 분별력을 주시니,
나는 영원히 하나됨 안에 거합니다.

오 예수님, 환희의 불꽃이,
악마의 미묘한 계책을 불태우게 하소서,
우리의 지구 행성은 변형되어,
황금시대의 탄생을 가져올 것입니다.

5. 사랑하는 예수님, 한국 사람들이 여태까지 행해온 기존 방식에 대해 의문을 품게 하시고, 우리 문화와 접근방식의 어떤 측면이 우리가 선두에 서는 것을 방해하는지 인식하게 하소서.

오 예수님, 나는 진실로 온유하며,
나의 다른 뺨도 내어줍니다.
핍박자가 나를 공격할 때,
나는 내면으로 들어가 당신과 하나됩니다.

**오 예수님, 환희의 불꽃이,
악마의 미묘한 계책을 불태우게 하소서,
우리의 지구 행성은 변형되어,
황금시대의 탄생을 가져올 것입니다.**

6. 사랑하는 예수님, 글로벌 경쟁 환경에서 이 사회가 앞으로 도약하기 위해 무엇을 할 수 있는지를 살펴보는 공공 논의의 장을 창조하도록 한국 사람들을 도와주소서. 우리는 침체되어 성장이 멈춰 있는 오래된 나라들을 어떻게 뛰어넘을 수 있을까요?

오 예수님, 나는 에고를 죽게 놓아두며,
모든 지상의 속박을 내려놓습니다.
죽은 자는 죽은 자로 하여금 장사 지내게 하며,
나는 당신과 함께 걸어갑니다.

**오 예수님, 환희의 불꽃이,
악마의 미묘한 계책을 불태우게 하소서,
우리의 지구 행성은 변형되어,
황금시대의 탄생을 가져올 것입니다.**

7. 사랑하는 예수님, 나는 당신과 하나됨 안에서, 이 변화에 반대하는 타락한 존재들에 대해 그리스도의 심판을 선언합니다. 나는 자신들의 특권적 지위를 보호하기 위해 진보를 가로막는 이 지도자들의 정체가 명백하게 드러나게 해달라고 요청합니다.

오 예수님, 더 높은 사랑을 통해,
내가 악마의 시험을 넘어서게 하소서,
분리된 자아가 비실재임을 보여주시고,
형상을 초월한 내 현존을 드러내소서.

**오 예수님, 환희의 불꽃이,
악마의 미묘한 계책을 불태우게 하소서,**

우리의 지구 행성은 변형되어,
황금시대의 탄생을 가져올 것입니다.

8. 사랑하는 예수님, 나는 당신과 하나됨 안에서, 무력을 통해 얻은 자신들의 특권적 지위를 유지하기 위해 진정한 공동체의 의미를 거스르는 행동을 하는 사람들에 대해 그리스도의 심판을 선언합니다.

오 예수님, 내게 속한 모든 것을,
나는 다 놓아 버리고 당신을 따릅니다.
이로써 나는 모든 시험을 통과하고,
당신과 함께 영원한 휴식을 발견합니다.

**오 예수님, 환희의 불꽃이,
악마의 미묘한 계책을 불태우게 하소서,
우리의 지구 행성은 변형되어,
황금시대의 탄생을 가져올 것입니다.**

9. 사랑하는 예수님, 사회 내의 토론 내용에 전환이 일어나도록 한국 사람들을 도와주소서, 이런 낮은 의식을 가진 사람들이 지도자의 위치에 있도록 허용하는 한, 어떤 사회도 황금시대를 실현할 수 없음을 우리가 깨닫게 하소서.

오 예수님, 불꽃같은 나의 마스터시여,
지금 내 가슴은 당신의 가슴 안으로 녹아듭니다.
가슴과 마음과 영혼을 다하여,
내 지고의 목표인 신을 사랑합니다.

**오 예수님, 환희의 불꽃이,
악마의 미묘한 계책을 불태우게 하소서,
우리의 지구 행성은 변형되어,
황금시대의 탄생을 가져올 것입니다.**

파트 4

1. 사랑하는 예수님, 모든 사람들을 섬기기보다는 소수 엘리트인 자신들을 섬기도록 지위와 권력을 남용해 온 존재들이 있음을, 한국 사람들이 새로이 인식하게 하소서.

오 예수님, 내 축복받은 형제시여,
나는 당신이 그려주는 길을 갑니다.
우리 모두의 위대한 본보기시여,
나는 이제 내면에서 당신의 부름을 따릅니다.

**오 예수님, 환희의 불꽃이,
악마의 미묘한 계책을 불태우게 하소서,
우리의 지구 행성은 변형되어,
황금시대의 탄생을 가져올 것입니다.**

2. 사랑하는 예수님, 지도자를 알아보는 진정한 척도는 그가 모든 사람들을 섬기는지 아니면 소수 엘리트의 편협한 이익을 섬기는지에 있음을, 한국 사람들이 인식하게 하소서.

오 예수님, 내면의 눈을 열어주소서,
에고는 자신의 권리를 입증하려 하지만,
나는 더 이상 이를 따르지 않으며,
당신과 온전히 하나 되기를 원합니다.

**오 예수님, 환희의 불꽃이,
악마의 미묘한 계책을 불태우게 하소서,
우리의 지구 행성은 변형되어,
황금시대의 탄생을 가져올 것입니다.**

3. 사랑하는 예수님, 엘리트가 사회와 대중을 이용하도록 허용하지 않고, 최대 다수의 사람들에게 봉사하는 사회를 창조하는 것이, 발전의 선두에 서는 유일한 방법임을 한국 사람들이 인식하게 하소서.

오 예수님, 내게 주어진 대지혜의 열쇠를,
이제는 명료하게 깨닫습니다.
이에 내가 그리스도 자아를 받아들이니,
당신의 평화가 내면에 넘칩니다.

오 예수님, 환희의 불꽃이,
악마의 미묘한 계책을 불태우게 하소서,
우리의 지구 행성은 변형되어,
황금시대의 탄생을 가져올 것입니다.

4. 사랑하는 예수님, 나는 당신과 하나됨 안에서, 모든 사람을 미리 규정된 역할을 기계적으로 수행하는 로봇으로 축소하고 통제하는 사회를 조직하려는 타락한 존재들에 대해 그리스도의 심판을 선언합니다.

오 예수님, 뱀의 거짓말을 드러내시고,
내 자신의 눈에 있는 들보를 깨닫게 하소서,
당신이 나에게 그리스도의 분별력을 주시니,
나는 영원히 하나됨 안에 거합니다.

오 예수님, 환희의 불꽃이,
악마의 미묘한 계책을 불태우게 하소서,
우리의 지구 행성은 변형되어,
황금시대의 탄생을 가져올 것입니다.

5. 사랑하는 예수님, 한국 사람들이 모든 사람들을 획일화시키는 기계화의 개념 대신, 개개인들이 아이앰 현존에서 나오는 창조성을 표현하는 그리스도 의식을 바탕으로 한 사회를 만들게 하소서.

오 예수님, 나는 진실로 온유하며,
나의 다른 뺨도 내어줍니다.
핍박자가 나를 공격할 때,
나는 내면으로 들어가 당신과 하나됩니다.

**오 예수님, 환희의 불꽃이,
악마의 미묘한 계책을 불태우게 하소서,
우리의 지구 행성은 변형되어,
황금시대의 탄생을 가져올 것입니다.**

6. 사랑하는 예수님, 타락한 존재들은 저급한 기하학적 형태에 기반을 둔 기계적인 개념을 가진 반면, 다차원적인 기하학적 형태에 기반을 둔 신성 기하학이 존재한다는 사실을 한국 사람들이 인식하게 하소서.

오 예수님, 나는 에고를 죽게 놓아두며,
모든 지상의 속박을 내려놓습니다.
죽은 자는 죽은 자로 하여금 장사 지내게 하며,
나는 당신과 함께 걸어갑니다.

**오 예수님, 환희의 불꽃이,
악마의 미묘한 계책을 불태우게 하소서,
우리의 지구 행성은 변형되어,
황금시대의 탄생을 가져올 것입니다.**

7. 사랑하는 예수님, 우리가 사회를 더 높은 형태로 조직하기 위해서는 단순한 기하학을 넘어서서 더 복합적인 기하학을 활용할 필요가 있음을, 한국 사람들이 인식하게 하소서.

오 예수님, 더 높은 사랑을 통해,
내가 악마의 시험을 넘어서게 하소서,
분리된 자아가 비실재임을 보여주시고,
형상을 초월한 내 현존을 드러내소서.

**오 예수님, 환희의 불꽃이,
악마의 미묘한 계책을 불태우게 하소서,
우리의 지구 행성은 변형되어,
황금시대의 탄생을 가져올 것입니다.**

8. 사랑하는 예수님, 모든 것을 단순한 기하학적 형태로 한정시키도록 요구하지 않는, 새로운 기하학을 이미 활용하고 있는, 육화 중인 사람들을 일깨워주소서.

오 예수님, 내게 속한 모든 것을,
나는 다 놓아 버리고 당신을 따릅니다.
이로써 나는 모든 시험을 통과하고,
당신과 함께 영원한 휴식을 발견합니다.

오 예수님, 환희의 불꽃이,
악마의 미묘한 계책을 불태우게 하소서,
우리의 지구 행성은 변형되어,
황금시대의 탄생을 가져올 것입니다.

9. 사랑하는 예수님, 영혼은 기계화 될 수 없다는 사실을 한국 사람들이 인식하게 하소서. 사람들의 성장을 위해 봉사하는 사회를 만들기 위해서는 경직된 기계적 관점이나 수학적인 관점의 계획으로 접근해서는 안 됩니다.

오 예수님, 불꽃같은 나의 마스터시여,
지금 내 가슴은 당신의 가슴 안으로 녹아듭니다.
가슴과 마음과 영혼을 다하여,
내 지고의 목표인 신을 사랑합니다.

**오 예수님, 환희의 불꽃이,
악마의 미묘한 계책을 불태우게 하소서,
우리의 지구 행성은 변형되어,**

황금시대의 탄생을 가져올 것입니다.

파트 5

1. 사랑하는 예수님, 자연과 조화를 이루는 풍수 사상을 활용하여 어떻게 새로운 형태의 도시계획과 기업과 정부와 관청을 창조할 수 있는지를 한국 사람들이 인식하게 하소서. 우리가 사람들을 기계적인 장치로 한정하려는 시도보다는 영혼의 발전을 촉진하는 환경을 만들도록 도와주소서.

오 예수님, 내 축복받은 형제시여,
나는 당신이 그려주는 길을 갑니다.
우리 모두의 위대한 본보기시여,
나는 이제 내면에서 당신의 부름을 따릅니다.

**오 예수님, 환희의 불꽃이,
악마의 미묘한 계책을 불태우게 하소서,
우리의 지구 행성은 변형되어,
황금시대의 탄생을 가져올 것입니다.**

2. 사랑하는 예수님, 자신들이 가장 수준 높은 사회에 살고 있다고 생각하며 그들의 나라를 자랑스러워하도록 세뇌되어 온 북한 사람들을 일깨워 주소서. 그들을 일깨우시어, 이러한 것이 그들의 영혼을 만족시키지 못함을 내면에서 알게 하소서.

오 예수님, 내면의 눈을 열어주소서,
에고는 자신의 권리를 입증하려 하지만,
나는 더 이상 이를 따르지 않으며,
당신과 온전히 하나 되기를 원합니다.

오 예수님, 환희의 불꽃이,

**악마의 미묘한 계책을 불태우게 하소서,
우리의 지구 행성은 변형되어,
황금시대의 탄생을 가져올 것입니다.**

3. 사랑하는 예수님, 당신이 말씀하신 풍요로운 삶은 단지 물질적인 풍요만이 아니라 무엇보다도 영적인 풍요임을 한국 사람들이 인식하게 하소서, 이 풍요로움 안에서 우리는 사회와 사람들에게 봉사하면서 우리의 신성한 창조성을 펼칠 수 있음을 자각합니다.

오 예수님, 내게 주어진 대지혜의 열쇠를,
이제는 명료하게 깨닫습니다.
이에 내가 그리스도 자아를 받아들이니,
당신의 평화가 내면에 넘칩니다.

**오 예수님, 환희의 불꽃이,
악마의 미묘한 계책을 불태우게 하소서,
우리의 지구 행성은 변형되어,
황금시대의 탄생을 가져올 것입니다.**

4. 사랑하는 예수님, 한국 사람들이 개인의 금전적, 물질적인 성취에만 초점을 맞추는 것을 극복하게 하소서. 가장 위대한 가치는 충만한 삶을 살고, 진정한 자기 자신으로 존재함을 느끼고, 진정한 자기 자신을 표현하는 것임을 깨닫게 하소서.

오 예수님, 뱀의 거짓말을 드러내시고,
내 자신의 눈에 있는 들보를 깨닫게 하소서,
당신이 나에게 그리스도의 분별력을 주시니,
나는 영원히 하나됨 안에 거합니다.

**오 예수님, 환희의 불꽃이,
악마의 미묘한 계책을 불태우게 하소서,
우리의 지구 행성은 변형되어,**

황금시대의 탄생을 가져올 것입니다.

5. 사랑하는 예수님, 황금시대를 향해 가장 선두에 서 있는 나라들은 가장 많은 사람들에게 가장 큰 창조적 자유를 주는 나라임을, 한국 사람들이 인식하게 하소서. 그 나라들은, 새로운 아이디어들이 사회에 실제적인 영향을 주도록 허용합니다.

오 예수님, 나는 진실로 온유하며,
나의 다른 뺨도 내어줍니다.
핍박자가 나를 공격할 때,
나는 내면으로 들어가 당신과 하나됩니다.

**오 예수님, 환희의 불꽃이,
악마의 미묘한 계책을 불태우게 하소서,
우리의 지구 행성은 변형되어,
황금시대의 탄생을 가져올 것입니다.**

6. 사랑하는 예수님, 나는 당신과 하나됨 안에서, 더 이상 지상에 없는 예수 그리스도를 제외하고는 그 누구의 내면에도 그리스도가 없다고 주장하는, 거짓된 그리스도교에 대한 심판을 선언합니다. 거짓된 그리스도교는 지상에서 그리스도 의식이 열릴 수 없다고 주장합니다.

오 예수님, 나는 에고를 죽게 놓아두며,
모든 지상의 속박을 내려놓습니다.
죽은 자는 죽은 자로 하여금 장사 지내게 하며,
나는 당신과 함께 걸어갑니다.

**오 예수님, 환희의 불꽃이,
악마의 미묘한 계책을 불태우게 하소서,
우리의 지구 행성은 변형되어,
황금시대의 탄생을 가져올 것입니다.**

7. 사랑하는 예수님, 나는 당신과 하나됨 안에서, 개인 내면의 그리스도와 개인의 가치를 부정하며 국가를 가장 중요한 것으로 높이는 공산주의에 대해 그리스도의 심판을 선언합니다.

오 예수님, 더 높은 사랑을 통해,
내가 악마의 시험을 넘어서게 하소서,
분리된 자아가 비실재임을 보여주시고,
형상을 초월한 내 현존을 드러내소서.

**오 예수님, 환희의 불꽃이,
악마의 미묘한 계책을 불태우게 하소서,
우리의 지구 행성은 변형되어,
황금시대의 탄생을 가져올 것입니다.**

8. 사랑하는 예수님, 나는 당신과 하나됨 안에서, 한국의 기계화된 의식에 대해 그리스도의 심판을 선언합니다. 나는 한국의 개개인 내면에 존재하는 그리스도를 부인하는 의식에 대해 심판을 선언합니다.

오 예수님, 내게 속한 모든 것을,
나는 다 놓아 버리고 당신을 따릅니다.
이로써 나는 모든 시험을 통과하고,
당신과 함께 영원한 휴식을 발견합니다.

**오 예수님, 환희의 불꽃이,
악마의 미묘한 계책을 불태우게 하소서,
우리의 지구 행성은 변형되어,
황금시대의 탄생을 가져올 것입니다.**

9. 사랑하는 예수님, 그리스도 의식을 성취한 사람들이 깨어나서, 과감하게 권위에 도전하고 새로운 아이디어를 위한 열린 문이 되며, 그리스

도의 기하학을 바탕으로 한 높은 수준의 조직을 가진 사회를 창조함으로써, 그들의 그리스도 신성을 표현하게 하소서.

오 예수님, 불꽃같은 나의 마스터시여,
지금 내 가슴은 당신의 가슴 안으로 녹아듭니다.
가슴과 마음과 영혼을 다하여,
내 지고의 목표인 신을 사랑합니다.

오 예수님, 환희의 불꽃이,
악마의 미묘한 계책을 불태우게 하소서,
우리의 지구 행성은 변형되어,
황금시대의 탄생을 가져올 것입니다.

봉인하기

신성한 어머니의 이름으로, 나는 이 요청의 힘이 마-터 빛을 자유롭게 하는데 사용되어, 나 자신의 삶과 모든 사람들과 행성을 위한 그리스도의 완전한 비전을 구현할 수 있음을 전적으로 받아들입니다. I AM THAT I AM 의 이름으로, 그것이 이루어졌습니다! 아멘.

성모 마리아

Mother Mary

부패는 타락한 존재들로부터 옵니다

어떻게 부패를 근절할 수 있을까요

한국의 재벌 기업

한국의 기업 개혁

부패에 대한 더 넓은 관점

사회를 움직이는 타락한 존재들의 위계 서열

한국의 타락한 존재들

새로운 유형의 기업

진화론의 결함

공산주의와 자본주의는 자연스러운 것도, 필연적인 것도 아닙니다

적자의 생존에서 가장 친절한 자의 번영으로

17
적자생존이 아닌 가장 친절한 자의 생존

상승 마스터 성모 마리아, 2016 년 7 월 3 일

나는 상승 마스터 성모 마리아입니다.

나는 여러분에게 부패 현상에 대해 몇 가지 가르침을 주고자 합니다. 상승 마스터들로부터 영감을 받아 전 세계적으로 부패에 대한 파수꾼의 역할을 하게 된 기관들이 있습니다. 몇몇 기관은 세계의 국가들의 부패 정도에 대한 순위를 매기기 위해 다양한 기준을 사용하는 부패 지수들을 만들었습니다. 당연히 어떤 기준이 사용되었는지에 대한 논의가 항상 가능하며, 다른 기준을 사용하면 순위도 다르게 매겨질 수 있을 겁니다. 그런데 이 지수들을 보면 남한은 동남아시아에서 부패의 수준이 비교적 낮은 국가에 속하고, 반면 북한은 가장 높은 나라에 속합니다.

황금시대에 부패 현상이 존재할 수 없다는 것은 명백한 일이고 또 명백해져야 합니다. 여러분이 황금시대로 들어가고 있을 때, 부패는 전혀 용인될 수도 없고 존재할 수도 없습니다. 따라서 영적인 사람들로서 여러분은 부패 현상에 대한 자각을 가지고 여러분의 사회와 다른 사회들의 변형을 위해서 요청을 하는 것이 필요합니다. 영적인 사람으로서 여러분은 남한의 부패가 상대적으로 낮다고 해서 안심할 수 없으며, 북한의 변형을 위해서 요청을 해야 합니다. 이것은 그곳의 부패를 폭로하고 극복하는 것을 의미합니다.

부패는 타락한 존재들로부터 옵니다

이제 몇 가지 간단한 질문을 하면서 이 현상을 살펴보겠습니다. 공산주의와 마르크시즘은 언제나 자신이 대중과 노동자들의 이익을 위해 봉사하는 사회를 창조한다고 주장해 왔습니다. 그렇다면 북한, 베네수엘라, 쿠바처럼 아직도 공산주의 이데올로기를 고수하고 있는 나라에 어떻게 가장 높은 수위의 부패가 있을 수 있는 걸까요? 또 과거 소비에트로부터 많은 영향을 받은 러시아에 어떻게 그렇게 높은 수위의 부패가 있을 수 있을까요?

일반 대중의 이익을 추구하는 정치 체계를 가졌다고 주장하는 나라들의 부패 수준이 그렇게 높다는 것은 모순이 아닌가요? 부패가 일반 대중의 이익에 반대로 작용한다는 것은 잘 알려진 사실입니다. 일반 대중들은 사회에서 뇌물을 받는 것이 가능한 지위에 있지 않습니다. 물론 그들은 공산주의 국가에서도 집권층 엘리트에 끼지 못합니다. 엘리트층은 뇌물을 받는 것과는 완전히 다른 높은 수준에서 교묘한 부패를 창조해냅니다.

다시 말하지만, 설명은 아주 간단합니다. 우리가 이미 언급했듯이, 공산주의 체계는 타락한 존재들이 이끄는 파워 엘리트에게 무제한의 통제권을 줍니다. 또한 제어되지 않은 자본주의 국가는 소수 엘리트에게 무제한의 통제권을 부여하며, 그들 역시 그 사회를 장악하려는 타락한 존재들입니다. 부패의 본질은 무엇인가요? 그것은 편협한 두려움에 기반을 둔 사리 추구입니다.

사회가 부여해준 지위에 있는 사람들이, 국민의 이익과 나라의 이익을 돌봐야 하는 그들의 역할을 제대로 수행하고 있지 않습니다. 그 대신 그들은 자신들의 편협한 사리사욕을 구하며 금전적인 뇌물을 받고 특혜를 주는 등 여러 형태의 부패를 행하며 지위를 이용하고 있습니다. 기꺼이 그런 뇌물을 주고 그런 특혜를 받으려는 사람들은 누구일까요? 그들은 뇌물을 줌으로써 무언가를 할 수 있게 되고 주지 않으면 불가능해지는, 그런 자신의 이익을 찾고 있는 사람입니다. 이를 통해 그들은 뇌물을 줄 수 없거나 주지 않는 사람들을 앞지를 수 있습니다. 이것도 역시 사리 추구입니다. 더 높은 수준에서 훨씬 더 교묘한 방식으로 특혜를 교환하는 작은 집단, 소수 엘리트가 있습니다. 그들은 어떤 사회적 지위를 얻거나 유지하고, 어떤 개인적인 혜택을 얻기 위해 서로 돕고 있습니다.

부패 현상은 본질적으로 타락한 존재들에 의해 창조되었습니다. 그렇다고 해서 그것을 받거나 지불하면서 부패에 연루된 모든 사람이 타락한 존재들이라는 의미는 아닙니다. 어떤 유형의 부패에 연루된 모든 사람들은 타락한 의식에 현혹되고 끌려 들어갔으며 따라서 그들은 그 시스템의 일부라는 것입니다. 그들은 개인의 이익을 위해서 이 부패에 관여해야 한다는 생각에 유혹되었습니다. 그들이 해야 된다고 생각한 것을 하기 위해선 다른 방법이 없었습니다.

어떻게 부패를 근절할 수 있을까요

그렇다면 여러분은 어떻게 세상에 부패의 수위가 매우 낮은 나라들이 있을 수 있는지 자문하게 됩니다. 이것은 그 나라들의 국민들이 기꺼이 편협한 사리 추구를 넘어서 전체를 위한 최선을 찾으려 했기 때문이 아닐까요? 그 국민들은 부패에 관여하는 것을 원치 않고 정부는 부패를 근절하기 위해 아주 강력한 조치를 취하며, 언론은 부패의 폭로를 추구하고, 국민들은 부패를 마주칠 때마다 폭로하려는 태도와 문화를 만들어왔습니다.

그들이 부패를 근절하는 어떤 유형의 마법이나 다른 나라들이 따라할 수 없는 어떤 것을 행했던 것은 아니었습니다. 그들은 편협한 두려움 기반의 사리사욕을 넘어 바라보면 일반 대중의 이익을 위한 더 폭넓고 더 계몽된 자기 이익에 도달할 수 있다는 의식을 키워왔습니다. 그래서 일반 대중의 이익을 추구하면서 가능한 한 최소한의 부패를 가진 사회를 창조하려는 조치를 취한 것입니다.

이것은 곧, 파워 엘리트의 힘이 강하지 않은 사회를 만들었다는 의미입니다. 따라서 여전히 그 나라에 낮은 수위의 부패를 저지르는 파워 엘리트가 있다 해도 그들은 다른 나라와 같은 정도의 타락한 존재들, 그렇게 무자비한 타락한 존재들을 끌어들이지는 않을 것입니다. 여러분도 보다시피 이런 나라는 타락한 존재들이 원하는 것을 전혀 제공하지 않습니다.

어떤 나라에서 어떻게 부패를 근절할 수 있을지를 보려면 그 사회의 어느 제도나 구조가, 타락한 존재들을 그들의 통상적인 방식대로 할 수 있게 허용하는지를 살펴봐야 합니다. 타락한 존재들은 자신들을 엘리트의 위치에 올려놓고 아무런 의무나 개인적인 책임 없이 권력을 행사할 수 있도록 도모해 왔습니다. 그들은 자신들이 사용하는 수단과 일반 대중에게 주는 고통에 대해서는 전혀 책임을 지지 않으면서, 가능한 모든 수단으로 개인적인 이익을 얻길 원했습니다.

한국의 재벌 기업

이 관점에서 남한을 보면 부패의 주된 근원은, 전쟁 후에 형성된 복합 기업군이었음을 알 수 있습니다. 역사적으로 볼 때 이것은 경제를 활성화시키고 전쟁 후의 황폐를 극복하기 위해 할 수 있었던 하나의 방책이었지만, 한국 사회와 국민들은 호된 비용을 치러야 했습니다. 정부가 한 주된 일은 특정한 가문들에게 지위를 줌으로써, 정부와 미디어와 국민들이 책임을 물을 수 없는 상태에서 그들이 편협한 사리사욕을 채울 수 있게 해준 것이었습니다. 그리고 그들이 실패할 경우에도 정부가 보증을 서서 융자를 받은 까닭에 그들에게는 재정적인 책임이 없었습니다.

여기서 창조된 상황은 그야말로 자본주의자들이 꿈꾸고, 타락한 존재들이 꿈꾸던 것이었습니다. 이들 특권층 가문에 속한 소수의 사람들은 자신들이 국민들에게 미치는 영향에 대해 사회적 책임을 지지 않으면서도, 한국 사회에 대해 막강한 통제력을 행사할 수 있었습니다. 물론, 역사적으로 이 재벌 기업들에 의해 남한에는 큰 경제적 성장이 이루어졌습니다. 일정 기간 동안 이것은 사회에 혜택을 가져다주었습니다. 나는 이 관점에 반박하지 않을 것입니다. 그러나 다른 나라들에서 보여준 것처럼 다른 방식으로 경제적 성장을 이룰 수도 있었다는 점을 지적할 것입니다.

그렇더라도 이것은 그 당시에 국민들이 지도자들을 선택한 방식이었고, 국민들은 아주 어려운 상황에 직면하고 있었음을 인식해야만 합니다. 그들은 문화와 역사에 바탕을 둔 선택을 했고 그것이 바로 그런 방식이었습니다. 이에 대해 한탄하거나 책임 추궁을 하거나 이러저러해서 잘못이었다고 말하는 것은 아무 소용이 없습니다. 필요한 일은 그 구조를 살펴보고 그것이 사회에 초래한 결과를 살펴보는 것입니다. 그리고 이 재벌 그룹들이 남한을 황금시대로 이끌어갈 수 없다는 사실을 아주 명확하게 인식해야 합니다.

한국의 기업 개혁

따라서 남한의 경제에는 과감한 개혁이 필요합니다. 정부가 개입하여 권력을 분산시킬 수 있는 다른 비즈니스 구조를 만들어서, 특정한 가문에 한정되지 않은 훨씬 광범위한 토대를 가지도록 해야 합니다. 그럼으로써 더 전문적이고 무엇보다도 더 투명한 형태의 리더십을 가진 새로운 유형의 현대적 비즈니스를 창출할 수 있습니다. 사람들은 그들의 결정과 행동에 대해 그리고 그것이 사회와 근로자들과 일반 사람들에게 미치는 영향에 대해, 개인적으로 책임을 져야 할 것입니다.

물론 정부는 이미 이런 구조를 개혁하려고 시도했지만 제한적으로만 성공했습니다. 어느 사회에서든 일단 특권적 지위를 가진 엘리트가 형성되면 그들은 많은 촉수를 가진 문어처럼 사회의 모든 영역으로 확장되어 나갑니다. 그리고 이 촉수들을 통해서, 이 연결을 통해서 영향력을 행사하려고 할 것이며, 이런 행위의 전반적인 목적은 특권을 잃지 않도록 엘리트 자신의 특권적 지위를 유지하는 것입니다.

따라서 여러분은 정부와 언론과 다른 사회 기관들 안에서 이러한 개혁을 해나갈 수 있는 사람들을 지원하기 위해, 그리고 강인한 성품을 가지고 반대를 헤쳐 가며 개혁을 추진할 사람들을 지원하기 위해 (상승 마스터들에게) 요청을 해야 합니다. 그리고 이러한 재벌 기업들의 조직과 그들이 사회에 미치는 영향에 대해 국민들이 깨어나도록 요청을 해야 합니다. 그런 다음, 국민들이 일어나서 그런 구조 개혁의 노력들을 지지해주도록 요청을 해야 합니다.

또한, 극소수 집단의 사람들이 특권을 독점하도록 만들어 놓은 북한의 상황에 개혁이 이루어지도록 요청을 해야 합니다. 그들은 당의 일부로 여겨지거나, 그 가족이거나, 아니면 체제에 절대적인 충성을 바치는 자들로, 권력을 지닌 자신의 위치를 유지하려는 사람들입니다.

부패에 대한 더 넓은 관점

나는 여러분이 남한과 북한, 다른 아시아 국가들의 구체적인 상황을 넘어서 볼 수 있도록 더 넓은 이해로 이끌고자 합니다. 나는 여러분이 역사를 돌아보면서 남북한의 현 상황이 사실상 역사적으로 특별한 것이 아님을 인식했으면 합니다. 북한의 공산주의 체제와 남한의 재벌 기업군의 외적인 특징은 독특하게 보일지 몰라도 구체적인 상황의 이면을 들여다본다면, 과거의 많은 시대에 한국과 동남아시아의 많은 나라에 존재했던 하나의 패턴을 발견할 것입니다. 예수께서 언급한 것처럼, 이런 과거의 사회들은 매우 높은 수준의 조직체였고 또한 높은 수준의 부패가 존재했습니다. 과거 시대의 사회들은 대단히 위계적인 계급 사회로서, 사회의 상층에 있는 극소수의 엘리트에게 엄청난 특권을 주었습니다.

사랑하는 이들이여, 모든 사람의 영혼에는 삶이 어떤 방식이어야 하며 어떤 일은 일어나선 안 된다는 의식이 있습니다. 모든 사람들 안에서 발견되는 잠재의식 중의 한 가지가 삶의 본질은 자유의지라는 것입니다. 성장의 핵심은 스스로 선택을 해나가는 데 있습니다. 그러나 선택을 실행하기 위해서는 다양한 옵션이 있어야 합니다.

만일 여러분이 태어날 때부터 신분이 정해지는 사회에 살고 있다면, 여러분의 부모가 소작농이며 여러분도 소작농이 되는 것 외에 다른 옵션이 없다면, 그 영혼은 자신의 자유 의지를 실행할 적절한 선택권이 사회에서 주어지지 않았음을 알게 될 것입니다. 정말 그 영혼에게는 삶에서 최대한의 성장에 이르는 길을 선택할 자유와 선택의 가능성이 없습니다. 대신 그 영혼은 오직 사회가 정해준 위치를 기계적으로 담당하게 되는 옵션만을 가지며, 이를 통해서는 최대한의 성장에 이를 수가 없습니다. 영혼은 이것이 옳지 않다는 것을 압니다.

여러분은 그런 사회들 안에서 아주 이상한 현상을 볼 수 있습니다. 그 사회에서 낮은 계급에 있는 사람들은 사회구조 안에서 자신들이 할 수 있는 것이 아무것도 없음을 받아들이게 됩니다. 그들은 자신들의 신분을 받아들여야만 하며 자신들의 신분에 만족하지 않더라도 어떻게 반항을 해야 할지 알 수 없습니다.

그 위에는, 자신들에게 일정한 선택권을 행사할 기회가 있다고 느끼는 중간층의 사람들이 존재합니다. 그들에게는 삶에서 자신의 운을 향상시킬 수 있는 어떤 선택권들이 있습니다. 그러나 그들이 삶에서 어떤 신분을 가지고 있긴 하지만, 공적인 체제 안에서 일하는 것을 통해 선택권을 사용할 수는 없습니다. 그들이 최선의 능력을 다해 그 신분의 역할을 수행하더라도, 더 높은 신분으로 오를 가능성은 없습니다. 그들은 단지 공식적인 법률에 따라 정해진 그들의 신분으로 일생을 살아야 합니다.

그러나 그들은 부패를 통해 어떤 범주 안에서는 삶의 운을 바꿀 수 있다는 것을 알게 됩니다. 그들은 그 사회에서 받는 것보다 더 많은 돈을 얻어서 자신과 가족이 더 편안한 삶을 누리도록 해줄 수 있습니다. 또 그들은 자신이나 가족에게 이익을 줄 수 있는 어떤 사람들에게 특정 이익을 줄 수도 있습니다.

기이하게도, 자신들의 삶을 향상시키려는 자연스런 욕구가 이런 계급 사회에서는 오직 부패를 통해서만 표현될 수 있는 것입니다. 이것은 중간 계급의 사람들로 하여금 부패가 결국 그렇게 나쁜 것은 아니라는 생각에 빠지게 만들며, 따라서 그들은 그 체제를 개혁할 욕구를 가지지 않게 됩니다.

사회의 최상위층, 그 체제 자체가 공인해준 엘리트는 어떨까요? 그들 중의 일부도 역시 자신의 삶을 향상시키기 위해서는 부패를 이용해야 한다고 현혹되어 있음을 볼 수 있습니다. 물론 최상위 엘리트 중의 일부는 타락한 존재들입니다. 여러분은 고도로 조직된 사회, 피라미드의 상층에 소수 엘리트가 있는 계급 사회에선 언제나 타락한 존재들이 최상층의 자리를 차지하고 있다는 것을 인식해야 합니다. 사회의 지배 엘리트 중 상위 10%에 속한 자들은 타락한 존재들이라고 말할 수 있습니다. 물론 이들을 우리가 말하는 가장 높은 수준의 영적인 성장을 이룬, 영적인 사람들의 상위 10%와 혼동해선 안됩니다. 지금 나는 특정 사회 안의 권력의 행사란 측면에서 피라미드 꼭대기에 있는 자들을 말하고 있는 겁니다.

사회를 운영하는 타락한 존재들의 위계 서열

역사상의 많은 사회들에서 지배 엘리트의 10%에 속한 모든 사람들은 사실상 타락한 존재들이었습니다. 여기서 여러분이 이해하기를 바라는 것은 그런 지배 엘리트 안에서 일어나는 특징적인 현상이 있다는 것입니다. 타락한 존재들은 편협한 두려움 기반의 사리사욕에 사로잡혀 있는 자들입니다.

어떤 타락한 존재들은 사실상 특정한 목적을 위해 싸우거나 그 목적을 위해 일하며, 이런 의미에서 개인적인 이익 추구를 하지 않는다고 말할 수도 있습니다. 그러나 그것은 신을 위한 것도, 모든 생명을 높이기 위한 것도 아닙니다. 그들이 가진 목적이란 예를 들어 파괴를 초래하고, 사람들로 하여금 스스로의 창조성을 파괴하고 그리스도 신성을 실현하지 못하게 만들어 신의 오류를 증명하려는 것입니다.

또 한편, 다른 사람들을 통제하는 막강한 권력을 얻고자 원하는 타락한 존재들도 있습니다. 그리고 엄청난 부와 특권과 매우 안락하고 관능적이고 쾌락을 바탕으로 한 삶을 원하는 타락한 존재들이 있습니다. 간단히 말해서 세 부류의 타락한 존재들이 있습니다. 즉 파괴적인 목적을 위해 일하는 자들, 권력을 원하는 자들, 그리고 쾌락을 원하는 자들입니다.

통치 엘리트 안에 이런 세 부류의 타락한 존재들이 모두 공존하는 나라에서는 이들이 서로의 암묵적인 동의하에 일하고 있는 기묘한 현상을 볼 것입니다. 위계구조 안에서의 상호 수용이 존재합니다.

파괴의 목적을 위해 일하는 타락한 존재는 항상 최상위의 지위를 차지합니다. 보통 그런 존재는 한 사회에 오직 한 명만 육화해 있습니다. 그와 같은 존재들이 같은 사회 안에서 함께 존재하는 것은 매우 어렵기 때문입니다. 그들 중의 다수가 주로 정체성 영역에 그리고 드물게는 아스트랄계의 일부 하위 영역에 존재하며, 어떤 일정 기간 동안 육화해오는 이런 타락한 존재들은 아주 극소수입니다. 멘탈 영역에도 거의 존재하지 않습니다.

이런 존재들 중 하나가 어떤 사회에 육화하게 되면, 그 존재는 자신이 지배할 권리가 있다는 확고한 믿음이 있기 때문에 항상 최상위의 지위를 차지합니다. 그는 자신의 길과 자신의 목적을 방해하는 그 누구든 다 파멸시켜 버릴 만큼 극도로 공격적이고 무자비합니다.

사회에서 이 타락한 존재의 아래에 있는 자들이 실제로 그 목적을 신봉하는 경우는 거의 없지만, 그들은 자신이 원하는 것을 얻는데 그것을 이용할 수 있음을 보고 그것을 받아들입니다. 이것은 권력을 행사하길 원하는 타락한 존재들이 있으며, 그들은 어떤 목적을 위해 일하는 최상위의 타락한 존재에게 동의하는 척함으로써 권력을 얻을 수 있다는 의미입니다. 그럼으로써 그 타락한 존재, 최상위에 올라 있는 한 사람은 그들에게 다른 자들을 통제할 권력, 그들이 갈망하는 권력을 줄 것입니다.

그 다음에는 쾌락이나 돈을 원하는 타락한 존재들이 있습니다. 그들은 자신들이 원하는 쾌락을 사는 데 필요한 모든 돈을 얻게 해주는 특권적 지위를 얻기 위해 그들 위에 있는 두 계급에게 얼마든지 협조할 수 있습니다. 이제 여러분은 타락한 존재들 간의 이런 암묵적인, 무언의 서열이 어떻게 이루어지는지 보았겠지요. 이것은 근대의 여러 나라들에서 볼 수 있는 현상입니다.

두드러진 사례 중 하나가, 타락한 존재인 히틀러가 자신의 파괴적인 목적을 위해 최상위 지위를 차지하고 작업했던 1930년대의 독일입니다. 그리고 히틀러 아래 나치당이나 군대의 고위직을 차지했던 그룹이 있었는데, 그들이 바로 권력을 원했던 자들이었습니다. 그들 가운데 극소수만이 히틀러의 명분을 믿었지만 히틀러가 지지를 필요로 할 때 그를 지지한다면, 자신들의 분야에 대한 권력을 얻을 수 있음을 알아챘습니다. 비록 몇몇 타락한 존재들은 보통 때는 독점적인 권력을 얻으려는 경쟁 관계에 있었지만 히틀러가 그들을 주관하고 있는 동안은 히틀러 아래에 정렬하면서 그들 간의 내부적인 경쟁을 멈추고 잠시 보류할 수 있었습니다. 이들 타락한 존재들 아래에 산업과 비즈니스와 금융에서 고위직을 차지했던 계급이 있었는데 그들은 자신과 가족들을 위해 쾌락과 특권을 살 수 있는 돈을 원했던 자들이었습니다.

한국의 타락한 존재들

다른 사회에서도 비슷한 패턴을 볼 수 있지만 대부분의 사회에서 가장 흔한 패턴은, 히틀러같이 파괴적인 목적을 위해 일하는 부류의 타락한 존재가 없는 사회입니다. 여러분이 보통 볼 수 있는 것은, 권력 보유를 위해 권력을 원하는 몇 가지 유형의 타락한 존재들입니다. 어떤 경우 이런 존재들 중 몇몇은 그들 사이에 서열을 만들어서, 맨 위에 한 존재를 두고 나머지는 그 아래로 들어갑니다. 또한 많은 경우에 권력을 원하는 타락한 존재들은 여러 종류의 집단들을 형성합니다. 예를 들어 그들은 다양한 기업들과 회사들을 이끌며 경쟁 관계에 있습니다.

그리고 모든 경우에, 돈을 위해 그리고 돈으로 살 수 있는 특권과 쾌락을 위해 단순히 그 안에 속해 있는 타락한 존재들의 집단이 있습니다. 그들은 돈을 얻을 수 있는 한, 상위 서열에 있는 자들이 그들에게 명하는 모든 것을 기꺼이 할 것입니다. 권력을 원하는 타락한 존재들은 그들이 권력을 놓고 경쟁하고 있을 때도 역시 그들 간의 어떤 서열이나 위치를 수용하는 방법을 찾을 수 있습니다.

남한에서 재벌 기업군의 배후에 있는 매우 강력한 가문들 중 일부는 정말 타락한 존재들이었고 지금도 여전히 육화해 온 타락한 존재들로 이루어져 있습니다. 그들은 비록 같은 상품을 생산하며 경쟁하고 있지만, 서로를 직접적으로 파괴하지는 않는 길을 찾았습니다. 그들 모두는 서로를 파괴하는 대신 케이크를 잘라서 나눠가져야 한다는 것을 받아들이고 있습니다. 왜냐하면 한 재벌 그룹이 다른 기업들을 인수하거나 제거해버리고 최고의 위치에 오르는 것보다는, 그들 모두가 사회와 국민들에게서 이익을 취하고 있는 현행 구조를 유지하는 게 더 중요하다는 사실을 인식하기 때문입니다. 이런 방식으로 그들은, 서로 전쟁으로 들어가 하나가 파멸되고 다른 하나가 유일한 최고로 부상할 때 이룰 수 있는 것 이상으로 권력과 부를 뽑아낼 수 있습니다.

나는 이것을 설명하는 이유는, 한국 사회에 육화해서 재벌 그룹들을 이끌고 있는 타락한 존재들에 대해 여러분이 그리스도의 심판을 요청할 수 있도록 하기 위해서입니다. 여러분은 또한 북한의 집권자들인 타락한 존재들에 대해서도 그리스도의 심판을 요청할 수 있습니다. 물론 북한은 권력을 원하는 사람들로 이루어진 체제를 가지고 있습니다.

그러나 북한의 최상위층에 내가 언급한 것과 같은, 파괴적인 목적을 위해 일하는 부류의 타락한 존재가 있는 것은 아닙니다. 여기에 있는 한 존재는 실제로 권력을 원하는 부류에 속해 있지만 특정한 목적을 위해 일하려는 비전을 갖고 있지 않으며, 그에게는 의미가 있는 진정한 목적이 없습니다. 심지어는 공산주의나 마르크스주의도 그에게 의미가 없습니다. 여러분은 북한의 최고위층에 있는 사람들뿐만 아니라 그 배후에 있는 데몬들에 대한 심판도 요청할 수 있습니다. 또한 남한의 데몬들을 결박해달라고 요청할 수도 있습니다.

여러분이 이러한 의식을 가지고 명확한 요청을 하는데 사용한다면, 여러분은 변화가 일어나기 시작하는 것을 보게 될 것입니다. 갑자기, 남한의 정부가 재벌 기업들을 더 성공적으로 개혁하고 훨씬 더 다양화된 경제를 창조하게 될 것입니다. 또한 북한에도 점차 변화가 일어나기 시작하여 권력을 가진 자들이 서로 간에 이전에 없었던 격렬한 경쟁을 시작하는 것을 볼 것입니다. 이러한 것은 정말, 아무도 통제를 유지할 수 없도록 체제를 불안정하게 만들어 북한에 변화를 일으킬 수 있는 요인 중의 하나입니다. 중앙집권적 통제가 약화되기 시작하면 꼭대기의 한 사람과 그 아래 그가 신뢰하는 소수의 사람들이 권력을 유지할 수 없게 되고, 변화가 일어나기 시작할 것입니다.

새로운 유형의 기업

내가 다음으로 여러분에게 주고자 하는 것은, 여기 남한뿐만 아니라 동남아시아와 세계 모든 나라에서 등장해야 하는 기업의 형태에 대한 비전입니다. 사랑하는 이들이여, 여러분은 적자생존에 바탕을 둔 진화 과정을 통해 생명이 출현했다는 찰스 다윈의 이론을 압니다. 우리는 전에 이 이론이 가진 한계에 대한 가르침을 주었지만, 다시 한번 언급하려고 합니다.

진화론의 기초는 지구에 사는 모든 존재들이 환경에 적응하는 방법을 찾아야 한다는 것입니다. 환경에 가장 잘 적응하는 자들이 가장 적합하며 따라서 그들이 생존하게 된다는 것입니다. 자연에서 일어나는 과정을 보면 이 이론이 완전히 틀린 것은 아닙니다. 그러나 인간에 관한 한, 그 이론은 예리한 관찰자라면 누구나 볼 수 있는 현상을 설명해줄 수가 없습니다.

더 심오한 진실은 과거의 많은 사회에서 보아왔던 상황들이 무의식적인 진화 과정을 통해 창조된 자연스런 현상이 아니라는 것입니다. 그것은 타락한 존재들의 영향을 받으며 의식적인 진화의 과정을 통해 창조된 부자연스러운 현상이었습니다. 타락한 존재들은 지구에 그런 불균형의 상태를 창조했습니다. 그들은, 방만하고 제한 없는 공격성, 권력을 행사하고 자신들에게 도전하는 누구든 파괴하려는 욕구, 그들 아래 있는 사람들을 억압하고 심지어 파괴하려는 욕구를 통해 그렇게 했습니다.

이것은 역사상의 많은 사회에 그리고 현재의 사회에 어떤 상황을 창조해냈습니다. 즉 극도로 공격적이고 극도로 무자비하게 되는 것이 사회에서 성공하기 위한 유일한 길이 되었습니다. 여러분은 러시아 공산주의의 출현에서 이런 현상을 볼 수 있습니다. 볼셰비키 당은 가장 잔인하고 가장 살기등등했기 때문에 러시아 혁명에서 승자가 되었던 것입니다. 그들은 사실상 자신들의 동료 인간들을 얼마든지 죽일 의향이 무제한으로 있었기 때문에 그들의 권력을 유지할 수 있었고 또 러시아를 공산국가로 유지할 수 있었습니다.

서구, 특히 미국에서도 제한 없는 자본주의가 어떻게 독점적인 거대 기업들을 형성시켰는지를 보게 됩니다. 거대 기업들은 경쟁 상대가 될 모든 기업들을 무자비하게 파괴하고 그들의 독점적인 위치를 위협하는 새로운 아이디어와 기술을 사정없이 짓눌러버립니다.

진화론의 결함

이런 현상을 다윈의 이론과 비교해 보면, 기꺼이 현실을 보려는 사람은 다윈의 이론이 이런 현상을 설명할 수 없음을 이내 알 수 있습니다. 만일 다윈의 이론을 인간사회에 적용시켜 본다면, 외부의 상황에 적응하며 살아남는 자들은 단순한 적자가 아닙니다. 그것은 가장 무자비하고 가장 공격적이며 가장 파괴적인 자들입니다. 그러면 어떻게 가장 빨리 파괴적으로 되는 자들이 가장 늦게까지 살아남는 자들이 될 수 있는지에 대한 아주 미묘한 의문이 남습니다. 이 현상은 적자의 적응과 생존이라는 이론으로는 설명될 수 없습니다.

또한 돌연변이에 기초한 무의식적인 진화 과정이 어떻게 수많은 동종을 거침없이 살해하는 그렇게 무자비한 인간의 부류를 창조할 수 있었는지도 설명해줄 수가 없습니다. 어떻게 무자비한 동종 살해가 그 종의 생존을 보장할 수 있을까요? 어떻게 이런 특별한 특성이 무작위적인 유전적 돌연변이로 일어날 수 있었을까요? 그것이 종의 생존을 위협하는데도 어떻게 결국 제외되지 않고 그렇게 오랫동안 생존을 위해 선택될 수 있었을까요?

물론 여러분이 상승 마스터의 가르침으로부터 배울 수 있는 더 중요한 진리는, 타락한 존재들이 어떤 상황에 잘 적응하기 때문에 가장 적합한 것은 아니라는 점입니다. 사실상 그들은 과거에 그 상황을 의도적으로 창조해냈습니다. 그들은 오직 가장 공격적인 자들이 성공할 수 있는 사회들을 창조했습니다. 그들은 또한 엄청난 공격성을 가지고 있었기 때문에 그 상황에 적응할 수 있는 능력이 있었습니다. 대부분의 사람들이 사회의 어떤 지위를 차지하기 위해 그런 수준의 공격성을 절대 행사하지 않는 것과는 달랐습니다.

공산주의와 자본주의는 자연스러운 것도, 필연적인 것도 아닙니다

여러분은 이것이 완전히 인위적인 상황임을 인식해야 합니다. 따라서 공산주의나 자본주의 모두, 사회가 거쳐야 하는 필연적인 단계가 아님을 알아야 합니다. 공산주의나 자본주의는 자연의 법이나 신에 의해 창조된 어떤 원리에 의해서도 정당화되지 않으며, 자연에 의해 창조되거나 자연의 법에 의해 정해진 것이 아닙니다. 그것은 전적으로 소수의 엘리트가 창조한 인위적인 현상이며, 오직 하나의 목적을 가지고 있습니다. 즉 엘리트가 항상 사회의 최상층에서 특권적인 위치를 유지하도록 만들어주는 것입니다.

그러므로 지금 여러분이 빠르게 진입하고 있는 황금시대에는 이런 사회적 상황은 유지될 수 없다는 사실을 깨달아야 합니다. 그 상황이 유지될 수 없는 데에는 다양한 이유가 있습니다. 그 이유 중 일부는 지구의 진화를 감독하는 카르마 위원회(Karmic Board)가 이것을 더 이상 허용할 수 없다고 결정했기 때문입니다.

이 시대에 육화하기로 자원했던 수많은 생명흐름(lifestream)들이 있습니다. 따라서 그들은 육화한 존재로서의 자신들의 권한을 인식하고 받아들일 수 있으며, 이런 현상이 더 이상 계속되지 않도록 요청할 수 있습니다. 여러분은 사회의 심한 불균형 상태를 만들고 유지해 온 타락한 존재들의 심판을 위해 물질계의 정박점으로 봉사할 수 있습니다.

조금만 예리하게 살펴보면, 소수 엘리트가 일반 대중과는 큰 격차가 있는 그런 권력과 특권을 갖도록 허용하는 사회는 황금시대의 글로벌 경쟁에서 전혀 앞설 수가 없음을 알 수 있습니다. 다시 말해 공산주의도 자본주의도 아닌, 양쪽 모두를 초월한 새로운 사회구조를 찾을 필요가 있습니다. 여기선 모든 사람들이 생산수단의 소유권을 공유하는 더 확장된 형태의 소유권을 가집니다. 소수의 자본주의 엘리트들이 생산수단들을 소유하지 않습니다. 국가가 소유하지도 않습니다. 사회의 생산품들을 생산하는 데 자신들의 노동을 제공하는 모든 사람들이 생산 수단을 소유합니다.

이것은 다양한 방법으로 실행될 수 있습니다. 우리는 이것을 받아들이고 실행할 수 있는 사람들에게 이 아이디어들을 전달할 방법을 찾을 것입니다. 영적인 사람들로서 여러분은 이 아이디어들이 물질 우주의 네 층들을 통해 내려오는 것을 반대하는 세력들을 제거하기 위해 요청을 할 수 있습니다. 여러분은 아이디어들이 내려와서 구현되는 것을 가로막는 데몬과 어둠의 세력들을 결박해달라고 요청을 할 수 있습니다. 마찬가지로 사회의 변화를 반대하는 육화한 존재들에 대해서도 그리스도의 심판을 요청할 수 있습니다.

나는 이 지점에서 이 주제로 더 깊이 들어가기를 바라지는 않으며, 마지막으로 하나의 아이디어를 남기고 싶습니다.

적자의 생존에서 가장 친절한 자의 번영으로

사랑하는 이들이여, 황금시대에 여러분은 국제적 정치적 경제적 배경의 거대한 변화를 목격하게 될 것입니다. 새로운 기류가 흐르는 것을 보게 될 것입니다. 이 흐름에 맞춰 필요한 변화를 이루는 국가들은 정치적, 경제적인 힘과 세력이 점점 커지며 발전할 것입니다. 이러한 변화에 맞출 수 없거나 맞추지 않으려는 나라들은 정치적, 경제적, 군사적 힘이 쇠퇴할 것입니다. 심지어 오늘날 매우 강력해 보이는 나라들이라도 이 변화에 조율하지 않는다면 쇠락해갈 것입니다.

지구상에서 가장 거대하고 강력한 나라로 여겨지는 미국의 경우에도 장담하건대, 만일 미국이 물병자리 시대의 흐름에 맞추어 진보해나가지 않는다면 이삼 십 년 내에 경제, 정치, 군사적으로 최강국인 현재의 위치를 잃어버릴 것입니다. 그리고 새로운 흐름에 어떻게 맞춰야 하는지를 알고 그것을 실행에 옮기려는 의지로 충만한 다른 나라들이 부상하게 될 것입니다.

황금시대에서 가장 주가 될 지배적일 흐름은 사회가 국민들을 위해 봉사하는 것입니다. 이것이 바로 예수님이 보여주었던 의식입니다. 즉 여러분은 자신이 전체의 일부이고, 여러분의 진정한 자기이익은 전체를 높이는 것이며 모든 생명을 섬기는 것임을 인식합니다. 따라서, 사회의 목적은 사람들을 섬기는 것이며 사람들이 자신의 창조성을 표현하도록 허용해주는 것임을 깨닫습니다.

이제 여러분은 한 세기 이상 동안 많은 나라의 파워 엘리트들이 다윈의 이론을 이용하여 자신들이 가진 권력과 특권을 정당화해왔다는 사실을 볼 수 있을 것입니다. 그들은 적자생존이라는 아이디어를 조장해왔지만, 이 아이디어는 죽었습니다. 그것의 시대는 끝났습니다. 그것은 오래 전에 효용성을 잃었고, 황금시대에는 적자생존이라는 아이디어가 다른 아이디어로 대체될 것입니다.

이것은 곧, 가장 친절한 자의 번영입니다. 이것은 내가 가슴의 사랑 안에 여러분을 봉인하면서, 여러분이 곰곰이 생각해 보도록 남겨주는 개념입니다. 여러분이 여기에 있으면서 내가 남한과 북한과 세계의 많은 나라에 전하고 있는 것을 증폭해주는 열린 문이 되려 하는 것에 대해, 나는 감사의 마음을 쏟아 붓습니다.

이제 여러분을 어머니-신성의 가슴의 사랑 안에 봉인합니다.

18
한국에 새로운 기업 풍토를 기원하기

I AM THAT I AM, 예수 그리스도의 이름으로 나의 아이앰 현존이, 무한히 초월해가는 내 미래의 현존을 통해 흐르며, 완전한 권능으로 이 디크리를 해주시기를 요청합니다. 나는 성모 마리아께 한국에 당신의 현존을 구현하시어 부패 없는 새로운 기업풍토를 가져오시길 요청합니다…
(여기에 개인적인 요청을 추가하세요)

파트 1

1. 성모 마리아시여, 황금시대에는 부패 현상이 존재할 수 없음을 한국 사람들이 인식하게 하소서.

오 축복받은 성모 마리아, 나의 어머니시여,
당신의 사랑보다 더 큰 사랑은 없습니다.
우리가 가슴과 마음 안에서 하나가 될 때,
나는 우주의 위계에서 내 자리를 발견합니다.

**오 어머니 마리아시여,
지구를 더 높은 상태로,**

**가속하는 노래를 내어주소서,
이제 모든 물질이 눈부시게 반짝입니다.**

2. 성모 마리아시여, 소위 일반 대중의 이익을 추구하는 정치 체계를 가졌다는 나라들의 부패 수준이 매우 높다는 모순을 북한 사람들이 인식하게 하소서.

나는 천상에서 지상으로 보내져,
육신을 입었습니다.
나는 신성한 권한을 사용하여,
지구를 자유롭게 하라고 당신에게 명합니다.

**오 어머니 마리아시여,
지구를 더 높은 상태로,
가속하는 노래를 내어주소서,
이제 모든 물질이 눈부시게 반짝입니다.**

3. 성모 마리아시여, 공산주의 체제는, 타락한 존재들이 이끄는 파워 엘리트에게 무제한의 통제권을 준다는 것을 북한 사람들이 인식하게 하소서.

나는 이제 신의 신성한 이름 안에서,
어머니의 화염을 사용하여,
두려움에서 나온 에너지를 모두 불태우고,
신성한 조화를 회복하라고 당신에게 요청합니다.

**오 어머니 마리아시여,
지구를 더 높은 상태로,
가속하는 노래를 내어주소서,
이제 모든 물질이 눈부시게 반짝입니다.**

4. 성모 마리아시여, 제어되지 않은 자본주의 체제는 소수 엘리트에게 무제한의 통제권을 주며, 그들은 사회를 장악하려는 타락한 존재들임을 남한 사람들이 인식하게 하소서.

나는 이로써 당신의 신성한 이름을 찬양하니,
당신은 집단의식을 들어올립니다.
어머니의 화염으로 불태우니,
두려움과 의심과 수치는 모두 사라집니다.

**오 어머니 마리아시여,
지구를 더 높은 상태로,
가속하는 노래를 내어주소서,
이제 모든 물질이 눈부시게 반짝입니다.**

5. 성모 마리아시여, 부패의 본질은 두려움에 기반을 둔, 편협한 사리 추구임을 한국 사람들이 인식하게 하소서. 뇌물을 주는 사람과 받는 사람 모두가 편협한 사리를 추구하고 있습니다.

당신은 지상에서 모든 어둠을 몰아내고,
당신의 빛은 거대한 해일처럼 밀려옵니다.
어떤 어둠의 힘도 이제는,
상승나선을 멈출 수 없습니다.

**오 어머니 마리아시여,
지구를 더 높은 상태로,
가속하는 노래를 내어주소서,
이제 모든 물질이 눈부시게 반짝입니다.**

6. 성모 마리아시여, 사회의 상위층에서 훨씬 더 교묘한 방식으로 혜택을 주고받는 소수 엘리트들이 있음을 한국 사람들이 인식하게 하소서.

그들은 사회에서 지위를 얻거나 유지하기 위해서, 혹은 개인적인 특권을 얻기 위해서 서로를 돕고 있습니다.

당신은 모든 엘리멘탈의 생명을 축복하며,
그들에게서 인간이 부과한 스트레스를 거두어줍니다.
이제 자연의 정령들은 자유를 얻어,
신성한 디크리를 실현합니다.

오 어머니 마리아시여,
지구를 더 높은 상태로,
가속하는 노래를 내어주소서,
이제 모든 물질이 눈부시게 반짝입니다.

7. 성모 마리아시여, 부패에 관여하는 것을 원치 않고, 정부는 부패 근절을 위해 강력한 조치를 취하며, 언론은 부패의 폭로를 추구하고, 사람들은 부패와 마주칠 때마다 폭로하려는 문화를 형성하도록, 한국 사람들을 도와주소서.

나는 목소리를 높이고 내 자세를 취하며,
전쟁의 중단을 명합니다.
다시는 전쟁이 지구에 상흔을 내지 않을 것이며,
황금시대의 탄생을 가져올 것입니다.

오 어머니 마리아시여,
지구를 더 높은 상태로,
가속하는 노래를 내어주소서,
이제 모든 물질이 눈부시게 반짝입니다.

8. 성모 마리아시여, 두려움에 기반을 둔 편협한 사리사욕을 넘어선 조망을 가지고 일반 대중의 이익을 위한 더 폭넓고 진보된 자기 이익에

도달하여, 가능한 한 부패 없는 사회를 창조하도록 한국 사람들을 도와주소서.

어머니 지구가 마침내 자유를 얻을 때,
재난들은 과거의 일이 됩니다.
어머니 빛은 너무나 강렬하여,
이제 물질의 밀도는 훨씬 낮아집니다.

**오 어머니 마리아시여,
지구를 더 높은 상태로,
가속하는 노래를 내어주소서,
이제 모든 물질이 눈부시게 반짝입니다.**

9. 성모 마리아시여, 타락한 존재들이 엘리트의 위치에 군림하면서 아무런 의무나 개인적 책임 없이 권력을 행사하도록 만들어준 사회 구조와 기관들을 살펴볼 수 있도록 한국 사람들을 도와주소서.

어머니 빛 안에서 지구는 순수해지고,
상향나선이 지속될 것입니다.
번영은 일상의 기준이 되고,
신의 비전은 형상으로 구현됩니다.

**오 어머니 마리아시여,
지구를 더 높은 상태로,
가속하는 노래를 내어주소서,
이제 모든 물질이 눈부시게 반짝입니다.**

파트 2

1. 성모 마리아시여, 남한 부패의 주된 원인이 전쟁 후에 형성된 대기업군 또는 재벌들의 형성에 있음을 한국 사람들이 인식하게 하소서.

오 축복받은 성모 마리아, 나의 어머니시여,
당신의 사랑보다 더 큰 사랑은 없습니다.
우리가 가슴과 마음 안에서 하나가 될 때,
나는 우주의 위계에서 내 자리를 발견합니다.

오 어머니 마리아시여,
지구를 더 높은 상태로,
가속하는 노래를 내어주소서,
이제 모든 물질이 눈부시게 반짝입니다.

2. 성모 마리아시여, 정부가 특정 가문들에게 지위를 줌으로써 그들은 아무런 책임도 지지 않으면서 편협한 사리를 추구할 수 있었음을 한국 사람들이 인식하게 하소서, 그들이 실패할 경우에도 정부가 보증을 서서 융자를 받은 까닭에 그들에게는 책임이 없었습니다.

나는 천상에서 지상으로 보내져,
육신을 입었습니다.
나는 신성한 권한을 사용하여,
지구를 자유롭게 하라고 당신에게 명합니다.

오 어머니 마리아시여,
지구를 더 높은 상태로,
가속하는 노래를 내어주소서,
이제 모든 물질이 눈부시게 반짝입니다.

3. 성모 마리아시여, 재벌 기업이 사회에 미치는 결과와 그 구조를 한국 사람들이 볼 수 있게 하소서. 이 재벌 기업들은 한국을 황금시대로 이끌 수 없음을 인식하게 하소서.

나는 이제 신의 신성한 이름 안에서,
어머니의 화염을 사용하여,
두려움에서 나온 에너지를 모두 불태우고,

신성한 조화를 회복하라고 당신에게 요청합니다.

오 어머니 마리아시여,
지구를 더 높은 상태로,
가속하는 노래를 내어주소서,
이제 모든 물질이 눈부시게 반짝입니다.

4. 성모 마리아시여, 남한 경제에 과감한 개혁이 필요함을 한국 사람들이 인식하게 하소서. 기업들이 특정 가문들에 제한되지 않은 훨씬 더 광범위한 기반을 가지도록, 정부가 개입하여 권력을 분산시킬 수 있는 기업 구조를 창출할 필요가 있습니다.

나는 이로써 당신의 신성한 이름을 찬양하니,
당신은 집단의식을 들어올립니다.
어머니의 화염으로 불태우니,
두려움과 의심과 수치는 모두 사라집니다.

오 어머니 마리아시여,
지구를 더 높은 상태로,
가속하는 노래를 내어주소서,
이제 모든 물질이 눈부시게 반짝입니다.

5. 성모 마리아시여, 전문적인 리더십뿐만 아니라 더 투명한 형태의 리더십을 가진 새로운 형태의 현대적인 기업을 형성하도록 한국 사람들을 도와주소서. 사람들은 사회와 고용인들과 국민들에게 자신들이 초래한 결과에 대해 개인적으로 책임을 져야 할 것입니다

당신은 지상에서 모든 어둠을 몰아내고,
당신의 빛은 거대한 해일처럼 밀려옵니다.
어떤 어둠의 힘도 이제는,
상승나선을 멈출 수 없습니다.

**오 어머니 마리아시여,
지구를 더 높은 상태로,
가속하는 노래를 내어주소서,
이제 모든 물질이 눈부시게 반짝입니다.**

6. 성모 마리아시여, 일단 특권적 지위를 가진 엘리트가 형성되면, 그들은 자신들의 관계를 통해 영향력을 행사하고, 그 특권적 지위를 유지하려 한다는 것을 한국 사람들이 인식하게 하소서.

당신은 모든 엘리멘탈의 생명을 축복하며,
그들에게서 인간이 부과한 스트레스를 거두어줍니다.
이제 자연의 정령들은 자유를 얻어,
신성한 디크리를 실현합니다.

**오 어머니 마리아시여,
지구를 더 높은 상태로,
가속하는 노래를 내어주소서,
이제 모든 물질이 눈부시게 반짝입니다.**

7. 성모 마리아시여, 정부와 언론과 다른 사회 기관들 안에서 강인한 성품을 가지고 반대를 헤쳐 가며, 이러한 개혁을 추진해나갈 수 있는 사람들을 지원해주소서.

나는 목소리를 높이고 내 자세를 취하며,
전쟁의 중단을 명합니다.
다시는 전쟁이 지구에 상흔을 내지 않을 것이며,
황금시대의 탄생을 가져올 것입니다.

**오 어머니 마리아시여,
지구를 더 높은 상태로,
가속하는 노래를 내어주소서,
이제 모든 물질이 눈부시게 반짝입니다.**

8. 성모 마리아시여, 이 재벌 기업들의 구조와 그 기업들이 사회에 미치는 영향에 대해 깨어나도록 한국 사람들을 도와주소서. 국민들이 일어나서 이 구조를 개혁하려는 노력을 지원하게 하소서.

어머니 지구가 마침내 자유를 얻을 때,
재난들은 과거의 일이 됩니다.
어머니 빛은 너무나 강렬하여,
이제 물질의 밀도는 훨씬 낮아집니다.

**오 어머니 마리아시여,
지구를 더 높은 상태로,
가속하는 노래를 내어주소서,
이제 모든 물질이 눈부시게 반짝입니다.**

9. 성모 마리아시여, 신뢰받는 당원으로서 체제에 대한 절대적 충성을 바치며 권력의 지위를 고수하려는 사람들에게 특권을 주고 있는 북한의 현상에 대해 개혁을 요청합니다.

어머니 빛 안에서 지구는 순수해지고,
상향나선이 지속될 것입니다.
번영은 일상의 기준이 되고,
신의 비전은 형상으로 구현됩니다.

**오 어머니 마리아시여,
지구를 더 높은 상태로,
가속하는 노래를 내어주소서,
이제 모든 물질이 눈부시게 반짝입니다.**

파트 3

1. 성모 마리아시여, 재벌 기업 배후에서 강력한 권력을 가지고 있는 가문들과 육화 중인 타락한 존재들에 대해 신성한 어머니의 심판을 요청합니다.

오 축복받은 성모 마리아, 나의 어머니시여,
당신의 사랑보다 더 큰 사랑은 없습니다.
우리가 가슴과 마음 안에서 하나가 될 때,
나는 우주의 위계에서 내 자리를 발견합니다.

오 어머니 마리아시여,
지구를 더 높은 상태로,
가속하는 노래를 내어주소서,
이제 모든 물질이 눈부시게 반짝입니다.

2. 성모 마리아시여, 사회와 국민에게서 이익을 취하는 현행 구조를 유지하는 것이 그들 모두에게 더 중요하기 때문에, 서로를 파괴하지 않기로 무언의 합의를 한, 이 재벌 기업의 타락한 존재들에 대해 신성한 어머니의 심판을 요청합니다.

나는 천상에서 지상으로 보내져,
육신을 입었습니다.
나는 신성한 권한을 사용하여,
지구를 자유롭게 하라고 당신에게 명합니다.

오 어머니 마리아시여,
지구를 더 높은 상태로,
가속하는 노래를 내어주소서,
이제 모든 물질이 눈부시게 반짝입니다.

3. 성모 마리아시여, 남한 사회에 육화해서 재벌 기업들을 이끌고 있는 타락한 존재들에 대해 신성한 어머니의 심판을 요청합니다.

나는 이제 신의 신성한 이름 안에서,
어머니의 화염을 사용하여,
두려움에서 나온 에너지를 모두 불태우고,
신성한 조화를 회복하라고 당신에게 요청합니다.

오 어머니 마리아시여,
지구를 더 높은 상태로,
가속하는 노래를 내어주소서,
이제 모든 물질이 눈부시게 반짝입니다.

4. 성모 마리아시여, 타락한 존재들인 북한의 지도자들과 그들 뒤에 있는 데몬들에 대해 신성한 어머니의 심판을 요청합니다.

나는 이로써 당신의 신성한 이름을 찬양하니,
당신은 집단의식을 들어올립니다.
어머니의 화염으로 불태우니,
두려움과 의심과 수치는 모두 사라집니다.

오 어머니 마리아시여,
지구를 더 높은 상태로,
가속하는 노래를 내어주소서,
이제 모든 물질이 눈부시게 반짝입니다.

5. 성모 마리아시여, 타락한 존재들인 남한의 지도자들과 그들 뒤에 있는 데몬들에 대해 신성한 어머니의 심판을 요청합니다.

당신은 지상에서 모든 어둠을 몰아내고,
당신의 빛은 거대한 해일처럼 밀려옵니다.
어떤 어둠의 힘도 이제는,

상승나선을 멈출 수 없습니다.

**오 어머니 마리아시여,
지구를 더 높은 상태로,
가속하는 노래를 내어주소서,
이제 모든 물질이 눈부시게 반짝입니다.**

6. 성모 마리아시여, 남한 정부가 더 성공적으로 거대 재벌 기업들을 개혁하고 더 다양화된 경제를 창조하도록 도와주소서.

당신은 모든 엘리멘탈의 생명을 축복하며,
그들에게서 인간이 부과한 스트레스를 거두어줍니다.
이제 자연의 정령들은 자유를 얻어,
신성한 디크리를 실현합니다.

**오 어머니 마리아시여,
지구를 더 높은 상태로,
가속하는 노래를 내어주소서,
이제 모든 물질이 눈부시게 반짝입니다.**

7. 성모 마리아시여, 중앙집권적인 통제가 붕괴하여, 꼭대기의 일인과 그 아래 소수의 심복들이 권력을 유지할 수 없도록, 북한 체제가 약화되기를 요청합니다.

나는 목소리를 높이고 내 자세를 취하며,
전쟁의 중단을 명합니다.
다시는 전쟁이 지구에 상흔을 내지 않을 것이며,
황금시대의 탄생을 가져올 것입니다.

**오 어머니 마리아시여,
지구를 더 높은 상태로,
가속하는 노래를 내어주소서,**

이제 모든 물질이 눈부시게 반짝입니다.

8. 성모 마리아시여, 오직 극도로 공격적이고 무자비해야만 성공할 수 있도록, 많은 사회에 불균형의 상태를 만들어 놓은 타락한 존재들에 대해, 신성한 어머니의 심판을 요청합니다.

어머니 지구가 마침내 자유를 얻을 때,
재난들은 과거의 일이 됩니다.
어머니 빛은 너무나 강렬하여,
이제 물질의 밀도는 훨씬 낮아집니다.

**오 어머니 마리아시여,
지구를 더 높은 상태로,
가속하는 노래를 내어주소서,
이제 모든 물질이 눈부시게 반짝입니다.**

9. 성모 마리아시여, 동료 인간들을 무제한으로 죽일 의향이 있었기 때문에 자신들의 권력을 유지할 수 있었던, 공산국가 안의 타락한 존재들에 대해 신성한 어머니의 심판을 요청합니다.

어머니 빛 안에서 지구는 순수해지고,
상향나선이 지속될 것입니다.
번영은 일상의 기준이 되고,
신의 비전은 형상으로 구현됩니다.

**오 어머니 마리아시여,
지구를 더 높은 상태로,
가속하는 노래를 내어주소서,
이제 모든 물질이 눈부시게 반짝입니다.**

파트 4

1. 성모 마리아시여, 거대 기업을 만들어 경쟁 상대가 되는 어떤 기업이든 무자비하게 파괴하고, 자신들의 독점적 지위에 도전하는 새로운 아이디어와 기술들을 무자비하게 억압하는 타락한 존재들에 대해, 신성한 어머니의 심판을 요청합니다.

오 축복받은 성모 마리아, 나의 어머니시여,
당신의 사랑보다 더 큰 사랑은 없습니다.
우리가 가슴과 마음 안에서 하나가 될 때,
나는 우주의 위계에서 내 자리를 발견합니다.

오 어머니 마리아시여,
지구를 더 높은 상태로,
가속하는 노래를 내어주소서,
이제 모든 물질이 눈부시게 반짝입니다.

2. 성모 마리아시여, 적자생존이 아니라 가장 무자비하고 공격적이고 파괴적인 자가 살아남는 상황을 만들어낸 타락한 존재에 대해, 신성한 어머니의 심판을 요청합니다.

나는 천상에서 지상으로 보내져,
육신을 입었습니다.
나는 신성한 권한을 사용하여,
지구를 자유롭게 하라고 당신에게 명합니다.

오 어머니 마리아시여,
지구를 더 높은 상태로,
가속하는 노래를 내어주소서,
이제 모든 물질이 눈부시게 반짝입니다.

3. 성모 마리아시여, 공산주의도 자본주의도, 사회가 거쳐야 하는 필연적인 단계가 아님을 한국 국민들이 인식하게 하소서. 그것들은 전적으로 소수 엘리트가 만들어낸 인위적인 현상이며, 엘리트가 사회의 최상층에서 특권적인 지위를 유지하도록 만들어주는 것이 그 유일한 목적입니다.

나는 이제 신의 신성한 이름 안에서,
어머니의 화염을 사용하여,
두려움에서 나온 에너지를 모두 불태우고,
신성한 조화를 회복하라고 당신에게 요청합니다.

오 어머니 마리아시여,
지구를 더 높은 상태로,
가속하는 노래를 내어주소서,
이제 모든 물질이 눈부시게 반짝입니다.

4. 성모 마리아시여, 소수 엘리트가 일반 대중과 큰 격차가 있는 권력과 특권을 갖도록 허용하는 사회는, 황금시대의 국제 경쟁에서 앞설 수가 없음을 한국 사람들이 인식하게 하소서.

나는 이로써 당신의 신성한 이름을 찬양하니,
당신은 집단의식을 들어올립니다.
어머니의 화염으로 불태우니,
두려움과 의심과 수치는 모두 사라집니다.

오 어머니 마리아시여,
지구를 더 높은 상태로,
가속하는 노래를 내어주소서,
이제 모든 물질이 눈부시게 반짝입니다.

5. 성모 마리아시여, 공산주의도 자본주의도 아닌, 양쪽 모두를 초월한 새로운 사회 구조를 찾도록 한국 사람들을 도와주소서. 모든 사람이 생산 수단의 소유권을 공유하는, 더 넓은 형태의 소유권을 발전시키도록 도와주소서. 소수의 자본주의 엘리트들이 생산 수단들을 소유하지 않습니다. 국가가 소유하지도 않습니다. 사회에 필요한 물품들을 생산하는데 자신들의 노동을 제공하는 모든 사람들이 생산 수단을 소유합니다.

당신은 지상에서 모든 어둠을 몰아내고,
당신의 빛은 거대한 해일처럼 밀려옵니다.
어떤 어둠의 힘도 이제는,
상승나선을 멈출 수 없습니다.

오 어머니 마리아시여,
지구를 더 높은 상태로,
가속하는 노래를 내어주소서,
이제 모든 물질이 눈부시게 반짝입니다.

6. 성모 마리아시여, 물질 우주의 네 층을 통해 이 아이디어들이 내려오는 것을 반대하는 세력을 제거해주시길 요청합니다. 그 데몬들의 결박과, 그 아이디어들이 내려오는 것을 가로막고 있는 육화한 사람들에 대한 심판을 요청합니다

당신은 모든 엘리멘탈의 생명을 축복하며,
그들에게서 인간이 부과한 스트레스를 거두어줍니다.
이제 자연의 정령들은 자유를 얻어,
신성한 디크리를 실현합니다.

오 어머니 마리아시여,
지구를 더 높은 상태로,
가속하는 노래를 내어주소서,
이제 모든 물질이 눈부시게 반짝입니다.

7. 성모 마리아시여, 황금시대의 지배적인 주요 흐름은, 사회가 사람들을 섬기는 것임을 한국 사람들이 인식하게 하소서. 왜냐하면 사회의 목적이 사람들에게 봉사하고, 그들이 자신의 창조성을 표현하도록 해주는 것이기 때문입니다.

나는 목소리를 높이고 내 자세를 취하며,
전쟁의 중단을 명합니다.
다시는 전쟁이 지구에 상흔을 내지 않을 것이며,
황금시대의 탄생을 가져올 것입니다.

오 어머니 마리아시여,
지구를 더 높은 상태로,
가속하는 노래를 내어주소서,
이제 모든 물질이 눈부시게 반짝입니다.

8. 성모 마리아시여, 자신들의 권력과 특권을 정당화하기 위해 적자생존의 아이디어를 조장하면서 다윈의 이론을 이용해 온 파워 엘리트들에 대해, 신성한 어머니의 심판을 요청합니다.

어머니 지구가 마침내 자유를 얻을 때,
재난들은 과거의 일이 됩니다.
어머니 빛은 너무나 강렬하여,
이제 물질의 밀도는 훨씬 낮아집니다.

오 어머니 마리아시여,
지구를 더 높은 상태로,
가속하는 노래를 내어주소서,
이제 모든 물질이 눈부시게 반짝입니다.

9. 성모 마리아시여, 황금시대에는 적자생존의 아이디어가 가장 친절한 자들의 번영이라는 아이디어로 대체된다는 것을 한국 사람들이 인식하게 하소서.

어머니 빛 안에서 지구는 순수해지고,
상향나선이 지속될 것입니다.
번영은 일상의 기준이 되고,
신의 비전은 형상으로 구현됩니다.

오 어머니 마리아시여,
지구를 더 높은 상태로,
가속하는 노래를 내어주소서,
이제 모든 물질이 눈부시게 반짝입니다.

봉인하기

신성한 어머니의 이름으로, 나는 이 요청의 힘이 마-터 빛을 자유롭게 하는데 사용되어, 나 자신의 삶과 모든 사람들과 행성을 위한 그리스도의 완전한 비전을 구현할 수 있음을 전적으로 받아들입니다. I AM THAT I AM 의 이름으로, 그것이 이루어졌습니다! 아멘.

사나트 쿠마라

Sanat Kumara

나라들이 분열되는 이유는 무엇일까요

살인의 근거가 되는 우월 의식

사회의 양극화

광신은 종족 보존의 본능을 압도합니다

광신주의와 부인

광신주의의 극복

타락한 존재들에 대한 심판

19
황금시대를 가로막고 있는 광신주의

상승 마스터 사나트 쿠마라, 2016년 7월 3일

나는 상승 마스터 사나트 쿠마라입니다.

나는 여러분에게 한국의 국경을 훨씬 넘어가는 범위의 가르침을 주기 위해서 왔습니다. 여태까지 우리는 여러분이 남한과 북한, 그리고 심지어 아시아 지역의 타락한 존재들에 대해서도 요청을 할 수 있다고 말해 왔습니다. 그럼에도 불구하고 이 요청 자체만으로는 한국이나 행성의 수준에서 황금시대를 실현하는 데 충분하지 않습니다.

나는 지구에 와서 대단히 오랜 기간 동안 이 행성의 균형을 유지하는 역할을 수행해왔습니다. 그리고 나는 상승 영역의 위계조직(hierarchy) 안에서, 황금시대의 실현을 행성적인 기반에서 가로막고 있는 특정 타락한 존재들을 심판할 수 있는 지위를 맡고 있습니다. 우리가 여기서 이 가르침을 전하고 있는 이유는 정확히, 분단된 한국이 특정 종류의 타락한 존재들과 그들의 의식이 남아 있는 마지막 사례들 중의 하나이기 때문입니다.

나라들이 분열되는 이유는 무엇일까요

지난 한 세기 동안 한 나라가 분열되거나 심지어는 더 큰 규모의 한 지역이 분열되었던 많은 사건들이 있었습니다. 이것은 비단 현대에만 볼 수 있는 현상이 아닙니다. 만일 여러분이 역사를 거슬러 올라가 특히 기록된 역사 이전으로 가 본다면, 특정 나라와 주민들을 필요에 의해 강제적으로 분리시켜왔던 많은 사례들이 있었습니다. 내가 "필요에 의해"라고 말할 때, 이는 상승한 관점에서가 아니라 인간의 관점에서 필요하고 또 피할 수 없는 것으로 여겨졌다는 의미입니다.

나는 여러분이 이 현상의 배경을 이해하도록 해주고 싶습니다. 그 배경에는 우리가 설명했듯이, 신이 틀렸다는 것을 증명하려는 의도를 가진 타락한 존재들이 있었습니다. 이 증명을 실행하기 위해 그들이 모색한 한 가지 방법이, 인간들이 스스로를 파괴하고 서로를 파괴하도록 만들어서 자유의지의 법칙이 실패한 것처럼 보이게 하는 것이었습니다. 자유의지를 사용해서 더 높은 의식 수준으로 올라가고 상승에 이르는 대신, 인류는 자유의지로 스스로와 서로를 파멸시키고 이 과정을 통해 아마도 행성까지 파괴하게 될 것이었습니다.

이것이 말 그대로, 하위 정체성층에 존재하는 타락한 존재들의 의도입니다. 그들은 멘탈층과 감정층의 특정 타락한 존재들에 의해서 지원을 받고 있습니다. 시간의 경과에 따라 소수의 타락한 존재들이 물질계로 육화해왔지만, 물리적 몸을 입고 육화한 존재들은 정체성층에 머물고 있는 존재들만큼 강력하지는 않았습니다. 이 정체성층의 존재들은 육화하는 것을 회피해왔는데, 이것은 물리적 몸 안에 존재하는 것이 가져올 결과에 대한 단순한 두려움 때문이었습니다. 그들은 육신 안에 있으면 자신들이 작동시켰던 것들이 몰고 올 물리적 결과들을 피할 수 없을까 봐 두려워했습니다.

이 타락한 존재들은, 여러분이 스스로를 영적인 존재나 인간으로 보는 방식과 전혀 다르게 여러분을 본다는 것을 이해할 필요가 있습니다. 여기에는 그 어떤 유사성도 절대로 없습니다. 그들에게 지상의 인간들에 대한 존중이란, 티끌만큼도 없습니다. 그들은 지상에서 몸을 가지고 있는 인간들을 그들보다 까마득히 아래에 있고, 그들에 비해 너무나 열등한 존재로 생각합니다. 그들은 자신들이 근본적인 방식에서 인간과는 다르다고 생각합니다. 이 때문에 그들에게는 인간에 대한 아무런 공감도, 연민도, 존중도, 유대감도 없습니다. 그리고 외부의 힘에 의해 간섭받지 않고 자유의지를 행사할 수 있는 인간의 권리에 대한 존중도 전혀 없습니다.

그 대신, 그들은 인간들을 조종할 수 있는 절대적인 권리를 갖고 있다고 믿으면서 인간들을 자신들의 기분에 따라서 조종하고 통제할 수 있는 물건이나 로봇으로, 기계적인 존재로 다룹니다. 우리가 이전에 말했듯이, 상승한 존재나 상승하지 못한 존재 중 그 누구도, 그 타락한 존재들로 하여금 그들이 잘못하고 있다는 것을 납득시킬 수가 없습니다. 여러분은 그들과 이성적인 논의를 할 수가 없고, 어떤 종류의 공감에도 호소할 수 없으며, 따라서 지구에서는 이들 타락한 존재들이 하고 있는 것을 중단시킬 수 있는 힘이 없습니다.

그러나 그들이 지상의 생명에게 영향을 미치지 못하도록 할 수 있는 단 하나의 힘이 있는데, 그것은 자유의지입니다. 육화 중인 인간들은 이들 타락한 존재들의 영향을 받지 않도록 스스로 선택을 할 수 있습니다. 그들은 조종 받거나 통제 받거나 기만당하지 않도록, 선택을 할 수 있습니다. 인간들은 타락한 존재들에게 자유의지를 내어주지 않겠다고 선택함으로써, 의식하지 못한 채 그들의 파괴의 의도를 위한 도구로 전락하는 것을 막을 수 있습니다. 성모 마리아께서 [전쟁을 멈추도록 상승 마스터들을 돕기]란 책에서 설명하셨듯이, 사람들을 전쟁으로 내몰기 위해서 타락한 존재들은 자신의 동종(species)을 죽이지 않는 자연의 내재적 본능을 압도할 방법을 찾아야만 합니다. 그들은 이것을 실행하기 위해서 다양한 방법을 찾아내었습니다.

살인의 근거가 되는 우월 의식

내가 지금 설명하고자 하는 것은, 타락한 존재들이 사람들을 서로 죽이도록 조종하기 위해 어떤 방식을 모색해왔는지에 대한 것입니다. 이 일은 타락한 존재들이 지구에 육화하면서부터 시작되었다는 것을 알아야 합니다. 이 행성이 낮은 수준의 의식으로 떨어졌을 때, 육화가 가능해진 타락한 존재들이 물질계로 내려오기 시작했습니다. 그때 이 행성에는 새로운 현상이 나타났습니다. 정체성 영역에 있는 타락한 존재들이 육화 중인 타락한 존재들에게 지시를 하며 로봇처럼 조종하는 상황이 벌어지고 있었던 것입니다.

처음에는 정체성 층의 타락한 존재들이 인간의 마음을 지배할 수 없었습니다. 그러나 그들이 지상에 육화한 타락한 존재들의 마음을 지배하는 것은 가능했습니다. 그래서 그들은 인간 존재들 사이에 고통스런 상황을 창조하여 결국엔 정체성층의 타락한 존재들의 영향에 열리도록 만드는 특정 시나리오들을 짰습니다. 그럼으로써 그들은 전쟁이라 불리는, 대규모의 광기 어린 행동 속으로 인간을 밀어 넣고 조종할 수 있는 기회를 발견했습니다.

집단적인 광기의 상태가 창조되면, 집단을 이룬 사람들은 갑자기, 그들이 어떤 종교나 국가나 인종에 속했건, 갖은 노력을 다해 그들이 쌓아 올린 모든 자원을 다 동원해서 적으로 간주된 사람들을 파멸시키려 합니다. 사람들이 이런 광기의 상태에 이르면, 종의 생존 욕구와 종의 생존 본능을 전적으로 제쳐버리기에 이릅니다. 지상에 육화해 온 타락한 존재들은 사람들을 이런 식으로 조종하기 시작했고, 그들은 우월 의식을 행동으로 구체화하면서 널리 확산했습니다.

육화 중인 타락한 존재들은 정체성 영역에 거주하는 타락한 존재들처럼 지위가 높거나 강력한 것은 아니지만, 그럼에도 불구하고 자신들이 이 행성에 육화해 있는 인간들보다 우월하다고 느낍니다. 또한 그들은 아무런 유대감도, 생명에 대한 아무런 연민도, 존중도 느끼지 못합니다. 따라서 우월성의 개념을 행동으로 표현하는 것은 그들에게 아주 쉬운 일입니다. 그들은 우월성이란 개념을 믿지만, 우월성에 대한 믿음을 통해서 그들이 자율적으로 행동하고 있는 것은 아닙니다.

만일 여러분이 내가 상승 영역에서 보고 있는 것을 볼 수만 있다면, 비록 육화 중인 타락한 존재들이 스스로를 정말 강력하다고 생각하고 있을지라도, 실제로 그들 중 아무도 큰 힘을 갖고 있지 않음을 알게 될 것입니다. 그들이 특정한 의도를 실행하고 있을 때는 정말 문자 그대로, 정체성층의 타락한 존재들이 그들의 마음을 지배하면서 마치 로봇에게 하듯이 지시를 내리고 있습니다. 정체성 층의 타락한 존재들은 꼭두각시 인형들을 조종하고 있는 장인들 노릇을 해왔습니다. 그들은 이리저리 줄을 잡아당기면서 지상에 육화 중인 타락한 존재들이 그들의 명대로 행하도록 만들고 있습니다.

육화 중인 타락한 존재들은 여러 나라에서 지배자로 군림해왔으며, 자신의 나라가 다른 모든 나라보다 또는 특정 나라보다 우월하다는 관념을 만들어내고 퍼뜨려왔습니다. 그 예로 한 나라의 타락한 존재들을 살펴보면, 그들은 자국이 다른 적국들보다 우월하다고 전적으로 확신해왔음을 알 수 있습니다. 그들은 자신들이 더 높은 권위에 근거해서 행동한다고 생각했는데, 이는 그들이 신성한 권위의 지시를 받고 있다고 믿도록 정체성 영역의 타락한 존재들이 조종을 해왔기 때문이었습니다.

그들은 신성한 권위에 연결되어 있고 그들의 혈통이 신성한 방식으로 이루어졌기 때문에 자신들이 다른 집단보다 우월하다고 생각했습니다.

그러나 그들이 깨닫지 못했던 것은, 다른 집단의 사람들도 역시 자신들의 권위와 신성한 혈통에 대해 완전히 똑같은 믿음을 가지도록, 타락한 존재들이 조종해왔다는 사실이었습니다. 그들도 역시 정체성 영역의 타락한 존재들에 의해 속으면서 지배당했습니다. 정체성 영역에 두 그룹의 타락한 존재가 있었던 것이 아니라, 한 그룹이 지상의 두 집단을 조종하면서 서로 대적하도록 지휘하고 있었습니다.

사회의 양극화

여러분은 두 반대되는 극성들이 양극화 되어 버린 상황들을 수없이 보아왔습니다. 근대에 들어와서는 공산주의 진영 대 자본주의 진영 간의 양극화 현상이 뚜렷하게 나타났습니다. 나치즘과 그에 맞선 다른 모든 나라들 간에도 역시 양극화 현상이 있었고, 이 뿐만 아니라 두 그룹이 화해를 가져올 방법이 전혀 없는 이런 종류의 양극화로 이르게 된 많은 예들을 보아왔습니다.

타락한 존재들이 이용하는 메커니즘은 무엇보다 먼저, 우월성과 열등성에 대한 믿음을 도입하는 것입니다. 우리가 이전에 말했듯이, 누군가가 우월하기 위해서는, 다른 누군가가 반드시 열등해야만 합니다. 둘 사이에 반드시 대비가 있어야만 하며, 아니면 누군가 우월감을 느낀다는 것이 불가능합니다. 여러분은 다른 사람을 아래로 눌러버리지 않고서는 자신을 다른 사람들 위로 높일 수가 없습니다. 불가능합니다. 신의 우주에 본래부터 내재하는 우월성이란 없기 때문입니다. 모든 사람들은 창조주의 눈으로 보기에 동등한 권리와 가치를 가지고 창조되었습니다.

물론 여성들도 마찬가지입니다. 내가 "사람들"이라고 할 때엔 여성과 남성을 모두 의미합니다.

그러므로, 사랑하는 이들이여, 어떤 사람이 다른 사람에 비교해서 열등하다는 믿음은 모두 타락한 존재들이 가져온 인위적인 개념입니다. 여기에는 그 어떤 예외도 없습니다. 과거에도 결코 없었고, 지금도 없고, 앞으로도 결코 없을 것입니다. 여러분은 아바타(avatar)라고 불리는, 지구상에 육화해 오는 고도로 발달된 영적인 존재들에 대해 들은 적이 있을 것입니다. 그러나 그들은 자신을 다른 인간들보다 우월하다고 여기지 않습니다. 왜 그럴까요? 왜냐하면 그들은 고도로 발달된 영적 존재들이고 따라서, 모든 생명의 하나됨을 알고 있기 때문입니다. 그들은, 이원성 의식이 전적으로 환영이고 신 안에서 아무런 실체를 갖고 있지 않음을 잘 알고 있습니다.

일단 열등함과 우월함에 대한 믿음이 확산되면, 사람들이 그것을 믿게 되는 일이 일어납니다. 왜 사람들이 그것을 믿게 되는지 여러분이 이해하는 것이 중요합니다. 그것은 타락한 존재들이 일차적으로 많은 갈등과 투쟁을 창조해내어, 사람들을 아래로 억눌러버린 기간이 있었기 때문입니다. 우리가 설명했던 모든 사회들이 (과거의 사회들은 매우 경직된 구조의 엄격한 위계 사회였고, 주민 대다수가 삶을 향상시킬 가능성이 거의 없었던 농부나 노동자들이었습니다), 대다수의 인구들을 아래로 눌러버려 열등감을 느끼도록 만들려는 목적을 갖고 있습니다.

여러분은 거듭해서 목격하게 되는 사실은, 대부분의 인간들이 열등하고 별로 훌륭하지 않고 뭔가 잘못된 것이 있다고 느끼도록, 타락한 존재들이 불균형한 상황을 우선적으로 만들어낸다는 것입니다. 타락한 존재들은 이런 상황을 만들어내기 위해서 종교를 아주 능수능란하게 이용해왔습니다. 오늘날 여러분도 알고 있고 많은 그리스도교인들이 믿고 있는, 여러분이 죄인으로 태어났고 본래 결함을 지닌 존재로 창조되었다는 생각을 도입한 것이지요. 타락한 존재들은 사람들을 일단 이런 열등감으로 이끌어 들인 다음에, 어떤 선택된 사람들에게는 여기서 나오는 출구를 제시해주었습니다.

만일 그들이 특정 타락한 존재들이 이끌고 있는 그룹에 속한다면, 그들은 우월한 지도자들을 따르고 있으므로 저편의 적들보다 우월한 사람들이라는 것입니다. 왜냐하면 적들의 지도자는 자신들의 지도자보다 열등한 존재이기 때문입니다. 저편의 지도자들은 악하고 나쁘며 어둠과 함께 일하고 있다, 혹은 그 어떤 구실이라도 대면서 낙인을 찍을 수 있습니다. 저편의 사람들은 틀렸고, 악마의 권속이거나, 잘못된 종교나 잘못된 정치 이념을 갖고 있다, 등등 말입니다.

일단 이런 역학이 형성되면 (즉 사람들이 본래부터 열등하다고 느끼지만 그들이 우월감을 느낄 수 있도록 이 열등감에서 빠져나오는 방법이 제시되면), 여러분은 내면에 갈등을 지니게 됩니다. 타락한 존재들이 이끄는 제국은 그들 자신이 우월하다고 생각하며, 그것이 종교든 정치 이념이든 그들이 가진 무언가를 행성 전체로 확산할 필요성을 느낍니다. 만일 그렇게 될 수 있다면 그들의 우월함이 증명될 것이고, 그들은 지상에 이상적인 국가를 수립하게 될 것입니다. 만일 그렇게 할 수 없다면, 그 결과는 행성 전체에 재앙을 초래할 것입니다. 물론 이 그룹이 그들의 우월함을 확립하고 그들의 사상을 전 지구에 퍼뜨리기 위해서는 그들의 적인 "다른" 그룹이 우선 파멸되어야 합니다. 이제 이들 두 그룹 사이에는 분쟁의 씨앗이 싹트고 있습니다.

광신은 종족 보존의 본능을 압도합니다

우월감-열등감의 역학이 다음 단계로 가면, 양쪽 모두가 투쟁에 대한 완전한 광신으로 들어가게 됩니다. 광신주의는 특수한 심리 상태로, 동료 인간을 죽이면 안 된다는 본능을 전적으로 압도할 수 있는, 인간이 알고 있는 유일한 심리 상태입니다. 성모 마리아의 설명처럼, 두 그룹이 전쟁으로 들어가는 때는 언제나 양쪽에 다 광신주의가 있습니다. 그렇지 않다면 사람들이 그렇게 대규모로 서로 살상하게 되는 것이 불가능합니다. 더 작은 규모에서는 자기-방어 문제로 서로 죽이게 되는 경우가 있습니다. 그러나 국가 간의 전쟁 혹은 국가의 연맹들 간의 전쟁처럼 규모가 큰 경우에는, 양쪽이 다 이런 광신주의적 상태로 이끌려 들어가지 않는다면 이렇게 대규모의 살상이 일어날 수가 없습니다.

많은 이들이 이것을 인정하지 않으려 할 것입니다. 그들은 제 2 차 세계대전과 같은 상황을 지적하면서 "나치가 광신적이었음은 분명합니다. 그러나 연합군도 광신적인 심리 상태에서 대처했다고는 말할 수는 없습니다."라고 말할 것입니다. 대결 상황에서 한 쪽이 승리하게 되면 승리한 쪽은 자신들의 우월성을 확신하게 됩니다. 그들이 이겼다는 사실은 분명 그들이 더 우월하고, 패한 쪽처럼 악하지 않다는 것을 의미해야 합니다. 만일 패한 쪽이 명백히 광신적이었다면 이긴 쪽은 광신적이었을 리가 없는 것입니다.

이것은 완전한 환상이고, 광신주의에서 오는 망상입니다. 왜냐하면 광신주의는 근본적으로 부인(denial)의 메커니즘에 기초한 것이기 때문입니다. 심리학자들은 지금까지 오랫동안 부인이란 개념을 사용해 왔습니다. 부인은 광신주의의 결과이거나 혹은 광신주의의 토대라고 말할 수도 있지만, 사실 두 경우가 다 맞습니다. 무언가를 부인하지 않고서는 광신 상태로 들어갈 수가 없습니다. 예를 들어 여러분은 자신이 적으로 간주하고 있는 이들의 인간성을 부인해야만, 광신적 상태로 들어갈 수 있는 것입니다. 여러분이 광신적인 심리 상태이거나 그런 상태였음을 부인한다면, 여러분은 결국 광신주의에 대처할 수가 없을 것입니다.

광신주의와 부인

자, 사랑하는 이들이여, 우리는 이원성 의식에 대한 많은 가르침들을 주었습니다. 그것이 어떻게 심리적으로 작용하는지와 광신 상태의 주요한 요소는 부인임을 설명했습니다. 만일 여러분이 하나의 이원적인 극단을 향해 간다면, 자동적으로 다른 쪽 극단의 정당성을 부인하게 될 것입니다. 엄밀히 들여다보면, 이원성 의식은 항상 양 극단을 가지고 있음을 볼 수 있습니다. 그러나 양 극단 사이에는, 이원적인 관점의 영향을 받았지만 중간 지점으로부터 그리 멀리 가버리지는 않은 사람들의 회색지대가 있습니다. 이원성 의식에도 중간 지대가 있으며, 여기서 사람들은 이원성의 영향을 받기는 하지만 광신주의로 들어가게 되는 극단에 빠지진 않습니다.

여러분이 역사를 되돌아본다면, 지구상의 모든 사람이 공산주의와 자본주의 간의 이원적 갈등에 의해 영향을 받은 시기가 있었지만, 그런 광신적 상태의 극단적인 시각을 가지지 않았던 사람들도 많았음을 알 수 있습니다. 사실 대부분의 사람들은 여전히 광신주의자가 아니며, 따라서 광신적인 심리 상태에서 누구를 죽이려는 마음이 없는 중간지대에 존재합니다. 그러다가 분쟁의 기운이 달아오르면, 서로를 적으로 간주하면서 양 쪽이 서사적인 투쟁 안에 속해 있는 것으로 생각하는 두 집단이 형성됩니다. 그 이후부터 사람들은 점점 더 극단으로 이끌려가면서 광신적인 사고방식으로 들어가게 되는 것입니다.

여러분이 제 2 차 세계대전을 살펴본다면, 분명히 나치가 완전한 광신주의에서 시작되었음을 어느 누구라도 알 수 있습니다. 자, 이 사실은 누구나 다 안다고 해도, 오늘날 많은 사람들이 보지 못하고 있는 것이 있습니다. 그것은 나치와 실제적인 전쟁, 전면전을 치르기 위해서는 연합군들도 역시 광신적인 사고방식으로 들어가야만 했다는 사실입니다. 러시아 지도자들과 러시아 군대가 가졌던 광신적인 사고방식을 알아볼 수 있는 사람들은 많지만, 연합군인 영국, 미국 등의 지도자들과 그 국민들의 마음속에도 광신주의가 있었다고 인정하려는 사람은 별로 없을 것입니다.

광신주의의 극복

그럼에도 불구하고 내가 상승한 영역에서 보고 있는 것을 여러분이 본다면, 양 진영의 지도자들과 다수의 사람들이, 그리고 무장한 군대 안의 다수 사람들이 분명히 광신주의에 빠져 있었음을 알 수 있습니다. 역사상 이런 사례는 무수히 있었습니다. 광신주의는 사람들을 전면적인 투쟁으로 이끌어갑니다. 지난 세기 동안 여러분은 광신적인 사고방식이 끔찍한 전쟁들을 초래하고 참혹한 결과를 가져다주는 것을 목격했습니다. 그래서 많은 사람들이 깨어나기 시작했으며 "우리는 더 이상 광신주의가 그런 대규모의 전쟁을 일으키는 것을 허용할 수 없습니다"라고 말하기에 이르렀습니다.

그리고 핵무기를 생산할 수 있는 기술이 방출되자, 사람들은 만일 3차 세계대전이 일어난다면 필연적으로 핵무기를 사용하게 될 것이고 그 결과는 1,2 차 세계대전보다 훨씬 더 참혹할 것이라는 사실을 보게 되었다는 것을 염두에 두어야 합니다. 불행하게도, 결과에 대한 이런 두려움이 3 차 세계대전을 방지하는 한 요인이 되었습니다. 여러분은 여기서, 부인의 역학적 과정이 오직 실제적인 고난(School of Hard Knocks)의 체험을 통해서만 광신주의를 벗어날 수 있도록 사람들을 몰아가고 있는 것을 보게 됩니다. 그들은 광신주의 사고방식이 끔찍한 결과를 창조한 것을 처절하게 직접 체험하고서야, 그것을 더 이상 허용하지 않겠다고 선언하기에 이른 것입니다.

제 2차 세계대전 이후에 전 세계적으로 어떤 자각, 어떤 의식이 점점 자라나기 시작했습니다. 사람들은 전쟁과 그 전쟁 중에 자행되었던 홀로코스트와 많은 잔혹 행위들을 겪고 나서, 우리 생애에 다시는 이 같은 종류의 충돌이 일어나는 것을 허용해선 안 되겠다는 경각심을 가지게 되었습니다. 여기서 일어났던 일은, 정체성층의 타락한 존재들이 어떤 기반을 잃었다는 것입니다. 그들은 인류에 대한 어떤 영향력을 잃게 되었습니다.

타락한 존재들에 대한 심판

상승 마스터들과 상승 마스터 학생들의 행동과, 지구의 많은 사람들 안에서 점점 커지는 자각으로 인해서, 정체성층과 나머지 물리적 층을 포함한 세 층 안에 있던 특정 존재들에 대한 심판을 하는 것이 가능해졌습니다. 이것은 지구로부터 제거되어 버린 특정 타락한 존재들이 있었음을 의미합니다. 따라서 양쪽 진영이 광신에 빠져서, 결과에 거리낌 없이 핵무기를 사용하며 전면전으로 들어갈 가능성은 낮아졌습니다.

사람들이 광신주의에 빠지게 되면, 적을 파괴하려는 목적에 너무나 몰두하여 이 투쟁이 가져올 결과에 대해서는 전혀 의식하지 않거나 인정하지 않게 됩니다. 그들은 결과를 무시하거나 부인하며, 결과가 어떻든 상관없이 적을 파멸시키려고 합니다. 만일 적을 파멸시키지 않는다면 더 나쁜 결과를 초래할 것이라고 믿기 때문입니다. 그러나 이제 행성의 사람들은 이런 것이 더 이상 허용되어서는 안 된다는 어떤 자각을 가지게 되었습니다.

그럼에도 불구하고, 이것이 정체성 영역의 타락한 존재들이 모두 제거되었음을 의미하지는 않습니다. 남아 있는 그들은 당연히, 그 후에도 내내 인간들을 조종하려는 시도를 단념하지 않았습니다. 여러분이 목격한 것은, 그들이 인간들을 조종하여 분열을 조장해왔다는 사실이었습니다.

나치 독일의 패배 이후 영국, 미국, 러시아의 지도자들이 유럽의 미래를 논의하기 위해 만난 자리에서 여러분은, 유럽이 동과 서로 나뉘고 독일이 두 나라로 분리되는 것을 지켜보았습니다. 그러고 나서 전쟁 이후에는, 아주 많은 해 동안 유럽을 두 영역으로 분리시켜버린 철의 장막이 창조되었습니다.

자 사랑하는 이들이여, 왜 이런 분열이 생겨났을까요? 그것은 정체성 영역의 타락한 존재들이 육화 중인 타락한 존재들을 조종하여, 미래의 전면적 충돌을 피할 수 있는 유일한 길이 공산주의와 자본주의 간의 분리를 받아들이는 것이라는 생각에 이르도록 만들었기 때문이었습니다. 총력을 동원한 투쟁 대신, 두 진영 사이의 영토를 분리하는 합의가 필요했습니다. 육화 중인 사람들은 자신들이 알지 못하는 상태에서 정체성 영역의 타락한 존재들에 의해 도구로 사용되고 있었습니다.

자 사랑하는 이들이여, 그렇다면 내가, 처칠과 루즈벨트와 스탈린이 모두 타락한 존재들이라고 말하고 있는 것인지, 물을 사람이 있을 것입니다. 네, 그것이 정확히 지금 내가 말하고 있는 것입니다. 많은 이들이 이것을 전혀 인정하고 싶지 않을지라도 말입니다. (그러나 이것이 내가 "부인"이라고 불렀던 심리 상태의 산물입니다.)

만일 이 분열들이 타락한 의식과 타락한 존재들의 산물임을 보지 못한다면, 어떻게 여러분이 여기서 더 나은 곳으로 이동할 수가 있을까요? 어떻게 여러분이 타락한 존재들의 조종으로부터 벗어날 수 있을까요? 그들은 제 2 차 세계대전이 끝난 이후로 내내 인류를 조종하려고 시도해 왔는데 말입니다.

그들이 이런 분열을 만들어낸 목적이 무엇이었겠습니까? 그것은 서로 반대하는 두 진영 사이에 양극화 상태를 유지하는 것이었습니다. 그런 다음 이 갈등을 점점 부풀려 양쪽 진영에 강력한 광신주의를 키워나가고 급기야는 결과를 돌아보지 않고 상대를 파멸시키려고 나서는 지점까지 몰아가는 것입니다.

그 이후의 세계와 전개 양상을 살펴보면, 공산권과 이른바 "자유 진영" 사이의 분열에서 초래된 양극화 현상과 분열들이 있었습니다. 여러분은 그런 현상을 여기 한국에서 보았고, 베트남에서도 보았고, 또 다른 곳에서도 이런 양극화 현상을 만들려는 시도들을 보았습니다.

지금 내가 방출하는 이 빛과 가르침에 기반을 두어서 여러분이 가질 수 있는 기회는, 그 정체성 영역의 타락한 존재들에 대해 그리스도의 심판을 청구할 수 있는 기회입니다. 그들은 우월감과 광신주의와, 결과에 상관없이 적을 파멸시켜야 한다는 믿음을 바탕으로 이런 분열을 창조해왔습니다. 그리고 타락한 존재들에 대한 심판을 청구할 수 있는 기회는, 여기 한국 사람들뿐만 아니라 세계의 모든 사람이 가지고 있습니다.

우리가 지금 이 가르침을 주고 있는 것은, 바로 지금 한국이 이러한 유형의 분열의 중심점이기 때문입니다. 비록 이 분열이 크게 한쪽으로 치우치긴 했지만 말입니다. 여러분은 북한의 지도자와 주민 다수에게서 명백한 광신주의를 보고 있습니다. 그들은 자신들이 생존하기 위해서는 어떤 결과가 오든 상관없이, 반드시 싸워야만 한다고 믿습니다. 그들은 (충분한 무기가 있다면) 핵전쟁을 일으킬 수도 있고, 그래도 자기 나라가 살아남을 것이며, 그들도 계속 정권을 유지할 수 있을 것이라고 생각하는, 일종의 부인 상태에 들어가 있습니다. 그들 중의 일부는 그런 부인과 광신주의의 상태에 정말로 심하게 빠져 있어서, 북한이 전 세계에 대항할 수 없고 그들이 전 세계를 정복할 수도 없으며, 만일 핵무기를 사용한다면 전 세계와 맞서야 할 것이란 사실을 인정하지 않으려 합니다.

이런 의식 상태에 있는 육화 중인 타락한 존재들을 결박해달라고, 또 결과에 상관없이 사람들을 죽이도록 선동하고 있는 감정층의 타락한 존재들을 결박해달라고 여러분에게는 요청을 할 권한이 있습니다. 교묘한 멘탈 이론들을 이용해서 사람들이 이 광신의 시나리오들을 믿게 만들고 부인 상태로 들어가게 하는 멘탈층의 타락한 존재들을 결박해달라고 여러분은 요청을 할 수 있습니다. 물론 이 전반적인 시나리오 배후에 있는 정체성층의 타락한 존재들을 결박하고 심판해달라고 여러분은 요청을 할 수 있습니다.

사람들이 모든 곳에서 요청을 하는 것이야말로 정말 중요한 일입니다. 왜냐하면 내가 지금 물질 영역의 모든 네 층에 있는 타락한 존재들에게 심판을 언도하기 위해서는, 육화 중인 여러분들이 심판을 승인하고 청구하는 것이 절대적으로 필요하기 때문입니다.

그러므로 나, 사나트 쿠마라는, 빛의 우주 영단(the Cosmic Hierarchy of Light)이 부여한 권한에 의해, 정체성, 멘탈, 감정층 안에 있는 그리고 육화 중인 타락한 존재들에 대해서 사나트 쿠마라의 심판을 선언합니다. 자신과 적, 그리고 인류와 행성 전체에 미칠 결과를 무시하고 오직 적을 파괴하기 위한 열망과 행동을 유발하는 광신주의를 창조하는 배후에 그들이 있습니다. 오늘 이 타락한 존재들은 상승 마스터들의 관점에 입각한 심판을 받습니다.

따라서 이 알파적인 조치(Alpha action)가 육화 중인 여러분 수준까지 보내집니다. 여러분은 그 조치를 승인하고 단언함으로써 그 조치가 물리적 층에 정박되도록 하고, 따라서 그것은 모든 네 층들에서 현실로 구현될 것입니다. 따라서 우리는 이 어둠의 세력들과 타락한 존재들을 행성으로부터 제거할 수 있고, 황금시대의 구현을 가로막고 있던 주된 장애물을 극복할 수 있습니다. 진실로, 우월감과 열등감에 기반을 둔 광신주의야말로 황금시대의 실현에 주된 장애물입니다. 과거의 많은 시나리오 안에서도 황금시대가 구현될 준비가 다 되었었지만, 이 광신주의라는 큰 벽 때문에 현실화되지 못했습니다.

심지어는 황금시대가 실현된 이후에도 광신주의적인 사고방식의 출현에 의해 붕괴되어 버린 경우들이 있었습니다. 이 타락한 존재들과 그들 배후의 의식을 심판하는 것을 통해 우리는 이 행성의 사람들을 광신주의적 사고방식에서 자유롭게 하는 큰 진전을 이룰 수 있습니다. 그럼으로써 사람들은 한 걸음 물러나서 성찰하며, 영적 존재로서의 진정한 자기 자신과 재 연결될 수 있습니다. 영적 존재로서의 진정한 자기 자신과 다시 연결될 때, 여러분은 우월감-열등감의 역학을 완전히 초월해서 올라갈 수 있을 것입니다.

여러분은 다른 사람들보다 우월하다고 느낄 필요성이 전혀 없음을 알게 될 것입니다. 왜냐하면 여러분이 자신 안에서 아무런 열등감을 느낄 이유도 없고 필요도 없기 때문입니다. 따라서 여러분은 내면의 열등감을, 외적인 우월성에 대한 환상을 만드는 것으로 보상할 필요가 없습니다. 그 대신 여러분은 진정한 자기 자신(who you are)을 받아들일 수 있습니다. 여러분은 동료 인간들을 그들의 진정한 존재 그대로 받아들일 수 있고, 그리고 여러분 모두가 같은 근원으로부터 온 영적인 존재들임을 인식할 수 있습니다. 그리고 이것이, 이 행성의 진화의 기회를 위한 중대한 베풂이고 중대한 전환점입니다. 이것을 기반으로 이 행성이 자유로워지고, 이 행성의 대다수 사람들이 진정으로 바라는 평화와 진보와 번영의 시대를 실현할 수 있습니다.

사랑하는 이들이여, 풍요로운 삶을 누리는 것이 진실로 가능하다고 믿는다면, 풍요로운 삶을 거부할 사람은 아무도 없습니다. 그들로 하여금 풍요로운 삶이 가능한 것을 믿지 못하도록 가로막는 것이 무엇입니까?

그것은 수없이 여러분에게 말해진 내용, "적은 무리여 두려워 말라, 그 나라를 너희에게 주시는 것이 아버지의 기쁨이니라."라는 예수님의 말씀을 부인하도록 만드는, 광신적인 마음 상태입니다. 풍요로운 삶을 부인할 수 있는 것은 오직 광신주의일 뿐입니다. 여러분이 광신주의를 극복할 때, 그 말씀이 정말 옳다는 것을 알게 될 것입니다.

여러분에게 평화, 번영, 진보의 황금시대를 주는 것이 신과 상승 마스터들의 기쁨입니다. 그러므로 우리의 사랑하는 형제, 성 저메인이 지구를 위한 그의 황금시대를 구현하도록 지원하는 것은, 진실로 우리의 기쁨입니다.

20
황금시대를 가로막는 타락한 존재들에 대한 심판을 기원하기

I AM THAT I AM, 예수 그리스도의 이름으로 나의 아이앰 현존이, 무한히 초월해가는 내 미래의 현존을 통해 흐르며, 완전한 권능으로 이 디크리를 해주시기를 요청합니다. 나는 사랑하는 사나트 쿠마라께 한국에서 당신의 현존을 구현하시어, 황금시대를 가로막는 타락한 존재들을 심판해주실 것을 요청합니다...
(여기에 개인적인 요청을 추가하세요)

파트 1

1. 사나트 쿠마라시여, 행성적 기반에서 황금시대의 실현을 방해하고 있는 타락한 존재들에 대해 나는 심판을 요청합니다.

사나트 쿠마라, 루비 불꽃이시여,
나는 사랑의 성가대에서 내 자리를 구합니다.
열린 가슴으로 당신을 찬양하며,
우리는 함께 지구를 끌어 올립니다.

사나트 쿠마라, 루비 광선이시여,
지구에 더 높은 길을 가져오소서,
당신의 불꽃으로 이 행성을 밝혀주시고,
지구에 새로운 의복을 입혀주소서.

2. 사나트 쿠마라시여, 인간들이 서로를 파괴하도록 만들어 신의 잘못을 증명하려는 의도를 갖고 있는 타락한 존재들에 대해 심판을 요청합니다.

사나트 쿠마라, 루비 불꽃이시여,
나는 입문을 열망합니다.
나는 당신을 위한 전극이며,
샴발라는 나의 진정한 거처입니다.

사나트 쿠마라, 루비 광선이시여,
지구에 더 높은 길을 가져오소서,
당신의 불꽃으로 이 행성을 밝혀주시고,
지구에 새로운 의복을 입혀주소서.

3. 사나트 쿠마라시여, 멘탈, 감정, 물리적 층의 타락한 존재들에 의해 지원받는, 하위 정체성층 안의 타락한 존재들에 대해 심판을 요청합니다.

사나트 쿠마라, 루비 불꽃이시여,
나는 당신이 요청하는 길을 따라갑니다.
당신의 사랑으로 나를 입문시키시어,
성령을 위한 열린 문이 되게 하소서.

사나트 쿠마라, 루비 광선이시여,
지구에 더 높은 길을 가져오소서,
당신의 불꽃으로 이 행성을 밝혀주시고,
지구에 새로운 의복을 입혀주소서.

4. 사나트 쿠마라시여, 육체 안에 있으면 그들 스스로가 작동시켜 놓았던 법칙의 결과에서 벗어날 수 없을 거란 두려움으로 인해 육화를 피해 왔던, 정체성층의 타락한 존재들에 대해 심판을 요청합니다.

사나트 쿠마라, 루비 불꽃이시여,
당신의 위대한 본보기는 모두에게 영감을 주며,
우리는 무집착과 큰 환희로,
지구의 새로운 탄생을 가져옵니다.

**사나트 쿠마라, 루비 광선이시여,
지구에 더 높은 길을 가져오소서,
당신의 불꽃으로 이 행성을 밝혀주시고,
지구에 새로운 의복을 입혀주소서.**

5. 사나트 쿠마라시여, 인간들을 전혀 존중하지 않고, 자신들보다 훨씬 아래에 있는 열등한 존재라고 여기는 타락한 존재들에 대해 심판을 요청합니다.

사나트 쿠마라, 루비 불꽃이시여,
당신은 이 행성의 정화자이시니,
지구에서 모든 어둠의 영체들을 불태우시고,
내면에 거하는 영(Spirit)의 섬광을 드러내소서.

**사나트 쿠마라, 루비 광선이시여,
지구에 더 높은 길을 가져오소서,
당신의 불꽃으로 이 행성을 밝혀주시고,
지구에 새로운 의복을 입혀주소서.**

6. 사나트 쿠마라시여, 자신들을 인간들과 근본적으로 다르다고 생각하면서, 인간에 대해 공감과 자비심, 유대감, 존중의 마음이 전혀 없는 타락한 존재들에 대해 심판을 요청합니다.

사나트 쿠마라, 루비 불꽃이시여,
당신은 우주적 증폭기입니다.
금성에서 온 집단(Venusian band)의 진동수를,
하등한 세력들은 견뎌낼 수 없습니다.

사나트 쿠마라, 루비 광선이시여,
지구에 더 높은 길을 가져오소서,
당신의 불꽃으로 이 행성을 밝혀주시고,
지구에 새로운 의복을 입혀주소서.

7. 사나트 쿠마라시여, 자신들이 인간들을 조종할 절대적인 권리가 있다고 믿으면서, 인간들을 자신들의 기분에 따라서 조종되고 통제될 수 있는 물건이나 로봇, 기계적인 존재로 다루고 있는 타락한 존재들에 대해 심판을 요청합니다.

사나트 쿠마라, 루비 불꽃이시여,
나는 지상에서 당신을 위한 확대경입니다.
사랑의 흐름을 다시 회복시키며,
나의 차크라는 당신의 열린 문이 됩니다.

사나트 쿠마라, 루비 광선이시여,
지구에 더 높은 길을 가져오소서,
당신의 불꽃으로 이 행성을 밝혀주시고,
지구에 새로운 의복을 입혀주소서.

8. 사나트 쿠마라시여, 우리가 타락한 존재들에 의해 영향을 받거나 조종, 통제되거나 기만당하지 않도록 선택하게 도와주시고, 그들의 파괴적인 의도를 위한 무의식적인 도구가 되지 않게 해주소서.

사나트 쿠마라, 루비 불꽃이시여,
금성의 노래를 확장하는 존재여,
우리를 통해 울려 퍼지는 당신의 사랑은,

가장 조밀한 마음들 안으로 관통합니다.

**사나트 쿠마라, 루비 광선이시여,
지구에 더 높은 길을 가져오소서,
당신의 불꽃으로 이 행성을 밝혀주시고,
지구에 새로운 의복을 입혀주소서.**

9. 사나트 쿠마라시여, 정체성층의 타락한 존재들에 의해 로봇처럼 조종되고 있는, 육화 중인 타락한 존재들에 대해 심판을 요청합니다.

사나트 쿠마라, 루비 불꽃이시여,
당신은 모든 것을 신성하게 합니다.
우주적 은총으로 정화되니,
지구는 이제 성소가 되었습니다.

**사나트 쿠마라, 루비 광선이시여,
지구에 더 높은 길을 가져오소서,
당신의 불꽃으로 이 행성을 밝혀주시고,
지구에 새로운 의복을 입혀주소서.**

파트 2

1. 사나트 쿠마라시여, 육화 중인 타락한 존재들을 이용해서 인간들 사이에 고통스런 상황을 창조하여, 결국 정체성층의 타락한 존재들의 영향에 열리도록 유도하는 시나리오를 만든 정체성층의 타락한 존재들에 대해 심판을 요청합니다.

사나트 쿠마라, 루비 불꽃이시여,
나는 사랑의 성가대에서 내 자리를 구합니다.
열린 가슴으로 당신을 찬양하며,
우리는 함께 지구를 끌어 올립니다.

**사나트 쿠마라, 루비 광선이시여,
지구에 더 높은 길을 가져오소서,
당신의 불꽃으로 이 행성을 밝혀주시고,
지구에 새로운 의복을 입혀주소서.**

2. 사나트 쿠마라시여, 인간의 집단들이 모든 자원과 전력을 다해서 적으로 간주된 사람들을 파멸시키도록, 집단적 광기의 상태를 만들어낸 타락한 존재들에 대해 심판을 요청합니다.

사나트 쿠마라, 루비 불꽃이시여,
나는 입문을 열망합니다.
나는 당신을 위한 전극이며,
샴발라는 나의 진정한 거처입니다.

**사나트 쿠마라, 루비 광선이시여,
지구에 더 높은 길을 가져오소서,
당신의 불꽃으로 이 행성을 밝혀주시고,
지구에 새로운 의복을 입혀주소서.**

3. 사나트 쿠마라시여, 우월 의식을 가지고 행동하면서 이 의식을 퍼뜨리고 있는, 육화 중인 타락한 존재들에 대해 나는 심판을 요청합니다.

사나트 쿠마라, 루비 불꽃이시여,
나는 당신이 요청하는 길을 따라갑니다.
당신의 사랑으로 나를 입문시키시어,
성령을 위한 열린 문이 되게 하소서.

**사나트 쿠마라, 루비 광선이시여,
지구에 더 높은 길을 가져오소서,
당신의 불꽃으로 이 행성을 밝혀주시고,
지구에 새로운 의복을 입혀주소서.**

4. 사나트 쿠마라시여, 인간들에 대해 우월감을 느끼면서, 아주 쉽게 우월감을 실행에 옮기고 있는, 육화 중인 타락한 존재들에 대해 심판을 요청합니다.

사나트 쿠마라, 루비 불꽃이시여,
당신의 위대한 본보기는 모두에게 영감을 주며,
우리는 무집착과 큰 환희로,
지구의 새로운 탄생을 가져옵니다.

사나트 쿠마라, 루비 광선이시여,
지구에 더 높은 길을 가져오소서,
당신의 불꽃으로 이 행성을 밝혀주시고,
지구에 새로운 의복을 입혀주소서.

5. 사나트 쿠마라시여, 육화 중인 타락한 존재들을 꼭두각시처럼 능란하게 조종하면서 자신들의 지시대로 행하게 만들고 있는, 정체성층의 타락한 존재들에 대해 심판을 요청합니다.

사나트 쿠마라, 루비 불꽃이시여,
당신은 이 행성의 정화자이시니,
지구에서 모든 어둠의 영체들을 불태우시고,
내면에 거하는 영(Spirit)의 섬광을 드러내소서.

사나트 쿠마라, 루비 광선이시여,
지구에 더 높은 길을 가져오소서,
당신의 불꽃으로 이 행성을 밝혀주시고,
지구에 새로운 의복을 입혀주소서.

6. 사나트 쿠마라시여, 여러 사회에서 지배자로 군림해오면서 자신의 사회가 다른 사회보다 더 우월하다는 생각을 퍼뜨려왔던, 육화 중인 타락한 존재들에 대해 심판을 요청합니다.

사나트 쿠마라, 루비 불꽃이시여,
당신은 우주적 증폭기입니다.
금성에서 온 집단(Venusian band)의 진동수를,
하등한 세력들은 견뎌낼 수 없습니다.

**사나트 쿠마라, 루비 광선이시여,
지구에 더 높은 길을 가져오소서,
당신의 불꽃으로 이 행성을 밝혀주시고,
지구에 새로운 의복을 입혀주소서.**

7. 사나트 쿠마라시여, 자신들이 더 높은 권위에 근거해서 행동한다고 생각한 타락한 존재들에 대해 심판을 요청합니다. 정체성층의 타락한 존재들은, 육화 중인 타락한 존재들이 신성한 권위(Divine authority)에 의해 지시를 받고 있다고 믿도록 만들었습니다.

사나트 쿠마라, 루비 불꽃이시여,
나는 지상에서 당신을 위한 확대경입니다.
사랑의 흐름을 다시 회복시키며,
나의 차크라는 당신의 열린 문이 됩니다.

**사나트 쿠마라, 루비 광선이시여,
지구에 더 높은 길을 가져오소서,
당신의 불꽃으로 이 행성을 밝혀주시고,
지구에 새로운 의복을 입혀주소서.**

8. 사나트 쿠마라시여, 나는 정체성층의 타락한 존재들에 대해 심판을 요청합니다. 이들은 육화한 두 그룹의 타락한 존재들이 서로 싸우도록 만들면서, 사람들을 무의미한 전쟁으로 끌어 들이고 있습니다.

사나트 쿠마라, 루비 불꽃이시여,
금성의 노래를 확장하는 존재여,
우리를 통해 울려 퍼지는 당신의 사랑은,

가장 조밀한 마음들 안으로 관통합니다.

**사나트 쿠마라, 루비 광선이시여,
지구에 더 높은 길을 가져오소서,
당신의 불꽃으로 이 행성을 밝혀주시고,
지구에 새로운 의복을 입혀주소서.**

9. 사나트 쿠마라시여, 나는 우월성과 열등성에 대한 믿음을 이용하여, 반목하는 양 진영 사이를 양극화시키고 있는 타락한 존재들에 대해 심판을 요청합니다.

사나트 쿠마라, 루비 불꽃이시여,
당신은 모든 것을 신성하게 합니다.
우주적 은총으로 정화되니,
지구는 이제 성소가 되었습니다.

**사나트 쿠마라, 루비 광선이시여,
지구에 더 높은 길을 가져오소서,
당신의 불꽃으로 이 행성을 밝혀주시고,
지구에 새로운 의복을 입혀주소서.**

파트 3

1. 사나트 쿠마라시여, 갈등과 분쟁을 만들어내고, 대다수의 인구를 아래로 눌러버려 열등감을 느끼도록 만드는 위계 사회들을 창조해온 타락한 존재들에 대해 심판을 요청합니다.

사나트 쿠마라, 루비 불꽃이시여,
나는 사랑의 성가대에서 내 자리를 구합니다.
열린 가슴으로 당신을 찬양하며,
우리는 함께 지구를 끌어 올립니다.

사나트 쿠마라, 루비 광선이시여,
지구에 더 높은 길을 가져오소서,
당신의 불꽃으로 이 행성을 밝혀주시고,
지구에 새로운 의복을 입혀주소서.

2. 사나트 쿠마라시여, 대부분의 사람들이 열등감을 느끼는 불균형한 상황을 우선적으로 만든 다음, 선택된 인간들에게만 탈출구를 제공해온, 타락한 존재들에 대해 심판을 요청합니다.

사나트 쿠마라, 루비 불꽃이시여,
나는 입문을 열망합니다.
나는 당신을 위한 전극이며,
샴발라는 나의 진정한 거처입니다.

사나트 쿠마라, 루비 광선이시여,
지구에 더 높은 길을 가져오소서,
당신의 불꽃으로 이 행성을 밝혀주시고,
지구에 새로운 의복을 입혀주소서.

3. 사나트 쿠마라시여, 스스로를 우월한 존재로 간주하면서, 행성 전체에 자신들의 종교나 정치 이념을 퍼뜨려야 한다고 느끼고 있는 타락한 존재들에 대해 심판을 요청합니다.

사나트 쿠마라, 루비 불꽃이시여,
나는 당신이 요청하는 길을 따라갑니다.
당신의 사랑으로 나를 입문시키시어,
성령을 위한 열린 문이 되게 하소서.

사나트 쿠마라, 루비 광선이시여,
지구에 더 높은 길을 가져오소서,
당신의 불꽃으로 이 행성을 밝혀주시고,
지구에 새로운 의복을 입혀주소서.

4. 사나트 쿠마라시여, 자신들의 우월성을 확립하고 자신들의 사상을 지구 전체에 퍼뜨리기 위해서는, 그들의 적인 다른 그룹을 우선 파멸시켜야 한다고 믿는 타락한 존재들에 대해 심판을 요청합니다.

사나트 쿠마라, 루비 불꽃이시여,
당신의 위대한 본보기는 모두에게 영감을 주며,
우리는 무집착과 큰 환희로,
지구의 새로운 탄생을 가져옵니다.

사나트 쿠마라, 루비 광선이시여,
지구에 더 높은 길을 가져오소서,
당신의 불꽃으로 이 행성을 밝혀주시고,
지구에 새로운 의복을 입혀주소서.

5. 사나트 쿠마라시여, 대립하는 양 진영에 극심한 광신주의를 창조해내어, 동료 인간을 죽이지 않으려는 본능을 압도해버리게 만드는 타락한 존재들에 대해 심판을 요청합니다.

사나트 쿠마라, 루비 불꽃이시여,
당신은 이 행성의 정화자이시니,
지구에서 모든 어둠의 영체들을 불태우시고,
내면에 거하는 영(Spirit)의 섬광을 드러내소서.

사나트 쿠마라, 루비 광선이시여,
지구에 더 높은 길을 가져오소서,
당신의 불꽃으로 이 행성을 밝혀주시고,
지구에 새로운 의복을 입혀주소서.

6. 사나트 쿠마라시여, 적들이 동료 인간임을 부인하고 스스로의 광신적인 심리 상태를 부인함으로써, 사람들을 광신주의로 들어가게 만드는 타락한 존재들에 대해 심판을 요청합니다.

사나트 쿠마라, 루비 불꽃이시여,
당신은 우주적 증폭기입니다.
금성에서 온 집단(Venusian band)의 진동수를,
하등한 세력들은 견뎌낼 수 없습니다.

사나트 쿠마라, 루비 광선이시여,
지구에 더 높은 길을 가져오소서,
당신의 불꽃으로 이 행성을 밝혀주시고,
지구에 새로운 의복을 입혀주소서.

7. 사나트 쿠마라시여, 전면전에서 양 진영 모두에 광신주의가 존재한다는 사실을 사람들이 부인하도록 만들고 있는, 타락한 존재들에 대해 심판을 요청합니다. 따라서 나치나 공산주의에 대항해서 싸웠던 사람들도 역시 광신적인 심리 상태 안에 있었습니다.

사나트 쿠마라, 루비 불꽃이시여,
나는 지상에서 당신을 위한 확대경입니다.
사랑의 흐름을 다시 회복시키며,
나의 차크라는 당신의 열린 문이 됩니다.

사나트 쿠마라, 루비 광선이시여,
지구에 더 높은 길을 가져오소서,
당신의 불꽃으로 이 행성을 밝혀주시고,
지구에 새로운 의복을 입혀주소서.

8. 사나트 쿠마라시여, 정체성 영역에 머물러 있으면서, 분리 정책을 통해 인간들을 조종하려 시도하는 타락한 존재들에 대해 심판을 요청합니다.

사나트 쿠마라, 루비 불꽃이시여,
금성의 노래를 확장하는 존재여,
우리를 통해 울려 퍼지는 당신의 사랑은,

가장 조밀한 마음들 안으로 관통합니다.

**사나트 쿠마라, 루비 광선이시여,
지구에 더 높은 길을 가져오소서,
당신의 불꽃으로 이 행성을 밝혀주시고,
지구에 새로운 의복을 입혀주소서.**

9. 사나트 쿠마라시여, 미래의 전면적인 충돌을 피하는 유일한 길이 공산주의와 자본주의 간의 분리를 수용하는 것이라고 생각하도록, 육화 중인 타락한 존재들을 조종해 왔던 정체성 층의 타락한 존재들에 대해 심판을 요청합니다.

**사나트 쿠마라, 루비 불꽃이시여,
당신은 모든 것을 신성하게 합니다.
우주적 은총으로 정화되니,
지구는 이제 성소가 되었습니다.**

**사나트 쿠마라, 루비 광선이시여,
지구에 더 높은 길을 가져오소서,
당신의 불꽃으로 이 행성을 밝혀주시고,
지구에 새로운 의복을 입혀주소서.**

파트 4

1. 사나트 쿠마라시여, 2차 세계대전 후에 세계를 분리시켜버렸던 타락한 존재들인, 처칠과 루즈벨트와 스탈린에 대해 심판을 요청합니다.

**사나트 쿠마라, 루비 불꽃이시여,
나는 사랑의 성가대에서 내 자리를 구합니다.
열린 가슴으로 당신을 찬양하며,
우리는 함께 지구를 끌어 올립니다.**

사나트 쿠마라, 루비 광선이시여,
지구에 더 높은 길을 가져오소서,
당신의 불꽃으로 이 행성을 밝혀주시고,
지구에 새로운 의복을 입혀주소서.

2. 사나트 쿠마라시여, 이 분리가 타락한 의식의 산물이었음을 인정하지 않으며, 따라서 타락한 존재들의 조종에서 벗어날 수 없는 사람들에 대해 심판을 요청합니다.

사나트 쿠마라, 루비 불꽃이시여,
나는 입문을 열망합니다.
나는 당신을 위한 전극이며,
샴발라는 나의 진정한 거처입니다.

사나트 쿠마라, 루비 광선이시여,
지구에 더 높은 길을 가져오소서,
당신의 불꽃으로 이 행성을 밝혀주시고,
지구에 새로운 의복을 입혀주소서.

3. 사나트 쿠마라시여, 대립하는 두 진영들 사이의 양극화 상태를 유지하기 위해서 자본주의와 공산주의 사이의 분리를 만들어낸 타락한 존재들에 대해 심판을 요청합니다.

사나트 쿠마라, 루비 불꽃이시여,
나는 당신이 요청하는 길을 따라갑니다.
당신의 사랑으로 나를 입문시키시어,
성령을 위한 열린 문이 되게 하소서.

사나트 쿠마라, 루비 광선이시여,
지구에 더 높은 길을 가져오소서,
당신의 불꽃으로 이 행성을 밝혀주시고,
지구에 새로운 의복을 입혀주소서.

4. 사나트 쿠마라시여, 양 진영의 갈등을 점점 부풀려 광신주의를 강력하게 만들고, 급기야는 결과에 상관없이 적을 파괴하려는 지점까지 몰아가길 원하는 타락한 존재들에 대해 심판을 요청합니다.

사나트 쿠마라, 루비 불꽃이시여,
당신의 위대한 본보기는 모두에게 영감을 주며,
우리는 무집착과 큰 환희로,
지구의 새로운 탄생을 가져옵니다.

**사나트 쿠마라, 루비 광선이시여,
지구에 더 높은 길을 가져오소서,
당신의 불꽃으로 이 행성을 밝혀주시고,
지구에 새로운 의복을 입혀주소서.**

5. 사나트 쿠마라시여, 세계를 공산권과 소위 "자유 진영"으로 분열시키고, 그 분열을 이용해서 한국의 분단을 창조하고 유지해 왔던 타락한 존재들에 대해 심판을 요청합니다.

사나트 쿠마라, 루비 불꽃이시여,
당신은 이 행성의 정화자이시니,
지구에서 모든 어둠의 영체들을 불태우시고,
내면에 거하는 영(Spirit)의 섬광을 드러내소서.

**사나트 쿠마라, 루비 광선이시여,
지구에 더 높은 길을 가져오소서,
당신의 불꽃으로 이 행성을 밝혀주시고,
지구에 새로운 의복을 입혀주소서.**

6. 사나트 쿠마라시여, 우월 의식과 광신주의, 그리고 결과에 상관없이 적을 파괴해야 한다는 믿음을 바탕으로, 분열을 창조하고 있는 타락한 존재들에 대해 심판을 요청합니다.

사나트 쿠마라, 루비 불꽃이시여,
당신은 우주적 증폭기입니다.
금성에서 온 집단(Venusian band)의 진동수를,
하등한 세력들은 견뎌낼 수 없습니다.

사나트 쿠마라, 루비 광선이시여,
지구에 더 높은 길을 가져오소서,
당신의 불꽃으로 이 행성을 밝혀주시고,
지구에 새로운 의복을 입혀주소서.

7. 사나트 쿠마라시여, 나는 북한의 주민들과 집권층 양쪽에서 광신주의를 조장하고 있는 타락한 존재들에 대해 심판을 요청합니다.

사나트 쿠마라, 루비 불꽃이시여,
나는 지상에서 당신을 위한 확대경입니다.
사랑의 흐름을 다시 회복시키며,
나의 차크라는 당신의 열린 문이 됩니다.

사나트 쿠마라, 루비 광선이시여,
지구에 더 높은 길을 가져오소서,
당신의 불꽃으로 이 행성을 밝혀주시고,
지구에 새로운 의복을 입혀주소서.

8. 사나트 쿠마라시여, 자신들이 생존하기 위해서는 어떤 결과가 오든 상관없이, 반드시 싸워야만 한다고 믿는 북한 사람들에 대해 심판을 요청합니다.

사나트 쿠마라, 루비 불꽃이시여,
금성의 노래를 확장하는 존재여,
우리를 통해 울려 퍼지는 당신의 사랑은,
가장 조밀한 마음들 안으로 관통합니다.

사나트 쿠마라, 루비 광선이시여,
지구에 더 높은 길을 가져오소서,
당신의 불꽃으로 이 행성을 밝혀주시고,
지구에 새로운 의복을 입혀주소서.

9. 사나트 쿠마라시여, 핵전쟁을 일으켜도 국가가 보존될 것이며 여전히 자신들이 국가의 지배권을 유지할 것이라는, 일종의 '부인' 상태에 빠져 있는 북한 사람들에 대해 심판을 요청합니다.

사나트 쿠마라, 루비 불꽃이시여,
당신은 모든 것을 신성하게 합니다.
우주적 은총으로 정화되니,
지구는 이제 성소가 되었습니다.

사나트 쿠마라, 루비 광선이시여,
지구에 더 높은 길을 가져오소서,
당신의 불꽃으로 이 행성을 밝혀주시고,
지구에 새로운 의복을 입혀주소서.

파트 5

1. 사나트 쿠마라시여, 북한은 전 세계를 상대로 대항할 수 없고, 만일 그들이 핵무기들을 사용한다면 정말 전 세계와 맞서야 한다는 사실을 인정하지 않으려 합니다. 그런 부인과 광신주의의 상태 안에 있는 사람들에 대해 당신의 심판을 요청합니다

사나트 쿠마라, 루비 불꽃이시여,
나는 사랑의 성가대에서 내 자리를 구합니다.
열린 가슴으로 당신을 찬양하며,
우리는 함께 지구를 끌어 올립니다.

**사나트 쿠마라, 루비 광선이시여,
지구에 더 높은 길을 가져오소서,
당신의 불꽃으로 이 행성을 밝혀주시고,
지구에 새로운 의복을 입혀주소서.**

2. 사나트 쿠마라시여, 이러한 의식 상태를 가진 육화 중인 타락한 존재들을 결박해달라고 요청합니다.

사나트 쿠마라, 루비 불꽃이시여,
나는 입문을 열망합니다.
나는 당신을 위한 전극이며,
샴발라는 나의 진정한 거처입니다.

**사나트 쿠마라, 루비 광선이시여,
지구에 더 높은 길을 가져오소서,
당신의 불꽃으로 이 행성을 밝혀주시고,
지구에 새로운 의복을 입혀주소서.**

3. 사나트 쿠마라시여, 결과에 개의치 않고 사람들을 죽이도록 조장하고 있는, 감정층의 타락한 존재들을 결박해달라고 요청합니다.

사나트 쿠마라, 루비 불꽃이시여,
나는 당신이 요청하는 길을 따라갑니다.
당신의 사랑으로 나를 입문시키시어,
성령을 위한 열린 문이 되게 하소서.

**사나트 쿠마라, 루비 광선이시여,
지구에 더 높은 길을 가져오소서,
당신의 불꽃으로 이 행성을 밝혀주시고,
지구에 새로운 의복을 입혀주소서.**

4. 사나트 쿠마라시여, 교묘한 멘탈 이론들을 이용해서 사람들이 광신의 시나리오를 믿게 만들고 부인의 상태로 빠져들게 만드는, 멘탈층의 타락한 존재들을 결박해달라고 요청합니다.

사나트 쿠마라, 루비 불꽃이시여,
당신의 위대한 본보기는 모두에게 영감을 주며,
우리는 무집착과 큰 환희로,
지구의 새로운 탄생을 가져옵니다.

사나트 쿠마라, 루비 광선이시여,
지구에 더 높은 길을 가져오소서,
당신의 불꽃으로 이 행성을 밝혀주시고,
지구에 새로운 의복을 입혀주소서.

5. 사나트 쿠마라시여, 이런 전반적인 시나리오 배후에 있는 정체성층의 타락한 존재들을 결박하고 심판해달라고 요청합니다.

사나트 쿠마라, 루비 불꽃이시여,
당신은 이 행성의 정화자이시니,
지구에서 모든 어둠의 영체들을 불태우시고,
내면에 거하는 영(Spirit)의 섬광을 드러내소서.

사나트 쿠마라, 루비 광선이시여,
지구에 더 높은 길을 가져오소서,
당신의 불꽃으로 이 행성을 밝혀주시고,
지구에 새로운 의복을 입혀주소서.

6. 사나트 쿠마라시여, 나는 정체성, 멘탈, 감정층 안에 있는 그리고 육화 중인 타락한 존재들에 대해 당신이 언도하신 심판을 승인합니다. 자신과 적, 그리고 인류와 행성 전체에 미칠 결과를 무시하고, 오직 적을

파괴하기 위한 열망과 행동으로 이끄는 광신의 상태를 만드는 배후에 그들이 있습니다.

사나트 쿠마라, 루비 불꽃이시여,
당신은 우주적 증폭기입니다.
금성에서 온 집단(Venusian band)의 진동수를,
하등한 세력들은 견뎌낼 수 없습니다.

**사나트 쿠마라, 루비 광선이시여,
지구에 더 높은 길을 가져오소서,
당신의 불꽃으로 이 행성을 밝혀주시고,
지구에 새로운 의복을 입혀주소서.**

7. 사나트 쿠마라시여, 나는 당신의 심판을 승인하고 확언합니다. 그럼으로써 물리적 층 안에 그 심판이 정박되도록 하며, 이제 그것은 모든 네 층 안에서 현실로 구현됩니다.

사나트 쿠마라, 루비 불꽃이시여,
나는 지상에서 당신을 위한 확대경입니다.
사랑의 흐름을 다시 회복시키며,
나의 차크라는 당신의 열린 문이 됩니다.

**사나트 쿠마라, 루비 광선이시여,
지구에 더 높은 길을 가져오소서,
당신의 불꽃으로 이 행성을 밝혀주시고,
지구에 새로운 의복을 입혀주소서.**

8. 사나트 쿠마라시여, 이 행성에서 타락한 존재들을 제거해주시고, 황금시대의 구현을 가로막는 주된 장애물인 광신주의를 극복하도록 도와달라고, 당신과 상승 마스터들께 요청합니다. 황금시대에는 우월감과 열등감에 기반을 둔 광신주의가 지상에서 사라지게 될 것입니다.

사나트 쿠마라, 루비 불꽃이시여,
금성의 노래를 확장하는 존재여,
우리를 통해 울려 퍼지는 당신의 사랑은,
가장 조밀한 마음들 안으로 관통합니다.

**사나트 쿠마라, 루비 광선이시여,
지구에 더 높은 길을 가져오소서,
당신의 불꽃으로 이 행성을 밝혀주시고,
지구에 새로운 의복을 입혀주소서.**

9. 사나트 쿠마라시여, 신과 상승 마스터들이 주시고자 하는 풍요로운 삶을 사람들이 거부하도록 만들기 위해, 광신적인 사고방식을 이용하고 있는 타락한 존재들에 대해 심판을 요청합니다. 사람들이 풍요로운 삶을 받아들이고, 평화와 진보와 번영의 시대를 공동-창조할 수 있도록 도와주소서.

사나트 쿠마라, 루비 불꽃이시여,
당신은 모든 것을 신성하게 합니다.
우주적 은총으로 정화되니,
지구는 이제 성소가 되었습니다.

**사나트 쿠마라, 루비 광선이시여,
지구에 더 높은 길을 가져오소서,
당신의 불꽃으로 이 행성을 밝혀주시고,
지구에 새로운 의복을 입혀주소서.**

봉인하기

신성한 어머니의 이름으로, 나는 이 요청의 힘이 마-터 빛을 자유롭게 하는데 사용되어, 나 자신의 삶과 모든 사람들과 행성을 위한 그리스도의 완전한 비전을 구현할 수 있음을 전적으로 받아들입니다. I AM THAT I AM 의 이름으로, 그것이 이루어졌습니다! 아멘.

성 저메인

Saint Germain

모든 집단은 그 자체의 에너지적 짐을 지고 있습니다

새로운 세대가 황금시대를 건설할 것입니다

왜 내가 이 문화권에 육화했을까요?

상승 마스터들에게 문화적 편견을 전가하는 것

창조적인 과정에서 자각하는 상태로 있기

황금시대는 짐이 아닙니다

어머니 영역과의 화해

자신의 신성한 계획과의 화해

영적인 여정과의 화해

어려운 상황을 벗어날 수 있는 열쇠

자신의 길을 즐기면서 황금시대로 들어가기

21
황금시대를 실현할 수 있는 비밀

상승 마스터 성 저메인, 2016 년 7 월 4 일

나는 상승 마스터 성 저메인입니다.

나는 여러분에게 황금시대에 대한 비밀을 알려주기 위해 왔습니다. 그 비밀은 뭔가 거창하거나 특별한 것이 아닙니다. 사실상 비밀도 아닙니다. 소위 공개적 비밀이라고도 할 수 있는데, 그 비밀은 과거 이 천년 동안 일반 사람들의 자각 속에 존재해온 것이기 때문입니다.

예수께서, "어린아이처럼 그 왕국을 받아들이지 않는다면 그곳에 들어갈 방법이 없다"라고 말했을 때, 그는 황금시대에 대한 비밀을 알려준 것이었습니다. 이것이 진실로 황금시대의 가장 중요한 비밀입니다. 황금시대는 힘을 통해 실현될 수 없습니다. 물론 황금시대는 일을 필요로 하지만, 단지 일한다고 해서 실현되는 것은 아닙니다. 기계적 과정을 통해서 실현되는 것도 아닙니다. 어떻게 황금시대를 실현할 수 있을까요? 더 많이 일하는 것을 통해서가 아니라, 더 많은 즐거움을 통해서입니다.

모든 집단은 그 자체의 에너지적 짐을 지고 있습니다

황금시대를 실현시키는 것은 창조적인 작업입니다. 창조성이라는 것은 놀이와 즐거움의 요소를 가지고 있습니다. 이제, 사랑하는 이들이여, 여러분의 상황에서 뒤로 물러나 주위의 세상 사람들을 둘러보세요. 가능하다면 다른 나라 사람들도 둘러보세요. 사람들을 보면서 자신의 눈으로 볼 수 있는 것을 넘어서 보려고 노력해 보세요. 내면의 눈, 비전을 보는 내면의 감각을 사용하세요. 비록 여러분의 외부 눈으로는 에너지 장을 볼 수 없지만, 많은 여러분이 자신의 가슴과 조율한다면 그들의 에너지 장을 감지할 수 있습니다.

여러분은 이러한 시도를 통해서, 각각의 국가, 인종, 문화로 규정되어 이루어진 집단의 사람들이 이 각자의 짐을 지고 있다는 것을 느낄 수 있습니다. 각 집단들은 각자의 굴레를 지니고 있는데, 그것의 무게가 그들을 무겁게 눌러 에너지 장에서 특정한 에너지를 발산하게 만듭니다. 비록 그 집단들이 고유한 특성을 지니고 있지만 그 영향은 모두 같습니다. 그것은 사람들로 하여금 자기 자신과 스스로의 삶을 심각하게 받아들이도록 만듭니다.

만일 여러분이 한국 국민으로서 스스로를 돌아본다면, 자신이 삶을 너무 심각하게 여기도록 만드는 국가적이고 문화적인 요소, 혹은 집단 심리적인 요소를 가지고 있음을 알게 됩니다. 이것은 어린 시절, 학교에 들어가기 가기 전부터 부모와 함께 시작되긴 하지만, 좋은 성적을 받기 위해 일정한 방식으로 공부하게 만드는 학교 시스템으로 들어갔을 때부터 확실하게 시작됩니다. 여러분은 열심히 공부하고, 선생들이 말하는 것을 듣고, 선생들이 원하는 내용을 암기해서 좋은 점수를 따고, 적합한 학교를 가고, 적합한 직장을 얻어 사회가 규정해주는 대로 삶을 살아가게 됩니다.

그러나 사랑하는 이들이여, 조금 더 젊은 세대인 대다수 여러분들은 자신들의 전 생애를 한국 문화 혹은 지구의 다른 문화의 표준적인 규범에 맞추어 살기 위해 온 것이 아닙니다. 여러분들은 여기에서 황금시대의 실현을 돕기 원했기 때문에 왔습니다. 물론, 오래된 패턴을 되풀이하는 것을 통해서는 여러분이 황금시대를 가져올 수가 없습니다.

사랑하는 이들이여, 지금 모든 사람들이 집단의식의 짐을 지고 있는 것이 큰 잘못이라고 말하고 있는 것이 아닙니다. 많은 나라의 국민들과 특정 집단의 사람들이 이러한 짐을 지고 있는 것은 충분히 이해할 만한 일입니다. 예를 들어 한국 사람들의 경우, 조금 나이든 세대는 전쟁을 경험했습니다. 그들은 전쟁 후에 이 나라의 80%가 파괴되는 것을 경험했고 나라를 다시 재건해야만 했습니다. 황금시대를 위한 기반을 다지기 위해 나라를 재건하는 것은 분명 필요한 일이었습니다. 여기엔 이론이 없습니다. 여러분 이전 세대가 나라를 재건하는 엄청난 일을 해냈고 경제를 활성화시키고 삶의 수준을 올렸다는 사실은 논의의 여지가 없습니다.

나는 여기서 어떤 문화, 어떤 나라를 폄하하려는 것이 아닙니다. 모든 나라가 각자의 짐을 지고 있고, 그들의 과거와 역사를 고려해 보면 충분히 이해할 만한 일입니다. 과거 역사를 고려해 봤을 때 러시아 사람들이, 독일 사람들이, 일본 사람들이, 중국 사람들이 짐을 지고 있다는 것이 이상한 일일까요? 그렇지 않습니다. 충분히 이해할 수 있는 일입니다.

내가 지적하고 싶은 점은, 2차 세계대전과 그 후의 전쟁 혹은 냉전과 같이 아주 강렬한 상황을 경험하기 위해서 육화해왔던 한 세대의 영혼들이 있었다는 것입니다. 그들은 그 시대의 일부, 그러한 지구의 성장 단계와 집단의식의 일부였습니다. 그것은 그들의 카르마이며, 그들의 다르마(dharma)이고, 그들이 맡았던 삶의 역할이었습니다. 사랑하는 이들이여, 그들이 삶에서 겪은 외적 경험으로 인해 그러한 국가적인 짐을 지게 된 것은, 이해할 수 있는 일입니다.

새로운 세대가 황금시대를 건설할 것입니다

그러나 나는 여기서, 영적인 사람들인 여러분은 나이와 상관없이, 나머지 삶을 그러한 짐을 지고 살 필요가 없다는 것을 강조하고 싶습니다. 많은 젊은 사람들은, 카르마와 다르마로 인해 그러한 비극적인 사건들을 경험했던 세대에 속하지 않습니다. 여러분은 다른 세대에 속해 있고 황금시대를 가져오기 위해 이곳에 있습니다. 여러분은 여러분의 부모가 살던 방식으로, 혹은 부모 세대가 배우고 일하기 위해 분투했던 방식으로 황금시대를 실현하지는 않을 것입니다.

이것이 많은 나라에서 세대들 간에 격차와 갈등이 생기는 이유입니다. 오래된 세대는 자식들을 위해 최고를 원하고, 그렇게 될 수 있는 유일한 길이 자신들이 해왔던 대로 일을 하되 더 잘하고, 더 열심히 하는 것이라 생각하며 자식들을 다그칩니다. 물론 아이들은 무의식적으로(내면의 수준에서), 그것이 자신을 위한 길이 아님을 알고 있습니다. 그러한 방식으로는 그들의 다르마를 완성하거나 카르마의 균형을 맞출 수가 없습니다. 그들이 부모들이 했던 방식을 반복하는 것에 완전히 매몰되어 자신의 삶이 통째로 삼켜지게 만든다면, 그들이 여기에 육화한 목적을 달성할 수가 없습니다. 따라서 여러분은 자신이 속한 나라나 집단을 살펴봐야 합니다: "나라와 집단이 부과한 짐은 무엇일까? 어떻게 하면 그런 짐이 나 자신과 나의 삶을 너무 심각하게 받아들이도록 만드는 것을 피할 수 있을까? 어떻게 하면 그로 인해 나 자신의 신성한 계획과 황금시대를 실현하는 역할을 하지 못하게 되는 것을 피할 수 있을까?"

많은 여러분은 아주 성실한 영적 학생들로서, 상승 마스터의 가르침 (혹은 다른 영적인 가르침)을 접했을 때 이전에 삶을 살아왔던 것과 똑같은 방식으로 접근하는 경향이 있습니다. 만일 스스로를 아주 심각하게 받아들이고, 열심히 공부하고 일해야 한다고 여기는 문화권에서 여러분이 성장했다면, 영적인 가르침도 같은 방식으로 대하게 될 것입니다. 여러분은 자신의 문화적 인지 필터를 정당화하기 위해 그 가르침을 사용하게 될 것입니다. 상승 마스터들의 가르침이, 여러분이 삶과 영적인 여정을 심각하게 받아들이고, 자신을 심각하게 받아들이고, 열심히 공부하고 일하고 헌신하면서 계속 유지해갈 것을 요구한다고 보게 될 것입니다.

그래서 여러분은 이전에 해왔던 것과 같은 패턴을 계속하면서, 스스로를 이끌고, 스스로를 판단하고, 평가하고, 비판하고, 눈물을 흘리지만, 이제는 상승 마스터들이 여러분에게 그렇게 하고 있다고 생각하는 것입니다. 사랑하는 이들이여, 그것은 사실이 아닙니다. 그것은 여러분의 문화와 그에 속한 사람들의 사고방식을 바탕으로 한, 여러분의 인지 필터의 산물입니다. 그것은 또한 여러분이 과거 전생의 삶에서 가져온 것이기도 합니다. 여러분이 특정한 국가, 문화와 특정 그룹에 태어나기를 선택한 데에는 다 이유가 있기 때문입니다.

왜 내가 이 문화권에 육화했을까요?

사랑하는 이들이여, 만일 자신이 태어난 그룹과 자신이 태어난 집단의식을 살펴본다면, 여러분이 그 속에서 태어나기로 선택한 이유가 그 그룹의 집단의식의 어떤 요소에 있다는 것을 알게 됩니다. 여러분이 그곳에 태어나기로 선택한 이유는, 과거에 자신의 그룹이 가졌던 집단의식으로부터 스스로를 자유롭게 하지 못했기 때문입니다. 여러분은 이 삶에서 그것으로부터 자유롭게 될 필요가 있음을 알고 있으며, 자신의 신성한 계획을 완수하고 황금시대를 가져오는데 기여하기 위해서는 그것으로부터 자유로워져야 합니다.

많은 이들이 자신의 문화와 교육방법에서 비롯된 부담을 느끼는 마음의 상태로 들어가 있으며 그것에 대해 어떤 식으로든 저항하고 있습니다. 여러분은 무언가 잘못되었고, 여기 있고 싶지 않고, 여기서는 잘 성장하지 못하고 있다는 느낌을 가집니다. 이는 충분히 이해할 만한 일입니다. 그러나 사랑하는 이들이여, 이해할 만한 일이라고 해서 그것이 건설적인 것이라는 의미는 아님을 강조하고 싶습니다.

사람들이 거기서 왜 그런 의식을 가지고 있는지 이해할 만하더라도, 그들이 어쩔 수 없다거나 벗어날 길이 없다고 생각하는 것은 건설적이지 않습니다. 스스로를 돌아보고 자신의 문화를 살펴본다면, 여러분이 할 수 있는 일을 찾을 수 있으며 이렇게 말할 수 있을 것입니다. "내가 왜 이 문화권에 육화하는 것을 선택했을까?" 그리고는 자신이 속한 집단의식 중 정확히 어느 요소가 가장 부담을 많이 주고 괴롭게 느껴지는지를 성찰해야 합니다. 여러분에게서 가장 강한 반응을 이끌어내는 것이 무엇일까요? 그러면 그것이 정확히, 여러분의 신성한 계획을 실현하기 위해 극복해야 할 요소라는 것을 알게 됩니다. 그것이 바로 여러분이 이 특정한 문화권에 육화한 이유인 것입니다.

여기에 두 가지의 이유가 있을 수 있습니다. 그 중 하나는, 자신의 반복되는 패턴으로 인해 만들어진 내면의 짐을 해소할 필요가 있다는 것입니다. 여러분은 자신들의 문화가 여러분에게 하고 있는 것을 똑같이 스스로에게 행하는 경향을 가지고 있습니다. 그러므로 여러분은 그것을 깨달아야만 하고, 이렇게 말할 수 있어야 합니다: "왜 나는 스스로에게 이러한 행동을 계속하는 걸까? 왜 내가 충분히 훌륭하다고 느끼지 않는 걸까? 왜 나의 가치는 사회에서의 위치로 결정된다고 느끼는 걸까? 왜 나의 가치를 증명하기 위해 계속 노력해야 한다고 느끼는 걸까? 왜 나는 항상 타인들이 나에 대해 어떻게 생각하고 말하는지 걱정해야 하는 걸까?"

사실 세상에는 이러한 메커니즘들이 더 많이 퍼져 있지만 여러분이 그것의 본질을 알아낸다면, 어떤 외면적 기준에 따라 살아가야만 자신의 가치를 유지할 수 있다는 믿음을 털어버릴 수 있습니다. 그것이 여러분이 이 문화권에서 태어나기를 선택한 하나의 이유입니다. 여러분은 이 특정한 짐, 이 패턴을 자신의 심리에서 해소하기를 원하고 있습니다.

또 다른 이유는 여러분이 초월하고 멀리 떨어져야 할 필요가 있는 집단 문화의 한 요소일 것입니다. 이 일을 하기 이전에 여러분 내면에서 해소해야 할 장애가 있을 수도 있지만, 자신의 문화를 돌아보고 이렇게 말해야 합니다: "아니! 나는 이렇게 살지 않을 거야. 나 자신을 이런 식으로 비판하지 않을 거야. 이 문화권에서 규정한 기준에 따라 나 자신을 이렇게 심각하게 받아들이지 않을 거야." 여러분의 문화를 초월하는 알파와 오메가는, 국가적 문화에 따른 그 어떤 집착이나 패턴이나 믿음이나 상처든 그 모두를 해소하는 것입니다.

또 다른 방법은, 단순히 여러분이 결정을 내리는 것입니다: "나는 이 패턴에 더 이상 순응하지 않고, 이 문화에 더 이상 순응하지 않을 거야. 그 문화가, 내가 신성한 계획을 완성하고 황금시대를 가져오는 것을 방해하도록 두지 않을 거야." 여기서 여러분은 두 가지를 살펴보기 시작해야 합니다: 여러분은 자신의 신성한 계획이 무엇이며 여기에 무엇을 실현하기 위해 온 것인지에 대해 깊이 성찰해볼 수 있습니다. 그것에 대한 어떤 느낌이 온다면, 여러분은 자신의 문화를 살펴보면서 이렇게 말할 수 있습니다: "어떤 문화적 요인이 내가 천상과 나의 상위 존재와 상승 마스터들로부터 온 것을 실현하는 것을 제한하고 가로막고 있을까?"

그러고 나서 여러분은 이것을 초월하기로 결정할 수 있습니다. 여러분들 중 어떤 이들은 이전과 다른 관점을 가질 수 있도록 한동안 그 문화권을 떠날 필요도 있겠지만, 다른 이들은 그것이 자신들의 임무라면 고국에 머무르면서도 할 수 있습니다. 물론 여러분은 전적으로 자신의 선택에 의해 어떤 나라에든 태어날 수 있었겠지만 다른 나라는 여러분의 신성한 계획에 포함되지 않았을 것입니다. 그래서 여러분은 자유롭게 떠나기 전에, 이 나라에서 태어나기로 선택한 이유가 무엇이든 여전히 그것을 극복해야 할 필요가 있는 것입니다.

내가 여기서 말해주고 싶은 요점은, 잠시 뒤로 물러서서 자기 자신과 자신이 속한 문화를 돌아보려는 노력을 하면서, 여러분이 왜 그렇게 스스로를, 자신의 삶을, 영적인 여정을 심각하게 받아들여 왔는지에 대해 성찰해 보라는 것입니다. 그러고 나면 여러분은 좀 더 홀가분하고 느긋하게 되어 이 메신저가 말해준 대로 행할 수가 있을 것입니다. 즉, 현재의 자기 자신을 받아들이는 것입니다. 사랑하는 이들이여, 그러면 여러분은 영적 여정을 걸으면서 즐길 수 있게 됩니다. 여러분은 육화해서 살아가는 것을 즐기고, 자신의 신성한 계획을 실행하며 자신의 역할을 해나가는 것을 즐기기 시작할 것입니다.

상승 마스터들에게 문화적 편견을 전가하는 것

사랑하는 이들이여, 사람들은 자신들의 문화적 편견이나 문화적 인지 필터를 상승 마스터들에게 전가하는 경향이 있습니다. 예를 들어, 한국과 같은 문화에 속한 많은 이들은 삶은 투쟁이고, 힘든 일과 힘든 공부를 필요로 한다는 믿음을 가지고 있습니다. 그래서 여러분이 열심히 일한다면 어떤 방식으로든 결국 보상이 있을 것이라고 믿습니다. 많은 이들이 그 보상이 무엇일지에 대해서는 알지 못한 채 평생을 일만 하다가 직업을 잃거나 은퇴하고 나서는, 그것이 그들이 바라던 보상이 아니었다는 것을 자각하게 됩니다. 그들은 실망에 빠진 채, 자신들의 삶이 낭비되었다는 느낌을 가지게 됩니다. 무엇인가를 얻기 위해 분투해 왔지만 결코 얻지 못했기 때문입니다.

사랑하는 이들이여, 우리가 상승 마스터 가르침들을 주어온 거의 한 세기의 시간을 돌아보면 (내가 오래 전 보라색 불꽃과 보라색 불꽃의 지식을 전달하기 시작한 이래로), 자신들의 문화적 편견에 따라 영적인 길에 접근하는 영적인 학생들이 꽤 있었습니다. 그들은 우리 상승 마스터들을 그들이 듣고 자란 바대로의 신(하늘에서 분노하고 심판하는 신)처럼 생각하거나, 혹은 우리가 그들의 문화가 요구하는 것과 똑같은 것을 그들에게 요구한다고 생각했습니다.

여러분은 영적 여정에 들어서고도 자신의 문화적 편견을 그 영적 여정에 적용하려 합니다. 그리고 그러한 것을 요구하는 것은 바로 우리 상승 마스터들이라고 생각합니다. 그러나 사랑하는 이들이여, 우리는 여러분에게 아무것도 요구하지 않습니다. 우리는, 여러분이 자신과 삶과 여정을 심각하게 받아들이도록 만드는 존재들이 아닙니다. 왜냐하면 우리는 영적 성장에 필요한 핵심 열쇠가 무엇인지를 알고 있기 때문입니다. 그것은 여러분의 의식을 전환하는 것입니다. 그리고 그것은 기계적이 아닌, 창조적인 과정입니다. 여기서 "창조적"이란 아주 개성적으로 특별한 것을 의미합니다.

기계적인 과정이란 사람들이 무언가를 기계적으로 하는 것으로, 의식은 있지만 자신들이 하고 있는 일에 대해 의식적인 자각을 가지고 있지 않은 것을 말합니다. 예를 들어, 공장에서 많은 사람들이 움직이는 생산 라인에 앉아 생산품에 각자 약간의 작업을 더하고 있는 것을 생각해 보세요. 그들은 여기저기에 나사를 끼우는 등의 일을 하거나 그 외의 일을 해야 합니다. 그 자리에 앉아 그 과정을 하루에 몇 번이고 되풀이합니다. 그것은 그들이 할 수 있는 일이고, 물론 그들은 의식을 가지고 있지만, 진정으로 의식하며 깨어 있지는 않습니다. 그들은 그 일을 기계적으로 하고 있는 것입니다. 아마도 그들의 마음은 다른 곳에 있거나, 거의 혼수상태와 비슷한 상태에 빠져 있습니다.

이렇게 자신들이 하고 있는 일을 완전히 의식하지 못한 채, 인생 전체를 기계적인 의식 상태로 살아가는 많은 사람들이 있습니다. 그리고 영적인 여정을 발견했지만 그 여정에 기계적인 마음의 틀을 가지고 임하려는 아주 아주 많은 사람들이 있습니다. 그들은 영적인 여정을, 가르침을 공부하고 디크리를 바치고 기도와 명상을 하고 컨퍼런스에 참여하는 등, 이것저것을 행하는 일이라고 생각합니다. 그들은 이러한 외적인 일들을 모두 하면 어느 날 보상을 받아, 어떻게든 그들이 마법처럼 고차원의 의식을 가진 존재로 변할 것이라고 생각합니다.

창조적인 과정에서 자각하는 상태로 있기

우리가 오랫동안 중점적으로 말해왔던 것(그리고 우리가 이 메신저를 통해 물병자리 시대의 핵심 메시지로 특별히 강조하려 했던 것)은, 영적인 여정에 기계적으로 접근하는 것은 소용이 없다는 것입니다. 그러한 것은 예수께서 말했듯이, 힘으로 천국을 취하려 하는 시도이며, 외면적인 것들을 행하는 것으로 충분하고 그것이 영적인 여정의 전부라고 생각하는 율법학자와 바리새인들과도 같습니다. 사랑하는 이들이여, 우리는 아주 열심히 단호하게 엄청난 노력을 기울이며 디크리를 하고 특정 방식으로 여정에 헌신하는 상승 마스터의 학생들을 보아왔습니다. 그들은 그렇게 10년, 20년, 30년을 해나가다가 어느 날 더 이상 할 수가 없는 지점에 이르게 되고, 실망에 빠져버립니다. 심지어 그들은 상승 마스터들에 의해 기만 당했다고 생각하고 그 여정이 정말 진실한 길인지, 마스터들이 실재하는지, 무언가를 열심히 하는 것이 무슨 소용이 있는지, 의심하기 시작합니다.

이렇게 되는 이유는, 그들이 내면의 여정, 내면의 창조적 여정에 확고하게 연결되지 않았기 때문입니다. 내면의 창조적 여정이란 오직 한 가지에 관한 것입니다. 그 한 가지란, 일상적인 의식 상태에서 벗어나 자기 자신과 삶을 깊은 자각으로 지켜보는 것입니다. 그러면 여기에 여러분을 옭아매고 있는 심리적 패턴을 발견할 수 있게 됩니다. 그것은 여러분을 고통스럽게 하고, 삶이 원하는 데로 진행되고 있지 않다는 느낌이 들게 만듭니다. 그래서 여러분은 삶을 심각하게 받아들이게 되고 그로 인해 감정적 고통과 정신적 혼란을 경험합니다. 또한 여러분이 스스로를 경계선을 넘어설 수 없는 제한된 존재로 여기게 만듭니다. 이 패턴을 의식적으로, 진정으로 관찰하면서 그 배후에 있는 자신의 결정을 발견한다면, 여러분은 의식적으로 다른 결정을 내릴 수 있고 영적 여정에서 단호하게 한 단계 더 앞으로 나갈 수 있습니다.

이제, 사랑하는 이들이여, 여러분이 한 걸음 물러나서 스스로를 더 깊은 자각으로 지켜보는 것을 어렵게 만드는 에너지를 전환하는데, 우리의 디크리와 기원문들은 확실히 효과가 있습니다. 그럼에도 불구하고, 뒤로 물러나 자신을 지켜보는 일은 기계적인 과정이 아니라 여러분이 의식적으로 행해야 하는 것입니다. 내가 그것을 창조적인 과정이라 부르는 이유는, 그 일이 자기 자신에 대한 자각과 자신에 대한 관찰과 스스로의 결정을 내리는 의지를 요구하기 때문입니다.

많은 이들이 창조성을 영감에 의한 과정이라고 이해하고 있습니다. 많은 작가와 화가들은 어느 때에 어떤 근원으로부터 마법처럼 영감이 주어진다고 느끼며, 그들은 이를 통해 그림을 그리고, 글을 쓰고, 음악을 연주하거나 새로운 아이디어를 낼 수 있다고 생각합니다. 사랑하는 이들이여, 이는 그들이 의식적으로 자각하지 못하고 있으며 창조적인 과정을 의식적으로 통달하지 못하고 있기 때문입니다. 우리가 우리의 학생인 여러분들에게 요청하는 것은, 한 단계 더 나아가 창조적인 과정을 의식적으로 자각함으로써, 수동적으로 영감이 오기를 기다리는 것이 아니라 능동적으로 영감을 추구할 수 있도록 더 높은 수준으로 접근해 가라는 것입니다.

황금시대는 짐이 아닙니다

이 메신저(킴 마이클즈)는 오래 전 상승 마스터들의 가르침을 접한 이후로 많은 해 동안 열정적으로 투신하여 대단한 각오로 많은 노력을 해왔습니다. 그러다 한 단계 높이 올라가서 다른 방식으로 접근해야겠다고 깨닫는 지점에 이르게 되었습니다. 그는 자신에게 열심히 일해야 한다고 요구하는 이들이 사실은 우리 상승 마스터들이 아니라는 것을 깨달았습니다. 그에게 그러한 요구를 부여한 것은 바로 그 자신이었고, 그런 식으로 해가면 남은 삶 동안 진전도 없이 계속 열심히 일만 죽도록 할 수도 있었습니다. 그에게 얼마 동안 이런 식으로 일을 해야 한다고 요구했던 어떤 외부의 힘도, 어떤 카르마도 없었습니다. 그는 내면에서 더 높은 수준의 접근 방식으로 올라가야 하는 시점에 도달하고 그 해결책에 이를 때까지, 이런 식으로 할 필요가 있었던 것입니다.

물론 여러분 모두가, 진정한 내면의 여정은 자기 자신을 관찰하고, 반복되는 패턴들을 찾아내어 그것을 극복하고, 기존의 집착을 놓아주면서 더 높은 접근 방식을 선택하고, 삶과 자신에 대한 더 높은 관점, 더 높은 현실을 받아들이기로 결정하는 것이라는 내면적 깨달음에 이르는 과정을 따를 수 있습니다. 이것이 진정으로 내가 여러분에게 바라는 것입니다. 사랑하는 이들이여, 나는 이전에 말했듯이, 나의 학생들이 고통을 겪고 일생 동안 그 여정을 짐으로 느끼는 것을 바라지 않습니다. 그러면 그들이 삶의 마지막에 이르러 몸을 떠나면서 전 생애를 돌아볼 때, 그들이 겪었던 모든 추구와 고통, 투쟁, 비판, 끊임없는 자기 헌신이 실제로는 자신의 신성한 계획을 완전히 성취하는 것을 막는 것이었음을 깨달을 수밖에 없습니다.

그래서 나는 여러분 모두가 자신의 내재적 재능이 무엇인지를 깨닫고 실현하게 되기를 바랍니다. 만일 여러분이 그 여정을 또 다른 과제로, 내가 여러분에게 부여한 또 다른 짐으로 느낀다면 그러한 깨달음에 이를 수 없습니다. 사랑하는 이들이여, 성 저메인의 황금시대를 실현시키는 것은 짐도 아니고, 의무도 아니고, 절대적으로 행해져야 할 일도 아닙니다. 사랑하는 이들이여, 나는 황금시대를 실현시키기 위해 일해야 한다고 그 누구에게도 강요하지 않습니다.

나는 어떤 이유에서든, 여러분이 남은 삶을 무거운 짐을 졌다고 느끼며 자신과 삶과 영적 여정을 너무 심각하게 받아들이는 것을 바라지 않습니다. 그리고 또 여러분이 스스로를 받아들이지 못하고, 항상 뭔가 충분히 해내지 못하고 있고 뒤쳐져 있다고 느끼는 것을 바라지 않습니다. 나는 여러분이 자신의 심리 속에 있는 이러한 패턴들을 극복하고, 어린아이와 같은 상태로 돌아와 즐겁고 사랑스럽게 삶을 체험하길 바랍니다.

어머니 영역과의 화해

이제, 그러한 상태로 돌아가기 위해서 나는 여러분이 깊이 생각해볼 만한 두 가지를 제시하고자 합니다. 물론 이에 대한 많은 논의가 있어 왔고 아마도 우리들도 많은 이야기를 하게 될 것입니다. 그렇지만 그 중 두 가지만 제시하고 싶습니다. 첫째로, 많은 문화권에 뿌리내리고 있는 느낌, 물질 세계, 즉 어머니 영역이 무언가 결핍되어 있고 악의적이며, 여러분과 대립하면서 여러분이 필요하다고 여기는 것이나 가지고 싶은 것을 주지 않는다는 느낌을 극복해야 합니다.

수많은 문화들은 이러한 결핍에 대한 의식을 가지고 있습니다. 그러나 그 문화들의 역사를 살펴보면 왜 오래된 세대가 그러한 생각을 가지게 되었는지를 충분히 이해할 수 있습니다. 이곳 한국의 여러분들이 자신들의 부모들을 돌아본다면, 그들이 투쟁할 수밖에 없었음을 명백히 알 수 있습니다. 그래서 그들이, 자연에는 부족함이 있으므로 열심히 일해야 하고, 자연에게 강제적인 힘을 가해 좀 더 풍요를 가져와야 한다는 느낌을 가졌던 것은 이해할 수 있는 일입니다.

그러나 더 젊은 세대인 여러분, 또 어느 세대이던 영적인 사람들로서의 여러분은 이러한 문화적 편견을 넘어설 수 있습니다. 여러분은 스스로 어머니 자연, 어머니 영역, 물질 영역과 화해하기 위한 노력을 할 수 있습니다. 그리고 예수께서 말씀하셨듯이, 신은 큰 기쁨으로 여러분에게 왕국을 주셨고, 아버지-신은 그 왕국을 어머니-신인 물질 영역을 통해 주셨습니다. 여러분은 성모 마리아께서 풍요의 수업(A Course in Abundance)에서 주었던 가르침을 포함해서, 우리가 주었던 많은 가르침들을 활용할 수 있습니다. 즉, 어머니 영역은 여러분이 바라는 것을 주지만, 오직 여러분이 마-터 빛(Ma-ter light)에 투사하는 것을 반사해서 되돌려 줄 수만 있습니다. 그러므로 여러분은 부모와 여러분의 문화에 의해 주입되어 온 결핍의 의식을 극복할 필요가 있습니다.

물론 이것은, 전쟁을 경험하고 좀 더 풍요로운 사회를 만들기 위해 투쟁했던 부모들과 조상들을 가진 세계의 여러 다른 나라에도 해당되는 이야기입니다. 세계의 많은 지역들이 아직 풍요로운 사회를 이루지 못하고 있음을 잘 알고 있지만, 나는 일정 수준의 물질적 풍요를 성취해서, 물질적 생존을 위해 전력투구함 없이 삶의 다른 측면에 집중하는 것이 가능한 사람들을 위해 말하고 있습니다.

자신의 신성한 계획과의 화해

두 번째로, 여러분은 자신의 신성한 계획이 외부적인 힘에 의해 부여된 것이 아니라는 깨달음에 이르러야 합니다. 많은 영적 학생들은 영적인 여정에 들어서면 우리가 이렇게 말하는 것을 듣는다고 합니다: "오, 우리가 주는 이 디크리와 기원문으로 너희 자신과 이 세상을 짓누르고 있는 부정적 에너지를 전환시켜주기 바란다. 우리는 너희가 공부를 하고, 의식 수준을 올리고, 이것을 하고 저것을 하길 원한다." 많은 이들은 자신들의 문화적 편견을 적용하여 우리 상승 마스터들이 그들에게, 열심히 노력해서 신성한 계획의 사항들을 실현할 것을 요구한다고 생각합니다.

사랑하는 이들이여, 우리가 노력하는 영적인 학생들을 필요로 하지 않는다는 이야기가 아닙니다. 우리의 가르침에 마음을 여는 영적 학생들이 그리 많지 않기 때문에, 우리는 여러분이 노력하고 긍정적인 영향을 주는 많은 디크리와 기도문을 하는 것에 대해 무척 감사하고 있습니다. 나는 여러분이 노력을 하지 말아야 한다는 것이 아니라, 균형 잡힌 노력을 해야 한다는 말을 하고 있는 것입니다. 생계를 유지하기 위해 일하고 여분의 시간에는 디크리와 기원을 바치는 것에 의해 전 삶이 다 삼켜지도록 하지 말아야 한다는 것입니다. 그렇게 되면 여러분은 한 걸음 물러나서 자신의 삶을 돌아보며 스스로에게 이렇게 물어볼 시간이 없습니다: "나는 이런 방식으로 그대로 나머지 삶을 살고 싶은 걸까? 나의 신성한 계획은 무엇이지? 나의 신성한 계획을 실현하기 위한 요건들은 무엇일까?"

많은 사람들이, 신성한 계획을 완수하는 것은 의무이며, 힘든 일이고, 어떤 외부적인 힘이 자신에게 부과하는 임무라고 느낄 수 있습니다. 그러나 이것은 사실이 아닙니다. 여러분은 자신의 신성한 계획과 화해하기 위해 의식적인 노력을 기울이고, 신성한 계획이 외부적인 힘에 의해

주어진 것이 아님을 깨달을 필요가 있습니다. 신성한 계획은 바로 여러분이 선택한 것입니다.

여러분이 자신의 신성한 계획을 선택했을 때는, 지금의 네 하위체 안에서 그 필터들을 통해 세상을 보는 것보다 더 넓은 관점을 가지고 있었습니다. 여러분이 자신의 신성한 계획을 세웠을 때는 좀 더 넓은 관점을 가지고 자신이 원하는 것이 무엇인지, 실현하고 싶은 것이 무엇인지를 알 수 있었습니다. 이 사실을 좀 더 살펴본다면, 사랑하는 이들이여, 여러분의 신성한 계획에는 두 가지 요소가 있다는 것을 알 수 있습니다.

한편으로는 여러분이 균형을 맞춰야만 하는 카르마와 해결해야 하는 심리적 상태가 있습니다. 이것은 어떤 의미에서, 여러분의 재능을 이 행성에서 사용해야 한다는 신성한 계획의 두 번째 면을 막고 있기 때문에 여러분이 해야 할 일로 보일 수 있습니다. 사랑하는 이들이여, 여러분의 재능을 발휘하는 일은 짐이 아니며, 의무도 힘든 일도 아닙니다. 그것은 놀이입니다. 여러분의 재능을 발휘할 수 있는 열쇠는 어린아이 같은 마음입니다.

어린아이 같은 마음이란 무엇일까요? 앞으로 어떻게 살아갈지, 어떻게 음식과 거처를 얻을 수 있을지에 대한 걱정을 하지 않는 것입니다. 그런 일들이 다 적절히 보살핌을 받고 있다는 느낌을 가지게 되면, 어머니 세계와 화해하고 자신의 삶을 꾸려갈 수 있는 실제적인 활동을 하면서 그러한 걱정들을 다 떠나보낼 수 있게 됩니다. 여러분은 이러한 일이 가능하고 앞으로 일어나게 된다는 것을 알고 있습니다. 아마도 그 일은 어느 정도 여러분의 시간과 에너지를 필요로 하겠지만, 여러분의 삶을 삼켜버리지는 않을 것이고 그래서 남는 시간 동안 여러분은 생활에 관한 걱정 없이 자신의 재능에 집중할 수 있을 것입니다.

여러분이 가진 재능은 어린아이처럼 되는 것이며, 그것의 한 요소가 노동하는 대신 즐기는 것입니다. 얼마나 많은 사람들이 단지 놀기만 해도 되었던 어린 시절을 거의 기억도 하지 못하는지를 보세요. 왜냐하면 여러분은 심지어 어릴 때부터 이런 이야기를 줄곧 들어왔기 때문입니다: "너는 일해야 돼, 필요한 일을 해야 돼, 너의 임무를 완수해야 돼." 그럼에도 불구하고 여러분은 다시 한번, 어린아이처럼 되어야 하는 지점에 이르렀습니다. 여러분 자신을 놀도록 내버려 두세요. 그러면, 여러분은 자신의 신성한 계획을 실행하는 재능적 측면에 정말로 연결되기 시작할 것입니다. 여러분은 이 삶에서 그 재능을 발휘하도록 선택했음을 깨닫게 될 것입니다. 왜냐하면 그 일이 여러분에게 삶에서 가장 큰 기쁨, 가장 큰 만족, 가장 큰 목적의식을 주는 것임을 알기 때문입니다.

여러분 대다수는 어떻게 하면 좋은 직업을 가지게 되는지와 같은 아주 실용적인 관점에서 삶을 보도록 가르치는 부모들 아래서 자라났을 것입니다. 좋은 직업을 가지기 위해서는 좋은 교육을 받아야 합니다. 그래서 여러분은 사회에 어떤 직업들이 있는지를 보고 그 직업을 얻기 위해 어떤 교육이 필요한지를 알아야 합니다. 여러분 인생의 첫 장에서부터 실용적이고 외면적인 척도에 집중해 왔던 것이지요. 이제 여러분 중 어떤 이들은 그러한 것들, 즉 기술과 경력을 사용해서 직업을 유지하고 있고 그래서 실용적인 측면에 대해 걱정할 필요가 없는 이들도 있을 것입니다.

한편 교육과 관련되어 지금까지 해온 일이 자신들의 신성한 계획을 위한 재능과 전혀 관련이 없다는 것을 알게 되는 사람들도 있습니다. 여기에 있는 메신저가 한 예인데, 그는 좋은 교육을 받기 위해 노력했었지만, 이것은 그가 이 행성에서 실현하려 했던 재능이 전혀 아니었음을 깨달았습니다. 그는 자신의 재능을 발견하기 전까지 오랜 시간 동안 노력했습니다. 그러고 나서야 상승 마스터들의 메신저가 되고, 작가가 되어서, 이 모든 새로운 아이디어를 가져오는 것이 그의 재능이라는 것을 깨닫게 되었습니다. 확실히 그것은, 그에게 교육을 통해 이룰 수 있었던 어떤 것보다도, 물론 이것도 창조적인 것일 수 있었겠지만, 더 큰 기쁨과 더 큰 목적의식과 더 깊은 충족감을 주었습니다.

대다수의 여러분에게도 그 과정은 동일합니다. 여러분은 이 메신저가 하는 일을 하지는 않겠지만, 사회에서 적극적으로 활동하는 방법을 찾고, 직업 생활을 통해 안정적인 생활을 해 나갈 수 있을 것입니다. 여러분은 새로운 것을 찾아낼 수 있고, 창조적인 존재로서 만족감을 얻을 수 있는 방법들이 여전히 많이 있다는 것을 알게 될 것입니다. 여러분이 무슨 일을 하든 그것을 즐기며 놀 수 있을 때, 여러분은 그렇게 할 수 있습니다.

여러분 대부분은 어릴 때부터 스스로에게 이렇게 주입시켜 왔습니다: "교육을 받아야 하고, 직업을 가지고 열심히 일해야 해, 그렇게 해야 삶에서 성공할 수 있어." 여러분은 자신의 직업 생활을 짐으로, 극복해야 할 것으로 보는 경향이 있습니다. 그리고 일을 하지 않을 때나 여가 시간을 조금 즐길 수 있었지요. 그러나 여러분은 신성한 계획의 재능적 측면에서의 자기 재능을 표현하는 것이, 직업을 통해서도 가능하다는 의식의 전환을 가져올 수 있습니다. 그러면 여러분은 자기 직업의 어떤 요소들을 즐기기 시작할 수 있을 것이며, 일에 대한 새로운 접근 방식을 발견할 수 있게 될 것입니다.

여러분은 아마도 새로운 직업을 발견하거나 새로운 지위를 얻을 수도 있겠지만, 벗어나고 싶었던 짐으로 여기는 대신 즐길 수 있는 방법을 찾을 것입니다. 그 때가, 여러분 앞에 문이 열리고 있다고 느낄 때입니다. 이전에는 보지 못했던 것을 보기 시작할 것입니다. 갑자기 기회가 생길 것이고, 그것은 단지 그 문을 통과하기 위한 자연스러운 다음 단계로 보일 것입니다. 해보세요. 그러면 여러분은 자신의 창조성을 좀 더 자유롭게 표현할 수 있다고 느낄 수 있는, 이전과는 다른 상황에 있게 될 것입니다.

영적인 여정과의 화해

사랑하는 이들이여, 내가 강조하고 싶은 점은 다음과 같습니다: 영적인 길에는 단계가 있습니다. 여러분이 어떤 단계에 있을 때는 그 너머의 다음 단계를 볼 수가 없습니다. 마치 높은 빌딩의 엘리베이터를 탔을 때, 닫힌 칸에서 바깥을 볼 수 없는 것과도 같습니다. 그리고 어떤 층에 이르러 거기서 내리면, 1층에서는 볼 수 없었던 것을 볼 수 있게 됩니다. 나무 뒤에 무엇이 있는지, 언덕 뒤에 무엇이 있는지 볼 수 있고, 그리고 더 높은 층으로 올라가 여러분이 있는 빌딩보다 낮은 빌딩들 뒤에 무엇이 있는지도 볼 수 있습니다. 이것이 영적 여정을 가는 방식입니다.

바로 지금 여러분은 어떤 단계에 있는데, 여러분은 그 상황을 아주 심각하게 여기는 경향이 있습니다. 여러분은 줄곧 한계를 느껴왔습니다. 이것은 이해할 수 있는 일이지만, 사랑하는 이들이여, 이것이 건설적일까요? 여러분이 의식을 전환한다면, 자신과 삶을 그리 심각하게 받아들이지 않도록 의식적으로 결정하면서 좀 더 즐길 수 있습니다. 지나치게 노력하는 것을 멈추고, 너무 열심히 일하는 것을 멈추고, 너무 심각해지거나 재촉하는 것을 멈추겠다고 의식적인 결정을 하세요. 대신에 한 걸음 물러나 자신의 상황에서 즐길 수 있는 측면에 좀 더 집중해 보세요.

여러분이 이렇게 지나치게 노력하는 것을 멈추려고 노력할 수 있다면, 여러분은 무언가 조금씩 점진적으로 열리는 것을 볼 수 있습니다. 여러분의 전망은 점점 더 넓어지고 10년 후까지 기다릴 필요도 없이, 이전에는 보지 못했던 문이 열리기 시작하는 것을 볼 수 있습니다. 그러면 여러분의 다음 단계가 그 문을 통과하는 것임을 알게 됩니다.

사랑하는 이들이여, 자신의 신성한 계획에 대해 완전히 자각한 채로, 자신의 삶이 전 생애 동안 어떻게 전개될지에 대해 알고서 육화한 이는 아무도 없었습니다. 예수님조차도 미리 알고 있지 않았습니다. 우리 모두는 지금의 위치에서 시작해야 하고, 그래서 스스로 다음 단계를 보기 위해 마음을 열어야 합니다. 그리고 그 문이 열렸을 때, 그 뒤에 무엇이 있는지를 모르고 통과하지만 그것이 자연스러운 다음 단계라는 것에 대한 확신은 있습니다. 다음 단계에서 우리는 다시 우리의 관점을 넓히고 비전을 올리는 노력을 하게 되고, 그러고 나서는 다음 문을 보게 됩니다.

여러분은 이제 이것이 삶이 존재하는 방식이라는 사실과 화해하게 될 것입니다. 그것은 바로 우리가 생명의 강(River of Life)이라 불러왔던 것으로, 여러분은 지금 자신이 있는 곳에서 평화를 얻고 그 생명의 강과 함께 흘러갈 수 있습니다. 여러분은 다음 문이 올바른 장소에서 올바른 시간에 열릴 것을 알고 있기 때문입니다. 여러분이 조율하고 있을 때, 즐거움으로 가득 차있을 때, 생명의 강과 함께 흐르고자 할 때, 여러분은 올바른 시간에 올바른 장소에 있게 되고, 이 삶의 마지막에는 자신의 상승 지점에 이르게 될 것입니다.

이것이 생명의 강 안에서 존재하는 것입니다. 그러나 그렇다고 해서 여러분이 모든 것을 알게 된다는 뜻은 아닙니다. 여러분에게 어떤 결과를 보장하는 것이 아니라, 결과는 이제 더 이상 과정만큼 중요하지 않다는 것입니다. 여러분은 결과에 집중하는 대신 그 과정을 즐길 수 있기 때문입니다. 나는, 사람들이 한 평생 일하면서, 코앞에 매달려 있는 당근을 먹기 위해 항상 달리고 있는 당나귀처럼 결코 그것을 잡지도 못하고 충족감도 느끼지 못하고 있는 상황에 대해 이야기하는 것입니다.

어려운 상황을 벗어날 수 있는 열쇠

여러분은 현재의 자기 자신에 대해, 영적 여정에서의 자신의 단계에 대해, 삶에서의 현재 위치에 대해 화해하고 평화를 누리세요. 사랑하는 이들이여, 오래 전에 이 메신저는 특정한 상황을 넘어설 수 있는 열쇠가, 그 상황 자체에는 여러분에게 반발을 일으킬 수 있는 요소가 없음을 아는 것임을 깨달았습니다. 따라서 여러분은 실제로 그 상황에서 멀리 달아나기를 바라기보다, 그 상황과 화해하고 평화를 이루어야 합니다. 여러분이 특정한 상황 안에서 평화로울 수 있다면 그때가 바로 자유롭게 넘어설 수 있는 때이며, 새로운 문이 열리는 것을 볼 수 있는 때입니다.

지금의 자리에서 투쟁하고 저항하고 있는 한, 여러분은 그 상황을 넘어설 수 없습니다. 상황을 초월하지 못하는 이유가 무엇일까요? 사랑하는 이들이여, 그 이유는 여러분이 아직 배워야 할 것을 배우지 못했으므로, 스스로를 그 상황에 가두고 있기 때문입니다. 여러분이 아직 성찰하지 못한 심리적 요소가 남아 있는 것입니다. 상황과 맞서서 투쟁하는 동안 그로 인해 만들어지는 긴장이, 여러분으로 하여금 한 걸음 물러나 자신의 반응을 살펴보고 이렇게 말하는 것을 힘들게 만듭니다: "왜 내가 이렇게 반응할까? 여기에 대한 내 심리적 메커니즘은 무엇일까? 나의 어떤 믿음이 이런 반응을 일으키는 걸까?"

여러분이 한 걸음 뒤로 물러섰을 때만 그 긴장을 극복할 수 있습니다. 그 긴장을 만들어내는 패턴을 파악할 수 있으면 그것을 해결할 수 있습니다. 자신의 상황, 예를 들어 여러분이 부모에게 반응하는 방식을 잘 살펴본다면, 부모에게 반응을 일으키는 여러분의 심리적 요인들을 해소할 방법을 찾을 수 있습니다. 그러면 부모에 대해 이렇게 말할 수 있게 됩니다: "나는 이제 부모님에 대해 어떤 반감도 없어. 그들은 실제로는 아주 좋은 분들이고 나는 부모님과 잘 살아갈 수 있어." 그리고 그 지점에서 자유롭게 말할 수 있습니다: "그러나 내가 잘 살아갈 수 있다는 의미가, 내가 부모님과 살고 싶다는 뜻인가?"

그때 여러분은 갑자기 문이 열리는 것을 보게 될 것이고, 아마도 어딘가로 이동하는 것이 여러분의 신성한 계획일 수도 있지만, 여러분의 부모와 떨어지기 위해서 가는 것이 아닙니다. 여러분은 무언가에서 도망치는 것이 아니라 더 높은 곳으로 움직이는 것입니다. 새로운 상황 속으로 이동하는 것입니다. 부모와 가족, 사회와의 관계를 끊을 필요까지는 없습니다. 여러분에게는 단지 관점의 전환이 필요한 것입니다.

내가 약속할 수 있는 것은, 많은 경우에 있어서 여러분이 자신의 관점을 전환한다면, 여러분과 다른 사람이 엮여서 돌아가고 있는 상황들도 변한다는 사실입니다. 비록 그들이 의식적으로 자신의 심리에 대한 작업을 하고 있지 않더라도 말입니다. 여러분은 그들을 다르게 대하게 되고, 그로 인해 그들도 여러분을 다르게 대하게 됩니다. 만약 그들이 그럴 수 없거나 그럴 의사가 없다고 해도, 여러분은 평화롭게 그 상황을 넘어설 수 있습니다. 혹은 어떤 선에서 부모와의 관계를 형성할지에 대해 인식할 수도 있습니다. 그들이 원하는 조건이 있거나 상황이 어찌 될지는 봐야 하지만, 그것이 여러분을 제한하지는 못할 것입니다. 여러분은 삶에서 여러분의 여정을 갈 터인데, 그 여정은 여러분이 가고 싶어 하는 길이고 그것을 평화로운 마음으로 받아들였기 때문입니다.

자신의 길을 즐기면서 황금시대로 들어가기

사랑하는 이들이여, 여러분에게 생명을 주고 유년 시절 동안 돌보는 이가 바로 부모입니다. 따라서 이상적인 부모라면, 여러분에게 안전한 환경을 만들어주어 여러분이 아이답게 놀 수 있도록 만들어주어야 합니다. 그렇게 하기 위해서 여러분은 다음과 같은 것을 살펴보아야 합니다:

"내 삶과 심리의 어떤 요소가, 즐겁게 노는 것을 가로막고, 즐겁게 노는 것이 잘못이라고 생각하게 만드는 걸까?"

사랑하는 이들이여, 여러분에게 생명을 주고 유년시절 동안 돌보는 이가 바로 부모라는 것은 역설적입니다. 이상적인 부모란, 여러분에게 안전한 환경을 만들어주어 여러분이 아이가 되어 놀 수 있도록 만들어 주는 존재입니다. 역설적으로 많은 경우들에 있어서, 정작 부모들이 아이들에게 가장 큰 제약이 되고 있습니다. 부모들은 아이들의 놀 수 있는 능력, 삶에 대해 즐거운 관점으로 접근할 수 있는 능력을 파괴하고 있기 때문입니다. 부모들은 아이들에게 부담을 주면서 아이들이 삶을 즐거운 놀이로 대하는 것을 어렵게 만들고 있습니다.

영적 학생들인 여러분들은 부모와 문화에 의해 주어진 패턴이 무엇이든, 의식적으로 극복할 수 있습니다. 자신의 부모를 살펴보고 자신의 문화를 살펴볼 수 있지만, 그것이 여러분을 제한하지는 않습니다. 습관적인 반응 패턴으로 끌려 들어가지 않습니다. 그러면서도 여러분은 여전히 즐겁게 놀 수 있습니다.

만일 그렇게 할 수 있다면, 사랑하는 이들이여, 여러분은 문화를 변화시켜 황금시대를 실현할 수 있는 수준까지 끌어올리는데 커다란 기여를 하는 것입니다. 내가 말했듯이, 많은 국가들을 지금 현재의 수준으로 이끈 문화들은 황금시대로 들어갈 수 없습니다. 여러분은 물론, 자신의 삶을 더 편하게, 더 즐길 수 있게 만드는 데에도 큰 역할을 할 수 있습니다. 그리고 우리가 진정으로 여러분에게서 보기를 원하는 것은, 여러분이 이 지구에서 육화해 있는 상태를 즐길 수 있게 되는 것입니다.

우리는 지구에 수많은 문제들과 난관들이 있다는 것을 알고 있지만, 사랑하는 이들이여, 여러분이 황금시대의 의식 구조를 지닌다면, 그 난관들이 여러분이 여기 지구에 육화하여 평화롭게 존재하는 것, 현재의 자신과 화해하는 것, 신성한 계획을 평화롭게 완수하는 것을 막을 수는 없습니다. 여러분은 평화 안에 있을 때만이 즐겁게 놀 수 있습니다. 사랑하는 이들이여, 평화롭지 않다면 어떻게 즐길 수 있겠습니까?

이것이 우리가 여러분에게 바라는 것입니다. 사랑하는 이들이여, 예수께서 이야기했던 것을 생각해 보세요: "여러분이 어린아이처럼 되지 않는다면 신의 왕국에 들어갈 수 없습니다." 사랑하는 이들이여, 왜 그럴까요? 어린아이 같이 열린 마음만이 선물을 받을 수 있기 때문입니다. 성 저메인의 황금시대가 물질적 세상에서 현실화되기 위해서 요구되는 과정은 다음과 같습니다:

나는 상승 마스터입니다.

나는 나의 조망에서 황금시대를 위한 비전을 그리고 있습니다. 나는 이것이 물질적으로 실현되도록 강요를 할 수는 없습니다. 황금시대의 물질적 구현은 오직 육화한 여러분들이 그것과 그것의 요소들을 선물로 받아들일 때 가능합니다. 여러분이 그것을 받아들이기 위해 마음을 열지 않으면 그 선물을 받을 수가 없습니다.

사랑하는 이들이여, 그 일을 위해 투쟁과 고된 일과 노력이 요구된다고 생각하면, 어떻게 그 선물을 받을 수 있겠습니까?

황금시대는 내가 인류에게 주는 선물이며, 그 선물을 받아들이면 물질 영역에 막대한 영향을 줄 수 있습니다. 오직 영적인 사람인 여러분들이 그 선물을 받을 수 있지만, 여러분들이 어린아이 같은 마음으로 삶을 즐기고 여정을 즐기면서 갈 때에만 가능합니다. 내가 요구가 많은 엄격한 마스터가 아니라 사랑의 마스터, 선물을 주고자 하는 의지로 충만한 마스터임을 알게 된다면, 여러분은 내가 이 행성에 제공하는 것을 받아들일 수 있을 것입니다.

나는 여러분에게 이러한 여러 가지 생각할 거리들을 남겨두고 떠납니다. 여러분은 그것들에 대해 깊이 생각해 보고 한 걸음 물러나, 여러분의 천진함을 빼앗고 어린아이 같은 경탄스런 마음의 상태로 삶을 즐기는 것을 방해하는 삶의 요소들을 성찰하기 바랍니다. 사실 그 마음의 상태는 지상에서 어린아이가 표현할 수 있는 마음을 훨씬 뛰어넘는 것입니다. 그것은 진실로 여러분이 천상의 상승 마스터들과 지상의 모든 생명과 하나임을 아는 내면의 상태, 내면의 감각이고, 순수무결함입니다. 그럼으로써 여러분은 영과 물질을 잇는 무한 8자 형상 안에 있게 되며, 이것이 진정 생명의 강인 것입니다.

나는(I AM) 그 강 안에서 흐르고 있으며, 다음 2천 년 동안, 내가(I AM) 바로 행성 지구를 위한 생명의 강이라고 말하는 이들도 있을 것입니다. 여러분도 또한 그 생명의 강 안으로 들어갈 수 있습니다. 여러분이 물리적 몸으로 육화해 있는 동안에도 말입니다.

내가 지금 여러분 앞에 놓는 질문은 이것입니다:

"여러분은 계속 생명의 강을 거슬러 투쟁하겠습니까, 아니면 나의 현존(I AM)인 생명의 강과 함께 흘러가겠다고 의식적인 결단을 내리겠습니까?"

22
한국에 어린아이 같은 마음을 기원하기

I AM THAT I AM, 예수 그리스도의 이름으로 나의 아이앰 현존이, 무한히 초월해가는 내 미래의 현존을 통해 흐르며, 완전한 권능으로 이 디크리를 해주시기를 요청합니다. 나는 성 저메인께 한국에서 당신의 현존을 구현하시어, 사람들이 어린아이 같은 천진한 마음으로 황금시대의 매트릭스를 받아들일 수 있도록 도와주시길 요청합니다...
(여기에 개인적인 요청을 추가하세요)

파트 1

1. 성 저메인이여, 황금시대는 강제적인 힘을 통해서는 실현될 수 없음을 한국 사람들이 인식하게 하소서. 황금시대는 더 많이 일하는 것을 통해서가 아니라, 더 많이 즐겁게 노는 것(playing)을 통해서 실현됩니다.

오 성 저메인이여, 당신은 영감을 부어주시며,
내 비전을 영원히 더 높이 들어올립니다.
나는 당신과 함께 8 자 형상의 무한한 흐름을 만들며,

당신의 황금시대를 공동-창조합니다.

오 성 저메인이여, 당신이 가져오는 사랑은,
진실로 모든 물질을 노래하게 하고,
당신의 보라색 불꽃은 모든 것을 회복시키며,
당신과 함께 우리는 더 이상의 존재가 됩니다.

2. 성 저메인이여, 한국의 많은 사람들이 삶을 매우 심각하게 받아들이게 만드는 국민적 문화적 심리적 요인을 가지고 있음을 인식하도록 도와주소서.

오 성 저메인이여, 우리가 당신의 이름을 부를 때,
자유의 불꽃이 방출됩니다.
당신은 우리에게 가속을 부여하고,
그로써 우리 행성은 더 높이 상승합니다.

오 성 저메인이여, 당신이 가져오는 사랑은,
진실로 모든 물질을 노래하게 하고,
당신의 보라색 불꽃은 모든 것을 회복시키며,
당신과 함께 우리는 더 이상의 존재가 됩니다.

3. 성 저메인이여, 한국 사람들이 부모와 교사들에 의해, 열심히 일하고 공부와 일을 심각하게 여기도록 교육받아 왔음을 인식하도록 도와주소서.

오 성 저메인이여, 우리는 사랑 안에서,
당신의 보라색 화염을 가져올 권리를 선언합니다.
당신의 화염은 천상으로부터 지상으로 흘러오며,
모든 것을 변형시킵니다.

오 성 저메인이여, 당신이 가져오는 사랑은,
진실로 모든 물질을 노래하게 하고,

당신의 보라색 불꽃은 모든 것을 회복시키며,
당신과 함께 우리는 더 이상의 존재가 됩니다.

4. 성 저메인이여, 한국 젊은이들이 자신의 전 삶을 한국 문화의 기준에 따라 살기 위해 온 것이 아님을 인식하게 하소서. 그들은 황금시대의 실현을 돕기 위해서 왔으며, 오래된 패턴을 되풀이하면서 황금시대를 이룰 수는 없습니다.

오 성 저메인이여, 당신을 너무나 사랑합니다.
내 오라가 보라색 광휘로 채워지고,
내 차크라들이 보라색 불꽃으로 타오르니,
나는 당신의 우주적 증폭기입니다.

오 성 저메인이여, 당신이 가져오는 사랑은,
진실로 모든 물질을 노래하게 하고,
당신의 보라색 불꽃은 모든 것을 회복시키며,
당신과 함께 우리는 더 이상의 존재가 됩니다.

5. 성 저메인이여, 보랏빛 화염의 대양을 보내시어 한국의 구세대가 지고 있는 에너지의 짐을 소멸해주소서. 그 짐은, 그들이 전쟁을 겪으며 나라의 80%가 파괴되는 상황에 당면했던 결과였습니다.

오 성 저메인이여, 나는 이제 자유로워졌습니다.
당신의 보라색 불꽃은 치유법이며,
내 마음 안의 모든 장애를 변형시켜주니,
나는 진정한 내면의 평화를 발견합니다.

오 성 저메인이여, 당신이 가져오는 사랑은,
진실로 모든 물질을 노래하게 하고,
당신의 보라색 불꽃은 모든 것을 회복시키며,
당신과 함께 우리는 더 이상의 존재가 됩니다.

6. 성 저메인이여, 구세대가 나라를 재건하고 경제를 활성화시키고 삶의 수준을 높이는, 엄청난 일을 해냈다는 사실을 한국 사람들이 인식하게 하소서.

오 성 저메인이여, 내 몸은 순수해지고,
당신의 보라색 화염은 모두를 치유합니다.
모든 질병의 원인을 태워버리니,
나는 완전한 평온함을 느낍니다.

**오 성 저메인이여, 당신이 가져오는 사랑은,
진실로 모든 물질을 노래하게 하고,
당신의 보라색 불꽃은 모든 것을 회복시키며,
당신과 함께 우리는 더 이상의 존재가 됩니다.**

7. 성 저메인이여, 우리가 남은 생애 동안 이런 짐을 지고 살 필요가 없다는 것을 한국 사람들이 인식하게 하소서. 부모들이 살았던 방식으로 살고, 부모들의 방식으로 배우고 일하기 위해 분투한다면, 우리는 황금시대를 가져올 수 없습니다.

오 성 저메인이여, 내가 카르마에서 해방되니,
과거는 더 이상 나에게 짐이 아닙니다.
완전히 새로운 기회가 펼쳐지고,
나는 그리스도 신성과 일체가 됩니다.

**오 성 저메인이여, 당신이 가져오는 사랑은,
진실로 모든 물질을 노래하게 하고,
당신의 보라색 불꽃은 모든 것을 회복시키며,
당신과 함께 우리는 더 이상의 존재가 됩니다.**

8. 성 저메인이여, 한국의 영적인 사람들이 자신의 나라를 살펴보면서 이런 것들을 인식하게 하소서: "이 나라가 우리에게 부과한 짐은 무엇인

가? 어떻게 하면 그 짐이 나 자신과 삶을 심각하게 받아들이도록 만드는 것을 피할 수 있는가? 어떻게 하면 그로 인해 내가 신성한 계획과 황금시대를 실현하는 역할을 못하게 되는 것을 피할 수 있는가?"

오 성 저메인이여, 우리는 이제 하나이고,
나는 당신을 위한 보랏빛 태양입니다.
우리가 이 지구 행성을 변형시키니,
당신의 황금시대가 탄생합니다.

오 성 저메인이여, 당신이 가져오는 사랑은,
진실로 모든 물질을 노래하게 하고,
당신의 보라색 불꽃은 모든 것을 회복시키며,
당신과 함께 우리는 더 이상의 존재가 됩니다.

9. 성 저메인이여, 삶은 투쟁이고, 살기 위해서는 힘들게 일하고 힘들게 공부하는 것이 필요하다는 문화적 편견과 문화적 인지 필터를 극복하도록 한국 사람들을 도와주소서. 은퇴 후에, 자신들이 얻기 위해 분투했던 것을 결코 얻지 못했고 결국 삶이 낭비되었다고 느끼며 실망하지 않도록 그들을 도와주소서.

오 성 저메인이여, 지구는 이원성의 부담을 벗어나,
자유를 얻고,
우리는 하나됨 안에서 최상의 것을 이루니,
당신의 황금시대가 실현됩니다.

오 성 저메인이여, 당신이 가져오는 사랑은,
진실로 모든 물질을 노래하게 하고,
당신의 보라색 불꽃은 모든 것을 회복시키며,
당신과 함께 우리는 더 이상의 존재가 됩니다.

파트 2

1. 성 저메인이여, 어머니-신의 영역(Mother realm)이 결함을 갖고 있고 악의적이며 우리에게 적대적이라는 감각, 또는 우리가 필요로 하고 가지길 원하는 것들을 주려고 하지 않는다는 감각을 한국 사람들이 극복하게 하소서.

오 성 저메인이여, 당신은 영감을 부어주시며,
내 비전을 영원히 더 높이 들어올립니다.
나는 당신과 함께 8자 형상의 무한한 흐름을 만들며,
당신의 황금시대를 공동-창조합니다.

오 성 저메인이여, 당신이 가져오는 사랑은,
진실로 모든 물질을 노래하게 하고,
당신의 보라색 불꽃은 모든 것을 회복시키며,
당신과 함께 우리는 더 이상의 존재가 됩니다.

2. 성 저메인이여, 자연에는 부족함이 있으므로, 우리가 열심히 일하고 자연에 강제적인 힘을 가해 우리에게 더 많은 풍요를 주도록 만들어야 한다는 미묘한 감각을 한국 사람들이 극복하게 하소서.

오 성 저메인이여, 우리가 당신의 이름을 부를 때,
자유의 불꽃이 방출됩니다.
당신은 우리에게 가속을 부여하고,
그로써 우리 행성은 더 높이 상승합니다.

오 성 저메인이여, 당신이 가져오는 사랑은,
진실로 모든 물질을 노래하게 하고,
당신의 보라색 불꽃은 모든 것을 회복시키며,
당신과 함께 우리는 더 이상의 존재가 됩니다.

3. 성 저메인이여, 한국 사람들이 어머니 자연과 화해하도록 도와주소서. 우리에게 그 왕국을 주시는 것이 우리 아버지 신의 기쁨임을 받아들이

게 하소서. 아버지 신은 물질 영역인 어머니 신을 통해 우리에게 그 왕국을 주십니다.

오 성 저메인이여, 우리는 사랑 안에서,
당신의 보라색 화염을 가져올 권리를 선언합니다.
당신의 화염은 천상으로부터 지상으로 흘러오며,
모든 것을 변형시킵니다.

오 성 저메인이여, 당신이 가져오는 사랑은,
진실로 모든 물질을 노래하게 하고,
당신의 보라색 불꽃은 모든 것을 회복시키며,
당신과 함께 우리는 더 이상의 존재가 됩니다.

4. 성 저메인이여, 우리의 신성한 계획을 성취하는 것이 강제로 부과된 의무나 힘든 일이고, 혹은 외부의 힘이 시켜서 하는 일이라는 감각을 한국 사람들이 극복하게 하소서.

오 성 저메인이여, 당신을 너무나 사랑합니다.
내 오라가 보라색 광휘로 채워지고,
내 차크라들이 보라색 불꽃으로 타오르니,
나는 당신의 우주적 증폭기입니다.

오 성 저메인이여, 당신이 가져오는 사랑은,
진실로 모든 물질을 노래하게 하고,
당신의 보라색 불꽃은 모든 것을 회복시키며,
당신과 함께 우리는 더 이상의 존재가 됩니다.

5. 성 저메인이여, 한국의 영적인 사람들이 자신의 신성한 계획과 의식적으로 화해하게 해주시고 그것이 외부의 근원에서 부과된 것이 아님을 깨닫게 하소서. 신성한 계획은 스스로가 선택한 것입니다.

오 성 저메인이여, 나는 이제 자유로워졌습니다.

당신의 보라색 불꽃은 치유법이며,
내 마음 안의 모든 장애를 변형시켜주니,
나는 진정한 내면의 평화를 발견합니다.

**오 성 저메인이여, 당신이 가져오는 사랑은,
진실로 모든 물질을 노래하게 하고,
당신의 보라색 불꽃은 모든 것을 회복시키며,
당신과 함께 우리는 더 이상의 존재가 됩니다.**

6. 성 저메인이여, 우리가 자신의 신성한 계획을 선택했을 때에는 지금처럼 네 하위체들 안에서 그 필터를 통해 삶을 보는 것보다 더 넓은 조망을 가지고 있었음을 한국의 영적인 사람들이 인식하게 하소서.

오 성 저메인이여, 내 몸은 순수해지고,
당신의 보라색 화염은 모두를 치유합니다.
모든 질병의 원인을 태워버리니,
나는 완전한 평온함을 느낍니다.

**오 성 저메인이여, 당신이 가져오는 사랑은,
진실로 모든 물질을 노래하게 하고,
당신의 보라색 불꽃은 모든 것을 회복시키며,
당신과 함께 우리는 더 이상의 존재가 됩니다.**

7. 성 저메인이여, 우리가 열심히 일해야 하고, 필요한 일을 해야만 하고, 의무를 완수해야 한다고, 어린 시절에 우리에게 프로그램 되었던 통념들을 한국의 영적인 사람들이 극복하게 하소서. 우리가 어린아이 같은 마음으로 즐겁게 자신의 신성한 계획을 성취하도록 도와주소서.

오 성 저메인이여, 내가 카르마에서 해방되니,
과거는 더 이상 나에게 짐이 아닙니다.
완전히 새로운 기회가 펼쳐지고,
나는 그리스도 신성과 일체가 됩니다.

오 성 저메인이여, 당신이 가져오는 사랑은,
진실로 모든 물질을 노래하게 하고,
당신의 보라색 불꽃은 모든 것을 회복시키며,
당신과 함께 우리는 더 이상의 존재가 됩니다.

8. 성 저메인이여, 한국의 영적인 사람들이 스스로 생활을 꾸려가는 데 있어서, 어떻게 자신의 기술과 경험을 활용할지 알도록 도와주소서. 그럼으로써 실용적인 측면에 대한 근심 없이, 자신의 신성한 계획에 초점을 맞출 수 있게 하소서.

오 성 저메인이여, 우리는 이제 하나이고,
나는 당신을 위한 보랏빛 태양입니다.
우리가 이 지구 행성을 변형시키니,
당신의 황금시대가 탄생합니다.

**오 성 저메인이여, 당신이 가져오는 사랑은,
진실로 모든 물질을 노래하게 하고,
당신의 보라색 불꽃은 모든 것을 회복시키며,
당신과 함께 우리는 더 이상의 존재가 됩니다.**

9. 성 저메인이여, 한국의 영적인 사람들이 직업상의 일을, 빨리 마쳐야 하는 부담스런 의무처럼 여기면서, 일이 없을 때에만 삶을 즐길 수 있다고 생각하는 경향을 극복하게 하소서.

오 성 저메인이여, 지구는 이원성의 부담을 벗어나,
자유를 얻고,
우리는 하나됨 안에서 최상의 것을 이루니,
당신의 황금시대가 실현됩니다.

**오 성 저메인이여, 당신이 가져오는 사랑은,
진실로 모든 물질을 노래하게 하고,**

당신의 보라색 불꽃은 모든 것을 회복시키며,
당신과 함께 우리는 더 이상의 존재가 됩니다.

파트 3

1. 성 저메인이여, 한국의 영적인 사람들이 의식의 전환을 가져와, 자신의 일을 통해서도 신성한 계획의 재능적 측면을 발휘할 수 있음을 깨닫도록 도와주소서. 우리는 자신의 일의 어떤 요소를 즐기는 것으로 시작해서, 일에 대한 새로운 접근 방식을 찾을 수 있을 것입니다.

오 성 저메인이여, 당신은 영감을 부어주시며,
내 비전을 영원히 더 높이 들어올립니다.
나는 당신과 함께 8자 형상의 무한한 흐름을 만들며,
당신의 황금시대를 공동-창조합니다.

오 성 저메인이여, 당신이 가져오는 사랑은,
진실로 모든 물질을 노래하게 하고,
당신의 보라색 불꽃은 모든 것을 회복시키며,
당신과 함께 우리는 더 이상의 존재가 됩니다.

2. 성 저메인이여, 황금시대를 가져오는 열쇠는, 그것을 하나의 즐거운 놀이로 보는 것임을 한국의 영적인 사람들이 인식하게 하소서. 우리가 다음과 같이 살펴보게 하소서: "내 삶과 심리의 어떤 요소가, 즐겁게 노는 것을 가로막고, 즐겁게 노는 것이 잘못이라고 생각하게 만드는 것일까?"

오 성 저메인이여, 우리가 당신의 이름을 부를 때,
자유의 불꽃이 방출됩니다.
당신은 우리에게 가속을 부여하고,
그로써 우리 행성은 더 높이 상승합니다.

**오 성 저메인이여, 당신이 가져오는 사랑은,
진실로 모든 물질을 노래하게 하고,
당신의 보라색 불꽃은 모든 것을 회복시키며,
당신과 함께 우리는 더 이상의 존재가 됩니다.**

3. 성 저메인이여, 이상적인 부모는 자녀들에게 안전한 환경을 만들어주고 그들이 아이답게 즐겁게 놀도록 해주어야 함을 한국 사람들이 인식하게 하소서. 그러나 역설적으로, 많은 경우에 부모들은 아이들의 놀 수 있는 능력과 삶에 대해 즐거운 관점으로 접근할 수 있는 능력을 파괴하고 있습니다.

오 성 저메인이여, 우리는 사랑 안에서,
당신의 보라색 화염을 가져올 권리를 선언합니다.
당신의 화염은 천상으로부터 지상으로 흘러오며,
모든 것을 변형시킵니다.

**오 성 저메인이여, 당신이 가져오는 사랑은,
진실로 모든 물질을 노래하게 하고,
당신의 보라색 불꽃은 모든 것을 회복시키며,
당신과 함께 우리는 더 이상의 존재가 됩니다.**

4. 성 저메인이여, 한국 사람들이 부모나 문화가 부과해준 이런 패턴들을 극복할 수 있게 하소서. 우리가 자신의 부모나 문화를 보면서 그것에 의해 제한되거나 반응 패턴 안으로 끌려 들어가지 않도록 도와주시고, 그 대신 즐겁게 즐길 수 있도록 도와주소서.

오 성 저메인이여, 당신을 너무나 사랑합니다.
내 오라가 보라색 광휘로 채워지고,
내 차크라들이 보라색 불꽃으로 타오르니,
나는 당신의 우주적 증폭기입니다.

오 성 저메인이여, 당신이 가져오는 사랑은,
진실로 모든 물질을 노래하게 하고,
당신의 보라색 불꽃은 모든 것을 회복시키며,
당신과 함께 우리는 더 이상의 존재가 됩니다.

5. 성 저메인이여, 우리나라를 현재의 수준으로 이끌어온 그 문화로는 황금시대를 실현할 수 없다는 사실을 한국 사람들이 인식하게 하소서.

오 성 저메인이여, 나는 이제 자유로워졌습니다.
당신의 보라색 불꽃은 치유법이며,
내 마음 안의 모든 장애를 변형시켜주니,
나는 진정한 내면의 평화를 발견합니다.

**오 성 저메인이여, 당신이 가져오는 사랑은,
진실로 모든 물질을 노래하게 하고,
당신의 보라색 불꽃은 모든 것을 회복시키며,
당신과 함께 우리는 더 이상의 존재가 됩니다.**

6. 성 저메인이여, 황금시대는 당신이 인류에게 주는 선물이며, 그 선물들을 수용해야만 물질 영역에 크게 영향을 미칠 수 있다는 것을 한국 사람들이 인식하게 하소서.

오 성 저메인이여, 내 몸은 순수해지고,
당신의 보라색 화염은 모두를 치유합니다.
모든 질병의 원인을 태워버리니,
나는 완전한 평온함을 느낍니다.

**오 성 저메인이여, 당신이 가져오는 사랑은,
진실로 모든 물질을 노래하게 하고,
당신의 보라색 불꽃은 모든 것을 회복시키며,
당신과 함께 우리는 더 이상의 존재가 됩니다.**

7. 성 저메인이여, 오직 영적인 사람들인 우리만이 그것을 받을 수 있고, 오직 어린아이 같은 마음으로 삶을 즐기고 여정을 즐길 때만이 그것을 받을 수 있음을 깨닫게 하소서.

오 성 저메인이여, 내가 카르마에서 해방되니,
과거는 더 이상 나에게 짐이 아닙니다.
완전히 새로운 기회가 펼쳐지고,
나는 그리스도 신성과 일체가 됩니다.

**오 성 저메인이여, 당신이 가져오는 사랑은,
진실로 모든 물질을 노래하게 하고,
당신의 보라색 불꽃은 모든 것을 회복시키며,
당신과 함께 우리는 더 이상의 존재가 됩니다.**

8. 성 저메인이여, 우리의 천진함을 빼앗고 삶을 즐기는 것을 방해하는 요소들을 성찰하도록 한국의 영적인 사람들을 도와주소서. 우리가 위로는 상승 마스터들과 하나이고 아래로는 모든 생명과 하나임을 아는 내면의 상태, 내면의 느낌, 그런 천진함을 찾도록 도와주소서. 그럼으로써 우리는 영과 물질을 잇는 무한 8 자 형상의 흐름 안에 있게 되며, 이것이 진정 생명의 강인 것입니다.

오 성 저메인이여, 우리는 이제 하나이고,
나는 당신을 위한 보랏빛 태양입니다.
우리가 이 지구 행성을 변형시키니,
당신의 황금시대가 탄생합니다.

**오 성 저메인이여, 당신이 가져오는 사랑은,
진실로 모든 물질을 노래하게 하고,
당신의 보라색 불꽃은 모든 것을 회복시키며,
당신과 함께 우리는 더 이상의 존재가 됩니다.**

9. 성 저메인이여, 당신이 다음 2000 년 동안, 행성 지구를 위한 생명의 강임을 한국의 영적인 사람들이 인식하게 하소서. 우리가 육화해 있는 동안에도 우리는 생명의 강과 함께 흘러갈 수 있습니다. 우리가 강의 흐름을 거스르며 투쟁하는 것을 멈추고, 당신의 현존이신 생명의 강과 함께 흘러가겠다는 의식적인 결단을 할 수 있도록 도와주소서.

오 성 저메인이여, 지구는 이원성의 부담을 벗어나,
자유를 얻고,
우리는 하나됨 안에서 최상의 것을 이루니,
당신의 황금시대가 실현됩니다.

**오 성 저메인이여, 당신이 가져오는 사랑은,
진실로 모든 물질을 노래하게 하고,
당신의 보라색 불꽃은 모든 것을 회복시키며,
당신과 함께 우리는 더 이상의 존재가 됩니다.**

봉인하기

신성한 어머니의 이름으로, 나는 이 요청의 힘이 마-터 빛을 자유롭게 하는데 사용되어, 나 자신의 삶과 모든 사람들과 행성을 위한 그리스도의 완전한 비전을 구현할 수 있음을 전적으로 받아들입니다. I AM THAT I AM 의 이름으로, 그것이 이루어졌습니다! 아멘.

고타마 붓다
Gautama Buddha

과거나 미래에 고착되는 것

순간의 향유

기준이 되는 틀

어린아이 같은 마음 안에서 판단하지 않기

판단하지 않고 지켜보기

다른 사람들에 대한 견해를 내세우지 않는 것

대다수 인류의 반응은 동일한 패턴을 따라갑니다

여러분은 시간을 초월한 존재입니다

여러분의 반응 패턴이 여러분의 미래를 결정합니다

부동의 붓다와 영원히 초월해가는 붓다

무아(無我)의 상태란 존재하지 않습니다

23
부동의 붓다와
영원히 초월해가는 붓다

상승 마스터 고타마 붓다, 2016 년 7 월 4 일

나는 상승 마스터 고타마 붓다입니다.

예전에도 여러 번 그랬듯이 이 상승 마스터 컨퍼런스를 봉인하는 것은 나의 특권입니다. 상승 영역의 우리들이, 이 컨퍼런스가 성공적으로 잘 치러졌다고 평가하고 있는 것을 알려주고 싶습니다. 여러분은 함께 조화롭게 모이고 또 우리와 조화를 이루는데 있어서 믿을 수 없을 만큼 놀라운 의지를 보여주었습니다. 그럼으로써 우리는 디크리와 기원들을 증폭할 수 있었고, 우리의 구술 메시지를 통해 방출되는 것을 여러분은 자신의 차크라를 통해 증폭하여 더 큰 힘으로 집단의식에 보내줄 수 있었습니다. 이에 대해 우리는 여러분에게 축하와 고마움을 전합니다.

우리는 대단히 많은 가르침을 주었으며, 여러분들이 이 가르침들을 받아들여 명상하고, 토론하고, 기록하고, 서로 대화도 나누리라고 믿습니다. 그렇게 함으로써 여러분은 우리가 외면적으로 가르침을 주는 동안 (물질계의) 언어가 아닌 더 높은 차원에서 전달되었던 내용에 대해, 내면에서 더 깊은 이해에 도달할 수 있습니다. 우리가 구술 메시지를 줄 때 물질계에서 말로 전해지는 것은, 내보내는 전체 가르침의 작은 일부에 불과함을 알 필요가 있습니다. 여기에는 말이 실어 나르는 빛뿐만 아니라 가르침이 방출하는 감정, 멘탈, 정체성 차원의 요소들이 존재합니다. 만일 여러분이 자신의 기반으로서 물질계의 언어를 사용하고 있다면, 언어로는 쉽게 표현될 수 없는 감정, 멘탈, 정체성 요소에 조율하는 것을 배워야 합니다. 더 나아가 여러분은 한 구술문이 전체적으로 전달하고 있는 내용에 대한 직관적인 느낌과 직관적인 체험을 가져야 합니다.

물론 우리는 한국과 아시아의 다른 나라들에 대해서 하고 싶은 말이 많습니다. 따라서 우리는 장차 이것을 말할 수 있는 기회가 오기를 기다립니다. 이제, 이 컨퍼런스는 그 자체로서 완결되었습니다. 우리가 이전에 말했듯이 컨퍼런스에는 늘 높은 잠재력과 낮은 잠재력이 있는데, 여러분은 높은 잠재력을 초과해서 달성했습니다. 그러나 내가 여기서 하고자 원했던 것은 이 컨퍼런스에서 일어나지 않았는데, 이번이 여러분들의 첫 상승 마스터 컨퍼런스였기 때문입니다.

과거나 미래에 고착되는 것

나는 여러분이 지금 이 순간을, 영원한 현재를 음미하도록 해주고 싶습니다. 지구의 많은 사람들은 현재 안에서 살 수 없도록 키워집니다. 사람들은 과거에 집착하고 있거나 미래를 기대하면서 살아갑니다. 어떤 이들은 과거의 한 지점에 고착되어 있습니다. 그들 중에는 과거에 매우 충격적인 사건을 체험하고 감정적으로 너무나 심한 상처를 입은 경우가 있습니다. 그런 후 그 고통과 상처에서 벗어날 수가 없게 되어 그 체험을 계속 되풀이하면서 살게 됩니다. 또 어떤 사람들은 삶에서 절정을 이루는 체험을 한 이후에 어느 것도 그것을 능가할 수 없을 것이라고 느끼면서 그 지점에 머무릅니다.

이곳 올림픽 공원에 가면 1988 올림픽에서 메달을 딴 선수들의 이름을 볼 수 있습니다. (이 컨퍼런스가 열린 홀이 올림픽 공원 옆에 있었음) 많은 선수들이 메달을 따고 기록을 세우고 시상대에 올라가 메달을 받은 것을 그들 인생의 정점으로 느꼈습니다. 그들 중의 다수가, 그런 절정의 순간은 어떤 것과도 비교될 수가 없고 나머지 인생은 그 순간보다 못하다고 느끼며 살아갑니다. 그들은 끊임없이 그 시점을 되돌아보며 그리워합니다.

물론 과거에 집착하는 대신 미래를 기대하며 사는 많은 사람들이 있습니다. 일부는 두려움을 가지고 미래를 쳐다봅니다. 그들은 미래에 자기에게 어떤 질병이나 재난이 닥칠까 봐, 혹은 세상에 전쟁이나 자연재해가 일어날까 봐 두려워합니다. 우리가 예전에 답변해주었던 사례처럼, 세상에 종말이 오기를 기대하고 있는 사람들도 있습니다.

많은 사람들이 현재의 순간에, 현재의 삶에, 현재의 상황에 불만을 가지고 언젠가는 더 나아지리라는 희망과 함께 미래를 바라봅니다. 그들은 자신들에게 명해진 대로, 사회와 부모가 그들을 위해 정해준 대로 따라가기만 하면 언젠가 원하는 보상을 받게 될 것이라고 생각합니다.

그러나 여러분은 공동-창조자들입니다. 그렇게 수동적으로 무언가 일어나길 기다리는 것은 건설적인 접근법이 아닙니다. 여러분이 어느 날엔가 다른 사람들이나 사회, 또는 회사가 다가와서 자기 삶을 바꾸어주기를 기다리고 있다면 결국 실망하게 될 것입니다. 또한 어떤 신성한 존재가 나타나서 원하는 것을 모두 줄 것이라고 기다리고 있다면 분명히 실망하게 될 것이라고 확언합니다.

순간의 향유

붓다의 핵심 가르침, 붓다의 진정한 내적 가르침은 바로, 이 순간 안에서 살아가는 능력이라는 것을 여러분이 알기 바랍니다. 지금 여러분은 모두 순간 안에서 살 능력을 가지고 있지만, 어떤 사람들에게는 이것이 매우 힘듭니다. 만일 삶 안에서 큰 정신적 외상을 준 사건들을 겪었다면 여러분에게는 심리적 치유가 필요하고, 순간 안에서 사는 것이 매우 어려울 것입니다. 그런 경우 다양한 치료 기법들을 통해 적절한 도움을 찾아보라고 권합니다. 물론 우리는 여러분의 심리 치유를 위해서 우리의 가르침과 도구들을 이용하라고 권합니다.

여러분이 과거의 어떤 시점에서 절정을 체험하고 그때로 되돌아가기를 갈망하고 있다면, 진정한 치유책은 단 하나입니다. 더 이상 과거를 뒤돌아보지 않고, 지금 이 순간 안에서 받을 수 있는 선물을 받기 위해 자신을 열겠다고 의식적인 결단을 내리는 것입니다.

만일 여러분이 어떤 재난에 대한 두려움을 가지고 미래를 보고 있다면 역시 나는 이 정신적 외상을 치유하기 위해 적절한 도구를 사용하라고 권합니다. 이 외상들이 여러분을 두려움을 가지고 미래를 보도록 만들기 때문입니다. 만일 여러분이 어떤 보상을 기대하며 미래를 보고 있다면 나는 여러분 자신이 공동-창조자임을 깨닫도록 해줄 것입니다. 여러분이 더 나은 미래로 가기 위해서는 외면에서 그것이 나타날 때까지 수동적으로 기다리는 대신, 스스로 그것을 공동-창조해 나가야 합니다.

더 나은 미래를 공동-창조하기 위해서 여러분은 실제적으로 현재의 순간을 충분히 음미하는 것, 여러분이 처해 있는 이 상황을 향유하는 것부터 시작해야 합니다. 성 저메인이 그렇게도 지혜롭게 설했듯이 말입니다.

'지금' 안에서 현존하는 것, 이것이 붓다의 가르침으로 들어가는 열쇠입니다. 이점은 '지금'을 체험하는 것에 완전히 집중하라는 선불교(Zen Buddhism)의 가르침에서 무엇보다도 명료하게 제시되어 있습니다. 여러분에게 선불교도가 되라고 권하는 말이 아니라, 어떻게 '지금' 안에서 살 것인지, 시간 속의 한 지점에서 '지금'을 한 순간만이라도 체험하기 위해 명상해 보라는 가르침이 정당하다는 이야기를 하고 있는 겁니다.

기준이 되는 틀

이것을 가지고 나는 여러분이 약간의 연습을 해보게 하고 싶습니다. 내 목적은 여러분이 '지금'의 체험을 하도록 돕는 것입니다. 사랑하는 이들이여, 여러분은 상승 마스터 컨퍼런스에 참여했습니다. 여러분은 여기에 있었고 여러분 중 일부는 4일의 전 일정 내내 있었을 것입니다. 여러분은 로자리와 기원문과 디크리를 낭송했습니다. 그리고 구술문들을 들었습니다. 여러분은 서로 체험을 나누었습니다. 여러분 다수에게 이것은 일정 목적을 향해 가는 과정으로 보였을 것입니다. 낭송해야 할 기원문은 항상 점점 많아지고, 받아야 할 구술문도 점점 많아졌습니다. 그러나 지금, 여러분은 마지막 구술문에 이르렀고 마지막 기원문의 낭송도 마쳤습니다. 이제 더 이상 기대해야 할 것은 없습니다. 그러므로 이제 나는 여러분에게 권합니다.

여러분이 이 컨퍼런스에서 받을 수 있었던 가장 값진 선물은, 완전히 '지금' 안에서 존재하면서 '지금'을 향유하는 체험이라는 사실을 깨달으세요.

사랑하는 이들이여, 나는 여러분이 마음속에서 스스로에게 이렇게 말하도록 격려합니다.

"이제 그만! 나는 내 일상적인 사고 패턴을 멈춘다."

한 걸음 물러나서 스스로를 바라보며, 여러분 마음속에 일상적으로 내내 존재하던 패턴들이 의식(conscious awareness)의 스크린으로 생각과 감정들을 투사하고 있는 것을 바라보세요. 이 생각과 감정들은 여러분의 주의력을 끌어가 버려서, 실제로 무슨 일이 일어나고 있는지 여러분이 자각하지 못하게 만듭니다.

지금 나는 여러분에게 마음에서 무슨 일이 일어나고 있는지 깨달으라고 요청합니다. 이는 단지 극장의 스크린이나 TV에서 상영되고 있는 영화 같은 것임을 의식적으로 알아차리세요. 그러나 여러분이 실제적으로 그 영화를 중단할 필요는 없다는 것을 알았으면 합니다.

많은 불교도들이 명상 중에 사념을 멈춰야 한다고 생각하지만, 매우 능숙한 수행자들에게도 그런 상태를 성취하기란 매우 어렵습니다. 내가 여러분에게 말해주고 싶은 내용은 이러합니다.

"이제 그만! 나는 더 이상 내 사념과 감정의 흐름과 나 자신을 동일시하지 않겠다. 나는 단지 그것들이 흘러가게 놓아두고 한 걸음 물러나, 그 사념과 감정들은 내가 아니라는 새로운 자각으로 들어갈 것이다.

그 마음은 내가 아니다. 이 마음속에서 진행되고 있는 과정은 내가 아니다. 나는 형상이 없는 존재이다. 진정한 나 자신 안에서 완전하게 존재하기 위해 나는 과거의 어떤 것도 필요하지 않다. 진정한 나 자신 안에서 완전하게 존재하기 위해 나는 미래의 어떤 것도 기다릴 필요가 없다.

바로 지금, 나는 완전하다. 바로 이 순간, 나는 완전하다. 나는 전체이다."

그렇게 하면 여러분은 내면의 깊은 곳에 어떤 고요함이 있음을 느낄 것입니다. 붓다의 고요함, 자신의 붓다 성품(Buddha self)의 고요함을 느낄 것입니다. 간혹, 완전한 적정과 평화 속에서 명상하며 정좌해 있는 붓다들을 보게 될 수도 있습니다.

그러나 여러분은 스스로에 대해 그 어떤 형상의 심상도 가질 필요가 없습니다. 자기 자신에 대한 심상을 가지지 않는 것이 더 적절하게 작용한다면, 여러분은 실제로 스스로를 형상 없는 존재로 보고, 형상 없는 존재로 느끼며, 형상 없는 존재로 체험할 수 있습니다.

자, 이제는 여러분이 이 순간에 이 홀에 있는 것을 인식했으면 합니다. 여러분은 혼자 있지 않습니다. 여기엔 많은 사람들이 있습니다. 이 방에 있는 많은 사람들을 여러분이 다 알지는 못합니다. 아마 여러분은 이 나흘 동안 그들과 이야기를 나누기도 했을 것입니다. 그러나 여러분은 그들의 눈동자를 보지 않았을 수도 있습니다. 여러분이 실제로 그 사람들을 충분히 인식하지 않았을 수도 있겠지만, 지금 눈을 열고 주위를 돌아보기를 권합니다. 용기를 내어 서로를 쳐다보고 서로의 눈을 응시하면서 서로를 알아차리세요. 메신저의 눈을 바라보세요. 진실로 나는 그의 눈을 통해서 여러분을 보고 있습니다.

사랑하는 이들이여, 서로를 인식하도록 하세요. 지금 우리는 지구상에서 매우 매우 보기 힘든, 특별한 하나됨(unity)을 이루며 모여 있기 때문입니다. 지상의 여러분들이 수평적인 화합을 이루면서 상승 영역의 우리와 함께 존재하는 지금은 아주 특별한 순간입니다. 너무나 희귀한 순간입니다. 사랑하는 이들이여, 여태까지 한 생 동안 이런 체험을 하게 된 사람은 그리 많지 않습니다. 그러나 여러분은 여기에 있습니다. 바로 지금, 그런 순간을 체험하고 있습니다.

여러분이 서로 하나됨을 이루며 여기에 존재하는 것을 인식할 때, 여러분은 가치를 헤아릴 수 없을 만큼 소중한 영적인 봉사를 하고 있는 겁니다. 여러분은 여기에서 영적인 존재인 상승 마스터들과 하나가 되어 현존하고 있습니다. 여러분이 이것을 깨닫는다면, 현재의 순간에 무언가 더 요청할 것이 있을까요? 이것을 깨닫는다면 '지금' 안에서 충만하게 현존하지 않을 수가 있을까요?

완전하게 현존하세요.

그리고 과거에서 필요한 것은 아무것도 없고, 현재에서 필요한 것도 아무것도 없으며, 세상으로부터 필요한 것도 아무것도 없음을 느끼세요. 왜냐하면 우리는 하나됨 안에서 완전하게 존재하고 있기 때문입니다.

이러한 완전함을 경험한 여러분들에게는 이제 새로운 기반을 주는 틀이 생겼고 이것을 가져가서 활용할 수 있을 것입니다. 바쁜 생활 중에서도 시간을 내어서 여러분이 끌리는 대로 어떤 도구를 활용해도 좋습니다. 이 구술문을 듣거나, 읽거나, 기원문을 낭송하거나, 음악을 듣는 것 등, 여러분에게 도움이 되는 것을 하면 됩니다. 그러나 나의 현존에, 상승 마스터 고타마 붓다의 현존에 조율하기 위해 노력을 기울이세요. 그러면 지금 이 순간의 체험이 기반이 되어, 이와 동일한 완전함을 다시 체험할 수 있을 것입니다. 이런 연습을 많이 해나가다 보면 여러분이 지속적인 기반에서 현존을 계속 향유할 수 있음을 느끼게 되는 지점에 도달할 것입니다.

어린아이 같은 마음 안에서 판단하지 않기

처음에는 여러분의 일상적인 의식 상태와 순간 안에서 충만하게 현존하는 상태 사이에 현저한 격차가 있을 것임을 이해합니다. 여러분이 충만하게 현존하는 순간들이 있을 것이고, 여러분의 주의를 끌어당기며 상습적인 패턴으로 빠져들게 하는 일상생활의 순간들도 많을 것입니다. 그러나 여러분이 충만하게 살아 있고, 완전하게 현존하고, 충분히 수용하고 음미하는 이런 순간들이 점점 많아질수록 여러분은 점점 그 격차가 줄어드는 것을 느끼게 될 것입니다.

이것이, 여러분이 항상 명상하는 자세로 정좌하고 앉아서 완전히 깨어 있게 되는 것을 의미하지는 않습니다. 왜냐하면 분명 일상생활에서는 여러분의 전적인 주의가 필요한 시간들이 너무나 많기 때문입니다. 그러나 여러분은 언제든 이것을 상기할 때마다 내면에서 조율을 하고, 어떤 일을 하고 있는 도중에도 그 순간 안에서 완전하게 현존할 수 있는 지점으로 올 수 있습니다. 그 일이 전적인 주의를 요구하지 않는다면 말입니다.

나는 몇몇 선불교도들의 믿음처럼, 여러분이 바쁜 활동의 한가운데서 현재의 순간을 항상 완전하게 음미할 수 있다고 말하는 것이 아닙니다. 삶이란 수많은 요구로 가득 차있고 여러분이 특정 활동에 집중하고 있는 기간 중이라고 해도 여기 잘못된 것은 아무것도 없습니다. 그럴 경우 여러분에게는, 상황에서 분리되어 밖에서 그 상황을 음미하고 있는 완전한 붓다로서 자신을 심상화하고 느낄 수 있는 주의력이 남아 있지 않기 때문입니다.

여러분은 삶을 지속적인 음미의 과정으로 보는 마음자세를 가질 수 있습니다. 일상의 삶을, 그리고 여러분이 원하는 모든 순간을 여러분은 음미할 수 있습니다. 남은 주의력을 가지고 조율하면서 현재의 순간을 충만하게 향유할 수 있습니다.

바로 전에 성 저메인이 설한 내용에 덧붙여, 어린아이 같은 마음에는 판단이 없다는 것을 말하고 싶습니다. 어린아이 같은 마음은 가치 판단을 하지 않습니다. 그것은 분석하지도, 비교하지도 않습니다. 과거의 덫에 걸려 있거나 미래의 덫에 걸려 있을 때, 여러분은 끊임없이 분석합니다. 현재를 과거와 비교하고, 또 미래와 비교하면서 말입니다. "과거가 현재보다는 나았어." "과거는 현재보다 더 나빴어." "미래는 현재보다 나을 거야." "미래는 현재보다 더 나빠질 거야." 마음은 끊임없이 이렇게 상습적으로 분석하고 비교하는 길로 달리고 있습니다.

마음속에서 이런 일이 일어날 때, 여러분은 그 순간 안에 현존하지 않습니다. 여러분의 주의력은 분석에 초점을 맞추느라 다 끌려가 버립니다. 여러분은 판단하지 않고 분석하지 않는 마음의 상태를 계발하고, 깨어난 의식으로 수행해가야 합니다. 이것은 시간이 걸리는 섬세한 과정이지만, 우리가 준 기원문과 가르침을 활용한다면 도달할 수 있는 목표입니다.

여러분은 삶에서 일어나는 일들에 대해 판단할 필요를 느끼지 않는 지점에 도달할 수 있습니다. 다른 사람들이 무엇을 행하고 무엇을 말하는지, 정치인들이 무엇을 하고 무엇을 안 하는지, 지역 스포츠 팀이 잘했는지 못했는지 등등 이런저런 것에 대해 줄곧 의견을 토로할 필요를 느끼지 않게 됩니다. 대부분의 사람들을 사로잡고 있는 이런 일들이 중요하지 않은 것으로 멀리 물러나 버립니다. 그래서 여러분은 항상 어떤 것들을 치켜세우거나 경멸하면서 판단하고 싶어 하는 마음의 요소들을 먹여 살릴 필요가 없어집니다. 옳고 그르고, 선하고 악하고, 높고 낮은, 이런저런 이원적인 잣대에 근거한 비교가 항상 존재합니다. 여러분은 신중하게 의식적으로, 이런 것을 계속 내려놓으며 나아가겠다고 결단해야 합니다.

계속 같은 패턴을 반복하도록 여러분의 마음을 끌어당기는 감정, 멘탈, 정체성 영역의 에너지들을 불태워달라고 여러분은 특별히 요청을 할 수 있습니다. 너무나 많은 사람들이, 끊임없이 타인에게 화를 내고 싶어 하는 감정체의 심한 동요 안에 있습니다. 그들에게는 자신의 분노를 쏟아 부을 희생양이 필요하며, 사실은 그것이 자신에 대한 분노라는 것을 인정하지 않으려 합니다. 자기 자신을 다루는 작업을 해나감으로써 여러분은 더 이상 아무것도 판단하려는 욕구가 없는 지점에 도달할 수 있습니다. 여러분은 아무것에도 가치판단을 할 필요가 없고, 아무것에도 견해를 주장할 필요가 없습니다.

판단하지 않고 지켜보기

그러면 여러분은 이렇게 말하겠지요. "그러면 나는 뭘 해야 합니까?" "대체 무슨 종류의 삶을 이야기하시는 겁니까?"라고요. 이것은 여러분이 아무 생각이 없는 사람이 된다는 의미일까요? 사랑하는 이들이여, 아닙니다. 여러분이 삶에 관여하지 않는다는 의미가 아닙니다. 이원적 잣대에 근거한 판단을 초월한 마음 상태가 있는데, 이것은 단순히 지켜보는 마음 상태입니다. 이것은 이원적이고 상대적인 가치평가를 내리거나 판단하는 것이 아닙니다. 이것은 일종의 관찰이며, 여러분이 아주 단순한 기준에 근거해서 자기 자신을 지켜보는 것으로 시작됩니다. 여러분이 기준이란 말을 사용하고 싶다면 말입니다.

몇 년 전 이 메신저(킴 마이클즈)는 내 현존에 주파수를 조율하여, 삶의 목표는 불성을 성취하는 것이라는 생각을 받았습니다. 불성을 성취하기 위해서는 모든 집착을 극복해야 한다는 것을 그는 인식했습니다. 그리고 그는 나에게서 온 비전을 보았는데, 그것은 내가 열반에 들어가기 전에 마지막 입문을 통과하는 장면이었습니다. 나는 보리수나무 아래 앉아서 마라(마왕)의 데몬들과 대면하고 있었습니다. 마라의 데몬들은 내 마음 안으로 들어와 어떤 종류의 패턴이나 집착을 찾아내려고 애쓰고 있었습니다. 그래야 그들이 내 눈 앞에서 시현하고 있는 것에 반응하는 패턴 안으로 내 주의력을 끌어들일 수 있기 때문이었습니다.

마라의 무리들은 나의 생명흐름(lifestream), 나의 모든 육화 전생들을 훑어보면서 내가 가졌던 집착들을 찾아내기 위해 애쓰고 있었습니다. 데몬들은 이 집착들을 사용해서 나를 속박하려고 했습니다. 그러나 나에겐 아무런 집착도 없었으므로, 마라의 데몬들이 제시하는 모든 유혹에 초연한 채로 있을 수 있었습니다. 이것은 "이 세상의 지배자가 와도 내게서 가져갈 것이 없다."라는 예수의 가르침과 상응합니다.

설령 상승의 경지에 혹은 열반에 들어가기 전에 반드시 통과해야 하는 마지막 입문이 있다 해도, 여러분은 삶을 이런 입문이 연속되는 장으로 보아야 합니다. 여러분은 항상 이 세상의 지배자인 마라의 데몬들을 상대해야 하는데, 그들의 목표는 오직 여러분의 내면에 침투해서 집착을 찾아내는 것입니다. 그리고 그 집착을 사용하여 여러분을 통상적인 반응 패턴으로 끌어들여 한동안 주의력을 빼앗아가는 것입니다.

어떤 사람들은 "한동안"이 아니라 한평생, 혹은 여러 생 동안 그들의 주의력을 하나의 특정한 패턴에 완전히 소진해버립니다. 적으로 간주된 사람들을 격퇴시키기 위해서, 어떤 체험을 하기 위해서, 또는 어떤 목적을 성취하기 위해서 말입니다. 그것이 무엇이 되었건 평생 동안 어떤 하나에 주의력을 다 소진해버리는 사람들이 많습니다. 만일 여러분이 그런 사람이었다면 여기에 있지 않았겠지요. 여러분의 주의력이 물질적인 생활에 완전히 함몰되어 있었다면 여러분은 영적인 여정에 마음을 열지 못했을 것입니다.

그러므로 이 점을 인식하세요. 영적인 여정의 목적은 점진적으로 자신의 집착을 지켜보면서 극복해나가는 것입니다. 그러면 집착이 점점 줄어들어서 마라의 데몬들, 세상의 지배자가 와도 여러분을 세상에 대한 반응 패턴으로 끌어갈 방법이 없게 됩니다. 여러분이 영적 여정에서 얼마나 진보했는지 알아보는 척도는, 마음이 얼마나 빈번하게 이런 패턴에 이끌려 들어가는지, 그것이 얼마나 강렬한지, 얼마나 감정적인지 하는 것입니다. 이런 것들이 더 많이 떨어져 나갈수록 여러분은 더 많은 평화를 느끼게 됩니다.

성 저메인께서 말했듯이, 여러분이 더 평화로울수록 삶을 더 많이 즐기게 됩니다. 여러분이 어느 정도 이런 평화를 성취하게 되면 여러분은 점차로 초연해지기 시작하고, 삶을 평가나 판단, 분석 없이 바라보게 됩니다. 그렇게 되면 여러분은 타인들의 삶에 대해 이런저런 이야기를 하는 사람을 보게 되어도, 그 사람이 어떤 식으로 살아야 한다는 견해를 내세울 욕구를 느끼지 않을 것입니다.

다른 사람들에 대한 견해를 내세우지 않는 것

다른 사람들이 어떻게 해야만 한다는 견해를 여러분이 가지고 있을 때 여러분은 타인의 어떤 행동이 자신을 위협한다고 느끼고 있는 것입니다. 그때 여러분들은, 여러분 자신에게 위협이 되고 반응 패턴을 유발시키는 그들의 행동이 중단되어야 한다는 견해를 가지게 됩니다. 너무나 많은 사람들이 타인에게 반응할 때 그들에게 잘못을 모두 돌리는 이런 태도를 취합니다. 타인들에게 모든 원인이 있다고 보는 것입니다. 그런 이들은 만일 자신의 내면에 집착이 없다면 그 누구도 그들로 하여금 반응하도록 만들 수 없다는 사실을 보지 않으려 합니다. 여러분이 성불(成佛)을 향한 영적 여정을 가고 있다면 여러분은 당연히, 자신의 집착들을 극복하는 것은 스스로에게 달렸음을 인정해야 합니다. 그렇게 한다면 타인들이 더 이상 여러분을 이런 반응의 패턴으로 끌어당기지 못할 것입니다.

이때서야 여러분은 타인들을 제대로 보기 시작하며, 이제 여러분은 자신의 상처와 집착에 의해 결정된 의견을 가지는 대신 순수하게 지켜보는 것을 할 수 있습니다. "내 친구가 평화로운가?" 하고 관찰을 할 수도 있을 것입니다. 만일 친구가 평화롭지 않다면 여러분은 그의 평화를 앗아가는 것이 무엇인지 직관적으로 조율하며 주파수를 맞추어 볼 것입니다. 그리고 나서 느껴지는 대로 간단한 말을 할 것이지만, 누가 어떻게 해야만 한다는 말을 하지는 않을 것입니다. 여러분이 보고 있는 것과 어떻게 이것이 평화를 해치고 있는지에 대해, 간단하게 진심 어린 몇 마디를 건넬 것입니다.

아마 그 친구는 자신의 상습적인 패턴에 끌려 다니지 않으면서 삶을 볼 수 있는 새로운 길을 발견할 수 있을지도 모릅니다. 그리고 친구가 이에 대해 수용적이라면 여러분은 자신이 어떻게 집착을 극복했는지에 대한 경험을 자세히 설명해줄 수도 있겠지요. 어떤 경우에는 친구가 여러분의 관찰을 받아들이지 않고 부정적인 반응을 보이면서 반박하기도 하겠지만, 여러분은 이에 대해 집착 없이 초연하게 있을 수 있습니다. 여러분은 거부당했다고 느낄 필요가 없습니다. 여러분이 친구를 변화시키고자 하는 의도가 없는데 어떻게 거부당했다고 느낄 수 있겠습니까?

대다수 인류의 반응은 동일한 패턴을 따라갑니다

사랑하는 이들이여, 인간 개인 사이에서 일어나는 대부분의 상호작용은 모두 동일한 패턴으로 분류될 수 있습니다. 인간 내면에 존재하는 집착은 사람들을 계속되는 반응 패턴으로 끌어들입니다. 이 반응 패턴은 타인에 의해 재강화되거나 촉발되거나 또는 자극됩니다. 반응 패턴을 극복하면서 스스로를 변화시켜야 함을 깨닫지 못하는 사람은, 타인이 자신의 내적 패턴을 자극하는 것을 피하기 위해 타인을 변화시키려고 합니다. 이 세상의 98%의 인간 반응이 이 범주 안에 들어가는 것을 볼 수 있습니다. 사람들은 자기 자신을 변화시키는 것을 피하기 위해 다른 사람을 변화시키려고 합니다. 이것을 깨달으며 스스로를 패턴에서 해방시키기 시작할 때, 여러분은 엄청난 자유와 평화의 느낌과 샘솟는 환희를 느끼게 될 것입니다.

사랑하는 이들이여, 내가 조금 전 인도한 연습을 통해서 여러분이 진실로 지금 이 순간 안의 완전함을 체험했다면, 여러분은 집착을 극복해 버린 상태가 지속될 때 느껴지는 평화를 벌써 체험한 것입니다. 그런 후 여러분은 깨어난 의식으로 "나는 줄곧 다른 사람을 판단하거나 삶을 비판할 필요가 없다. 그리고 정말 나 자신을 늘 판단할 필요도 없다. 아,

나는 나 자신에 대한 판단을 멈출 것이다. 나는 나 자신을 판단할 필요가 없다."라는 것을 인식하게 될 것입니다.

그리고 여러분은 악마의 계략에서, 마라의 데몬들의 너무나 미묘한 계략에서 스스로 해방될 수 있게 됩니다. 그 계략은, 여러분이 결함이 있고 부족하다는 생각, 무언가 과거에 과실을 저질러 영구한 시간 동안 보상을 해야 한다는 생각을 기반으로 여러분이 항상 스스로를 비판하도록 만들었습니다. 그러나 이제 여러분은 평화롭게, 바로 지금의 자기 자신으로 존재할 수 있는 마음의 상태로 그냥 들어갑니다. 그저께 이 메신저가 묘사했듯이 말입니다.

여러분은 아직 영적인 여정을 완수하지 못했다는 것을 압니다. 아니면 여러분은 상승했을 테니까요. 여러분은 육화해서 몸을 가지고 있습니다. 그러나 여러분이 상승하기 전까지 가야 할 길이 남았고 아직 해결하지 못한 심리적 문제가 있다고 해서 자신을 비판할 필요는 없습니다. 여러분은 단지 자신을 지켜보면 됩니다. 자신의 반응을 관찰하십시오. 자기 자신이 반응하는 것을 지켜볼 때 여러분은 자신을 심하게 비판할 필요도 없고 기분 나쁘게 느낄 필요도 없습니다. 그리고 자신이 과실을 저질렀다고, 자신이 나쁜 사람이라고, 혹은 훌륭한 구도자가 아니라고 느낄 필요가 없습니다.

여러분은 단지 내면의 패턴을 살펴보며 이렇게 말하면 됩니다. "나는 왜 이런 방식으로 반응할까? 이 패턴은 무엇이고 이 믿음은 무엇일까?" 아마도 여러분이 기원문들을 바치고 가장 좋아하는 상승 마스터에게 이것을 볼 수 있도록 도와달라고 기도해 나가면서 명료함에 도달하게 될 때, 여러분은 그 패턴을 보게 될 것입니다. 그리고는 "내가 남은 생애 동안 이 패턴을 되풀이하길 원하는 걸까?"라고 말할지도 모릅니다. 만일 여러분이 "아니! 원하지 않아."라고 느낀다면 이전의 결정을 보면서 그 결정을 의식적으로 바꾸어버릴 수 있습니다. 그렇다면 여러분은 자신을 판단하지 않는 상태에 머무르면서도, 자유를 향한 한 걸음을 내디 딘 것입니다.

여러분은 "나는 훌륭한 구도자일까? 나는 영적 여정의 상위 단계에 이른 것일까?"라는 판단을 할 필요가 없습니다. 여러분은 단지 패턴을 보게 되는 다음 시간을 기다리기만 하면 되며, 그때 아무런 판단 없이 그것을 관찰하십시오. "이 패턴의 결과는 무엇이고, 이것은 내 행위에, 그리고 나 자신과 삶에 대한 느낌에 어떤 영향을 미치고 있을까? 나는 이런 식으로 느끼는 것을 원하는 걸까? 나는 이런 식으로 행동하기를 원하는 걸까?"

그리고 나서 다음 과정을 진행하며 다시 자신을 자유롭게 하십시오. 여러분이 더 높이 올라갈수록 더 큰 자유를 느낄 것입니다. 여러분이 이 과정을 가속화하면, 한 상황에서 다른 상황으로 흘러가면서도 지속적으로 평화를 누리는 지점에 도달할 수 있습니다. 우리가 티베트 불교도들에 대해 말했던 것처럼, 여러분은 삶이 끊임없는 흐름이라는 실상 안으로 들어갈 것입니다.

여러분은 시간을 초월한 존재입니다

여러분은 좋은지 나쁜지, 성공적인지 아니면 실수를 한 것인지 상황을 평가할 필요가 없습니다. 여러분은 물질계에서 일어나는 모든 것이 일시적인 것임을 인식하게 되기 때문입니다. 설사 이미 일어나버려서 되돌릴 수 없는 물리적 결과가 있다 해도, 실제로 물리적 결과들은 여러분의 삶의 체험에 영향을 미치지 않습니다. 왜냐하면 삶의 체험이란 여러분의 내면에서 일어나는 것이기 때문입니다. 그것은 마음 안에서 일어납니다. 그러므로 여러분이 그 어떤 물리적 상황을 체험하더라도 그것은, 내면의 반응 패턴을 관찰하고 그 패턴에서 벗어나서 불성의 성취로 한 걸음 더 나아가는 기회가 됩니다.

이 생애 동안 일어나는 것들이 여러분의 삶에 미치는 영향은 영구적이지도 않고, 영속적으로 진행되지도 않으며, 시간을 초월한 것도 아닙니다. 여러분이 판단에서 벗어나고, 육신이나 물리적 상황과 자기 자신을 동일시하는 것을 벗어나기 시작할 때, 여러분은 자신의 본질이 시간을 초월한 존재이고, 계속 진행되고 있는 존재라는 것을 깨닫게 됩니다. 여러분은 이번 생으로 오기까지 수많은 전생을 거쳐 왔고 이번 생애 후에도 장구한 삶을 살 것입니다. 물질계에서 일어나는 일들이 이번 생애 후의 삶에 아무런 영향도 미치지 못한다면, 이 물질계에서 여러분에게 일어나는 것들이 무슨 문제가 됩니까?

사랑하는 이들이여, 여러분의 천 번의 삶 전에 일어났던 사건 중에는 전쟁터에서 죽음을 당하는 것과 같이 끔찍한 물리적 체험도 있을 것입니다. 그러나 그 일은 천 번의 삶 이전에 일어났던 것입니다. 그렇게 오래 전의 사건이 지금 정말 문제가 되나요? 여러분이 어린 아이였을 때 좋아했던 장난감을 잃어버리고 다시 찾지 못했던 것만큼이나 별로 의미가 없습니다. 어린 시절에 여러분이 장난감을 잃어버렸던 일이 지금 정말 문제가 되나요?

물리적 사건 그 자체는 중요성이 없음을 인식하세요. 그것은 여러분의 마음 안에서 일어난 반응을 통해서만 영향을 미칠 수 있습니다. 사랑하는 이들이여, 여러분이 물리적 결과들을 바꿀 수는 없지만 언제라도 마음 안의 반응 패턴을 바꿀 수는 있습니다. 마음 안에서 일어나는 것은 언제든 바꿀 수 있음을 알아차리는 것, 이것이 성불을 향한 길을 가는데 핵심이 되는 열쇠입니다. 여러분의 마음 안에서 일어나는 것이 지금 이 순간의 체험과 삶의 체험을 결정합니다. 그것은 또한 미래를 결정하고, 여러분이 걸어갈 미래의 진로를 결정합니다.

여러분의 반응 패턴이 여러분의 미래를 결정합니다

사람들을 살펴보면, 많은 이들이 원치 않는 일을 당했을 때 동일한 방식으로 반응합니다: 즉 실망, 분노, 부정적 태도입니다. 그들은 (습관적인) 반응 패턴으로 들어가 버립니다. 사랑하는 이들이여, 이런 것을 생각해 보세요: 물질계에서 일어나는 어떤 일이든 하나의 단일점입니다. 여러분은 여기에 앉아 있고, 이 순간 바로 지금의 상황은 하나의 단일점입니다. 여러분 앞에는 아주 넓은 평지, 저 올림픽 공원의 큰 광장처럼 아주 넓은 지면이 있습니다. 여러분은 하나의 점 위에 앉아 있고 앞에는 완전히 트인 광장이 있어서, 이론적으로 여러분은 그 광장 위에서 어느 방향이든 원하는 대로 걸어갈 수 있습니다.

여러분이 삶에서 어떤 특별한 일을 겪었다 해도 여전히 여러분 앞에는 미래를 향한 많은 길이 열려 있습니다. 그러나 여러분이 마음 안에 어떤 반응 패턴을 갖고 있을 때, 그 패턴은 여러분 앞에 열려 있는 많은 길들을 볼 수도 없게 만듭니다. 그 패턴은 여러분의 주의력을 하나의 길에만 집중하게 만들어버리며, 흔히 그것은 가장 부정적인 길입니다. 여러분은, 그것만이 반응할 수 있는 유일한 길이고 또 미래를 위해 취할 수 있는 유일한 길이라고 생각해버립니다.

여러분은 삶이 끊임없이 지속되는 흐름이고, 여러분이 체험한 일이 얼마나 극적이고 얼마나 상처를 주었던 상관없이 한 특정 지점에 고착되어 멈출 수 있는 과정이 아님을 깨닫습니다. 그 흐름은 멈추지 않습니다. 여러분은 흐름이 멈춘 것처럼 느껴지는 방향으로 가겠다고 혹은 생명의 강을 거슬러 가며 엄청난 반대의 물살을 체험하겠다고 결정할 수 있겠지만, 그 흐름은 멈추지 않습니다.

여러분이 반응 패턴을 극복하고 나면 인생관이나 삶에 대한 접근법, 삶에 대한 태도에 대한 작은 변화가 전체 삶의 방향을 바꾸는 것을 볼 수 있습니다. 그리고 미래에 여러분은 부정적인 패턴에 기반을 둔 진로와는 전적으로 다른 목적지에 도달하게 될 것입니다. 사랑하는 이들이여, 이곳 물질계의 삶에서 일어난 일이 무슨 문제가 되겠습니까? 여러분이 이 생애의 마지막 순간을 상승하면서 마감한다면 어떤 길을 택했건 무슨 문제가 되겠습니까? 혹은 여러분이 도달할 수 있는 가장 높은 지점에서 생애를 마감하여 내생에 더 나은 환생의 길을 열어준다면, 어떤 길을 택했건 무슨 문제가 되겠습니까?

일어나는 모든 일들이 미래로 가는 더 나은 진로를 정하는데 활용될 수 있다면 여러분에게 그 일이 무슨 문제가 되겠습니까? 여러분이 이것을 인식한다면 상습적인 반응패턴으로 끌려 들어가는 것을 피할 수 있게 됩니다. 대신 여러분은 그 패턴을 관찰하기 시작하고 자신의 집착들을 녹일 수 있습니다. 각각의 집착을 녹일 때마다 여러분은 성불의 길로 한 걸음 더 가까이 간 것입니다.

이것이, 내가 여러분에게서 보고자 하는 것입니다. 이것이, 내가 2천 5백 년 전에 제자들에게 시범을 보이며 가르치고자 했던 것입니다. 그리고 거의 모든 이들이 여기에 도달하지 못했습니다. 그럼에도 불구하고 몇몇 사람들은 여기에 도달하기 위해 붓다의 가르침을 활용할 수 있었습니다. 원컨대, 이 시대에는 더욱 더 많은 사람들이 상승 마스터들의 가르침을 활용할 수 있게 되고, 성불로 가는 여정의 핵심 안에 정주하기를 바랍니다.

부동의 붓다와 영원히 초월해가는 붓다

사랑하는 이들이여, 내가 저번에 이야기한 주제를 바탕으로 몇 가지 생각들을 이야기해 보고 싶습니다. 나, 붓다는 영원히 변화해가는 존재입니다. 나는 2천 5백 년 전의 내 마지막 육화 이래로 나 자신을 수없이 초월해왔습니다. 물론 이 말이 붓다에 대한 전통적인 견해를 가지고 있는 사람들에게는 도발적이라는 것을 알고 있습니다. 나는 여러분의 마음이 정적인 이미지의 붓다에 고정되길 원하지 않기 때문에 의도적으로 그런 말을 했습니다.

물론 인간적인 관점에서는, 불변하는 것처럼 보이는 붓다의 요소가 있는 것도 사실입니다. 마치 역설처럼 들리는 이 설명을 이해하기 위해서는, 인간의 의식 상태가 끊임없는 혼란과 동요로 출렁이고 있는 "윤회의 바다(Sea of Samsara)"라는 것을 알아야 합니다. 여러분의 물질적 삶에서 일어나는 사건들에 대한 집착이 바로 여러분을 (습관적인) 반응 패턴으로 끌어들이고 있으며, 이렇게 해서 여러분의 삶을 전적인 혼돈의 과정으로 만드는 혼란이 창조됩니다.

여러분의 삶에 새로운 진로, 즉 붓다의 깨달음(Buddhahood)에 이르는 체계적인 과정을 계획하고 싶다면 여러분은 이런 혼돈을 극복하고 어떤 평화와 침묵을 찾을 필요가 있으며, 한 걸음 물러나서 삶을 성찰하는 순간을 가져야 합니다. 이 지점에서는 여러분이 부동의 붓다, 평화로운 붓다, 침묵하는 붓다에 초점을 맞추는 것이 가치가 있습니다. 그런 붓다의 상들이 여러분에게 윤회의 바다의 혼돈으로부터 피난처를 제공해줄 것이기 때문입니다.

여러분이 영적인 여정에서 좀 더 높은 단계에 이르고 어느 정도 내적인 평화를 확립하게 되면, 붓다는 세상의 어떤 힘으로도 움직일 수 없는 존재지만 그것이 붓다가 정적인 존재라는 의미가 아님을 깨달아야 합니다. 그것은, 붓다가 결코 변화하지 않는다는 의미가 아닙니다. 침묵과 평화와 부동은 거기에 아무런 진행이 없다는 뜻이 아닙니다. 그래서 우리는 생명의 강에 대한 가르침을 준 것입니다. 생명의 강에 대한 가르침은 내가 2천 5백 년 전에 준 가르침을 넘어서는 더 상위의 가르침이거나, 적어도 더 현대적인 언어로 표현된 가르침입니다.

영적 여정의 더 상위 단계에서는 성불의 경지조차 정지되어 있는 것이 아님을 인식할 필요가 있습니다. 불교와 힌두교의 전통에 속한 아시아권의 사람들은 삶을 수레바퀴로 묘사했습니다. 열반으로부터 여러분의 영혼이 나와서 몸을 받아 육화 안으로 들어가고, 카르마를 만들고 이에 의해 다시 환생을 거듭합니다. 그러다가 카르마로부터 해방되는 길을 발견하고 나면 다시 강제로 환생할 필요가 없게 된다는 것입니다.

어떤 사람들이나 교사들은, 윤회의 수레바퀴에서 해방된 후 우리는 열반 안으로 다시 사라지며 개체로서의 우리도 역시 사라진다고 가르칩니다. 그렇다면 사랑하는 이들이여. 무(無)의 상태에서 나와서 지구의 이 모든 난리 북새통을 통과한 후 다시 무(無)의 상태로 돌아간다는 말의 요점이 무엇입니까? 도대체 무슨 의미가 있습니까? 아무런 요점도, 의미도 없습니다. 이 모든 허덕임 후에 단지 내가 사라지고 만다면, 삶에는 아무런 목적도, 희망도 없다고 느끼게 될 것이기 때문입니다.

무아(無我)의 상태란 존재하지 않습니다

우리가 상승 마스터로서 여러분에게 가르치는 것은 물론, 여러분이 "계속 진행되고 있는" 존재란 실상입니다. 환생의 수레바퀴에서 빠져 나온 이후에 여러분은 상승할 수 있고, 의식의 더 높은 경지를 향해 의식적인 진화를 계속해나갈 수 있습니다. 마음의 번잡함을 고요하게 한 후에 여러분이 이렇게 "계속 진행되고 있는" 자기 존재와 붓다의 본래 성품에 정주하는 것은 매우 중요하고도 핵심적인 일입니다.

붓다의 깨달음이 정적인 상태 혹은, 어느 가르침에서 말하듯 무아의 상태라고 생각한다면 어떻게 여러분이 그 경지를 향해 분투하고 있다고 느낄 수 있겠습니까? 그러나 사랑하는 이들이여, 무아(no-self)의 상태란 존재하지 않습니다. 단지, 인간 자아가 없는 상태, 분리된 자아가 없는 상태가 존재하는 것이지요. 신이 창조한 자아(Self, 진아), 즉 영원히 진행되고 있는 여러분의 신성한 개성은 항상 존재한다는 의미에서, 무아의 상태란 없는 것입니다.

여러분은 인간 자아를 넘어서서 무(無) 안으로 사라지는 것이 아니라, 인간 자아를 넘어서서 여러분의 진아와 재연결되는 것입니다. 사랑하는 이들이여, 여기에 숨겨진 속임수는, 인간 자아를 넘어선 경지가 인간 자아에게는 마치 무아의 상태, 무(無)의 상태처럼 느껴진다는 것입니다. 인간 자아는 의식적이면서 동시에 인간 자아의 이원적인 양극성을 갖고 있지 않은 경지를 상상할 수가 없습니다. 인간 자아와 타락한 존재들에게는 이런 경지가 무의 상태로 보입니다. 그러나 이것은 무가 아닙니다. 무아도 아닙니다. 이것은 하나됨으로 돌아간 자아(One Self)이며, 이것이야말로 붓다에 이른 자아(Buddha Self)인 것입니다.

나는 여러분에게 다시 강의 이미지를 남겨주고 싶습니다. 여러분은 산에서 시작되는 강을 보고 있습니다. 그 초반 단계에서 강은 매우 가파르게 떨어지면서 아주 빠르게 움직이며 세차게 흘러갑니다. 이것은 대부분의 사람들이 속해 있는 지점을 상징합니다. 여기서 사람들은 자신의 반응 패턴과 집착이란 덫에 단단히 걸려서 윤회의 바다의 소용돌이와 거칠게 몰아치는 풍랑과 혼돈 안에 잡혀 있습니다. 그들의 삶 안에 있는 모든 것은 혼돈이고, 난폭한 운명의 화살과 돌은 그들을 이리저리 쓰러뜨리고 있습니다. 그들은 자신의 삶에 대한 통제력이 없으며 삶의 롤러코스터를 멈출 수가 없습니다.

그러고 나서 여러분이 여정을 가다가 붓다의 진정한 내적 평화를 발견할 때쯤이면 강의 후반 단계에 도달한 것이며, 그곳에서 강물은 대지 위로 부드럽게 흘러가고 있습니다. 그렇다 해도 여러분은 강 안에 움직임이 있음을, 여전히 흐름이 진행되고 있음을 알아차리기 시작합니다. 거센 물살은 이제 사라졌고 여러분은 평화를 느낄 수 있습니다.

여러분이 이 지점에 도달하면 여러분은 붓다에 대한 다른 조망을 얻을 수 있습니다. 여러분이 내면에서 평화를 느낀다면, 설사 육화 중이라고 해도 여러분은 생명의 강과 함께 흘러가고 있는 것입니다. 평화는 실제로 그 움직임 안에서 얻어지는 것임을 여러분은 인식할 수 있습니다. 그리고 여러분은 붓다의 부동 상태, 평화로운 적정(寂靜)의 상태는 실제적으로는 멈춰 있는 상태가 아님을 깨닫게 될 것입니다. (역주: 적정은 열반의 고요한 상태를 이르는 불교용어)

사랑하는 이들이여, 강을 생각해 보세요. 여러분은 강 안의 어떤 지점에 있고 따라서 그곳에서의 관점에서 강을 보게 됩니다. 자 이제 강 밖으로 걸어 나와서 여기 한국의 동쪽의 산맥에서 시작되어 서울을 통해 흘러가는 강을 보세요. 그리고 이 강을 하나의 전체로서 볼 수 있다는 것을 깨달으세요.

전체 강은 개별적인 물 분자로 이루어져 있습니다. 그러나 여러분이 관점을 옮긴다면 여러분은 전체 강이 하나의 거대한 연속체로서의 물임을 깨닫습니다. 사랑하는 이들이여, 그것이, 그 전체 강, 그 흘러가는 강의 하나됨이, 바로 붓다입니다. 그것은 움직임 안의 고요함입니다. 그것은 바로 생명의 강이며 나는 그 강입니다. 여러분도 그 강입니다.

여러분은 "하지만 나는 그 강 안의 어떤 지점에 있을 뿐인데요."라고 말하겠지요. 네, 여러분은 강 안에 있지만, 그렇다고 여러분이 전체와 연결되지 못하고 전체 강이 불성임을 깨닫지 못하는 것은 아닙니다. 여러분은 전체에 조율할 수 있고, 여러분이 강의 특정 지점에 있을지라도 여전히 전체를 순간적으로 직관할 수 있습니다.

이런 체험은 삶에 대해 근원적으로 다른 관점을 가져다줍니다. 여러분이 여정의 가장 높은 단계에 있다 하더라도, 자신이 가지고 있는 마지막 집착들까지 극복해나가는 것이 궁극적 열쇠입니다. 여러분의 생명의 강이 궁극의 바다로, 윤회의 바다 너머에 있는 평화의 대양, 내가 피안이라고 부르는 그곳으로 흘러 들어가기 전에 그 집착들은 극복되어야만 합니다.

사랑하는 이들이여, 이제 나는 여러분이 움직임 안의 평화를 누리길 기원하면서, 나 자신인 평화 안에 여러분을 봉인합니다. 그리고 나는 이 컨퍼런스를 봉인하며, 이것이 여러분 개인의 의식과 남한, 북한 그리고 아시아의 집단의식 상태를 한층 더 높여가는 진정한 돌파구가 되도록 봉인합니다.

끊임없이 초월하며 영원히 흘러가고 있는 붓다의 평화 안에 봉인되어 존재하세요.

24
한국에 붓다의 흐름을 기원하기

I AM THAT I AM, 예수 그리스도의 이름으로 나의 아이앰 현존이, 무한히 초월해가는 내 미래의 현존을 통해 흐르며, 완전한 권능으로 이 디크리를 해주시기를 요청합니다. 나는 고타마 붓다께 한국에 당신의 현존을 구현하시어, 우리가 당신 마음의 흐름과 하나 되어 모든 반응 패턴과 집착을 극복하게 해달라고 요청합니다...
(여기에 개인적인 요청을 추가하세요)

파트 1

1. 고타마 붓다시여, 한국의 영적인 사람들이 일상의 의식 상태를 벗어나, 순간 안에서 완전히 현존하고, 충만하고 생생하게 살아가며, 현재의 순간을 완전하게 음미(appreciation)하도록 도와주소서.

고타마 붓다시여, 나에게 애증을 일으키는
마음의 상태를 보여주소서,
당신이 드러내주는 것을 견디면서,
내 지각은 순수해질 것입니다.

**고타마 붓다, 우주 평화의 화염이시여,
이제 거칠게 몰아치던 사념들이 그치고,
당신과 나는 내면의 평화를 방사하여
윤회의 바다를 고요하게 합니다.**

2. 고타마 붓다시여, 한국의 영적인 사람들이 활동을 하면서도 그것이 전적인 주의를 요하지 않는다면, 언제든 자신을 조율하여 순간 안에서 완전히 현존할 수 있도록 도와주소서.

고타마 붓다시여, 당신의 평화의 화염 안에서,
분투하던 자아를 놓아 버립니다.
나는 이제 불성을 깨달으며,
불성은 당신과 나의 중심핵입니다.

**고타마 붓다, 우주 평화의 화염이시여,
이제 거칠게 몰아치던 사념들이 그치고,
당신과 나는 내면의 평화를 방사하여
윤회의 바다를 고요하게 합니다.**

3. 고타마 붓다시여, 한국의 영적인 사람들이 삶을 지속적인 음미의 과정으로 받아들이는 마음의 상태에 이르도록 도와주소서. 우리는 일상의 삶을 음미하고 있으며, 어느 때라도 조율하면서 현재의 순간을 음미할 수 있습니다.

고타마 붓다시여, 내가 그대와 하나 되니,
이제 마라의 데몬들은 달아납니다.
당신의 현존은 고통을 치유하는 향유와 같이,
내 마음과 감각들을 늘 고요하게 합니다.

**고타마 붓다, 우주 평화의 화염이시여,
이제 거칠게 몰아치던 사념들이 그치고,
당신과 나는 내면의 평화를 방사하여**

윤회의 바다를 고요하게 합니다.

4. 고타마 붓다시여, 한국의 영적인 사람들이 아무런 가치판단도 분석도 비교도 하지 않는, 어린아이 같은 마음에 이르도록 도와주소서.

고타마 붓다시여, 영원한 현재 안에 살겠다고,
나는 이제 서약합니다.
당신과 함께 모든 시간을 초월하여,
더없이 숭고한 현재 안에서 살겠습니다.

**고타마 붓다, 우주 평화의 화염이시여,
이제 거칠게 몰아치던 사념들이 그치고,
당신과 나는 내면의 평화를 방사하여
윤회의 바다를 고요하게 합니다.**

5. 고타마 붓다시여, 한국의 영적인 사람들이 과거와 미래에 갇혀버리는 성향을 극복하도록 도와주소서. 우리가 현재를 과거나 미래와 비교하고 분석하는 것을 멈추게 하소서.

고타마 붓다시여, 나에겐 아무런 욕망도 없으며,
세속의 어느 것도 갈망하지 않습니다.
이제 나는 무집착 안에서 휴식하며,
마라의 미묘한 시험을 통과합니다.

**고타마 붓다, 우주 평화의 화염이시여,
이제 거칠게 몰아치던 사념들이 그치고,
당신과 나는 내면의 평화를 방사하여
윤회의 바다를 고요하게 합니다.**

6. 고타마 붓다시여, 한국의 영적인 사람들이 판단하지 않고 분석하지 않는 마음을 의식적으로 계발하도록 도와주소서.

고타마 붓다시여, 당신 안으로 녹아들며,
내 마음은 이제 둘이 아닌 하나가 되었고,
당신의 눈부신 빛 안에 잠기니,
내가 아는 모든 것은 열반뿐입니다.

**고타마 붓다, 우주 평화의 화염이시여,
이제 거칠게 몰아치던 사념들이 그치고,
당신과 나는 내면의 평화를 방사하여
윤회의 바다를 고요하게 합니다.**

7. 고타마 붓다시여, 한국의 영적인 사람들이 삶에서 일어나는 일들에 대해 판단을 내릴 필요를 느끼지 않는 상태에 이르도록 도와주소서. 우리가 사회나 타인에 관련된 일들에 항상 의견을 표현할 필요는 없습니다.

고타마 붓다시여, 시간을 초월한 당신의 공간 안에서,
나는 우주적 은총 안에 잠겨듭니다.
모든 형상을 초월해 계신 신을 깨달으며,
나는 더 이상 세상을 따르지 않습니다.

**고타마 붓다, 우주 평화의 화염이시여,
이제 거칠게 몰아치던 사념들이 그치고,
당신과 나는 내면의 평화를 방사하여
윤회의 바다를 고요하게 합니다.**

8. 고타마 붓다시여, 한국의 영적인 사람들이, 모든 것에 판단을 내리는 것은 우리를 이원적 의식과 타락한 존재들에게 속박되게 만들 뿐임을, 진실로 깨닫게 하소서.

고타마 붓다시여, 나는 이제 깨어나서,
무엇이 시급한지를 명료하게 봅니다.
그러므로 나는 내 신성한 권리를 선언하며

지상에서 불성의 빛이 됩니다.

**고타마 붓다, 우주 평화의 화염이시여,
이제 거칠게 몰아치던 사념들이 그치고,
당신과 나는 내면의 평화를 방사하여
윤회의 바다를 고요하게 합니다.**

9. 고타마 붓다시여, 한국의 영적인 사람들이, 늘 시비와 선악의 척도로 비교하고 판단하려는 마음의 요소를 키우는 것을 멈추게 하소서. 이런 것을 내려놓는 과정으로 들어가겠다고 신중하고 의식적인 결정을 하도록 도와주소서.

고타마 붓다시여, 당신의 뇌성번개와 더불어,
우리는 지구에 거대한 동요를 일으킵니다.
누군가는 깨달음을 얻어,
붓다의 영원한 무리에 합류할 것입니다.

**고타마 붓다, 우주 평화의 화염이시여,
이제 거칠게 몰아치던 사념들이 그치고,
당신과 나는 내면의 평화를 방사하여
윤회의 바다를 고요하게 합니다.**

파트 2

1. 고타마 붓다시여, 우리의 마음을 끌어당겨 이런 패턴들을 반복하게 만드는 감정, 멘탈, 정체성 층의 에너지들을 소멸해주시기를 요청합니다.

고타마 붓다시여, 나에게 애증을 일으키는
마음의 상태를 보여주소서,
당신이 드러내주는 것을 견디면서,
내 지각은 순수해질 것입니다.

**고타마 붓다, 우주 평화의 화염이시여,
이제 거칠게 몰아치던 사념들이 그치고,
당신과 나는 내면의 평화를 방사하여
윤회의 바다를 고요하게 합니다.**

2. 고타마 붓다시여, 타인에 대해 지속적으로 분노하도록 만들고 있는 감정체 안의 동요를 한국의 영적인 사람들이 극복하도록 도와주소서.

고타마 붓다시여, 당신의 평화의 화염 안에서,
분투하던 자아를 놓아 버립니다.
나는 이제 불성을 깨달으며,
불성은 당신과 나의 중심핵입니다.

**고타마 붓다, 우주 평화의 화염이시여,
이제 거칠게 몰아치던 사념들이 그치고,
당신과 나는 내면의 평화를 방사하여
윤회의 바다를 고요하게 합니다.**

3. 고타마 붓다시여, 한국의 영적인 사람들이 더 이상 모든 것에 대해 판단을 할 필요가 없는 상태에 이르도록 도와주소서. 우리는 더 이상 모든 것에 대해 가치평가를 하고 견해를 가질 필요가 없습니다.

고타마 붓다시여, 내가 그대와 하나 되니,
이제 마라의 데몬들은 달아납니다.
당신의 현존은 고통을 치유하는 향유와 같이,
내 마음과 감각들을 늘 고요하게 합니다.

**고타마 붓다, 우주 평화의 화염이시여,
이제 거칠게 몰아치던 사념들이 그치고,
당신과 나는 내면의 평화를 방사하여
윤회의 바다를 고요하게 합니다.**

4. 고타마 붓다시여, 한국의 영적인 사람들이, 이원적인 척도를 가지고 판단하는 것을 초월한 마음의 상태, 즉 단순히 관찰하는 마음의 상태에 이르도록 도와주소서.

고타마 붓다시여, 영원한 현재 안에 살겠다고,
나는 이제 서약합니다.
당신과 함께 모든 시간을 초월하여,
더없이 숭고한 현재 안에서 살겠습니다.

고타마 붓다, 우주 평화의 화염이시여,
이제 거칠게 몰아치던 사념들이 그치고,
당신과 나는 내면의 평화를 방사하여
윤회의 바다를 고요하게 합니다.

5. 고타마 붓다시여, 한국의 영적인 사람들이, 자신의 마음을 끌어당기고 있는 수많은 집착과 반응 패턴들을 스스로의 내면에서 관찰하도록 도와주소서.

고타마 붓다시여, 나에겐 아무런 욕망도 없으며,
세속의 어느 것도 갈망하지 않습니다.
이제 나는 무집착 안에서 휴식하며,
마라의 미묘한 시험을 통과합니다.

고타마 붓다, 우주 평화의 화염이시여,
이제 거칠게 몰아치던 사념들이 그치고,
당신과 나는 내면의 평화를 방사하여
윤회의 바다를 고요하게 합니다.

6. 고타마 붓다시여, 마라의 데몬들은 항상 사람들의 마음으로 침투하여 어떤 종류의 패턴과 집착을 찾아내려 하며, 그 집착을 사용하여 우리의

주의력을 반응 패턴으로 끌어들인다는 것을 한국의 영적인 사람들이 인식하게 하소서.

고타마 붓다시여, 당신 안으로 녹아들며,
내 마음은 이제 둘이 아닌 하나가 되었고,
당신의 눈부신 빛 안에 잠기니,
내가 아는 모든 것은 열반뿐입니다.

**고타마 붓다, 우주 평화의 화염이시여,
이제 거칠게 몰아치던 사념들이 그치고,
당신과 나는 내면의 평화를 방사하여
윤회의 바다를 고요하게 합니다.**

7. 고타마 붓다시여, 우리가 집착이 없을 때만이 세상의 왕자인 마라의 데몬들이 제시하는 어떤 것에도 말려들지 않고 초연히 있을 수 있음을, 한국의 영적인 사람들이 인식하게 하소서.

고타마 붓다시여, 시간을 초월한 당신의 공간 안에서,
나는 우주적 은총 안에 잠겨듭니다.
모든 형상을 초월해 계신 신을 깨달으며,
나는 더 이상 세상을 따르지 않습니다.

**고타마 붓다, 우주 평화의 화염이시여,
이제 거칠게 몰아치던 사념들이 그치고,
당신과 나는 내면의 평화를 방사하여
윤회의 바다를 고요하게 합니다.**

8. 고타마 붓다시여, 삶은 지속적인 입문의 과정임을 한국의 영적인 사람들이 인식하게 하소서. 우리는 항상 하나의 목적을 가진 마라의 데몬들을 상대하고 있습니다. 그 목적이란, 우리 존재 안으로 침투해서 집착을 찾아낸 다음, 그것을 이용하여 우리를 통상적인 반응 패턴으로 끌어

가는 것입니다. 그 반응 패턴들은 한동안 우리 의식의 주의력을 소모시
켜버립니다.

고타마 붓다시여, 나는 이제 깨어나서,
무엇이 시급한지를 명료하게 봅니다.
그러므로 나는 내 신성한 권리를 선언하며
지상에서 불성의 빛이 됩니다.

고타마 붓다, 우주 평화의 화염이시여,
이제 거칠게 몰아치던 사념들이 그치고,
당신과 나는 내면의 평화를 방사하여
윤회의 바다를 고요하게 합니다.

9. 고타마 붓다시여, 우리의 주의력이 특정 패턴에 의해 소모되는 것을 한국의 영적인 사람들이 극복하게 하소서. 그 특정 패턴이란, 적으로 여겨지는 타인들을 타파하거나 혹은 어떤 체험을 원하거나 혹은 어떤 목적을 성취하는 것들입니다.

고타마 붓다시여, 당신의 뇌성번개와 더불어,
우리는 지구에 거대한 동요를 일으킵니다.
누군가 깨달음을 얻어,
붓다의 영원한 무리에 합류할 것입니다.

고타마 붓다, 우주 평화의 화염이시여,
이제 거칠게 몰아치던 사념들이 그치고,
당신과 나는 내면의 평화를 방사하여
윤회의 바다를 고요하게 합니다.

파트 3

1. 고타마 붓다시여, 영적인 여정의 목적은 자신의 집착을 살피며 점차적으로 극복해가는 것이며, 그럼으로써 마라의 데몬들이 세상의 반응 패턴으로 우리를 끌어가지 못하게 하는 것임을, 한국의 영적인 사람들이 인식하게 하소서.

고타마 붓다시여, 나에게 애증을 일으키는
마음의 상태를 보여주소서,
당신이 드러내주는 것을 견디면서,
내 지각은 순수해질 것입니다.

고타마 붓다, 우주 평화의 화염이시여,
이제 거칠게 몰아치던 사념들이 그치고,
당신과 나는 내면의 평화를 방사하여
윤회의 바다를 고요하게 합니다.

2. 고타마 붓다시여, 여정에서의 진보를 알아보는 척도는, 얼마나 빈번히 마음이 반응 패턴으로 끌려 들어가는지, 그 패턴들이 얼마나 강력하고 얼마나 감정적인지에 달려 있음을 한국의 영적인 사람들이 인식하게 하소서.

고타마 붓다시여, 당신의 평화의 화염 안에서,
분투하던 자아를 놓아 버립니다.
나는 이제 불성을 깨달으며,
불성은 당신과 나의 중심핵입니다.

고타마 붓다, 우주 평화의 화염이시여,
이제 거칠게 몰아치던 사념들이 그치고,
당신과 나는 내면의 평화를 방사하여
윤회의 바다를 고요하게 합니다.

3. 고타마 붓다시여, 한국의 영적인 사람들이 어느 정도의 평화에 이르러, 집착을 내려놓고 가치평가나 판단이나 분석 없이 삶을 바라보는, 다른 시각을 가질 수 있도록 도와주소서.

고타마 붓다시여, 내가 그대와 하나 되니,
이제 마라의 데몬들은 달아납니다.
당신의 현존은 고통을 치유하는 향유와 같이,
내 마음과 감각들을 늘 고요하게 합니다.

**고타마 붓다, 우주 평화의 화염이시여,
이제 거칠게 몰아치던 사념들이 그치고,
당신과 나는 내면의 평화를 방사하여
윤회의 바다를 고요하게 합니다.**

4. 고타마 붓다시여, 대부분의 인간의 반응은 집착과 판단에 기반을 두고 있으며, 이것들이 우리를 마라의 데몬들에게 취약하게 만들고 있음을, 한국의 영적인 사람들이 인식하게 하소서.

고타마 붓다시여, 영원한 현재 안에 살겠다고,
나는 이제 서약합니다.
당신과 함께 모든 시간을 초월하여,
더없이 숭고한 현재 안에서 살겠습니다.

**고타마 붓다, 우주 평화의 화염이시여,
이제 거칠게 몰아치던 사념들이 그치고,
당신과 나는 내면의 평화를 방사하여
윤회의 바다를 고요하게 합니다.**

5. 고타마 붓다시여, 한국의 영적인 사람들이 자신의 반응 패턴을 극복하면서 스스로 변화할 필요가 있음을 깨닫게 하소서. 우리가 타인에 의

해 내면의 패턴이 자극되는 것을 피하기 위해, 타인을 변화시키려고 시도하는 것을 멈추게 하소서.

고타마 붓다시여, 나에겐 아무런 욕망도 없으며,
세속의 어느 것도 갈망하지 않습니다.
이제 나는 무집착 안에서 휴식하며,
마라의 미묘한 시험을 통과합니다.

**고타마 붓다, 우주 평화의 화염이시여,
이제 거칠게 몰아치던 사념들이 그치고,
당신과 나는 내면의 평화를 방사하여
윤회의 바다를 고요하게 합니다.**

6. 고타마 붓다시여, 한국의 영적인 사람들이, 자신을 변화시키는 것을 피하기 위해 타인을 변화시키려고 하는 가장 일반적인 인간의 반응에서 벗어나게 하소서. 우리가 스스로를 이런 패턴에서 해방시켜 자유를 얻고, 평화와 넘치는 기쁨을 누리게 하소서.

고타마 붓다시여, 당신 안으로 녹아들며,
내 마음은 이제 둘이 아닌 하나가 되었고,
당신의 눈부신 빛 안에 잠기니,
내가 아는 모든 것은 열반뿐입니다.

**고타마 붓다, 우주 평화의 화염이시여,
이제 거칠게 몰아치던 사념들이 그치고,
당신과 나는 내면의 평화를 방사하여
윤회의 바다를 고요하게 합니다.**

7. 고타마 붓다시여, 한국의 영적인 사람들이 이러한 의식적 자각에 이르도록 도와주소서: "나는 계속 타인을 판단하고 삶을 판단할 필요가 없

습니다. 나는 계속 나 자신을 판단할 필요가 없습니다. 이제 그것을 멈출 수 있습니다."

고타마 붓다시여, 시간을 초월한 당신의 공간 안에서,
나는 우주적 은총 안에 잠겨듭니다.
모든 형상을 초월해 계신 신을 깨달으며,
나는 더 이상 세상을 따르지 않습니다.

고타마 붓다, 우주 평화의 화염이시여,
이제 거칠게 몰아치던 사념들이 그치고,
당신과 나는 내면의 평화를 방사하여
윤회의 바다를 고요하게 합니다.

8. 고타마 붓다시여, 한국의 영적인 사람들이, 악마 혹은 마라의 데몬들의 교묘한 책략에서 벗어나도록 도와주소서. 악마와 데몬들은, 우리에게 결함과 부족함이 있다거나 혹은 우리가 과거에 잘못을 저질렀으므로 영원히 보상을 해야 한다는 생각을 바탕으로, 우리가 항상 스스로를 비판하도록 만듭니다.

고타마 붓다시여, 나는 이제 깨어나서,
무엇이 시급한지를 명료하게 봅니다.
그러므로 나는 내 신성한 권리를 선언하며
지상에서 불성의 빛이 됩니다.

고타마 붓다, 우주 평화의 화염이시여,
이제 거칠게 몰아치던 사념들이 그치고,
당신과 나는 내면의 평화를 방사하여
윤회의 바다를 고요하게 합니다.

9. 고타마 붓다시여, 한국의 영적인 사람들이 바로 지금의 자기 자신과 평화롭게 존재하는 마음의 상태로 들어가도록 도와주소서. 왜냐하면 우리는 영적 여정을 가며 지속적으로 성장하고 있기 때문입니다.

고타마 붓다시여, 당신의 뇌성번개와 더불어,
우리는 지구에 거대한 동요를 일으킵니다.
누군가는 깨달음을 얻어,
붓다의 영원한 무리에 합류할 것입니다.

고타마 붓다, 우주 평화의 화염이시여,
이제 거칠게 몰아치던 사념들이 그치고,
당신과 나는 내면의 평화를 방사하여
윤회의 바다를 고요하게 합니다.

파트 4

1. 고타마 붓다시여, 물질 영역에서 일어나는 모든 것은 일시적인 현현(顯現)임을 한국의 영적인 사람들이 깨닫게 하소서.

고타마 붓다시여, 나에게 애증을 일으키는
마음의 상태를 보여주소서,
당신이 드러내주는 것을 견디면서,
내 지각은 순수해질 것입니다.

고타마 붓다, 우주 평화의 화염이시여,
이제 거칠게 몰아치던 사념들이 그치고,
당신과 나는 내면의 평화를 방사하여
윤회의 바다를 고요하게 합니다.

2. 고타마 붓다시여, 우리 삶의 체험은 마음 안에서 일어나는 것이므로 물리적 결과는 우리 삶의 체험에 영향을 미치지 못함을 한국의 영적인 사람들이 깨닫게 하소서.

고타마 붓다시여, 당신의 평화의 화염 안에서,
분투하던 자아를 놓아 버립니다.
나는 이제 불성을 깨달으며,
불성은 당신과 나의 중심핵입니다.

**고타마 붓다, 우주 평화의 화염이시여,
이제 거칠게 몰아치던 사념들이 그치고,
당신과 나는 내면의 평화를 방사하여
윤회의 바다를 고요하게 합니다.**

3. 고타마 붓다시여, 어떤 물리적 상황을 체험하고 있건 그것은, 자신의 반응패턴을 살펴보고 그 패턴에서 스스로를 해방시킴으로써 붓다의 경지로 한 걸음 더 가까이 가는 기회임을, 한국의 영적인 사람들이 인식하게 하소서.

고타마 붓다시여, 내가 그대와 하나 되니,
이제 마라의 데몬들은 달아납니다.
당신의 현존은 고통을 치유하는 향유와 같이,
내 마음과 감각들을 늘 고요하게 합니다.

**고타마 붓다, 우주 평화의 화염이시여,
이제 거칠게 몰아치던 사념들이 그치고,
당신과 나는 내면의 평화를 방사하여
윤회의 바다를 고요하게 합니다.**

4. 고타마 붓다시여, 우리는 시간을 초월한 영원한 존재이고 지속적인 흐름 안에 있는 존재임을 한국의 영적인 사람들이 깨닫도록 도와주소서.

물리계 안에서 일어나는 것이 이번 생 후의 삶에 영향을 주지 못한다면, 물리계에서 우리에게 일어나는 일이 무슨 문제가 됩니까?

고타마 붓다시여, 영원한 현재 안에 살겠다고,
나는 이제 서약합니다.
당신과 함께 모든 시간을 초월하여,
더없이 숭고한 현재 안에서 살겠습니다.

**고타마 붓다, 우주 평화의 화염이시여,
이제 거칠게 몰아치던 사념들이 그치고,
당신과 나는 내면의 평화를 방사하여
윤회의 바다를 고요하게 합니다.**

5. 고타마 붓다시여, 물리적 사건들은 그 자체로서는 아무런 의미도 없음을 한국의 영적인 사람들이 깨닫게 하소서. 그것들은 단지 우리 마음 안의 반응을 통해서만 우리에게 영향을 줄 수 있으며, 우리는 어느 때라도 마음 안에서 반응 패턴을 바꿀 수 있습니다.

고타마 붓다시여, 나에겐 아무런 욕망도 없으며,
세속의 어느 것도 갈망하지 않습니다.
이제 나는 무집착 안에서 휴식하며,
마라의 미묘한 시험을 통과합니다.

**고타마 붓다, 우주 평화의 화염이시여,
이제 거칠게 몰아치던 사념들이 그치고,
당신과 나는 내면의 평화를 방사하여
윤회의 바다를 고요하게 합니다.**

6. 고타마 붓다시여, 한국의 영적인 사람들이 성불을 향한 여정의 핵심적 열쇠를 발견하도록 도와주소서. 그 열쇠는 곧, 우리 마음 안에서 일어나는 것들을 우리가 언제든지 변화시킬 수 있다는 것입니다.

고타마 붓다시여, 당신 안으로 녹아들며,
내 마음은 이제 둘이 아닌 하나가 되었고,
당신의 눈부신 빛 안에 잠기니,
내가 아는 모든 것은 열반뿐입니다.

**고타마 붓다, 우주 평화의 화염이시여,
이제 거칠게 몰아치던 사념들이 그치고,
당신과 나는 내면의 평화를 방사하여
윤회의 바다를 고요하게 합니다.**

7. 고타마 붓다시여, 한국의 영적인 사람들이 자신의 반응 패턴을 극복하도록 도와주소서. 그럼으로써 반응 패턴이 우리의 미래를 결정하게 하는 대신, 우리 스스로 미래로 이끄는 많은 길 중에서 자유로운 선택을 할 수가 있습니다.

고타마 붓다시여, 시간을 초월한 당신의 공간 안에서,
나는 우주적 은총 안에 잠겨듭니다.
모든 형상을 초월해 계신 신을 깨달으며,
나는 더 이상 세상을 따르지 않습니다.

**고타마 붓다, 우주 평화의 화염이시여,
이제 거칠게 몰아치던 사념들이 그치고,
당신과 나는 내면의 평화를 방사하여
윤회의 바다를 고요하게 합니다.**

8. 고타마 붓다시여, 삶이란 끊임없이 진행되는 흐름이며, 우리가 그 어떤 정신적 외상이나 극적인 사건을 체험할지라도 그 지점에 정지되어 있을 수는 없음을 한국의 영적인 사람들이 깨닫게 하소서.

고타마 붓다시여, 나는 이제 깨어나서,
무엇이 시급한지를 명료하게 봅니다.
그러므로 나는 내 신성한 권리를 선언하며

지상에서 불성의 빛이 됩니다.

**고타마 붓다, 우주 평화의 화염이시여,
이제 거칠게 몰아치던 사념들이 그치고,
당신과 나는 내면의 평화를 방사하여
윤회의 바다를 고요하게 합니다.**

9. 고타마 붓다시여, 한국의 영적인 사람들이, 2500년 전에 당신이 제자들에게 주신 가르침을 분명히 이해하고 받아들이도록, 그리고 상승 마스터들의 가르침을 활용하여 성불로 가는 여정의 핵심을 분명히 이해하고 받아들이게 도와주소서. 우리가 초월의 흐름 안에서 평화를 성취하게 하소서.

고타마 붓다시여, 당신의 뇌성번개와 더불어,
우리는 지구에 거대한 동요를 일으킵니다.
누군가는 깨달음을 얻어,
붓다의 영원한 무리에 합류할 것입니다.

**고타마 붓다, 우주 평화의 화염이시여,
이제 거칠게 몰아치던 사념들이 그치고,
당신과 나는 내면의 평화를 방사하여
윤회의 바다를 고요하게 합니다.**

봉인하기

신성한 어머니의 이름으로, 나는 이 요청의 힘이 마-터 빛을 자유롭게 하는데 사용되어, 나 자신의 삶과 모든 사람들과 행성을 위한 그리스도의 완전한 비전을 구현할 수 있음을 전적으로 받아들입니다. I AM THAT I AM 의 이름으로, 그것이 이루어졌습니다! 아멘.

25
킴 마이클즈의
영적 여정 이야기

킴 마이클즈, 2016년 7월 2일

나는 오늘 여기서, 나 자신의 영적 여정 동안 성찰한 내용을 여러분과 나누고 싶습니다. 컨퍼런스의 첫날 나는 자신을 어떤 영적 스승이나 구루(guru)로 내세우고 싶지 않다는 이야기를 했습니다. 그 이유 중 하나를 설명해 보겠습니다. 40여 년의 영적인 여정을 거치면서 나는 많은 영적인 사람들이 추구하듯이, 스스로를 명료하게 의식하는 성향을 항상 가지고 있었습니다. 우리는 항상 자기 자신을 바라보며 어떻게 변화해야 하는지, 무엇을 더 잘할 수 있는지를 성찰하고 있습니다. 나도 역시 40여 년의 여정 내내 주변에 무슨 일이 일어나는지, 세상이 어떻게 돌아가고 있는지, 다른 사람들에게는 어떤 일이 일어나고 있는지에 대해 깊이 관찰해왔습니다.

내가 처음으로 접했던 영적인 책은, 파라마한사 요가난다라는 요기의 자서전이었습니다. 그 책은 이 행성에 존재해왔던 영적 교사와 영적 구루들의 아주 오랜 전통에 대해 알려주었습니다. 물론 인도에도 그런 전통의 특정한 관행이 있었고, 스스로를 구루로 내세우며 제자나 학생을 끌어오는 사람들이 존재합니다.

그리고 흔히 인도의 구루 체계에서 제자(chela)라는 말은 실제로는 노예라는 의미이며, 제자들은 구루의 노예가 되었습니다. 이것은, 구루가 명하는 것을 제자는 아무런 의문 제기도 없이 행해야 하고 그 체계에는 잘못된 것이 없다는 것을 의미합니다. 이 체계의 바탕이 되는 생각은, 구루에게 노예처럼 완전히 복종하면 자신의 에고를 극복하는 데 도움이 된다는 것입니다. 왜냐하면 구루의 말을 실행하기 위해서는 자신의 에고를 극복해야 하기 때문입니다. 그리고 훌륭한 구루라면 매번 당신의 에고의 실태를 파악하고, 그 에고가 절대 원치 않는 것을 하도록 명할 수 있기 때문입니다.

이것은 타당한 체계일 수 있지만, 구루가 좋지 않은 의도를 갖고 있거나 높은 수준의 의식 상태가 아니라면 오용되기가 쉽습니다. 제자가 구루의 조종대로 움직이는 노예가 되어버리는 것입니다. 그리고 실제로 인도의 구루들이 서양에 와서 자신들의 힘과 권위를 남용하는 것을 여러분도 본 적이 있을 것입니다. 아마 한국에서도 그런 일을 보았을 겁니다. 이처럼, 오용될 수 없는 체계란 없는 것입니다.

그 책이 영적 교사와 구루에 대해 알게 된 첫 계기였습니다. 그리고 나는 많은 해 동안 요가난다의 책을 탐독했습니다. 인도에 직접 가보길 원한다거나, 요가난다처럼 나 자신의 구루를 찾아야 한다고 느끼지는 않았지만, 그 책을 읽는 것은 매우 즐거웠습니다. 그 책을 처음으로 접한 지 약 25년이 지난 어느 날, 나는 그 책을 다시 읽고 있다가 불현듯, 인도의 전통이 물병자리(Aquarian Age)시대에는 맞지 않는 것임을 깨달았습니다. 무언가 잘못되었다는 것이 아니라 그 전통은 단지 특정 시기에만 효용성이 있었고, 진정 이 행성의 물병자리 시대에서 필요한 체계는 아니라는 의미입니다.

왜냐하면 인도에서 일어난 일은 외면의 구루, 육신을 가진 구루에 대한 찬양이었기 때문입니다. 흔히 그들은 과거로부터 이어진 이런 구루들의 계보를 중요시하면서 그 계보를 숭배하는 데에 아주 집착합니다. 그러나 물병자리 시대에 우리는 외면의 구루가 아니라 우리 안의 구루, 내면의 구루를 찾아야 합니다. 인도의 전통은 그러한 도약을 할 준비가 되어 있지 않다고 생각합니다. 그들은 전통에 집착하면서 그것을 계속 이어나가길 원하기 때문입니다.

나는 또한 오랫동안, 상승 마스터들의 가르침을 공유했던 서구의 한 단체의 일원으로 있었습니다. 그 단체도 역시 구루의 개념을 가지고 있었고, 상승 마스터들을 지원하면서 구루로 활동하는 한 사람이 있었습니다. 거기에 잘못된 것은 없지만 문제는, 그 구루가 아주 한정된 시간만 가지고 있다는 점이었습니다. 내가 속했던 그 단체는 대단히 규모가 큰 조직이었습니다. 아마 인도 아쉬람의 구루라면, 자신이 가진 시간에 교류할 수 있는 수의 학생들만 받아들였을 것입니다. 그러나 이 단체에는 수많은 사람들이 있었기 때문에 구루가 모든 사람과 개인적인 접촉을 할 수는 없었습니다. 그리고 그러한 상황이 영적 교사란 개념에 대한 또 하나의 모델이 되었습니다.

또한 나는 세월이 흐르면서 스스로 영적 스승이라 자처하면서 책을 쓰고, 강의를 하고, 워크샵과 컨퍼런스를 하는 이들도 봤습니다. 명백히 나도 그들과 똑같이 할 수 있었습니다. 나 스스로 교사임을 자처하면서, "구루"라고 자칭할 수도 있었습니다. 사람들은 칭호를 좋아하니까요.

그러다 나는 두 가지를 깨닫게 되는 지점에 이르렀습니다. 첫째, 당신이 어떤 능력이 있고 어떤 권위를 가지고 있다고 거창하게 선언한다면 누군가는 믿을 것입니다. 그리고 믿는 사람들은 당신에게 충성을 바치며 당신을 위해서라면 무엇이든 할 것입니다. 그러나 나는, 누군가 나 자신을 그런 식으로 보는 것을 결코 원치 않는다는 것을 깨달았습니다. 그 누구도 나를 맹목적으로 추종하거나, 사람으로든 구루로든 나에게 충성하는 것을 원치 않았습니다. 나는 사람들이 스스로의 내면의 여정에 충실하기를 원했습니다.

또한 나는 사람들이 원하는 말을 해준다면 추종자를 끌어들이기가 아주 쉽다는 것을 깨달았습니다. 영적인 관심이 있는 사람들이 듣고 싶어하는 말을 알아내는 것은 아주 쉽기 때문입니다. 그들이 가장 듣고 싶어하는 말은, 그들이 특별한 사람들이라는 것입니다. 그러므로 당신이 자신에 대해서, 그리고 당신이 왜 특별한지, 왜 다른 모든 구루들과 다른 지에 대해 거창하게 선언한다면, 당신을 알아보는 사람들은 자동적으로 따라오게 됩니다. 아무도 알아보지 못했던 당신의 특별함을 그들은 알아보았으므로, 그들은 특별해지기 때문입니다.

그리고 그들이 왜 특별한지에 대해 말하고, 그들에게는 특별한 미션이 있고 다른 사람들은 이것을 볼 수가 없다고 말해준다면, 여러분은 충성스러운 지지자들을 모을 수 있을 것입니다. 나는 구루들이 어떻게 스스로를 높이고 어떤 방식으로 사람들과 관계를 맺는지를 보면서, 이런 패턴들을 목격했습니다.

그리고 또 한 가지, 구루는 자신과 추종자들 사이에 일정한 거리를 유지해야 한다는 것을 알게 되었습니다. 당신은 신비한 분위기를 연출해야 하며, 그들이 당신에 대해 잘 모르고 이해하지 못하는 부분이 있어야 합니다. 당신이 그러한 공간을 창조하면, 추종자들은 그 공간에 구루가 가질 수 있는 모든 종류의 특별한 능력들을 상상으로 채워 넣기 시작합니다. 그들은 잘 모르는 상태에서 상상하는 것을 좋아하며, 그런 식으로 구루를 이상화합니다.

여기에 대한 한 사례로, 몇 년 전에 미국에서 '먹고 기도하고 사랑하라(Eat, Pray, Love)'라는 유명한 책이 있었습니다. 한국에도 그 책이 알려졌는지는 모르겠지만, 그 책을 쓴 여성은 어떻게 자신이 인도의 한 아쉬람으로 가게 되었는지를 설명하고 있습니다. 그녀는 그것이 어떤 운동인지에 대해 언급하지는 않았지만, 내가 인터넷에서 찾아보니 그것은 역시 인도에서 일어난 어떤 운동(Indian movement)이었습니다. 그리고 거기엔 오랫동안 아무도 본 적이 없는 여성 구루가 있었습니다. 그 구루에게 매우 충성하는 조직이 있는데도 몇 년간 아무도 구루를 본 적이 없다는 사실이 나에게는 이상하게 보였습니다. 그들은 그녀가 살아 있는지조차 알지 못했습니다. 그러나 그녀가 그곳에 없었기 때문에, 그들은 그녀에 대해 온갖 상상을 다 할 수 있었습니다.

나는 이 패턴들을 모두 알아차린 후, 스스로에게 그런 관점을 적용해 보았습니다:

"자, 나는 누구일까? 내가 특정한 위치에 있다는 건 알 수 있어. 마스터들이 나를 메신저로 선택했고 나는 그 가르침들을 전달하고 출간하는 일을 하고 있어. 사람들이 나를 어떤 특정한 시선으로 본다는 것은 분명해. 그럼 나는 개인적으로 이에 어떻게 대처해야 할까?"

그러고 나서 내가 자신을 다른 사람보다 더 중요한 존재로 내세우려는 어떤 욕망도 갖고 있지 않음을 깨달았습니다. 그리고 그것은 내면의 더 높은 진아인 "아이엠 현존(I Am Presence)"과 만나는 지점에 왔기에 가능했습니다. 그리고 우리가 자신을 영적인 존재로 깨달을 때, 우리는 에고로부터 완전히 자유로운, 영적인 영역의 진아를 인식합니다. 그 존재는 우리가 겪고 있는 지상의 일에 초연합니다. 그리고 나의 진아인 현존은 유일무이한 존재이지만, 내가 나의 현존을 인식한다면 다른 이들의 내면에도 유일무이한 현존이 존재함을 알 수 있게 됩니다. 그리고 각자의 독자적인 개성 안에서 어느 존재가 더 좋다거나 나쁘다거나, 높다거나 낮다거나 하지 않습니다. 어느 누구도 더 특별하지 않으며, 우리 모두가 특별한 존재입니다.

그리고 나는, 구루가 학생들 위에 있는 더 특별한 존재라는 모델에 기반을 두고 사람들과 관계를 맺고 싶지 않았습니다. 나는 사람들과 그런 식으로 연결되는 것을 원치 않으며 모두와 동등하다는 느낌 안에서 관계를 맺고 싶습니다. 여기에 아무런 가치 판단이 있을 수가 없으며, 그런 것은 무의미합니다. 나는 위에 있고 저기 아래에 있는 사람들을 향해 이야기하는, 그런 관계를 원하지 않습니다. 나는 사람들이, 우리 모두가 신의 자녀들이며 모두 동등한 가치가 있다는 걸 깨닫기를 바랍니다.

우리가 앞에 놓인 모든 무의미한 것들을 모두 치워버린다면 우리는 훨씬 더 직접적인 관계를 가질 수 있습니다. 그리고 아마도 내가 여러분보다 오랜 영적 여정을 걸어왔기 때문에, 내가 여러분에게 혜택을 줄 수 있는 특정 경험을 가지고 있다는 점에 동의할 겁니다. 그렇다고 내가 여러분보다 더 낫다는 의미는 아닙니다. 여기서 중요한 것은, 여러분이 내가 더 낫다고 생각한다면, 내가 해온 일을 여러분도 할 수 있다고 생각하지 않을 것이고 나의 경험에서 배울 수도 없게 됩니다. 그러면 갑자기 우리 사이에 벽이 생길 텐데, 나는 벽을 좋아하지 않습니다.

또 내가 깨달은 것은, 대부분의 사람들이 생각하는 구루라는 개념은, 학생들을 가르친다는 의미를 포함한다는 것입니다. 그러나 나의 자각은, 그 누구도 다른 사람을 가르칠 수 없다는 사실이었습니다. 다른 인간 존재에게 무언가를 가르칠 수 있다고 생각하는 것은 환상입니다. 이에 대한 이유는, 한국에서는 어떤지 모르겠지만 서양에서는 무언가를 배울 때 다음과 같은 개념이 적용됩니다: 지식을 접하고, 받아들여, 지적으로 이해하고, 이성적으로 사고합니다. 그러나 그것으로 우리가 바뀌는 것은 아닙니다.

40년 동안의 여정 동안 나는, 특정 가르침에 대해 오래 공부하고 익혀온 수많은 학생들을 만나봤습니다. 그들은 항상 "구루가 이렇게 말했다, 구루가 저렇게 말했다."라고 마스터의 책에 나온 긴 문장을 인용하면서, 우리는 이렇게 해야 하고 저렇게 생각해야 한다고 말합니다. 그러나 그들의 모습과 행동을 관찰해 보면 달라진 점이 없습니다. 나는 상승 마스터의 가르침을 오랫동안 공부해 온 사람들을 알고 있는데, 그들은 그 가르침을 30년 동안 공부하고 연습했습니다. 그러나 그들은 인격의 여러 측면에서 달라진 점이 전혀 없습니다.

이런 것을 보면서, 나는 사람들에게 무언가를 가르친다는 것이 불가능함을 깨달았습니다. 지적인 지식을 주는 것으로는 그들을 변화시킬 수 없기 때문입니다. 따라서 내가 믿는 것과 아는 것을 설명한 후에 사람들이 지적인 수준에서 그것을 받아들이는 것은 아무런 도움이 안됩니다. 무엇이 실제로 사람들을 도울 수 있을까요? 사람들을 도울 수 있는 유일한 방법은, 나 자신이 사람들에게 영감을 줄 수 있는 본보기가 되는 것입니다. 사람을 변화시킬 수 있는 것은, 지적인 이해가 아니라 내면에서 일어나는 체험입니다. 지금까지 알던 것을 넘어서는 다른 삶, 다른 존재 방식이 있음을 갑자기 깨닫는 일은 여러분의 가슴 안에서 일어납니다. 그렇기 때문에 우리는 그 누구도 가르칠 수 없다고 말하는 것입니다. 그러나 우리는 사람들에게 보여줄 수 있습니다. 사람들에게 보여주기 위해서는, 우리가 먼저 그 가르침을 체화하고 그대로 살아가야 합니다.

그리고 구루가 특정 가르침을 전달하는 영적 사람들과 영적 단체에는 특정한 의식이 있다는 걸 알았습니다. 예를 들어, 많은 영적인 운동에서 구루는 "이런 방식으로 살면 안 된다"라는 가르침을 전파합니다. 그러나 그 구루 자신은 그 가르침을 따르지 않고 그 가르침대로 살지 않습니다. 그러나 그 단체의 사람들은, 왜 구루가 그러한 가르침대로 살지 않는지에 대해 항상 변명거리를 만들어 냅니다. 많은 구루들과 학생들이 모여 있는 곳에는 늘 특정한 의식 수준이 생겨나는데, 그 이유는 그들에게 영적으로 된다는 것은 외면적인 것이기 때문임을 보았습니다. 어떤 가르침을 접하고 공부하게 되면, 어떤 행동을 해야 할지에 대한 규칙을 알려줍니다. 그러면 사람들은 그것을 중요하게 여기면서, 그 규칙들을 따르고 그 방식을 고수하면 영적 성장을 이룰 것이라고 생각합니다. 그렇게 하면 깨달음을 얻거나 상승하거나 원하는 목표가 무엇이든 이루어지고, 자신들의 외적인 행동을 바꾸면 영적으로 진보한다고 생각합니다.

추종자들에게는 무엇을 하라고 가르치면서 자신은 하지 않는 그러한 구루들을 가지게 되는 이유가 여기에 있는 것입니다. 그리고 추종자들은 왜 구루가 그렇게 할 필요가 없는 지에 대해, 아마도 그는 더 높은 의식을 가지고 있기 때문에 따를 필요가 없다는 등, 이런 저런 설명을 만들어냅니다. 그러나 내가 느낀 점은, 그 모든 것이 다 인위적이라는 것입니다. 외적인 행위를 바꿈으로써 영적 진보가 이루어진다는 생각은 허위입니다. 나는 어떤 특정 행동을 규정하고 "이것이 구루가 행하는 방식이야."라고 말하는 대신 사람들에게 스스로 본보기가 되어야 함을 깨달았습니다.

나는 여기 앉아서, 최선의 의도를 가지고 이렇게 말할 수 있습니다: "나는 사람들을 돕고 싶습니다. 사람들을 돕기 위해, 훌륭한 스승, 구루가 되기 위해, 어떻게 행동해야 할까요?" 그러고 나서 외면적인 마음으로 행동에 대한 규칙들을 만들 수 있습니다. "이것이 이상적인 스승이 하는 방식입니다."

그러나 내가 해야 할 일은 그런 것이 아닙니다. 내가 누군가를 돕고 영감을 주기 위해서 할 수 있는 유일한 일은 "나는 진정한 '나 자신'이 될 수 있고, 나는 바로 나 자신이 되어야 한다"는 것임을 깨달았습니다.

단도직입적으로 말해서, 영적 여정이란 것은 무엇일까요? 영적 여정이란 외면적 규칙을 따르는 것이 아닙니다. 예를 들어 서양의 종교 운동에서는, 심지어 한국의 그리스도교인들도, 훌륭한 기독교인이 어떻게 행동해야 하는지에 대한 특정 모델을 가지고 있습니다. 여러분이 보다시피, 그들은 그 기준에 따라 행동합니다. (뉴에이지 운동권에서는) 어떤 이들이 아주 부드럽게, 아주 천천히 말하면서 (청중들 웃음) 항상 친절함을 유지한다면, 그들은 영적인 사람들이라고 여겨집니다. 이런 식으로 사람들은 외면적인 행동을 영성으로 여겨왔습니다.

사람들은 너무나 쉽게 특정 모델을 정의하면서 이렇게 말합니다.

"이것이 영적인 사람들이 따라야 할 이상적인 방식이야."

그러나 이것은 진실이 아닙니다! 영적인 사람들이란 내면에서 자신의 진아인 "아이앰 현존"과 접촉하는 이들입니다. 그리고 최소한 자신들의 현존에서 오는 신성한 개성(divine individuality)을 어느 정도 표현할 수 있어야 합니다. 우리들의 진아인 현존은 유일무이합니다. 그렇다면 우리가 영적인 사람이 되기 위해 어떻게 특정 모델을 설정할 수 있겠습니까?

나에게 이상적인 영적인 사람이란, 과감히 자기 자신이 되는 사람입니다. 물론 자기 자신이란 인간적 자아, 인간적 에고가 아니라, 신성한 개성(Divine individuality)을 말합니다. 그러나 내가 이점을 다시 살펴보면서 알게 된 사실은, 영적인 사람들 사이에서 만연한 개념이 있는데, 사람은 깨달음을 얻을 수 있다는 것입니다. 세상에 어떤 특정 구루나 교사들이 있다면, 그들은 스스로 깨달았다고 주장하거나, 혹은 추종자들이 그들이 깨달았다고 주장합니다.

그래서 사람들은 우리 모두가 깨달은 존재가 되기 위해 열심히 노력해야 한다는 모델을 창조했습니다. 그래서 우리가 육화 중에 있는 동안 깨달아야 한다는 결론에 이르게 됩니다. 나는 이 점에 대해 오랫동안 숙고해왔습니다.

"깨닫는다는 것이 정말로 무엇을 의미할까?"

그래서 발견해낸 사실은, 무언가 구분을 하고 상표를 붙이고 싶다는 전적인 아이디어는 인간의 의식에서 나온다는 것이었습니다. 그것은 이원성의 의식에서 나온 것으로, 그 의식은 사람들을 구분해서 이렇게 말하고 싶어합니다.

"이 사람은 깨달았고, 나머지 다른 사람들은 깨닫지 않았어."

여기에 있는 것은 이원적인 마음입니다.

그리고 만일 내가 훌륭한 상승 마스터의 제자이고 스스로의 마음을 성찰하며 작업한다면, 자신의 심리적 문제를 해결하고 더 높은 수준의 의식에 이를 수 있다고 생각한 몇 년이 있었습니다. 지금까지 걸어온 40여 년의 여정을 돌아보면 그 동안 나의 많은 것이 변했다는 의미에서, 그것은 사실입니다. 나는 내 마음 안에서 많은 상처와 많은 패턴들을 극복해왔습니다. 지금은 나 자신과 삶을 대하며 훨씬 더 깊은 평화를 느낍니다. 그러나 여전히 나의 심리에 어떤 것들이 남아 있음을 경험하고 있습니다. 그리고 나는 거듭해서 깨닫게 될 것입니다.

"아, 이전에 발견하지 못한 패턴이 있었구나. 그것을 놓아줄 만큼 충분한 자각 상태에 이를 때까지 살펴보고 작업을 해야겠어."

그리고 나는 남은 삶 동안 계속 이런 작업을 해나가야 한다는 걸 깨달았는데, 우리는 지구에서 아주 오랜 세월 동안 육화해왔고, 인간은 대단히 복합적인 존재이기 때문입니다. 마음의 문제를 해결하는 데는 많은 시간이 걸립니다. 그래서 나는 자신이 깨달았는지 아닌지, 어떤 특정 수준의 의식에 도달했는지 아닌지에 대해 걱정하는 것을 멈추기로 결론을 내렸습니다. 그런 것은 중요하지 않기 때문입니다. 중요한 것은 나 자신이 되는 일입니다. 거기에는 두 가지 측면이 있습니다. 앞에서 설명했듯이 하나는, 지속적으로 나의 "아이 앰 현존"과 조율하도록 노력하고 신성한 개성을 표현하는 나 자신이 되어야 합니다. 그와 동시에 자신이 육화한 인간 존재라는 사실과, 자신이 완벽하지 않은 사실을 허용해주어야 합니다. 나는 완벽해질 필요가 없습니다.

나에게 큰 압박을 느꼈던 시기가 있었습니다. 상승 마스터들의 메신저로써 이러한 컨퍼런스를 하고 사람들을 만나야 했기 때문입니다: 어떤 기준에 맞춰 살아야 했고 완벽해야 한다고 생각했었습니다. 그리고 사람들이 묻는 어떠한 질문에도 답할 수 있도록 모든 것을 알아야 했습니다. 그러나 나는 실제적으로 이러한 압력이 에고에서 나왔다는 것을 깨달았습니다. 나는 스스로를 돌아보면서, 왜 완벽해야 한다는 생각을 가지게 되었는지를 이해할 필요가 있었습니다. 그래서 내가 알게 된 점은, 세상에는 대중을 따르면서 대중에 섞여 있는 한 아무도 당신에게 관심을 가지지 않을 것이라 여기는, 아주 강력한 의식이 있다는 것입니다. 그러나 대중 밖으로 나와서 일상적인 것을 넘어서는 일을 시작하면, 스스로가 완벽해야 한다는 압박을 느끼게 됩니다. 어떤 기준에 맞는 삶을 살아야 한다는 이 생각은 바로, 내가 완벽해야 한다고 부추기고 있는 나의 에고에서 온 것이었습니다.

이 사실을 깨닫게 된 나는 이렇게 말했습니다: "자, 나는 더 이상 이런 것을 원하지 않아. 이런 방식으로 살지 않을 거야!" 그리고는 그것을 놓아버릴 수 있을 때까지 심리적 작업을 했습니다. 그 이후로 나는 완벽하지 않아도 된다고 스스로를 허용해주었습니다. 내가 꼭 어떤 기준에 맞춰 살 필요는 없었습니다. 세상에는 항상 어떤 기준에 따라 살아가기를 원하는 의식이 있지만 어느 누구도 그 기준을 정할 수는 없음을 알게 되었습니다. 대체 깨달음을 얻는다는 것은 과연 무슨 의미일까요? 완벽해진다는 것은 무슨 의미일까요? 나는 스스로 그러한 의식을 완전히 내려놓아버렸습니다.

그래서 지금 나는 자신이 여러분 모두와 같은 인간 존재라는 의식 안에 있습니다. 그리고 내가 여전히 마음 안에서 작업하고 있는 측면들이 있습니다. 여전히 내면에 자신이 보지 못하고 있는 것들이 남아있다는 것을 분명히 알고 있습니다. 그러나 확신컨대, 그것들은 점차 드러나게 될 것이며, 나는 지난 40년 동안 해온 작업을 계속 해나갈 것입니다. 나는 지켜볼 것이고, 거기에 대한 작업을 할 것이고, 그리고 모두 극복할 것입니다. 그러다 보면 어느 날 갑자기, 여러분은 자기 자신과 평화롭게 화해하며, 자신을 지금 그대로의 존재로 있도록 허용해줄 수 있게 됩니다. 정말 여러분이 어떻게 지금의 자기 자신이 아닌 다른 존재가 될 수 있겠습니까?

오랜 세월 동안 나의 여정은, 나는 여기 있고 완벽하지 않으며, 나는 저 위의 더 높은 수준에 있어야 한다는 생각의 연속이었습니다. 항상 나의 지금의 위치와 내가 있어야 한다고 생각하는 위치 사이에는 간극이 있었습니다. 나는 여기에 대해 불만을 느꼈으며 항상 기대에 못 미친 느낌이었습니다. 나는 이 상황을 다시 살펴본 후 결심했습니다. "나는 남은 생을 이렇게 살고 싶지 않다." 그리고 그것을 극복할 수 있는 방법은, 내가 스스로를 성찰할 수 있는 사람임을 자각하는 것이었습니다. 나는 자발적으로 나 자신과 나의 심리에 대해 작업해왔습니다. 그리고 의식 위로 어떠한 것이 떠오르든 나는 그것을 내려놓을 수 있을 때까지 노력할 것입니다. 이 이상 스스로에게 어떤 것을 더 요구할 수 있겠습니까? 한 번에 한걸음씩 나아가는 것 이상의 무엇을 더 할 수 있겠습니까?

그래서 여러분이 정말로 그것을 받아들일 수 있다면, 자신이 완벽하지 않아도 된다는 것을 받아들일 수 있다면, 현재의 자기 자신과 평화롭게 지낼 수 있습니다. 그래서 오늘 이 순간, 나는 이 순간의 나 자신으로 존재하며, 이 상태에서 평화롭습니다. 지금으로부터 일주일 뒤 혹은 일년 뒤에, 나는 자신이 좀 더 높이 올라가는 것을 허용하는 계기를 맞을 수도 있습니다. 그러면 다른 사람이 될 수도 있겠지만, 그것 또한 완전히 받아들일 수 있습니다.

그래서 우리가 항상 뒤쳐져 있고 단점이 있고 충분히 훌륭하지 않다거나, 저 위에 있어야 하는데 지금 여기에 있다는 느낌 대신, 더 이상 간극을 느끼지 않은 지점에 이를 수 있음을 깨달았습니다. 단지 지금 이 순간의 자기 자신으로 존재하는 것입니다. 그러면서 여러분이 영적 여정을 따르고 가르침을 공부하고 적용하면 지속적으로 성장하고 있다는 걸 알게 됩니다. 그리고 어느 사이엔가 압박감이 사라질 것입니다. 여러분은 다른 누군가가, 혹은 다른 무언가가 될 필요가 없습니다. 지금의 자신을 받아들이고 그 속에서 평화롭게 있을 수 있습니다.

물론 내가 이런 말을 한다고 해서, 여러분이 마음을 당장 바꾸어 자신과 화해해야 한다는 것은 아닙니다. 그러나 최소한 여러분이 그것에 대해 생각해볼 수 있는 계기가 되어, 자신들의 현재 모습과 완벽하지 못함을 허용할 수 있게 되기를 바랍니다. 자신이 못 미친다는 느낌만 들게 하는 특정 기준에 따라 스스로를 평가하지 말기를 바랍니다. 사실 그 기준이란 것은, 그 누구도 규정할 수 없는 것입니다. 현재의 자기 존재를 받아들이세요. 물론 여러분은 자신들이 여정을 가면서 끊임없이 변화하고 있다는 것을 알 것입니다. 계속 성장해서 지금으로부터 일 년 혹은 이 년 뒤에는 다른 사람이 되어 있겠지만, 상관없습니다. 어쨌든 지금 이 순간의 여러분이 여러분 자신이기 때문입니다.

그러면 여러분은 실제로 삶을 지금 있는 그대로 즐길 수 있는 지점에 이르게 됩니다. 여러분은 진행되고 있는 삶을 자연스럽게 받아들이게 됩니다. 삶에서 경험하고 있는 것은 현재의 자기 자신이 드러난 표현이므로 그대로 좋습니다. 그런 후 여러분을 어떤 특정 경험에서 벗어나 무언가 더 이상의 것을 원하게 될 것입니다. 여러분은 자신과 자신의 심리를 살펴보면서 계속 스스로를 과거에 얽매이게 만드는 패턴을 발견할 수 있습니다. 그리고 그것을 바라보면서 내려놓을 수 있는 지점에 이를 수 있습니다. 그러면 여러분은 이전과 다른 존재가 되어 다른 삶을 경험할 수 있습니다.

나는 우리 모두에게 각자의 개별적인 여정이 있다는 것을 깨달았습니다. 나는 다른 사람들의 내면의 여정을 수없이 보아왔고, 나 또한 자신의 여정을 걸어 왔습니다. 여러분은 각 사람의 인격 안에는 어떤 특성이 있는 것을 볼 수 있습니다. 그 특성이 그 사람을 불행하게 만든다는 것을 알 수 있는데, 그 사람은 단지 오래된 패턴을 반복하고 있을 뿐이기 때문입니다. 사람들은 그 사람이 변화할 필요가 있으며, 그 패턴을 알아차리고 놓아버려야 한다는 것을 압니다. 그 사람에게 이렇게 말해줄 수도 있습니다: "당신이 지금 무엇을 하고 있는지 보지 못하나요?" 그러나 실제로는 그 사람이 자신의 여정에서 그것을 볼 준비가 되기 전까지는, 그것을 보도록 만들 수가 없습니다. 그것을 성찰하도록 강압적으로 권할 수는 없습니다.

나는 그런 일이 일어나는 것을 수없이 보아왔고, 나 자신에게도 그렇게 했던 적이 있습니다. 사람들이 타인들에게 시도하는 것도 봤습니다. 사람들이 나에게 그런 일을 시도하는 것도 경험했습니다: "당신은 그것을 보아야 합니다!" 그러나 중요한 점은, 어떤 사람이 한 지점에 도달한 후 다른 사람에게 거기까지 와야 하는 필요성을 강조해도, 그들이 아직 스스로를 들여다 볼 준비가 되지 않았다면, 아무리 여러 번 말해주어도 소용이 없습니다. 그들이 스스로 거기에 이르기 전까지는 이해하지 못합니다. 그리고 그것은 우리 모두에게도 마찬가지입니다.

그렇기 때문에 나는 "현재의 진정한 자기 자신으로 존재하세요."라고 말하는 것입니다. 여러분이 여정을 가면서 좀 더 자신에 대한 자각을 높이기 위해 노력하고 있다면, 상승 마스터의 가르침과 다른 가르침들은 여러분의 의식을 높이는 데에 도움이 될 것입니다. 그러면 당신은 지금 할 수 있는 모든 일을 하고 있는 것입니다. 아직은 보지 못하고 있는 어떤 것이 있을 수 있지만, 그것도 괜찮습니다. 저 위에 있어야 하는데 그러지 못하고 있다고 항상 느끼는 대신에, 자신이 점진적으로 성장하도록 허용할 수 있습니다. 저기 계단이 있는 것이 보인다고 해도, 우리 중 그 누구도 1층에서 19층으로 뛰어오를 수는 없습니다. 한 번에 한 계단씩 올라가야 하며, 이것이 우리 삶에 놓인 방식입니다.

우리는 실제적으로 스스로의 마음을 바꿈으로써, 우리 자신과 전체 삶에 불만을 느끼지 않을 수 있습니다. 전체 삶 동안 자신이 불만족스럽고 뒤쳐졌다는 느낌으로 살아간다면, 영적인 사람이 된다는 것의 의미가 대체 무엇입니까? 아마도 여러분은 죽기 직전에 깨달을지도 모릅니다. "아, 이제는 나 자신과 화해할 수 있어" 이런 것이 무슨 소용이 있습니까? 자기 자신 안에서 평화롭다는 것은, 여러분이 어떤 수준의 완벽에 이르렀다는 의미가 아니기 때문입니다. 그것은 "바로 지금"의 자신을 받아들여야 한다는 의미입니다. 보세요. 우리는 무언가 잘못되었고, 더 나은 사람이 되어야 한다고 생각하도록 세상에서 프로그램 되어왔습니다. 마스터들은, 그런 의식이 타락한 존재들에 의해 형성되었다는 사실을 거듭해서 이야기해왔습니다. 타락한 존재들은, 우리가 삶 전체에 대해 나쁜 느낌을 가지길 원하기 때문입니다.

나는 일주일 전에 고교 졸업 40년 기념식에 참여했었습니다. 나는 고등학교를 1776년, 아니(청중들이 킴과 함께 웃음), 1976년에 졸업했습니다. 올해가 40주년인데, 그곳에서 동창들을 만났습니다. 같은 반에 있었던 동창과 대화를 나눴는데, 우리는 고등학교 때 가까운 친구였지만 지금까지 40년 동안 서로 만나지 못했습니다. 그가 어느 정도 영적인 것에 관심을 가지고 있는 것을 알고 있었는데, 그가 자신을 받아들이지 못하는 의식 상태였기 때문에 나는 이렇게 말했습니다: "세상에서 가장 힘든 게 사실, 우리 자신을 받아들이는 거야. 정말 어려운 일이야."

우리는 타락한 존재들에게서 온, 우리는 충분히 훌륭하지 않고 무언가 잘못되었다는 세간의 의식을 받아들였습니다. 물론 타락한 존재들은, 우리가 그 의식을 결코 극복하지 못할 것이라고 믿기를 바랍니다. 우리는 여기에서 영적인 길을 발견하고, 상승 마스터들이 그리스도 의식에 다가갈 수 있는 영적 여정, 상승에 대해 이야기하는 것들을 듣고 있습니다. 우리는 타락한 존재들로부터 받은 이미지를, 영적 여정으로 전환하면서 이렇게 말할지도 모릅니다: "좋아! 내가 그 수준에 이른다면 나 자신을 받아들일 수 있겠지. 그러면 나 자신에 대해 좋은 느낌을 가질 수 있을 거야." 그러나 이것은 상승 마스터들이 가르친 내용이 아니고, 그들이 우리에게 원하는 것이 아닙니다.

그렇기 때문에 나는, 여러분이 지금 여정에서 어느 지점에 있던, 바로 현재의 자기 자신을 받아들이는 의식적인 전환과 의식적 결정을 실행할 수 있다고 말하는 것입니다. 그러나 이것은, 여러분이 남은 생애 동안 같은 상태로 머무는 것을 받아들인다는 뜻이 아닙니다. 물론 당신은 여정을 통해 성장하겠지만, 각 수준의 당신의 현재 모습을 받아들인다는 뜻입니다. 그렇게 한다면 영적인 여정을 걸어가는 길을 훨씬 더 즐길 수 있고, 살아 있는 것이 훨씬 즐거워질 것입니다. 모든 압박이 사라지고, 여러분은 단지 여러분 자신으로 존재하면 되기 때문입니다. 그것이 내가 여러분에게 바라는 모든 것입니다. 우리가 스스로 우리 자신이 되는 것을 허용하고, 또 서로가 현재의 자신이 되는 것을 허용하는 방법을 찾게 되기를, 그리고 그것을 바탕으로 한 관계를 형성하게 되기를 희망합니다.

40 년 동안 나는 모든 영적 운동 속에서 사람들이 서로를 판단하는 동일한 패턴을 보아 왔습니다. 그들은 구루의 가르침을, 그것이 상승 마스터의 가르침이던 다른 구루의 가르침이던, 서로를 판단하는데 사용합니다. 내가 보기에 그것은 아무 소용도 없는 일이며, 우리는 그와는 다

른 방식으로 관계를 맺기를 바랍니다. 그것은 우리가 서로의 현재 모습과 그리고 되어가고 있는 모습을 모두 받아들일 수 있게 되는 것입니다.

자, 여기까지가 내가 여러분과 공유하고 싶은 이야기였습니다.

26
한국의 하나됨을 위한 기원

I AM THAT I AM, 예수 그리스도의 이름으로 나의 아이앰 현존이, 무한히 초월해가는 내 미래의 현존을 통해 흐르며, 완전한 권능으로 이 디크리를 해주시기를 요청합니다. 나는 사랑하는 성 저메인을 부르며 요청합니다. 당신의 보라색 화염으로 황금시대의 매트릭스에 일치하는 통일 한국이 이뤄지는데 장애가 되는 모든 불완전성들을 변형해주소서...
(여기에 개인적인 요청을 추가하세요)

파트 1

1. 성 저메인이여, 보라색 화염의 대양을 보내시어 고대 한국, 특히 배달(환웅) 시대와 고조선(단군) 시대의 전쟁과 갈등의 에너지와 기록들을 변형해주소서.

오 성 저메인이여, 당신은 영감을 부어주시며
내 비전을 영원히 더 높이 들어올립니다.
나는 당신과 함께 8자 형상의 무한한 흐름을 만들며
당신의 황금시대를 공동-창조합니다.

오 성 저메인이여, 당신이 가져오는 사랑은
진실로 모든 물질을 노래하게 하고,
당신의 보라색 불꽃은 모든 것을 회복시키며,
당신과 함께 우리는 더 이상의 존재가 됩니다.

2. 성 저메인이여, 보라색 화염의 대양을 보내시어 삼국시대의 전쟁과 갈등의 에너지와 기록들을 변형해주소서.

오 성 저메인이여, 우리가 당신의 이름을 부를 때
자유의 불꽃이 방출됩니다.
당신은 우리에게 가속을 부여하고,
그로써 우리 행성은 더 높이 상승합니다.

오 성 저메인이여, 당신이 가져오는 사랑은
진실로 모든 물질을 노래하게 하고,
당신의 보라색 불꽃은 모든 것을 회복시키며,
당신과 함께 우리는 더 이상의 존재가 됩니다.

3. 성 저메인이여, 보라색 화염의 대양을 보내시어 고려시대의 전쟁과 갈등의 에너지와 기록들을 변형해주소서.

오 성 저메인이여, 우리는 사랑 안에서
당신의 보라색 화염을 가져올 권리를 선언합니다.
당신의 화염은 천상으로부터 지상으로 흘러오며
모든 것을 변형시킵니다.

오 성 저메인이여, 당신이 가져오는 사랑은
진실로 모든 물질을 노래하게 하고,
당신의 보라색 불꽃은 모든 것을 회복시키며,
당신과 함께 우리는 더 이상의 존재가 됩니다.

4. 성 저메인이여, 보라색 화염의 대양을 보내시어 조선시대의 전쟁과 갈등의 에너지와 기록들을 변형해주소서.

오 성 저메인이여, 당신을 너무나 사랑합니다.
내 오라가 보라색 광휘로 채워지고,
내 차크라들이 보라색 불꽃으로 타오르니,
나는 당신의 우주적 증폭기입니다.

**오 성 저메인이여, 당신이 가져오는 사랑은
진실로 모든 물질을 노래하게 하고,
당신의 보라색 불꽃은 모든 것을 회복시키며,
당신과 함께 우리는 더 이상의 존재가 됩니다.**

5. 성 저메인이여, 보라색 화염의 대양을 보내시어 대한제국 시대의 전쟁과 갈등의 에너지와 기록들을 변형해주소서.

오 성 저메인이여, 나는 이제 자유로워졌습니다.
당신의 보라색 불꽃은 치유법이며,
내 마음 안의 모든 장애를 변형시켜주니,
나는 진정한 내면의 평화를 발견합니다.

**오 성 저메인이여, 당신이 가져오는 사랑은
진실로 모든 물질을 노래하게 하고,
당신의 보라색 불꽃은 모든 것을 회복시키며,
당신과 함께 우리는 더 이상의 존재가 됩니다.**

6. 오 성 저메인이여, 보라색 화염의 대양을 보내시어, 한국인들이 스스로를 세계로부터 차단하고 고립되게 만들었던 의식을 변형시켜 주소서.

오 성 저메인이여, 내 몸은 순수해지고,
당신의 보라색 화염은 모두를 치유합니다.
모든 질병의 원인을 태워버리니,

나는 완전한 평온함을 느낍니다.

**오 성 저메인이여, 당신이 가져오는 사랑은
진실로 모든 물질을 노래하게 하고,
당신의 보라색 불꽃은 모든 것을 회복시키며,
당신과 함께 우리는 더 이상의 존재가 됩니다.**

7. 오 성 저메인이여, 보라색 화염의 대양을 보내주시어, 한국인들이 자기 개인의 신성한 계획보다는 국가와 종교에 충성하고 전통에 순응하도록 만들었던 의식을 변형시켜 주소서.

오 성 저메인이여, 내가 카르마에서 해방되니,
과거는 더 이상 나에게 짐이 아닙니다.
완전히 새로운 기회가 펼쳐지고,
나는 그리스도 신성과 일체가 됩니다.

**오 성 저메인이여, 당신이 가져오는 사랑은
진실로 모든 물질을 노래하게 하고,
당신의 보라색 불꽃은 모든 것을 회복시키며,
당신과 함께 우리는 더 이상의 존재가 됩니다.**

8. 성 저메인이여, 보라색 화염의 대양을 보내시어, 수 세기에 걸쳐 한국인의 집단의식에 프로그램 되어 공산주의에 취약하도록 만든, 기계적으로 획일화된 의식을 변형시켜 주소서.

오 성 저메인이여, 우리는 이제 하나이고,
나는 당신을 위한 보랏빛 태양입니다.
우리가 이 지구 행성을 변형시키니,
당신의 황금시대가 탄생합니다.

**오 성 저메인이여, 당신이 가져오는 사랑은
진실로 모든 물질을 노래하게 하고,**

당신의 보라색 불꽃은 모든 것을 회복시키며,
당신과 함께 우리는 더 이상의 존재가 됩니다.

9. 성 저메인이여, 보라색 화염의 대양을 보내시어, 한국인들을 침체에 빠뜨리고 외부 세력의 침략에 의해 강압적으로 변화될 수밖에 없도록 이끌었던 의식을 변형해주소서.

오 성 저메인이여, 지구는 이원성의 부담을 벗어나
자유를 얻고,
우리는 하나됨 안에서 최상의 것을 이루니,
당신의 황금시대가 실현됩니다.

오 성 저메인이여, 당신이 가져오는 사랑은
진실로 모든 물질을 노래하게 하고,
당신의 보라색 불꽃은 모든 것을 회복시키며,
당신과 함께 우리는 더 이상의 존재가 됩니다.

파트 2

1. 성 저메인이여, 보라색 화염의 대양을 보내시어 일본의 한국 침략과 강점의 에너지와 기록들을 변형해주소서.

오 성 저메인이여, 당신은 영감을 부어주시며
내 비전을 영원히 더 높이 들어올립니다.
나는 당신과 함께 8자 형상의 무한한 흐름을 만들며
당신의 황금시대를 공동-창조합니다.

오 성 저메인이여, 당신이 가져오는 사랑은
진실로 모든 물질을 노래하게 하고,
당신의 보라색 불꽃은 모든 것을 회복시키며,
당신과 함께 우리는 더 이상의 존재가 됩니다.

2. 성 저메인이여, 보라색 화염의 대양을 보내시어 일본인들이 한국인들에게 가한 수많은 잔혹행위의 에너지와 기록들을 변형해주소서.

오 성 저메인이여, 우리가 당신의 이름을 부를 때
자유의 불꽃이 방출됩니다.
당신은 우리에게 가속을 부여하고,
그로써 우리 행성은 더 높이 상승합니다.

오 성 저메인이여, 당신이 가져오는 사랑은
진실로 모든 물질을 노래하게 하고,
당신의 보라색 불꽃은 모든 것을 회복시키며,
당신과 함께 우리는 더 이상의 존재가 됩니다.

3. 성 저메인이여, 보라색 화염의 대양을 보내시어 일본에 의한 한국역사 변조의 에너지와 기록들을 변형해주소서.

오 성 저메인이여, 우리는 사랑 안에서
당신의 보라색 화염을 가져올 권리를 선언합니다.
당신의 화염은 천상으로부터 지상으로 흘러오며,
모든 것을 변형시킵니다.

오 성 저메인이여, 당신이 가져오는 사랑은
진실로 모든 물질을 노래하게 하고,
당신의 보라색 불꽃은 모든 것을 회복시키며,
당신과 함께 우리는 더 이상의 존재가 됩니다.

4. 성 저메인이여, 보라색 화염의 대양을 보내시어 한국의 남북 분단을 초래한 국제적 정치권력 게임의 에너지와 기록들을 변형해주소서.

오 성 저메인이여, 당신을 너무나 사랑합니다.
내 오라가 보라색 광휘로 채워지고,
내 차크라들이 보라색 불꽃으로 타오르니,

나는 당신의 우주적 증폭기입니다.

**오 성 저메인이여, 당신이 가져오는 사랑은
진실로 모든 물질을 노래하게 하고,
당신의 보라색 불꽃은 모든 것을 회복시키며,
당신과 함께 우리는 더 이상의 존재가 됩니다.**

5. 성 저메인이여, 보라색 화염의 대양을 보내시어 한국의 6.25 전쟁과 한국인들에게 가해진 잔혹행위의 에너지와 기록들을 변형해주소서.

오 성 저메인이여, 나는 이제 자유로워졌습니다.
당신의 보라색 불꽃은 치유법이며,
내 마음 안의 모든 장애를 변형시켜주니,
나는 진정한 내면의 평화를 발견합니다.

**오 성 저메인이여, 당신이 가져오는 사랑은
진실로 모든 물질을 노래하게 하고,
당신의 보라색 불꽃은 모든 것을 회복시키며,
당신과 함께 우리는 더 이상의 존재가 됩니다.**

6. 성 저메인이여, 보라색 화염의 대양을 보내시어 남북분단으로 인해 견뎌내야 했던 어려움들, 특히 이산 가족들의 고통의 에너지와 기록들을 변형해주소서.

오 성 저메인이여, 내 몸은 순수해지고,
당신의 보라색 화염은 모두를 치유합니다.
모든 질병의 원인을 태워버리니,
나는 완전한 평온함을 느낍니다.

**오 성 저메인이여, 당신이 가져오는 사랑은
진실로 모든 물질을 노래하게 하고,
당신의 보라색 불꽃은 모든 것을 회복시키며,**

당신과 함께 우리는 더 이상의 존재가 됩니다.

7. 성 저메인이여, 보라색 화염의 대양을 보내시어 4.19 혁명과 5.16 군사 정변에서의 갈등의 에너지들과 기록들을 변형해주소서.

오 성 저메인이여, 내가 카르마에서 해방되니,
과거는 더 이상 나에게 짐이 아닙니다.
완전히 새로운 기회가 펼쳐지고,
나는 그리스도 신성과 일체가 됩니다.

오 성 저메인이여, 당신이 가져오는 사랑은
진실로 모든 물질을 노래하게 하고,
당신의 보라색 불꽃은 모든 것을 회복시키며,
당신과 함께 우리는 더 이상의 존재가 됩니다.

8. 성 저메인이여, 보라색 화염의 대양을 보내시어 1980 년 광주 민주화 운동에서의 갈등의 에너지들과 기록들을 변형해주소서.

오 성 저메인이여, 우리는 이제 하나이고,
나는 당신을 위한 보랏빛 태양입니다.
우리가 이 지구 행성을 변형시키니,
당신의 황금시대가 탄생합니다.

오 성 저메인이여, 당신이 가져오는 사랑은
진실로 모든 물질을 노래하게 하고,
당신의 보라색 불꽃은 모든 것을 회복시키며,
당신과 함께 우리는 더 이상의 존재가 됩니다.

9. 성 저메인이여, 보라색 화염의 대양을 보내시어 남한과 북한 모두에 진정한 민주주의가 확립되는데 장애가 되고 있는 의식을 변형해주소서.

오 성 저메인이여, 지구는 이원성의 부담을 벗어나

자유를 얻고,
우리는 하나됨 안에서 최상의 것을 이루니,
당신의 황금시대가 실현됩니다.

오 성 저메인이여, 당신이 가져오는 사랑은
진실로 모든 물질을 노래하게 하고,
당신의 보라색 불꽃은 모든 것을 회복시키며,
당신과 함께 우리는 더 이상의 존재가 됩니다.

파트 3

1. 성 저메인이여, 보라색 화염의 대양을 보내시어 한국 분단의 직접적인 원인인 이원성의 의식을 변형해주소서.

오 성 저메인이여, 당신은 영감을 부어주시며
내 비전을 영원히 더 높이 들어올립니다.
나는 당신과 함께 8자 형상의 무한한 흐름을 만들며
당신의 황금시대를 공동-창조합니다.

오 성 저메인이여, 당신이 가져오는 사랑은
진실로 모든 물질을 노래하게 하고,
당신의 보라색 불꽃은 모든 것을 회복시키며,
당신과 함께 우리는 더 이상의 존재가 됩니다.

2. 성 저메인이여, 보라색 화염의 대양을 보내시어 남한과 북한 모두의 엘리트주의 의식을 변형해주소서. 남한과 북한의 파워 엘리트들을 드러내시어, 그들에 의해 사람들이 어떻게 착취당하고 있는지 보게 하소서.

오 성 저메인이여, 우리가 당신의 이름을 부를 때
자유의 불꽃이 방출됩니다.
당신은 우리에게 가속을 부여하고,
그로써 우리 행성은 더 높이 상승합니다.

오 성 저메인이여, 당신이 가져오는 사랑은
진실로 모든 물질을 노래하게 하고,
당신의 보라색 불꽃은 모든 것을 회복시키며,
당신과 함께 우리는 더 이상의 존재가 됩니다.

3. 성 저메인이여, 나는 남한과 북한 모두의 파워 엘리트들에 대해 그리스도의 심판을 요청합니다. 그리고 그들에 의해 행해진 사상의 자유, 언론의 자유에 대한 억압과 그 밖의 모든 민주적 자유에 대한 부인과 전복에 대해 그리스도의 심판을 요청합니다.

오 성 저메인이여, 우리는 사랑 안에서
당신의 보라색 화염을 가져올 권리를 선언합니다.
당신의 화염은 천상으로부터 지상으로 흘러오며,
모든 것을 변형시킵니다.

**오 성 저메인이여, 당신이 가져오는 사랑은
진실로 모든 물질을 노래하게 하고,
당신의 보라색 불꽃은 모든 것을 회복시키며,
당신과 함께 우리는 더 이상의 존재가 됩니다.**

4. 성 저메인이여, 보라색 화염의 대양을 보내시어 북한을 장악하고 있는 전체주의 의식을 변형해주소서.

오 성 저메인이여, 당신을 너무나 사랑합니다.
내 오라가 보라색 광휘로 채워지고,
내 차크라들이 보라색 불꽃으로 타오르니,
나는 당신의 우주적 증폭기입니다.

**오 성 저메인이여, 당신이 가져오는 사랑은
진실로 모든 물질을 노래하게 하고,
당신의 보라색 불꽃은 모든 것을 회복시키며,
당신과 함께 우리는 더 이상의 존재가 됩니다.**

5. 성 저메인이여, 북한의 김정은 계보와 정권에 대해, 그리고 북한, 중국, 러시아 등의 나라에서 그 정권을 지지하는 모든 자들에 대해 나는 그리스도의 심판을 요청합니다.

오 성 저메인이여, 나는 이제 자유로워졌습니다.
당신의 보라색 불꽃은 치유법이며,
내 마음 안의 모든 장애를 변형시켜주니,
나는 진정한 내면의 평화를 발견합니다.

**오 성 저메인이여, 당신이 가져오는 사랑은
진실로 모든 물질을 노래하게 하고,
당신의 보라색 불꽃은 모든 것을 회복시키며,
당신과 함께 우리는 더 이상의 존재가 됩니다.**

6. 성 저메인이여, 보라색 화염의 대양을 보내시어 북한과 중국과 러시아의 공산주의 의식을, 특히 한국의 통일을 저해하고 있는 측면을 변형해주소서.

오 성 저메인이여, 내 몸은 순수해지고,
당신의 보라색 화염은 모두를 치유합니다.
모든 질병의 원인을 태워버리니,
나는 완전한 평온함을 느낍니다.

**오 성 저메인이여, 당신이 가져오는 사랑은
진실로 모든 물질을 노래하게 하고,
당신의 보라색 불꽃은 모든 것을 회복시키며,
당신과 함께 우리는 더 이상의 존재가 됩니다.**

7. 성 저메인이여, 보라색 화염의 대양을 보내시어 일본의 점령자들과 북한의 공산주의 점령자들에 의해, 그리고 남한의 파워 엘리트에 의해 한국 사람들에게 부과된 열등 의식을 변형해주소서.

오 성 저메인이여, 내가 카르마에서 해방되니,
과거는 더 이상 나에게 짐이 아닙니다.
완전히 새로운 기회가 펼쳐지고,
나는 그리스도 신성과 일체가 됩니다.

**오 성 저메인이여, 당신이 가져오는 사랑은
진실로 모든 물질을 노래하게 하고,
당신의 보라색 불꽃은 모든 것을 회복시키며,
당신과 함께 우리는 더 이상의 존재가 됩니다.**

8. 성 저메인이여, 보라색 화염의 대양을 보내시어 한국의 통일을 막고 있는 북한 내의 의식을 변형해주소서. 북한 주민들의 정서에 전환이 일어나 정권의 평화로운 와해와 재통일이 '용인된 현실'이 되도록, 우리는 당신의 연금술적인 기적을 요청합니다.

오 성 저메인이여, 우리는 이제 하나이고,
나는 당신을 위한 보랏빛 태양입니다.
우리가 이 지구 행성을 변형시키니,
당신의 황금시대가 탄생합니다.

**오 성 저메인이여, 당신이 가져오는 사랑은
진실로 모든 물질을 노래하게 하고,
당신의 보라색 불꽃은 모든 것을 회복시키며,
당신과 함께 우리는 더 이상의 존재가 됩니다.**

9. 성 저메인이여, 보라색 화염의 대양을 보내시어 한국의 통일을 막고 있는 국제 사회의 의식을 변형해주소서. 국제적인 정서에 전환이 일어나서 재통일이 '구현된 현실'이 되도록 우리는 당신의 연금술적인 기적을 요청합니다.

오 성 저메인이여, 지구는 이원성의 부담을 벗어나
자유를 얻고,

우리는 하나됨 안에서 최상의 것을 이루니,
당신의 황금시대가 실현됩니다.

오 성 저메인이여, 당신이 가져오는 사랑은
진실로 모든 물질을 노래하게 하고,
당신의 보라색 불꽃은 모든 것을 회복시키며,
당신과 함께 우리는 더 이상의 존재가 됩니다.

파트 4

1. 성 저메인이여, 보라색 화염의 대양을 보내시어 한반도에서 핵전쟁이나 핵도발이 일어날 모든 잠재력을 변형시켜 주소서.

오 성 저메인이여, 당신은 영감을 부어주시며
내 비전을 영원히 더 높이 들어올립니다.
나는 당신과 함께 8자 형상의 무한한 흐름을 만들며
당신의 황금시대를 공동-창조합니다.

**오 성 저메인이여, 당신이 가져오는 사랑은
진실로 모든 물질을 노래하게 하고,
당신의 보라색 불꽃은 모든 것을 회복시키며,
당신과 함께 우리는 더 이상의 존재가 됩니다.**

2. 성 저메인이여, 보라색 화염의 대양을 보내시어 남한과 북한 사이에 전쟁이 일어날 모든 잠재력을 변형시켜 주소서.

오 성 저메인이여, 우리가 당신의 이름을 부를 때
자유의 불꽃이 방출됩니다.
당신은 우리에게 가속을 부여하고,
그로써 우리 행성은 더 높이 상승합니다.

오 성 저메인이여, 당신이 가져오는 사랑은

진실로 모든 물질을 노래하게 하고,
당신의 보라색 불꽃은 모든 것을 회복시키며,
당신과 함께 우리는 더 이상의 존재가 됩니다.

3. 성 저메인이여, 임계수치의 북한 사람들이 일어나서 비공산주의 정부와 한국의 재통일을 요구하게 되도록 우리는 당신의 연금술적인 기적을 요청합니다.

오 성 저메인이여, 우리는 사랑 안에서
당신의 보라색 화염을 가져올 권리를 선언합니다.
당신의 화염은 천상으로부터 지상으로 흘러오며,
모든 것을 변형시킵니다.

**오 성 저메인이여, 당신이 가져오는 사랑은
진실로 모든 물질을 노래하게 하고,
당신의 보라색 불꽃은 모든 것을 회복시키며,
당신과 함께 우리는 더 이상의 존재가 됩니다.**

4. 성 저메인이여, 현 북한의 정권과 군부가 핵 프로그램을 통해서 국제적인 대응을 불러일으키려는 시도를 포기하도록 우리는 당신의 연금술적인 기적을 요청합니다.

오 성 저메인이여, 당신을 너무나 사랑합니다.
내 오라가 보라색 광휘로 채워지고,
내 차크라들이 보라색 불꽃으로 타오르니,
나는 당신의 우주적 증폭기입니다.

**오 성 저메인이여, 당신이 가져오는 사랑은
진실로 모든 물질을 노래하게 하고,
당신의 보라색 불꽃은 모든 것을 회복시키며,
당신과 함께 우리는 더 이상의 존재가 됩니다.**

5. 성 저메인이여, 현 북한의 정권과 군부가 평화롭게 집권을 포기하고 한국 재통일의 길을 열어주도록 우리는 당신의 연금술적인 기적을 요청합니다.

오 성 저메인이여, 나는 이제 자유로워졌습니다.
당신의 보라색 불꽃은 치유법이며,
내 마음 안의 모든 장애를 변형시켜주니,
나는 진정한 내면의 평화를 발견합니다.

**오 성 저메인이여, 당신이 가져오는 사랑은
진실로 모든 물질을 노래하게 하고,
당신의 보라색 불꽃은 모든 것을 회복시키며,
당신과 함께 우리는 더 이상의 존재가 됩니다.**

6. 성 저메인이여, 국제적인 정서에 전환이 일어나, 러시아와 중국과 미국, 일본을 비롯한 모든 나라가 재통일된 한국을 용인하도록 우리는 당신의 연금술적인 기적을 요청합니다.

오 성 저메인이여, 내 몸은 순수해지고,
당신의 보라색 화염은 모두를 치유합니다.
모든 질병의 원인을 태워버리니,
나는 완전한 평온함을 느낍니다.

**오 성 저메인이여, 당신이 가져오는 사랑은
진실로 모든 물질을 노래하게 하고,
당신의 보라색 불꽃은 모든 것을 회복시키며,
당신과 함께 우리는 더 이상의 존재가 됩니다.**

7. 성 저메인이여, 남한의 경제가 향상되어 재통일이 안겨줄 부담을 처리할 수 있도록 우리는 당신의 연금술적인 기적을 요청합니다.

오 성 저메인이여, 내가 카르마에서 해방되니,

과거는 더 이상 나에게 짐이 아닙니다.
완전히 새로운 기회가 펼쳐지고,
나는 그리스도 신성과 일체가 됩니다.

**오 성 저메인이여, 당신이 가져오는 사랑은
진실로 모든 물질을 노래하게 하고,
당신의 보라색 불꽃은 모든 것을 회복시키며,
당신과 함께 우리는 더 이상의 존재가 됩니다.**

8. 성 저메인이여, 남한과 북한 양국의 국민들이 통일된 한국을 '구현된 현실'로 완전히 받아들일 수 있게 되도록 우리는 당신의 연금술적인 기적을 요청합니다.

오 성 저메인이여, 우리는 이제 하나이고,
나는 당신을 위한 보랏빛 태양입니다.
우리가 이 지구 행성을 변형시키니,
당신의 황금시대가 탄생합니다.

**오 성 저메인이여, 당신이 가져오는 사랑은
진실로 모든 물질을 노래하게 하고,
당신의 보라색 불꽃은 모든 것을 회복시키며,
당신과 함께 우리는 더 이상의 존재가 됩니다.**

9. 성 저메인이여, 통일된 한국이 이미 정체성, 멘탈, 감정 영역에서 구현되었음을, 우리는 당신과 함께 단언합니다. 당신과의 하나됨, 그리고 서로의 하나됨 안에서 우리는 지금 그것이 물리적으로 구현될 것을 요청합니다. 그리고 우리는, 하나가 된 한국을 위한 당신의 황금시대 매트릭스를 받아들입니다.

오 성 저메인이여, 지구는 이원성의 부담을 벗어나
자유를 얻고,
우리는 하나됨 안에서 최상의 것을 이루니,

당신의 황금시대가 실현됩니다.

오 성 저메인이여, 당신이 가져오는 사랑은
진실로 모든 물질을 노래하게 하고,
당신의 보라색 불꽃은 모든 것을 회복시키며,
당신과 함께 우리는 더 이상의 존재가 됩니다.

봉인하기

신성한 어머니의 이름으로, 나는 이 요청의 힘이 마-터 빛을 자유롭게 하는데 사용되어, 나 자신의 삶과 모든 사람들과 행성을 위한 그리스도의 완전한 비전을 구현할 수 있음을 전적으로 받아들입니다. I AM THAT I AM 의 이름으로, 그것이 이루어졌습니다! 아멘.

주요 용어집

감정체(Emotional Body)

우리의 감정적인 에너지를 저장하고 있는 우리의 오라/마음의 한 측면.

그리스도(Christ)

넓은 의미에서, 그리스도라는 기본 의식으로부터 형상 세계의 모든 것이 창조되었다고 말할 수 있습니다. 그리스도의 목적은 창조주와 창조물 사이의 하나됨을 유지하는 것입니다. 그리스도는 특별히, 자유의지를 가지고 분리의 환영 안으로 자발적으로 하강하기를 선택하는 존재들과 관련이 있습니다. 이 분리의 환영으로 인해, 사람들은 자신들이 근원으로부터 분리되었다고 믿게 됩니다. 그리스도 의식은, 분리 안으로 아무리 깊이 내려가더라도 언제든 창조주와의 하나됨으로 돌아갈 수 있는 선택권을 보장해줍니다. 창조된 모든 것 안에 그리스도 의식이 있기 때문에, 우리가 그리스도 의식으로 도달할 수 없는 곳이란 없습니다.

보다 구체적인 의미에서, 그리스도란 분리의 환영을 극복하고 그리스도 의식을 성취한 존재를 의미합니다. 그리스도 의식의 성취에 있어서는 여러 수준이 존재합니다.

그리스도 자아(Christ Self)

분리와 이원성에 갇힌 존재들을 돕기 위해 상승 마스터들이 보내주는 중개자. 대부분의 사람들은 직관으로서, 혹은 내면의 고요하고 작은 목소리를 가진 그리스도 자아를 알고 있습니다. 그리스도 자아가 실제로 우리에게 어떤 선택을 해야 한다고 말해주는 것은 아닙니다. 단지 우리에게 더 나은 선택들을 위한 기준틀을 제시해줍니다. 그리스도 자아가 우리에게 반드시 궁극적이고 절대적인 진리를 가져다 주지는 않습니다. 대신 현재 우리의 의식 상태보다 조금 더 높은 통찰력을 제공할 것입니다.

그리스도 분별력(Christ Discernment)

그리스도 분별력은 분리와 이원성의 의식을 통해 형성된 수많은 환영을 꿰뚫어 볼 수 있는 능력입니다. 또한 모든 눈에 보이는 현상 배후에 있는 근본적인 하나됨을 볼 수 있는 능력이기도 합니다.

그리스도 신성(Christhood)

한 존재가 그리스도 의식을 성취하면, 그 존재는 그리스도 신성에 이르렀다고 말합니다.

네 하위체들, 마음의 네 층들(Four Lower Bodies, Four Levels Of The Mind)

마스터들은, 우리 인간들이 물질 우주의 네 층에 대응하여 정체성체, 멘탈체, 감정체, 육체란 네 하위체들을 가지고 있다고 말합니다.

마스터들은 또한 마음의 네 층들에 대해서 설명합니다. 정체성 마음에는 우리의 가장 깊은 정체감이 저장되어 있습니다(우리는 누구인가, 우리는 무엇을 할 수 있는가), 멘탈 마음에는 우리의 사념들이 저장되어 있습니다(우리는 어떤 방식으로 일하는가), 감정적 마음에는 우리의 감정들이 저장되어 있습니다(왜 우리가 그것을 하길 원하고 해야만 하는가), 그리고 물리적 마음은 육체의 요구와 연관되어 있습니다.

다르마(Dharma)

불교 전통에서 다르마란, 우리가 여기에 와서 수행해야 하는 신성한 일을 의미합니다. 또한 다르마는 우리의 신성한 계획을 의미하며, 우리가 지구에 육화하기 전에 여기 가져오고자 결정했던 긍정적인 자질들입니다.

대천사(Archangel), 여성 대천사(Archeia)

천사들은 집단으로 구성되며, 각 집단은 대천사에 의해 주도됩니다. 각 대천사는 여성 대천사로 불리는 여성성의 짝을 가지고 있습니다. 각각의 일곱 광선마다 한 쌍의 대천사들이 존재하지만, 다른 집단의 천사들에도 역시 존재합니다.

디크리(Decree)

영적인 영역으로부터 높은 진동수의 에너지를 불러내어 개인 또는 행성적 수준의 특정한 조건 속으로 향하도록 만드는 영적인 기법. 디크리는 일반적으로 운율이 실린 문구들로 구성되어 있으며, 큰 권능과 권한을 가지고 소리 내어 낭송합니다.

마-터 빛(Ma-ter Light)

형상을 가진 만물이 창조되어 나오는, 우주의 바탕 에너지. 마-터 빛 자체는 어떤 형상도 띠고 있지 않지만, 어떤 형태든지 취할 수 있는 능력이 있습니다. 또한 그것은 어떤 기본적 형태의 의식을 가지고 있으며, 이 의식은 다른 특성들 가운데서 자신의 근원인 창조주를 향한 고유한 추동력을 가지고 있습니다.

마-터 빛은 단계적으로 진동수를 낮추면서, 연속적으로 구체(spheres)들을 창조하고 있습니다. 우리는 창조된 구체들 중에서 일곱 번째의 구체에 살고 있으며, 이전의 여섯 구체들은 모두 상승하여 영적인 영역의 일부가 되었습니다.

물병자리 시대(Aquarian Age)

물병자리 시대는 점성학적 주기 상의 세차 운동으로, 약 2150 년간 지속됩니다. 이전 시대는 물고기자리 시대였으며, 예수님이 그 영적인 마스터였습니다. 물병자리 시대의 마스터는 상승 마스터 성 저메인입니다. 성 저메인에 따르면, 물병자리 시대는 공식적으로 2010 년 3 월 22 일에 시작되었습니다.

물질 영역의 네 층들(Four Levels Of The Material Realm)

모든 것은 에너지로 만들어지며, 따라서 전체 형상 세계는 다양한 진동수의 에너지들로 이루어졌습니다. 창조주의 수준인 최상층으로부터 최하층의 수준에 이르는 진동들의 연속체가 우리는 연속체가 있습니다. 연속체는 몇 개의 구획으로 나누거나, 진동수의 수준으로 구분하여 정의할 수 있습니다. 예를 들어, 하나의 주요한 구분은 영적인 영역과 물질 영역 사이에 있습니다.

영적 영역 안에도 여러 구분이 있고, 물질 영역은 네 층으로 구분합니다. 높은 진동에서 낮은 진동에 이르기까지 존재합니다.

에테르층 또는 정체성층 / 멘탈층 / 감정층 / 물질층

멘탈체(Mental Body)

우리의 사념과 정신적 에너지들을 저장하고 있는 우리 오라/마음의 한 측면.

보라색 화염(Violet Flame)

카르마 또는 오용된 에너지를 변형하는데 특별히 효과적인 영적 에너지입니다. 성 저메인은 1930 년대에 보라색 화염을 드러내라는 우주적인 시혜를 받았습니다. 그 이후로 상승 마스터 학생들은 디크리와 기원문과 확언들을 통해 보라색 화염을 기원하고 있습니다.

그러나 이 보라색 화염이 오용될 수 있다는 것을 깨닫는 것이 중요합니다. 제한된 신념은 에너지를 부적합하게 변질시킵니다. 이 에너지는 점차적으로 우리의 오라에 축적되어 부담을 느끼게 만듭니다. 우리는 제한된 신념을 바꾸지 않은 채로 보라색 불꽃을 기원할 수 있는데, 이것이 단기적으로는 더 기분 좋게 느껴질 수도 있습니다. 그러나 우리가 신념을 바꾸지 않는다면, 계속해서 에너지는 오용되고 변질될 것입니다. 그리고 우리가 그 에너지를 변형하기 위해 보라색 불꽃을 계속 사용한다면 장기적으로 영적 성장을 이루지 못하게 되며, 이는 성 저메인의 시혜를 오용하는 것입니다.

붓다의 8 정도(正道)(Eightfold path of the Buddha)

불교 전통에서는 모든 고(苦)를 극복한 고타마 붓다에 의해 규정된, 8 가지 올바른 수행의 방법을 전하고 있습니다. 그러나 더 깊은 신비주의적 이해에서 8 정

도란, 처음의 일곱 영적인 광선들과 통합의 제 8 광선을 통달하는 방법을 나타냅니다.

사나트 쿠마라(Sanat Kumara)

고도의 성취를 이룬 상승 마스터 (불교 전통에서는 과거불로, 석가모니의 전생에 수기를 주신 붓다이신 연등불로도 알려져 있습니다). 이전 시대에, 지구에서는 수많은 사람들이 이원성 의식 속으로 깊이 추락해버렸습니다. 그러자 카르마 위원회와 우주 영단은, 더 이상 성장을 위한 무대로서 존속할 수 없게 된 지구가 자멸의 길을 가도록 허용하기로 결정했습니다. 그때 지구의 영적 균형을 잡기 위해 금성에서 사나트 쿠마라가 144,000 생명흐름과 함께 지구로 왔습니다. 지구에서 충분한 수의 사람들의 의식을 높여서 그들이 행성을 위한 균형을 유지할 수 있도록 해주기 위함이었습니다.

사나트 쿠마라와 함께 온 144,000 생명흐름들의 다수가 여전히 육화 중이며, 그들은 흔히, 세상을 개선하고 다른 사람을 도우려는 큰 열망을 가진, 대단히 영적인 사람들입니다. 그러나 그러한 사람들이 다른 사람들을 변화시키거나 도우려는 욕구를 놓아버리지 않는 한, 자신의 상승이 저지되는 그러한 시점이 올 것입니다.

상승 마스터(Ascended Master)

일반적으로 인간으로서 지구상에 육화하여, 종종 많은 육화 후에 상승의 과정에 대한 자격을 갖추게 되었던 존재를 가리킵니다. 또한 이 단어는 (네 층의 물질계를 초월한) 영적 영역에 있는 모든 존재를 가리키는 것으로 더 광범위하게 사용될 수 있으며, 여기에는 물리적 세상에 육화하지 않은 존재도 포함됩니다.

상승(Ascension)

한 존재가 그리스도 의식으로 충만한 자기의식(self-awareness)에 도달하는 과정을 말합니다. 이 의식 상태에서는, 분리와 이원성의 환영에 의해 만들어진 모든 거짓을 꿰뚫어 볼 수 있습니다. 따라서, 그는 아무 것도 창조주로부터 분리될 수 없으며, 모든 자기의식적 존재는 창조주의 확장체라는 배후의 현실을 봅니다. 그런 까닭에 그는 분리된 존재로서의 자신을 높이려고 하는 대신, 모든 생명을 높이고자 추구합니다. 상승하고 난 후에 그 존재는 영적 영역에서 영구적으로 거주하게 되며, 다시 육화할 필요가 없습니다.

생명흐름(Lifestream)

자기-인식을 가진 개별 존재를 지칭하는 용어. 종종 "영혼(soul)"으로 표현됩니다. 그러나 생명흐름은 영혼을 넘어서는 우리 존재의 부분들을 가리키며, 여기에는 아이엠 현존과, 또 창조주에 이르는 모든 영적 존재들의 계보가 포함되어 있습니다.

성 저메인(Saint Germain)

물병자리 시대의 지도자인 상승 마스터입니다. 또한 성 저메인은 일곱 번째 영적 광선인 자유의 광선을 대표합니다. 따라서 그는 때때로 "지구를 위한 자유의 신"이라 불립니다. 성 저메인은 지구에서 황금시대를 구현하기 위한 계획을 가지고 있으며, 오는 2,000년 동안 중요한 역할을 담당할 것입니다.

성모 마리아(Mother Mary)

예수의 어머니로 육화했던 상승 마스터입니다. 그녀는 지구를 위한 신성한 어머니란 영적인 사무국을 유지하고 있습니다.

쉬바(Shiva)

전통적으로 힌두교의 삼위 일체 신성 중의 하나. 그러나 더 깊은 의미에서 쉬바는 우리를 어둠의 세력과 아스트랄계로부터 단절하여 자유롭게 해주는데 특별히 도움이 되는 우주적 존재입니다. 우리는 쉬바란 이름을 9번, 33번, 144번 반복해서 낭송함으로써 대단히 효과적인 요청을 할 수 있습니다.

신비 학교(Mystery School)

자기의식적 존재들에게 의식을 높이기 위한 목적을 가진 입문을 제공해주기 위해 설계된 환경을 의미합니다. 일반적으로 신비학교는 높은 성취를 이룬 상승 마스터에 의해 감독됩니다.

신성한 계획(Divine Plan)

이번 육화 중에 우리가 수행하고자 세웠던 계획을 말합니다. 이것은, 우리가 지구에 가져오려는 영적인 선물과, 하고자 원하는 경험과, 우리배우고자 하는 교훈과 균형 잡아야 할 카르마를 포함합니다. 흔히 이것은, 우리가 만나고 싶은 어떤 사람들이 있고, 그들과 다양한 유형의 관계 속으로 들어가기를 원한다는 의미입니다.

신성한 안내(Divine Direction)

더 높은 근원으로부터 오는 안내이며, 우리는 그리스도 자아를 통해 신성한 인도를 받게 됩니다. 그 인도는 당신의 아이앰 현존이나, 우주적 존재이자 상승 마스터인 위대한 신성 안내자(Great Divine Director)로부터 올 수 있습니다. 그는 신성한 안내를 대표하는 존재입니다.

신성한 어머니(Divine Mother)

지구 행성에서 신의 여성적인 측면을 대표하는 영적인 사무국을 의미합니다. 현재 이 사무국은 상승 마스터 성모 마리아께서 맡고 계십니다.

아스트랄계(Astral Plane)

모든 것은 에너지로 이루어졌고, 에너지는 진동의 연속체입니다. 이 에너지 연속체에는 어떤 구획들이 있는데, 예를 들면 물질 우주는 일정한 스펙트럼 안에서의 진동수로 만들어졌습니다. 물질 우주는 네 구획으로 나눠집니다: 정체성(에테르)층, 멘탈층, 감정층, 물리층.
감정층 안에는 더 많은 구획들이 있으며, 가장 낮은 곳은 사람들의 부정적 감정으로 창조되었는데, 말하자면 두려움, 분노와 증오와 같은 것들입니다. 아스트랄계는 감정층 안의 한 부분이며, 여러 시대에 걸쳐 사람들이 가졌던 지옥의 비전과 유사한 곳입니다.

아이앰 현존(I AM Presence)

우리의 더 높은 상위 자아 또는 영적 자아, 진아(眞我). 의식적 자아는 아이앰 현존의 확장체며, 우리의 가장 높은 잠재력은 그 현존과 완벽한 하나됨을 성취하는 것입니다. 그럼으로써 우리는 물질계 안에서 진아인 현존을 표현하는 열린 문으로 봉사할 수 있습니다. 우리의 영적인 정체성과 영적인 개성은, 아이앰 현존에 뿌리내리고 있으며, 따라서 지상에서 일어나는 그 어떤 일에 의해서도 결코 파괴되지 않습니다.

마야의 베일(The Veil Of Maya)

불교 전통에서 마야의 베일이란 육화 중인 존재들이 실재를 있는 그대로 보지 못하게 가리고 있는 어떤 것입니다. 모든 것이 불성이며, 모든 생명의 하나됨이 바로 실재입니다. 이 베일은, 물질 우주가 특정한 밀도를 가진 에너지로부터 만들어졌기 때문에 형성된 것입니다. 이 베일로 인해, 우리의 감각은 물질조차도 다 영적인 빛으로 만들어져 있다는 것을 인지하지 못하게 됩니다.

어둠의 세력들(Dark Forces)

분리와 이원성의 환영에 갇혀 있는 존재들로서, 아스트랄계에는 이러한 존재들이 많이 있습니다. 물질 우주의 모든 것은 더 높은 영역에서 흘러오는 에너지에 의해 유지됩니다. 그러나 어떤 존재가 의도적으로 다른 자기의식적 존재들을 해치기 시작한다면, 그 존재는 상위 영역에서 오는 에너지를 받지 못하도록 차단됩니다. 따라서 그는 물질계의 존재들로부터 에너지를 훔쳐야만 존재를 유지할 수 있습니다. 이것은, 어둠의 세력들이 인간으로부터 에너지를 훔쳐야만 계속 존재할 수 있다는 의미입니다. 그들은, 인간들이 저열한 감정과 이기적인 행동을 통해 부적격화된 에너지를 방출하게 만든 후 이 에너지를 취합니다.

어둠의 세력들은 (인간들이 허락한다면) 인간의 마음을 지배할 수 있으며, 지구에서 보는 전쟁과 범죄의 대부분은 어둠의 세력들에 의해 발생합니다. 그들은 사람들을 선동하여 다른 사람에게 폭력을 가하도록 만들며, 고통으로 인해 에너지가 방출되면 어둠의 세력들은 이 에너지를 자신들을 유지하는데 사용합니다.

어머니 신(God The Mother)

신성한 어머니를 의미하는 또 다른 용어입니다. 그러나 신의 여성적 측면, 즉 전체 형상세계를 지칭할 수도 있습니다. 우리는 어머니 신의 일부입니다.

영적인 광선들(Spiritual Rays)

모든 것은 에너지로 만들어집니다. 심지어 아인슈타인의 유명한 방정식인, $E = mc^2$ 도 물질이 매우 높은 형태의 에너지에서 창조되었으며 그것이 빛의 속도의 제곱이라는 인자에 의해 진동이 감소된다는 의미입니다. 마스터들은 아인슈타인의 이론이 기본적으로 옳지만, 거기에는 일곱 가지의 감소 인자들이 있다고 가르칩니다. 다시 말해서, 물질 우주는 7 가지의 영적인 에너지로 만들어지며, 이 에너지들은 물질계의 모든 현상을 만들기 위해 결합됩니다. 이러한 유형의 에너지를 광선 또는 영적인 광선이라고 부릅니다. 전체 형상세계를 창조하는 데 모두 15 광선들이 사용되었습니다.

에테르체(Etheric Body)

우리의 정체성을 저장하고 있는 우리 오라/마음의 한 측면.

엘로힘(Elohim)

대단히 높은 의식 수준을 가지고 있고 물질의 창조에 대해 완전한 통달의 경지에 올라 있는, 상승한 존재들입니다. 일곱 광선 각각에 남성/여성 극성을 지닌 엘로힘이 존재합니다.

엘리멘탈, 자연의 정령(Elementals)

형상 세계는 창조주로부터 확장되어 나온 존재들의 위계구조를 통해서 창조되었습니다. 예를 들어, 지구 행성은 엘로힘이라 불리는 영적 영역의 일곱 존재들에 의해 창조되었습니다. 그들은 지구에 대한 원설계(blueprint)의 비전을 형성한 후, 물질계의 네 층으로 그 비전을 투사했습니다.

그리고 네 그룹의 엘리멘탈들이 그 원설계를 담은 비전을 물리적으로 구현해내었습니다. 그들은 인간보다 낮은 정도의 자기의식을 가진 존재이지만, 물질 세계를 구축하는 것을 돕는 봉사를 통해 성장할 수 있습니다. 네 영역의 엘리멘탈들의 명칭은 다음과 같습니다:

에테르 영역: 불의 엘리멘탈 또는 살라맨더(salamanders)
멘탈 영역: 공기의 엘리멘탈 또는 실프(sylphs)
감정 영역: 물의 엘리멘탈 또는 언딘(undines)

물질 영역: 땅의 엘리멘탈 또는 노움(gnomes)

예수(Jesus)

상승 마스터 예수님은 물고기자리 시대를 담당한 지도자였습니다. 그는 행성적 그리스도라는 영적인 사무국과 권한(the office of planetary Christ)을 유지하고 있으며, 우리는 그리스도 의식을 통하지 않고서는 상승할 수 없습니다. 이것은, 사람들이 상승하기 위해서는 반드시 지상에 형성되어 있는 왜곡된 그리스도 이미지들을 초월하고 진정한 예수님과 평화를 이루어야 한다는 것을 의미합니다.

오라(Aura)

인체를 둘러싸고 있는 에너지 장. 오라는 물질 영역의 각 수준에 대응하는 수준들을 가지고 있습니다. 우리는 육체 위로 감정체와 멘탈체 그리고 정체성체를 가지고 있습니다.

우주적 존재(Cosmic Being)

특정한 영적인 사무국을 담당하는 영적인 존재로, 일반적으로 특정한 신성 자질에 대한 초점이 됩니다. 우주적 존재들은 상위 구체에서 상승한 존재들이므로 지상에는 육화한 적이 없습니다.

은거처들(Retreats)

많은 상승 마스터들은 에테르 영역 또는 정체성층에 존재하는 영적인 은거처를 가지고 있습니다. 우리 육체가 밤에 자는 동안, 우리는 정묘체(finer bodies)로 그러한 은거처를 방문하게 해달라고 요청을 할 수 있습니다. 은거처는 보통 지상의 물리적인 장소 위에 위치하고 있으나 에테르 영역에 있기 때문에, 물리적인 수단으로는 감지될 수 없습니다. 각 은거처는 지구로 내보내는 특정한 영적 에너지에 초점을 맞추고 있습니다. 또 준비가 된 사람들에게 특정 가르침을 주는 집중점이 될 수 있습니다.

이원성(Duality), 이원성 의식(Duality Consciousness)

의식적 자아가 순수한 인식 능력을 가지고 볼 때면, 모든 생명이 하나이고 동일한 근원에서 왔다는 근원적인 실상을 인식할 수 있습니다. 이원적 의식은 이러한 하나됨을 보지 못하게 가립니다. 이원성 의식은 물질과 영이 분리되어 있고, 인간과 신이 분리되어 있으며, 사람들이 서로 분리되어 있는 것처럼 보이도록 만듭니다.

또한 이원성은 서로 상반되게 작용하는 부정적인 양극성을 포함하며, 한쪽이 다른 한쪽을 소멸하려고 합니다. 따라서 이원성은 언제나 대립하는 양 측면을 수반하면서, 통상적으로 한 쪽은 선이고 다른 쪽은 악이라는 가치 판단을 부여합니다.

이원성은 항상 환영입니다. 왜냐하면 그 어느 것도 모든 생명의 하나됨을 파괴하거나 변화시킬 수 없기 때문입니다. 따라서 이원성은 단지 자기의식적인 존재들의 마음 안에서 환영으로만 존재할 수 있습니다. 이원성으로 눈이 멀어 있는 한 우리는 그리스도 의식을 성취할 수 없고, 따라서 상승할 수도 없습니다.

인간 에고(Human Ego)

의식적 자아가 분리와 이원성의 환영 속으로 하강했을 때 인간 정신 안에서 형성된 요소입니다. 의식적 자아는 순수 인식이므로, 원래적으로는 분리된 존재로서 활동할 수 없습니다. 그럼에도 불구하고 의식적 자아는 분리된 자아의 감각 안으로 들어갈 수 있으며, 그 자아의 지각 필터를 통해 세상을 인식할 때에는 자신이 정말 분리된 존재라고 믿을 수 있습니다. 이 왜곡된 인식을 실제처럼 여겨지게 만드는 것은 바로 에고입니다.

입문(Initiation)

그리스도 의식을 향해서 우리의 의식을 높여가는 점진적인 과정. 이것은 각 개인이 자신의 내면에서 안내를 받는 개별적인 과정이 될 수 있지만, 일반적으로는 외적인 가르침이나 구루, 혹은 조직을 따르는 것을 포함합니다.

의식적 자아(Conscious You)

의식적 자아는 우리의 하위 존재의 핵심입니다. 의식적 자아는 바로 아이앰 현존의 확장체로서, 영적 영역에서 하강한 것입니다. 우리의 자유의지가 자리한 곳은 바로 의식적 자아입니다. 그러나 우리는 자신의 인식에 근거해서 선택을 합니다. 만일 의식적 자아가 순수한 인지능력을 가지고 있다면 아이앰 현존을 위한 열린 문으로 활동할 수 있습니다. 그러나 어떤 존재가 분리 의식으로 들어가면 그의 의식적 자아는 자신을 외적인 자아나 역할로 투사하게 되고, 그 분리된 자아의 필터를 통해서 모든 것을 인식합니다. 이로 인해 마치 자신이 실제로 분리된 존재인 것처럼 종종 선택을 하게 됩니다.

중요한 점은 의식적 자아가 언제나 그리고 영원히 순수 의식으로 남는다는 것입니다. 이것은, 의식적 자아가 스스로 선택하는 어떤 역할로도 자신을 투사할 수 있지만, 그 역할로부터 자신을 다시 유리시키는 능력을 결코 잃어버리지 않는다는 의미입니다. 또한 그리스도 의식에 도달하여 그 안에서 예수님과 함께 "나와 나의 아버지(아이앰 현존)는 하나입니다"라고 말할 수 있는 것이 의식적 자아입니다."

자유의지(Free Will)

마스터들은 특히 이원성 의식과 관련해서 자유의지를 이해하는 것이 대단히 중요하다고 가르칩니다. 자유의지는 물질 영역이 어떻게 작동하는지에 대해 안내하는 기본 법칙입니다. 예를 들어, 지구는 엘로힘에 의해서 오늘날 우리가 볼 수 있는 것보다 훨씬 높은 상태로 창조되었습니다. 원래는 자원의 부족도 없었고, 자연의 불균형도 없었으며 질병도 없었습니다.

대다수 인간들이 자유의지를 사용해서 이원성 안으로 하강했기 때문에 이러한 제한적인 조건들이 생겨났습니다. 자연의 정령들, 즉 엘리멘탈들은 대다수 사람들의 의식 안에 있었던 것을 물질적 조건으로 구현해낼 수밖에 없었습니다. 인간들은 지구에 지배권을 가지도록 창조되었고, 엘리멘탈들은 오직 인간들이 정체성, 멘탈, 감정적, 물리적 마음 안에 품고 있는 이미지들을 취할 수 있을 뿐입니다.

그러나 자유의지에서 중요한 점은, 우리가 언제든 이전에 했던 선택을 초월할 권리를 가지고 있다는 것입니다. 신과 상승 마스터들은 우리가 이전의 선택들을 초월하는 것을 결코 저지하지 않습니다. 우리가 과거의 선택에 속박되어 있다고 믿게 만드는 것은 단지 에고와 어둠의 세력들입니다.

정체성체(Identity Body)

우리의 정체성을 저장하고 있는 우리 오라/마음의 한 측면.

차크라(Chakra)

오라의 집중점. 일곱 영적 광선들 각각에 대응하는 일곱 개의 주요한 차크라들이 있습니다. 차크라들이 순수한 경우, 우리의 아이앰 현존으로부터 나오는 높은 진동수의 에너지가 차크라를 통해 흐르고, 이것은 우리에게 최대한의 창조적인 능력을 줍니다. 차크라가 오염된 경우 높은 에너지의 흐름은 감소되고, 그 대신 차크라는 우리의 오라로 들어오는 저급한 에너지를 받아들이는 통로가 될 수 있습니다. 심하게 오염된 차크라는 아스트랄계의 저급한 에너지에 개방될 수 있습니다.

초한(Chohan)

각 일곱 영적 광선마다 지도자 또는 주된 교사로 봉사하고 있는 상승 마스터들이 존재합니다. 이 영적인 사무국(spiritual office)을 초한이라고 부릅니다.

카르마(Karma)

모든 것은 에너지이고, 따라서 우리가 무엇을 하든지, 심지어 생각하고 느끼는 것도 에너지를 사용해서 이루어집니다. 우리는 이 에너지를 아이앰 현존으로부터 선물로 받습니다. 우리가 받는 에너지는 순수하지만, 우리 마음의 네 층에 담겨 있는 내용에 따라서 에너지의 질이 변화됩니다. 우리는 자신의 에너지의 사용에 대한 책임이 있으며, 부적합해진 에너지는 우리의 오라와 아카식 기록 양쪽에 카르마로서 저장됩니다. 우리가 상승하기 위해서는 모든 에너지를 원래의 진동수로 높임으로써 균형을 잡아야 합니다.

또한 마스터들은 카르마에 대해 더 깊은 이해를 제공하는데, 카르마는 우리 마음의 네 층들에 보유하고 있는 이미지들입니다. 우리는 모든 것을 이 에너지들의 필터를 통해서 보고 있기 때문에, 끊임없이 에너지의 질을 변화시키고 있습니다. 그러나 우리는 자신이 가진 멘탈 이미지들을 관찰하면서 언제든지 제한된 이미지들을 초월할 수 있는 선택권이 있습니다. 그리고 이것이야말로 진정 그리스도 신성으로 가는 길이며, 우리의 신성한 정체성을 수용하는 것입니다.

여기에는 카르마의 균형을 잡는 두 가지 방법이 있습니다. 우리는 디크리와 기원문들을 통해서 영적인 에너지를 불러일으키고 에너지를 다시 조정하여, 우리의 현재 의식 수준을 벗어날 수 있습니다. 이것은 가능하지만, 느린 과정입니다. 왜냐하면 우리는 계속 더 많은 카르마를 만들어가고 있기 때문입니다. 더 빠른 방법은 정신적 이미지들을 초월하는 작업을 하는 것이고, 그럼으로써 우리는 새로운 카르마의 생성을 멈추게 됩니다. 우리가 여기에 이르면, 남아 있는 모든 카르마의 균형을 훨씬 더 빨리 잡을 수 있는데, 높은 의식 상태에서는 더 많은 에너지를 불러일으킬 수 있기 때문입니다.

타락(Fall)

가장 넓은 의미에 있어서, 자기의식적인 존재가 분리 의식 속으로 내려오는 과정을 가리킵니다. 타락 이전에 우리는 자신을 고립된 존재가 아니라 자신보다 더 큰 어떤 존재에 연결되어 있는 존재로 봅니다. 타락 이후에 우리는 자신이 신에 의해 버림 받고 처벌 받은, 분리된 존재라고 확신하게 됩니다.

중요한 차이점은, 타락 이후부터는 우리가 자신의 성장에 대한 책임감을 가지기가 어렵다는 것입니다. 타락은 우리 자신의 선택에 의해 일어난 것이므로, 오직 자신의 선택에 의해서만 되돌릴 수 있습니다. 우리가 자신을 분리된 존재로 여길 때, 다른 사람에 미칠 영향을 고려하지 않고 자신이 원하는 무엇이든 할 수 있다고 생각하게 됩니다. 이로 인해 우리는 지속적으로 타인과의 투쟁에 빠져들게 되며, 더 나아가 우리가 타인과 물질 우주와 심지어는 신과 맞서서 싸워야 한다고 생각하는 마음의 상태로 이어질 수 있습니다.

이런 마음의 상태는 딜레마에 봉착하는데, 자신의 상황이 자기 자신의 선책에 의해 창조된 것임을 인정하지 않는 한, 그 선택을 바꿀 수 없기 때문입니다. 그 대신 우리는 다른 사람들과 물질 세상을 강압적으로 통제하고 심지어 신까지도 통제하여 자신의 상황을 변화시키고자 합니다. 자기 눈에 있는 들보는 무시하면서 타인의 눈에 있는 작은 티를 변화시키려고 모색하는 것입니다.

타락한 존재들(Fallen Beings) 또는 타락한 천사들(Fallen Angels)

넓은 의미에서, 이원적 의식에 의해 눈이 멀어 있는 모든 존재들을 의미합니다. 그러나 흔히 마스터들은 좀 더 구체적으로, 이전의 구체(sphere)에서 타락했던 존재들의 그룹을 지칭할 때 이 용어를 사용합니다. 이들의 중요한 특징은, 그들이 타락 이전에 이미 상당한 수준의 성취에 이르러 있었다는 것입니다. 따라서 그들은 대개, 이 행성에서 삶을 시작한 존재들보다 더 월등한 능력을 가지고 있습니다.

역사를 통해 타락한 존재들은 종종 강력하지만 잔학한 지도자들이 되었는데, 분명한 예들은 히틀러, 스탈린, 마오쩌둥입니다. 그러나 많은 타락한 존재들은 눈에 띄는 권력의 남용 없이 중요한 위치를 차지하고 있으면서 사회에 지대한 영향을 미치고 있습니다. 그들의 주된 특성은, 대부분의 지구 사람들에 대해 우월감을 느끼면서 따라서 자신들이 옳다고 절대적으로 확신하는 것입니다. 또한 물리적으로 육화하지 않고, 아스트랄계나 멘탈계에 머물고 있는 타락한 존재들도 있습니다.

황금시대(Golden Age)

현재, 지구는 원래 엘로힘들이 의도했던 것보다 더 낮은 상태로 존재합니다. 이런 상태는 대부분의 사람들이 이원적 의식에 의해 현혹됨으로 인해 생겨난 것이며, 필연적으로 다양한 갈등들과 한계로 봉착하게 됩니다. 그러나 상승 마스터들, 특히 다가오는 2,000 년 주기의 지도자인 성 저메인의 목표는, 임계 수치의 사람들이 개별적인 그리스도 신성에 이를 수 있도록 영감을 주는 것입니다. 충분한 수의 사람들의 의식이 높아지게 되면 오늘날보다 훨씬 높은 상태의 사회가 구현될 수 있으며, 이것을 일반적으로 황금시대라 부릅니다.

* 책에 나오지 않는 용어는 카페의 용어집을 참조하거나 카페에서 검색 및 질문을 할 수 있습니다. 전체 용어집: http://cafe.naver.com/christhood/2411